# Um ano com as mulheres da Bíblia

Dianne Neal Matthews

# Um ano com as mulheres da Bíblia

*Dianne Neal Matthews*

Publicações
Pão Diário

Originally published in the U.S.A. under the title:
The One Year® Women of the Bible, by Dianne Neal Matthews

*Copyright © 2007 by Dianne Neal Matthews*
*Edição em Português © 2016 por Publicações Pão Diário*
*com permissão de Tyndale House Publishers, Inc. Todos os direitos reservados.*

COORDENAÇÃO EDITORIAL: Dayse Fontoura
TRADUÇÃO: Elisa Tisserant de Castro
REVISÃO DO TEXTO: Dayse Fontoura, Lozane Winter, Thaís Soler
CAPA E PROJETO GRÁFICO: Audrey Novac Ribeiro
DIAGRAMAÇÃO: Rebeka Werner, Ana Yasbeck

Dados Internacionais de Catalogação na Publicação (CIP)

---

Mathews, Dianne Neal
*Um ano com as mulheres da Bíblia*
Tradução: Elisa Tisserant de Castro - Curitiba/PR,
Publicações Pão Diário
Título original: *The One Year Women of the Bible*

1. Fé;   2. Vida cristã;   3. Encorajamento;   4. Mulheres

---

Proibida a reprodução total ou parcial, sem prévia autorização, por escrito, da editora.

Todos os direitos reservados e protegidos pela Lei 9.610, de 19/02/1998.

Exceto quando indicado no texto, os trechos bíblicos mencionados são da edição Revista eAtualizada de João Ferreira de Almeida © 2009 Sociedade Bíblica do Brasil.

**Publicações Pão Diário**
Caixa Postal 4190,
82501-970 Curitiba/PR, Brasil
publicacoes@paodiario.org
www.publicacoespaodiario.com.br
(41) 3257-4028

Capa dura: L1271 • ISBN: 978-65-5350-117-1

1.ª edição: 2016 • 2.ª impressão: 2023

*Impresso na China*

# Introdução

Organizar um conjunto de ideias fundamentadas em mulheres da Bíblia, para um ano de estudo, não foi fácil. Muitas delas mal recebem algo além de uma pequena menção, contudo eu adoraria ter *todos* os detalhes de suas histórias. Foi também difícil tentar entender as motivações e os sentimentos dessas mulheres, ao mesmo tempo que eu tentava não interpretar as Escrituras baseada em minhas opiniões e preconceitos pessoais.

Assim que me esforcei para me relacionar com essas mulheres a partir da perspectiva de minhas próprias experiências e emoções, elas se tornaram mais reais para mim do que eram antes. Elas também me ensinaram algumas coisas surpreendentes sobre mim mesma. Eu nunca teria me comparado com Dalila, mas sua importunação me mostrou que algumas vezes tenho uma atitude tácita para com Deus: *Se você realmente me amasse...* (23 de abril). Ainda que eu não tenha matado um homem com uma estaca de tenda como Jael fez, tinha culpa, como Mical, de usar palavras de morte (24 de setembro).

A maioria das histórias das mulheres contemporâneas é fundamentada em mulheres da vida real que eu conheci, sobre as quais ouvi ou li. A não ser que eu forneça nome completo ou me refira a alguém como "minha amiga", os nomes usados aqui foram mudados e os detalhes são fictícios para preservar as identidades. Fiz o mesmo com algumas de minhas próprias experiências.

Durante minha infância, ansiava por uma irmã; e agora já adulta fui abençoada ao encontrar irmãs em Cristo com quem compartilhar minha jornada de fé. Agora, ao escrever este livro, descobri um novo grupo de almas congêneres. Apesar de diferenças no estilo de vida, as mulheres da Bíblia enfrentaram os mesmos conflitos, necessidades e problemas básicos que nós enfrentamos. Oro para que conforme você lê estes devocionais, veja que o mesmo Pai celestial que alcançou essas mulheres dos tempos bíblicos ainda chama Suas filhas, nos dias de hoje.

*Ora, àquele que é poderoso para fazer infinitamente mais do que tudo quanto pedimos ou pensamos, conforme o seu poder que opera em nós, a ele seja a glória, na igreja e em Cristo Jesus, por todas as gerações, para todo o sempre. Amém!* EFÉSIOS 3:20,21

### 1.º DE JANEIRO

# O toque final

**EVA**
**GÊNESIS 2:15-25**

A semana entre o Natal e o Ano Novo tinha passado rápido demais. Nós havíamos desfrutado de um tempo maravilhoso visitando nossas famílias, repleto de presentes, boa comida, filmes, risadas e jogos. Ainda assim, faltava algo. Todos comemoraram quando meu sobrinho encaixou a última peça do novo quebra-cabeça de 600 peças em que havíamos trabalhado com tanto esforço durante toda a semana. Admiramos a bela imagem de um jardim de primavera, copiada de uma pintura de Monet, até que alguém percebeu um espaço vazio perto do centro da imagem.

Quando Deus criou o primeiro homem e o colocou para habitar no Jardim, havia algo faltando ali também. Mesmo após passar seis dias moldando um mundo repleto de belas plantas e uma estonteante tropa de animais, Sua criação não estava completa até que Ele criasse a primeira mulher. Eva foi o toque final na perfeita criação de Deus. Projetada e modelada pela mão do Senhor, sua feminilidade complementou com perfeição todo o demais que Ele havia criado. Adão olhou para Eva e exclamou: "Finalmente!" Deus examinou Sua obra e pode dizer que era "muito bom" (GÊNESIS 1:31).

Deus criou as mulheres para trazer um tipo especial de beleza ao mundo. Fomos criadas à imagem de Deus e testificamos Sua glória de forma singular ao admitirmos os traços femininos de cuidado, sensibilidade, compaixão e criatividade. Também fomos moldadas para ter um relacionamento de proximidade com nosso Criador. Até que o conheçamos pessoalmente, sentiremos falta da peça vital que nos completa, independentemente de quão plena nossa vida pareça ser. Mesmo que sejamos tão belas quanto a pintura de Monet, sem um relacionamento com nosso Criador temos um espaço vazio no centro de nosso ser, exatamente onde está nosso coração.

> *...sejais tomados de toda a plenitude de Deus.*
> EFÉSIOS 3:19

**2 DE JANEIRO**

# (Mal) Interpretando a Palavra de Deus

## EVA
## GÊNESIS 3:1-7

Marlene jogou o jornal, enojada, e começou a andar de um lado para o outro. Como candidata de primeira viagem à prefeitura, ela havia se lançado à oportunidade para compartilhar sua visão. O repórter, aparentemente, tinha sua própria pauta — mudando uma palavra aqui e ali e excluindo alguns comentários. Da próxima vez, Marlene pediria para ver o artigo *antes* da publicação e verificaria palavra por palavra.

Quando Satanás quis que Eva desobedecesse a Deus, seu primeiro passo foi distorcer as palavras de Deus. A serpente perguntou: "Deus realmente disse que você não tem permissão para comer os frutos de nenhuma das árvores do jardim?" Eva corrigiu a citação incorreta e então acrescentou uma frase que não estava na ordenança original de Deus (GÊNESIS 2:16,17), dizendo que eles não tinham permissão para sequer tocar na árvore no meio do Jardim. A má interpretação descuidada de Eva com relação à ordenança de Deus, encorajou Satanás. Ele negou que a desobediência a levaria à morte e questionou os motivos do Senhor.

Hoje temos o incrível privilégio de acesso a toda a Palavra de Deus, em forma escrita, entretanto é ainda mais fácil Satanás nos fazer questionar o que o Senhor diz. Muitas pessoas acrescentam algo à Bíblia, a enfraquecem, distorcem ou reinterpretam para que se adapte aos seus desejos e opiniões pessoais. *Deus realmente disse... que sexo fora do casamento é errado... que o inferno é um lugar literal... que Jesus é o único caminho para Deus?* Algumas pessoas ouvem preletores ou leem livros sobre a Bíblia sem jamais a estudar por si só.

Quando Satanás tentou fazer Jesus distorcer a Palavra de Deus, Jesus rechaçou suas tentativas ao citar as Escrituras adequadamente (MATEUS 4:1-11). Se queremos viver de forma que agrade a Deus, precisamos que Seu Espírito viva em nós e precisamos estudar Sua palavra continuamente. Quando Satanás vier para nos enganar, estaremos preparadas para citar as Escrituras — preferivelmente palavra por palavra.

*Guardo no coração as tuas palavras, para não pecar contra ti.* SALMO 119:11

## 3 DE JANEIRO

# *Momento decisivo*

**EVA**
**GÊNESIS 2:16,17; 3:4**

Eva, em sua inocência, não sabia que sua conversa com a serpente era um ponto decisivo em sua vida. Foi Adão ou Deus que lhe falou sobre a ordenança de não comer o fruto da árvore no meio do Jardim. Ela não tinha motivos para questionar a Palavra de Deus ou Suas intenções, considerando que conhecia a bondade de seu Criador e Sua preocupação com seu bem-estar. Entretanto, a serpente também parecia sábia. O fruto na bela árvore parecia delicioso; como poderia ser prejudicial? O que poderia estar errado em ganhar mais sabedoria? Enquanto Eva decidia de quem seria o conselho que seguiria, o destino do mundo era colocado na balança.

Situações semelhantes acontecem em incontáveis vidas todos os dias. Um adolescente ensinado a abster-se do sexo pré-marital ouve de seu professor que é algo perfeitamente natural e seguro, contanto que use proteção. Uma estudante universitária tem que ouvir seu professor promover diariamente "o caminho iluminado para a espiritualidade", enquanto ridiculariza as crenças "antigas" do cristianismo. Uma mulher luta para manter seu casamento e sua família unida, enquanto seus colegas de trabalho a pressionam para considerar suas necessidades em primeiro lugar.

Todos nós temos momentos decisivos em nossa vida, quando temos escolhas a fazer. Fundamentaremos nossas ações na imutável Palavra de Deus ou ouviremos a outras fontes que parecem razoáveis ou sábias? Nossas decisões determinarão a direção de nossa vida até certo grau e, algumas vezes, da vida de outros. Pode não ser uma situação de vida ou morte, mas o resultado pode afetar nossa saúde, um relacionamento, ou, nosso caráter. Sempre que precisamos escolher entre ouvir Deus ou alguma outra voz, algo precioso é colocado sobre a balança.

*A voz de quem você ouvirá hoje?*

**4 DE JANEIRO**

# Lição básica de contentamento

**EVA**
GÊNESIS 3:6,7

O primeiro emprego de meu irmão mais novo foi como assistente social no Departamento de Recursos Humanos em uma cidade pequena. Certo dia, a cliente de um colega de trabalho relatou que havia perdido seu auxílio-alimentação. Considerando que a mulher não receberia o auxílio de volta nas próximas duas semanas, os funcionários contribuíram com a pequena quantia de que podiam abrir mão e fizeram compras para ela. No dia seguinte, o assistente social trouxe a reposta da mulher — ela reclamara porque não incluíram carne suficiente na compra que fizeram.

Esta mulher tinha uma atitude problemática, que surgiu primeiro em Eva, no Jardim do Éden. Deus havia criado o ambiente perfeito que provia todas as necessidades físicas, emocionais e espirituais de Eva. Ela estava cercada de beleza e generosidade, mas quando Satanás atraiu sua atenção para a árvore proibida, Eva experimentou, pela primeira vez, o descontentamento. Seu foco deixou de estar em tudo que desfrutava e passou a estar na única coisa que Deus lhe havia negado. Sua felicidade e bem-estar, repentinamente, pareciam depender de comer o fruto da árvore no meio do Jardim. Nada mais a satisfaria.

Todas nós herdamos a tendência de querer sempre mais do que temos. Quando nossos olhos são atraídos a algo que não temos, repentinamente nossas casas, nossos móveis, casamentos ou nossas famílias não parecem ser o suficiente. É difícil nos concentrarmos em nossas bênçãos quando algo está nos tentando. Esta atitude insulta Deus e inevitavelmente nos leva ao pecado. Podemos cultivar o contentamento pedindo ao Senhor que remova nossos desejos por algo e confiando que Ele proverá o que é melhor para nós. Com Sua ajuda, aprenderemos a estar satisfeitas — mesmo quando não tivermos tanta carne ou frutas em nossa dieta como gostaríamos.

*...aprendi a viver contente em toda e qualquer situação.*
FILIPENSES 4:11

## 5 DE JANEIRO

# O primeiro vestido de grife

**EVA**
**GÊNESIS 3:7-11,21**

"O que vou vestir hoje?" Essa é uma das primeiras perguntas que fazemos todas as manhãs — a não ser que seja "O que ainda serve em mim?" Roupas são uma parte importante da vida de uma mulher. Queremos usar algo que seja confortável, moderno e que nos favoreça. Muitas vezes por ano, fabricantes de roupa apresentam suas novas linhas e a mercadoria nova nas lojas pode nos fazer sentir insatisfeitas com nossos guarda-roupas. Muitas mulheres amontoam dívidas no cartão de crédito por gastar mais em roupas do que seu orçamento permite. Os bilhões gastos em publicidade nos fazem esquecer que o propósito da roupa é basicamente cobrir nosso corpo nu.

Quando Adão e Eva desobedeceram a Deus e sentiram vergonha pela primeira vez, eles fizeram as primeiras roupas — não eram da marca *Tommy Hilfiger*, eram folhas de figueira. Deus tinha algo melhor em mente. Ainda que seu pecado os tenha forçado a abandonar seu perfeito lar e sofrer consequências dolorosas, Deus não os abandonou. Ele usou peles de animais para fazer roupas para Adão e Eva — vestuários mais duráveis, protetores e mais macios do que folhas.

Deus sacrificou animais para cobrir a nudez de Adão e Eva, e isto prenunciou o dia em que Jesus sacrificaria Sua vida para cobrir permanentemente nosso pecado. Podemos tentar nos tornar espiritualmente apresentáveis ao seguir regras ou rituais ou por sermos boas pessoas, mas isso nos deixará despidas espiritualmente.

Somente o manto de perdão provido pela vida impecável, morte e ressurreição de Jesus é adequado para cobrir a vergonha de nossa condição pecaminosa. Assim que aceitamos este incrível presente, nosso pecado já não mais nos separa do santo Deus, que nos criou. Podemos nos aproximar dele sem pensar: não tenho nada para vestir.

*...mas revesti-vos do Senhor Jesus Cristo...*
ROMANOS 13:14

**6 DE JANEIRO**

# Esconde-esconde

EVA
GÊNESIS 3:8-10

A tentativa de Eva de se esconder de Deus mostra que ela não recebera os resultados que Satanás havia prometido, ao comer o fruto proibido. Ela queria ganhar conhecimento e sabedoria, mas foi tola o suficiente a ponto de acreditar que poderia se esconder do Deus que tudo vê. Em lugar de correr com alegria para encontrar o Senhor quando Ele foi conversar com o casal, Adão e Eva tentaram evitá-lo. Suas consciências culpadas os isolaram daquele que os havia criado, suprido suas necessidades e os amado.

Não há como avaliarmos precisamente a perda que Adão e Eva sofreram. Nunca vivemos em um ambiente perfeito ou caminhamos com Deus presente fisicamente em um jardim, mas todos sofremos os efeitos de sua queda no pecado. E as pessoas têm tentado se esconder de Deus desde então. Alguns se escondem atrás da filosofia, ou da falsa religião, ou de um estilo de vida destrutivo. Os cristãos participam de um jogo mais sutil de esconde-esconde. Nós algumas vezes usamos as atividades da igreja ou as ocupações espirituais para evitar abertura total e honestidade com o Senhor a quem supostamente servimos.

Deus nos conhece muito mais intimamente do que nós nos conhecemos. Ele está plenamente ciente de nossos pensamentos, sentimentos, ações e motivações. Não importa o que fizemos ou o quão terrivelmente tenhamos errado, Ele nos busca e deseja comunhão conosco. Seu chamado: "Onde está você?" não é uma exigência, mas um convite à confissão e a experimentar a alegria de ser incondicionalmente amada e plenamente aceita por nosso Criador.

Deus enviou um Salvador para sofrer a punição por nosso pecado de modo que pudéssemos nos colocar diante dele livres de vergonha e medo. Uma vez que nossas consciências culpadas são limpas pelo sangue de Cristo, não precisamos jamais nos esconder de Deus. Podemos sair de nosso esconderijo e correr para encontrá-lo.

*Sonda-me, ó Deus, e conhece o meu coração...*
SALMO 139:23

## 7 DE JANEIRO

# O jogo da culpa

**EVA**
**GÊNESIS 3:11-13**

Adrienne saiu com calma da cama e gentilmente fechou a porta. "Achei que ele não dormiria hoje", pensou. Ela franziu as sobrancelhas ao ligar o computador. Seu coração acelerou ao ver a tela com o nome dele. Estas sessões na madrugada estavam ficando longas, mas era tão bom conversar com alguém que realmente a compreendia. Adrienne ficou com o rosto corado ao pensar no destino da relação. "Não é minha culpa", ela disse com desdém. "Se Jim não estivesse tão envolvido com outras coisas eu não estaria procurando uma alma gêmea."

O jogo da culpa começou no Jardim do Éden quando Deus confrontou Adão e Eva com seu pecado. Repletos de medo pelo que haviam feito, cada um deles tentou se livrar da responsabilidade.

"Foi a mulher que me deste por esposa", Adão respondeu.

"A serpente me enganou", Eva insistiu.

Será que eles realmente pensaram que Deus acreditaria em suas desculpas e não os responsabilizaria por sua desobediência?

Faz parte da natureza humana racionalizar nosso comportamento. Como nossos próprios advogados de defesa, procuramos formas de desculpar nossas escolhas pecaminosas, em lugar de admitir nosso erro. A sociedade pode nos encorajar a culpar o ambiente que nos cerca ou a genética, mas isso não funciona com Deus. Ele não aceita argumentos ou barganhas; e alegações de insanidade não nos levarão a lugar algum.

Ainda que sejamos influenciadas por muitas forças, a verdade simples é que cada uma de nós responde a Deus por nossas atitudes e nossos estilos de vida. Quando desobedecemos às leis de Deus, não temos ninguém a quem culpar, exceto nós mesmas. Não encontraremos perdão e liberação da culpa até que admitamos que erramos. Não teremos um relacionamento de proximidade com Deus a não ser que sejamos abertas e honestas com Ele. Nesse momento encontraremos nossa verdadeira Alma Gêmea.

*Confessei-te o meu pecado e a minha iniquidade não mais ocultei...* SALMO 32:5

**8 DE JANEIRO**

# O alto preço da desobediência

**EVA**
**GÊNESIS 3:14-19**

Ela saiu do escritório do advogado pasma. Como bibliotecária de uma instituição de caridade, recebia um salário irrisório e não via nada de errado em complementá-lo com doações de empresas. Não ofendia ninguém, já que retirava apenas pequenas porções de dinheiro. Além do mais, a instituição ia muito bem e ninguém mais verificava os registros. Conforme os anos se passaram, ela passou a contar seus "bônus" como parte de sua renda. Então, um dia com a chegada de um novo supervisor ela precisou enfrentar a escolha de pagar uma grande quantidade em restituição ou passar um tempo na cadeia.

Satanás convenceu Eva de que não haveria consequências por desobedecer a ordenança de Deus, mas ela rapidamente descobriu a terrível verdade. Aquele momento mudou sua vida para sempre: ela experimentaria dor na gestação, conflito em seu relacionamento com Adão e, eventualmente, a morte. Mais importante: ela perdeu a comunhão íntima com seu Criador. Em vez de tornar-se semelhante a Deus, como Satanás prometera, ela foi apartada dele. A escolha de Eva também transformou o mundo que era um paraíso em um ambiente hostil. Todos que viveram desde então têm sofrido por causa desse primeiro ato de desobediência.

Hoje, Satanás ainda usa a mentira de que podemos infringir os mandamentos de Deus sem sofrermos nenhuma consequência negativa, e nós ainda acreditamos nisso. Podemos achar que nos livramos das consequências de algo, mas cedo ou tarde pagaremos o preço da desobediência. Todos os mandamentos de Deus são fundamentados no desejo que Ele tem de que sejamos saudáveis física, emocional e espiritualmente. Alertas contra a impureza sexual existem para nos proteger de doenças, sofrimento e relacionamentos insalubres. Outros mandamentos nos ajudam a viver de forma mais satisfatória e alegre possível. Quando Deus nos proíbe de algo, podemos ter certeza de que Ele tem uma razão e de que há um alto custo pela desobediência.

*São verdadeiros os teus mandamentos...*
SALMO 119:86

9 DE JANEIRO

## Batalha dos sexos

EVA
GÊNESIS 2:18; 3:16

Adão e Eva perderam muitas bênçãos como resultado de sua desobediência, incluindo o relacionamento conjugal perfeito de que haviam desfrutado. Antes, tinham conforto e abertura um com o outro como crianças correndo nuas sem pudor algum. Após a desastrosa escolha de comer o fruto proibido, eles sentiram necessidade de cobrir seus corpos e sua culpa. Estavam agora em conflito com Deus e um com o outro. O pronunciamento de Deus (GÊNESIS 3:16-19) indicou que nenhum homem ou mulher jamais seria novamente capaz de alcançar a perfeita harmonia física, emocional e espiritual que Adão e Eva conheceram.

Algumas mulheres reinterpretam as partes da Bíblia que descrevem seu papel. Antes que Deus formasse Eva, Sua intenção clara era de formar uma ajudadora para Adão. À primeira vista, isto pode parecer como um papel secundário, mas o mesmo termo é usado para referir-se a Deus em vários versículos, como em Salmo 70:5 e 115:9. Deus formou Adão para ser o líder, mas ele e Eva funcionavam como parceiros igualitários até que o pecado entrou em cena. Desde então, homens e mulheres lutam com conflito em seus relacionamentos em vez de desfrutar plenamente a unidade que Deus tinha em mente.

O politicamente correto infiltrou-se na igreja levando muitos a evitarem passagens como Efésios 5, que discutem o projeto de Deus para a família. Versículos sobre submissão parecem ultrapassados e indignam algumas mulheres. A Palavra de Deus deixa claro que ainda que homens e mulheres sejam igualmente importantes, temos papéis diferentes. Quando nos submetemos à liderança de alguém não estamos nos rebaixando; estamos concordando com o plano de Deus para relacionamentos amorosos e harmoniosos que incluem respeito mútuo. O que chamamos de "batalha dos sexos" é na verdade, uma batalha contra a natureza rebelde que herdamos de nossos ancestrais.

*Sujeitando-vos uns aos outros no temor de Cristo.*
EFÉSIOS 5:21

10 DE JANEIRO

# Vivendo com pesar

EVA
GÊNESIS 3:22-24

Quando Belinda abriu seus olhos, ela imediatamente sentiu o familiar peso em seu espírito. Na realidade, nunca a havia deixado, mas certas conversas, eventos, feriados e memórias intensificaram o peso até o ponto de sentir-se consumida. Após o jantar de ontem, Belinda sabia como seu dia seria. Ela compararia os vibrantes casamentos de suas amigas e filhos emocionalmente estáveis, com sua própria família. Ela se prenderia a seus erros passados como esposa e mãe, reviveria os detalhes das más escolhas que fez. Ela se perguntaria como sua vida seria diferente — se apenas... *Se eu apenas pudesse viver o resto de minha vida livre dessa carga de pesar.*

Eva deve ter conhecido o fardo de viver com pesar. Quantas vezes ela voltou àquela conversa fatídica com Satanás e sua decisão de ouvi-lo? Será que não se sentia tomada pela enormidade de consequências e imaginava como sua vida teria sido — se apenas? Ainda que o pecado de Adão e Eva os tenha banido do ambiente perfeito que conheciam, eles olharam para o futuro e para a promessa de Deus, de um Salvador.

Como mulheres, temos a tendência de reviver uma cena, uma conversa ou decisão, várias vezes em nossa mente, por dias, semanas e até mesmo anos. Isto pode ser um benefício se revivemos nossas ações e decisões em oração, pedindo a Deus que nos mostre nossas áreas fracas para que possamos agir de maneira mais piedosa, na próxima vez que enfrentarmos circunstâncias semelhantes. Muito frequentemente, ficamos presas em culpa e pesar que nos roubam a alegria de viver. A Bíblia diz que quando confessamos e abandonamos nossos pecados eles são levados para tão longe que Deus não mais os considera. Ele não quer que vivamos com um fardo pesado de tristeza. Independentemente de quão escuro nosso passado possa parecer, se pertencemos a Ele o futuro se torna brilhante.

> *...Disse: confessarei ao Senhor as minhas transgressões; e tu perdoaste a iniquidade do meu pecado.*
> SALMO 32:5

**11 DE JANEIRO**

## Os bons e velhos tempos

**MULHERES LEMBRANDO O TEMPLO ORIGINAL
ESDRAS 3:12; AGEU 2:1-9**

Ela tirou um álbum de fotos da estante e começou a virar as páginas indiferentemente. As memórias enchiam sua mente enquanto olhava as fotos que registraram seu casamento, sua família crescendo, viagens de férias e festas frequentes. As fotos de sua espaçosa casa antiga com seus jardins e pátios espaçosos a fizeram olhar para seu pequeno apartamento com desgosto. Os álbuns mostravam apenas o que ela já não mais possuía. Seu marido estava morto há muito tempo, os filhos cresceram e se mudaram. Mais uma vez ela começava seu dia almejando pelos bons e velhos tempos.

Algumas das mulheres israelitas que assistiram à reconstrução do templo tinham sentimentos semelhantes. Muitas pessoas se alegravam em ver o progresso feito, mas aquelas que se lembravam do Templo original choravam em voz alta. A nova versão não se comparava com as riquezas e o esplendor do Templo de Salomão que havia sido destruído há mais de 60 anos. Deus entendeu os sentimentos de profunda decepção e desencorajamento dessas mulheres e as lembrou de que Ele sempre estaria com elas, como esteve no passado. Olhando adiante para o reinado de Cristo, Ele prometeu que "A glória desta última casa será maior do que a da primeira..." (AGEU 2:9).

Quando parece que perdemos aquilo que concedia significado a nossa vida, é fácil cair na armadilha de permanecer nos "bons e velhos tempos". Olhar para trás, para aquilo que perdemos nos faz sentir o desejo de chorar em alta voz. Esta comparação pode nos submergir em desencorajamento ou depressão e no engano de crer que nossa vida já não vale mais a pena. Contudo, se pertencemos a Deus, Ele tem um propósito para cada estágio de nossa vida. Concentrarmo-nos no amor e na misericórdia de Deus tira de nossa mente o foco na insatisfação com as circunstâncias. Contanto que nossa prioridade máxima seja buscar e obedecer a Deus, todos os estágios de nossa vida serão "bons e velhos tempos".

*Lembro-me destas coisas — e dentro de mim se me derrama a alma — [...]. Por que estás abatida, ó minha alma? Por que te perturbas dentro de mim? Espera em Deus...* SALMO 42:4,5

12 DE JANEIRO

# Testemunha ocular de um milagre

## UM PIQUENIQUE MARAVILHOSO
JOÃO 6:1-11

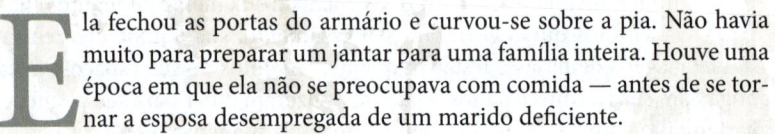

Ela fechou as portas do armário e curvou-se sobre a pia. Não havia muito para preparar um jantar para uma família inteira. Houve uma época em que ela não se preocupava com comida — antes de se tornar a esposa desempregada de um marido deficiente.

O auxílio público colaborava, mas nem sempre até o fim do mês. As crianças logo estariam em casa. Como ela adoraria ter um lanche saudável e consistente pronto para elas! Ela atendeu à campainha e olhou para os cinco pacotes de compras em sua varanda. Olhando os pacotes procurando por um bilhete, ela encontrou um cupom do mercado no valor de 50 dólares, que ela mal podia ler por causa das lágrimas.

Uma mulher presente quando o evento bíblico narrado em João 6 aconteceu também ficou surpresa quando alimento inesperado surgiu. Durante toda a tarde ela havia ignorado o resmungo de seu estômago — valia a pena passar fome para ouvir seu rabino. Ele curou doenças de pessoas e ensinou como ninguém. Jesus estava agora agradecendo a Deus por um pequeno pão e peixe. Como Ele poderia ser tão cruel? Ele iria partilhar um lanche com Seus discípulos diante desta multidão faminta?

Mais tarde, a mulher descansava na grama com a mente tão preenchida quanto seu estômago. Ela não tinha certeza de como exatamente isso havia acontecido, mas Jesus continuou a dar pedaços de comida aos discípulos, que continuaram entregando às pessoas. Lágrimas enchiam os olhos dela enquanto ela jurava: *enquanto eu viver, jamais esquecerei este dia.*

Todas nós nascemos com uma fome que somente Deus pode saciar. Podemos tentar satisfazer nossa fome espiritual com posses, prazer, conhecimento de outras pessoas, mas não seremos verdadeiramente satisfeitas até que tenhamos um relacionamento de proximidade com Aquele que nos criou. Depois que Deus nos alimenta, percebemos que estávamos famintas e nem sabíamos.

*As tuas bênçãos são como alimentos gostosos; elas me satisfazem...* SALMO 63:5 (NTLH)

**13 DE JANEIRO**

# Testemunha ocular de um milagre

**SOBRAS PRECIOSAS**
**JOÃO 6:12-14**

"Você poderia embalar as sobras do meu bife para eu levar para casa?" Jane pediu ao garçom. *Não há porque deixar essa comida boa aqui para ser jogada fora.* Este provavelmente era o restaurante mais caro da cidade, mas Jane tinha um motivo para celebrar. Após anos ouvindo mentiras, abusos verbais em uma condição miserável ela finalmente havia terminado um relacionamento muito doentio. Agora ela se perguntava como podia ter sido tão cega. *Pelo menos não vou desperdiçar esta comida como desperdicei quatro anos de minha vida,* ela pensou.

Uma mulher na multidão que Jesus alimentou contemplou o milagre que acabara de testemunhar. Com apenas dois peixes e alguns pequenos pedaços de pão, Jesus havia alimentado uma multidão de milhares, e todos comeram o quanto quiseram. A mulher então ouviu Jesus dizer aos Seus discípulos que juntassem as sobras. Com uma grande família para alimentar e pouco dinheiro, a mulher entendia o que significava ser parcimonioso. Ela estava feliz em ver que estes "pedaços de milagre" não seriam desperdiçados. Após os discípulos terminarem de juntar os pedaços, a mulher contou 12 cestos.

A instrução de Jesus de juntar as sobras mostra que, ainda que Deus tenha recursos ilimitados, Ele não desperdiça coisas. Vivemos em uma sociedade extravagante em que pessoas esbanjam rotineiramente comida, dinheiro e tempo. Algumas vezes nossas más escolhas dão a impressão de que desperdiçamos anos de nossa vida, mas quando damos o controle a Deus, Ele garantirá que nada seja desperdiçado. Ele pode usar todas as nossas decisões ruins, relacionamentos doentios e momentos de sofrimento para nos ajudar a tornarmo-nos mais fortes espiritualmente. Ele nos equipará para ajudar outros que estão passando por situações semelhantes. Quando deixamos que Deus junte nossos pedaços quebrados, nossas piores experiências podem se tornar nossos maiores recursos.

> *…disse Jesus aos seus discípulos: Recolhei os pedaços que sobraram, para que nada se perca.*
> JOÃO 6:12

**14 DE JANEIRO**

# Multiplicação divina

## UMA MÃE QUE PREPAROU UM PEQUENO ALMOÇO
## JOÃO 6:8,9

Elaine ergueu as sobrancelhas ao olhar para seu talão de cheques. *Não consigo acreditar que passei por mais um mês.* Sem nenhuma reserva em que se apoiar quando foi despedida, Elaine tinha certeza de que teria que pedir dinheiro emprestado para pagar suas contas do mês. Mas após cinco meses vivendo do seguro-desemprego, ela ainda tinha um teto sobre sua cabeça e não havia ficado sem nenhuma refeição sequer. Suas contas estavam todas pagas, ainda que não soubesse exatamente como. *Nunca imaginei que uma quantidade tão pequena pudesse cobrir tanto*, Elaine pensou maravilhada e sussurrou: "Obrigada, Deus".

A reação de Elaine é ofuscada se comparada com o que imagino que a mulher em João 6 sentiu — a mãe que preparou o almoço de seu filho e depois descobriu que foi o que alimentou cinco mil homens além de mulheres e crianças. Seu filho deve ter explodido pela porta para contar a novidade. A mãe reluziu de orgulho quando compreendeu que ele havia compartilhado seu almoço, mas seu sorriso desapareceu quando começou a compreender suas palavras de empolgação. Não havia alimento suficiente em todo o seu vilarejo para alimentar uma multidão como aquela e Jesus o fez usando o pequeno almoço que ela havia preparado para seu filho? De uma coisa ela tinha certeza — havia algo diferente com relação a este rabino.

Quando nos comparamos a outros, podemos sentir que não temos muito a oferecer a Deus. Imaginamos as grandes coisas que faríamos por Ele se tivéssemos uma bela voz, grande habilidade de discurso, talento notável, inteligência ou muito dinheiro. Mas quando oferecemos nosso tempo e nossos recursos a Deus em espírito de serviço de amor, Ele multiplica nossos pequenos esforços tornando-os algo magnífico. Se colocarmos nosso viver nas mãos de Deus, chegará o dia em que nos maravilharemos com o que Ele terá feito com nossos "pequenos almoços".

*Porque a todo o que tem se lhe dará, e terá em abundância...* MATEUS 25:29

**15 DE JANEIRO**

# *Preconceito racial*

### A ESPOSA DO HOMEM AUXILIADO PELO SAMARITANO
### LUCAS 10:29-37

A anciã permaneceu em pé olhando sua casa e balançando a cabeça. O tornado que havia devastado sua cidade foi, definitivamente, um choque. E ela foi surpreendida pelos 14 voluntários que rapidamente apareceram para colocar um novo telhado em sua casa e consertar a varanda e as janelas. A velocidade com que completaram o trabalho foi simplesmente incrível! Mas o que mais a chocou foi a cor das pessoas do grupo.

Se a vítima na passagem de Lucas tivesse uma esposa, ela poderia ter se identificado com os sentimentos desta anciã. Na parábola de Jesus, ladrões espancam um judeu e o deixam na estrada para morrer. Um sacerdote judeu e um levita viram a condição do homem e, ainda assim, não lhe ofereceram ajuda. Finalmente, um samaritano apareceu e socorreu o viajante ferido, chegando ao ponto de pagar uma hospedagem para ele. Considerando que judeus e samaritanos desprezavam-se, podemos imaginar o quão surpresa ficaria a esposa da vítima ao ouvir quem foi a pessoa que se dispôs a ajudar seu marido. O esperado seria que o sacerdote e o levita ajudassem um companheiro, mas não um membro da raça samaritana.

Preconceito racial existe há muito tempo. Como é triste pensar que frequentemente é necessário um desastre para que as pessoas olhem além da cor da pele e simplesmente vejam outra pessoa em dificuldade. Aos olhos de Deus somos todos iguais. Todos nascemos como pecadores que precisam de um Salvador. Antes de permitir que nossas diferenças nos separem, Deus quer que nos concentremos no que temos em comum. Quando Ele nos ordena a amar uns aos outros, não quer que amemos apenas aqueles que têm aparência como a nossa ou falam e pensam como nós. Se tratarmos uns aos outros como Ele planejou, ninguém se surpreenderá quando a ajuda vier em uma cor diferente.

> *Meus irmãos, não tenhais a fé em nosso Senhor Jesus Cristo, Senhor da glória, em acepção de pessoas.*
> TIAGO 2:1

**16 DE JANEIRO**

# Traída e usada

## A CONCUBINA DO LEVITA
## JUÍZES 19

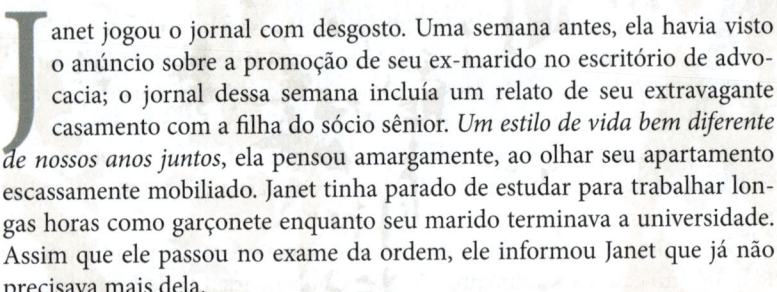

Janet jogou o jornal com desgosto. Uma semana antes, ela havia visto o anúncio sobre a promoção de seu ex-marido no escritório de advocacia; o jornal dessa semana incluía um relato de seu extravagante casamento com a filha do sócio sênior. *Um estilo de vida bem diferente de nossos anos juntos*, ela pensou amargamente, ao olhar seu apartamento escassamente mobiliado. Janet tinha parado de estudar para trabalhar longas horas como garçonete enquanto seu marido terminava a universidade. Assim que ele passou no exame da ordem, ele informou Janet que já não precisava mais dela.

A mulher em Juízes 19 sabia o que era ser traída e usada por homens. Quando uma multidão cercou a casa e exigiu que o levita saísse para que tivessem relações sexuais, ele usou sua concubina para se proteger. Como ela deve ter ficado aterrorizada quando seu próprio marido a empurrou pela porta! Só podemos imaginar os horrores que ela sofreu enquanto a multidão enlouquecida a estuprava, em turnos, durante toda a noite.

O último versículo em Juízes explica este triste período na história de Israel:

"...cada um fazia o que achava mais reto" (JUÍZES 21:25). Hoje vivemos em uma atmosfera semelhante. Os padrões de Deus para certo e errado foram substituídos por relativismo moral e ética circunstancial. As pessoas fazem o que lhes parecem certo e esperam que os outros tolerem.

Como resultado desta decadência moral, as pessoas usam umas às outras de modo egoísta, para conseguir o que querem, magoando e amargurando outros. Mas mesmo quando nos sentimos traídos exatamente por quem deveria nos amar e proteger, podemos ter certeza de que há Alguém que sempre coloca nosso bem-estar em primeiro lugar. Quando o pecado exigiu a penalidade de morte, Jesus não nos empurrou pela porta. Ele mesmo foi enfrentar a punição — e morreu em uma cruz por nós.

*...carregando ele mesmo em seu corpo,*
*sobre o madeiro, os nossos pecados...*
1 PEDRO 2:24

**17 DE JANEIRO**

# Pequenos começos

LÍDIA
ATOS 16:11-15

Anne desligou o telefone após ouvir sua amiga falar enfurecida sobre o programa de fim de ano de sua igreja com efeitos especiais, orquestra e um grande elenco. Mais uma vez ela havia incitado Anne a abandonar a pequena igreja de interior que havia frequentado por 40 anos. *Talvez não tenhamos o equipamento e os recursos que muitas igrejas modernas têm*, Anne pensou, *mas não temos falta de fé*. Ela listou mentalmente o que o pequeno grupo de 14 membros tinha: cultos de domingo significativos, celebrações especiais e refeições com todos juntos e um comprometimento de encontrar-se às quartas-feiras para a reunião de oração — algo que a igreja maior de sua amiga havia abandonado.

Lídia também tinha um grupo pequeno. Ainda que fosse gentia, ela adorava o Deus de Israel. Ela ansiava aprender mais sobre este Deus do povo judeu, mas em Filipos não havia sinagoga. Ela se encontrava fielmente com um pequeno grupo de mulheres no sábado para orar e, certo dia, Deus respondeu as orações e esperanças de Lídia.

Paulo teve uma visão de um homem lhe implorando "Passe à Macedônia e ajuda-nos!" (ATOS 16:9). Paulo e Silas imediatamente velejaram para o norte da Grécia. No sábado seguinte, eles saíram da cidade e encontraram as mulheres reunidas no rio. Lídia respondeu ao evangelho e tornou-se a primeira convertida naquela parte do mundo. Ela teve um papel crucial na difusão da igreja pela Europa.

É fácil nos prendermos a números e jogar o jogo da comparação. Podemos sentir que nossa pequena igreja ou grupos de estudo bíblico não são tão importantes quanto os grandes, mas Deus está preocupado com o estado de nosso coração, não com o tamanho de nossos grupos. Deus responderá ao nosso desejo de conhecer e servi-lo independentemente de estarmos em uma pequena igreja de interior ou orando com algumas mulheres na margem de um rio.

> *Porque, onde estiverem dois ou três reunidos em meu nome, ali estou no meio deles.*
> MATEUS 18:20

**18 DE JANEIRO**

# Miss hospitalidade

LÍDIA
ATOS 16:13-15

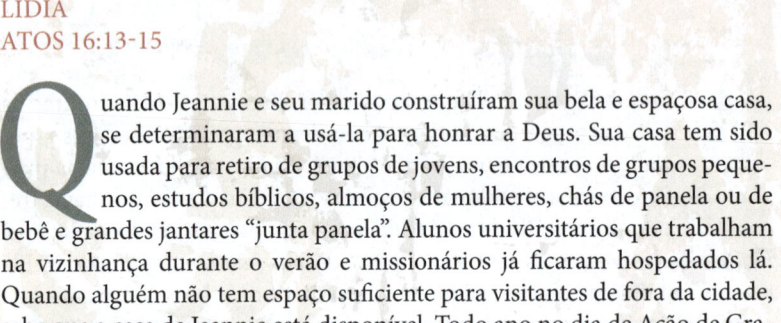

Quando Jeannie e seu marido construíram sua bela e espaçosa casa, se determinaram a usá-la para honrar a Deus. Sua casa tem sido usada para retiro de grupos de jovens, encontros de grupos pequenos, estudos bíblicos, almoços de mulheres, chás de panela ou de bebê e grandes jantares "junta panela". Alunos universitários que trabalham na vizinhança durante o verão e missionários já ficaram hospedados lá. Quando alguém não tem espaço suficiente para visitantes de fora da cidade, sabe que a casa de Jeannie está disponível. Todo ano no dia de Ação de Graças, a família de Jeannie oferece um grande jantar para amigos, colegas de trabalho e estudantes de outros países.

Lídia exercitou seu dom de hospitalidade desde o momento em que se tornou uma seguidora de Cristo. Após ser batizada, ela pediu a Paulo e seus companheiros missionários que fossem seus convidados caso a considerassem uma verdadeira cristã e os instigou até que concordassem. Lídia considerava um privilégio, e não um fardo, a oportunidade de ser anfitriã para estes missionários.

Muitos de nós gostaríamos de ser mais como Jeannie e Lídia, mas pensamos que nossas casas não são grandes o suficiente, nossa mobília não é bonita o bastante, não cozinhamos incrivelmente bem ou não temos tempo suficiente. Geralmente, o problema é que confundimos entreter com demonstrar hospitalidade. Demonstrar hospitalidade simplesmente significa estar focado em fazer outra pessoa sentir-se em casa. Isso não precisa de algo como um anúncio de revista.

Como as outras ordenanças de Deus, a hospitalidade é uma bênção de duas vias. A disposição de Lídia de abrir sua casa teve papel-chave no crescimento do primeiro grupo de cristãos em Filipos. Enquanto isso, Lídia aprendia mais sobre as verdades que Paulo estava compartilhando. A família de Jeannie também se alegra em poder compartilhar seus recursos com outros. Somente Deus sabe quantas pessoas foram abençoadas por essas duas casas.

*...praticai a hospitalidade.*
ROMANOS 12:13

**19 DE JANEIRO**

# Mulher de negócios piedosa

**LÍDIA**
**ATOS 16:13-15; PROVÉRBIOS 31:16-18**

Stephanie não se agradou com o *email* de sua chefe: era hora de mais uma reunião de negócios fora da cidade. O lado profissional da viagem valeria a pena, mas a ideia que sua nova supervisora tinha de diversão chocava-se com as ideias que Stephanie tinha de certo e errado. Na última vez, ela criou uma desculpa para evitar ir ao clube com *strip-tease* masculino. Agora ela se perguntava como posicionar-se já que suas crenças afetariam sua carreira. Seria respeitada pelo que crê ou seria rotulada como fanática?

Lídia era uma mulher de negócios bem-sucedida que vendia púrpura. Sua cidade Tiatira era conhecida pela púrpura obtida de mariscos. Considerando que a tinta e o tecido eram caros, somente os ricos e nobres se vestiam com púrpura. A própria Lídia havia se tornado rica por meio de seu negócio e provavelmente empregava outros. Ela provavelmente sentia grande orgulho de suas realizações e de sua reputação nos negócios, mas algo era ainda mais importante para ela.

Um grande número de clientes de Lídia estava envolvido em adoração pagã. Algumas pessoas teriam receio em adotar uma nova religião que pudesse afetar seus negócios, mas não Lídia. Ela abriu seu coração para o evangelho e imediatamente começou a usar seus recursos para servir ao Senhor. A alegria de Lídia em sua nova fé lhe concedeu coragem para colocar Deus à frente dos negócios. Sua casa eventualmente se tornou o lugar de encontro para a nova igreja.

A mulher ideal descrita em Provérbios 31 toma conta das necessidades da família e é também uma mulher de negócios bem-sucedida. Habilidades de negócios podem ser usadas para um grande bem no reino de Deus se mantivermos uma escala de nossas prioridades. Não podemos usar o emprego como uma desculpa para negligenciar nossas famílias ou nosso relacionamento pessoal com o Senhor. Devemos sempre conduzir nossos procedimentos de negócios de forma que honre a Deus e Seus princípios. Como Lídia e Stephanie, nosso principal negócio é agradar nosso Senhor.

*...não para que agrademos a homens, e sim a Deus...* 1 TESSALONICENSES 2:4

**20 DE JANEIRO**

# Não seja tão ingênua!

**MULHERES VULNERÁVEIS**
**2 TIMÓTEO 3:1-9**

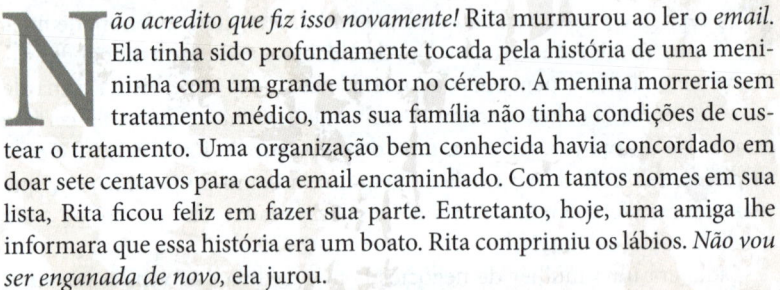

*Não acredito que fiz isso novamente!* Rita murmurou ao ler o *email*. Ela tinha sido profundamente tocada pela história de uma menininha com um grande tumor no cérebro. A menina morreria sem tratamento médico, mas sua família não tinha condições de custear o tratamento. Uma organização bem conhecida havia concordado em doar sete centavos para cada email encaminhado. Com tantos nomes em sua lista, Rita ficou feliz em fazer sua parte. Entretanto, hoje, uma amiga lhe informara que essa história era um boato. Rita comprimiu os lábios. *Não vou ser enganada de novo*, ela jurou.

Na passagem bíblica de hoje, Paulo descreve mulheres que eram suscetíveis a mais que *emails* falsos e lendas urbanas. Estas mulheres imaturas espiritualmente e indisciplinadas eram alvos fáceis para aqueles que espalhavam ensinos falsos. Elas estavam tão ávidas por aprendizado que adotavam toda nova ideia que lhes era apresentada fundamentando opiniões em suas próprias respostas sentimentais. Como resultado, não conseguiam reconhecer a verdade e suas vidas não eram transformadas pelo poder de Deus.

Como nos tempos bíblicos, há muitas pessoas ensinando suas próprias ideias e as proclamando como a verdade de Deus. É fácil sermos levadas por histórias que tocam nossas emoções e por doutrinas que parecem ser corretas para nós. É por isso que precisamos avaliar novas ideias em contraste com o padrão da Palavra de Deus. Se um ensinamento contradiz diretamente a Bíblia, sabemos então que é falso. Somente um conhecimento pleno das Escrituras nos treinará para distinguir entre o real e a imitação. Pode ser vergonhoso cair em boatos de internet, mas é perigoso ser ingênua com relação à verdade espiritual.

*Amados, não deis crédito a qualquer espírito;*
*antes, provai os espíritos se procedem de Deus,*
*porque muitos falsos profetas têm saído pelo mundo fora.*
1 JOÃO 4:1

## 21 DE JANEIRO

# Confira!

### MULHERES BEREANAS
### ATOS 17:10-12

Nossa sociedade está saturada de engano. Todos os dias, pessoas ingênuas são vítimas de vigaristas que as convencem a enviar dinheiro para resgatar um prêmio que receberam. Outras pessoas são enganadas e pagam por reparos em casa que nunca são terminados. Compramos produtos que não chegam nem perto do desempenho anunciado. Lemos autobiografias que no fim das contas são fabricadas. Nossa negligência em conferir coisas nos torna vulneráveis a fraudes.

As mulheres nesta passagem de Atos foram cuidadosas ao conferir suas fontes. Ainda que estivessem ouvindo avidamente à mensagem do evangelho, elas não simplesmente aceitaram de imediato o que Paulo e Silas disseram. Diariamente, elas sondavam as Escrituras para garantir que os dois homens estavam ensinando a verdade. Como os bereanos verificaram cuidadosamente que a mensagem era baseada nas Escrituras, reconheceram que as afirmações dos missionários, sobre Cristo, eram verdadeiras e aceitaram com alegria o dom de salvação de Deus.

Muitas pessoas que alegam ser cristãs sabem pouco sobre a Bíblia exceto pelas histórias familiares que ouviram quando crianças. Outras frequentam estudos bíblicos, mas só acumulam fatos sem aplicar as Escrituras às suas vidas diárias. Há ainda outros que estudam a Bíblia por anos, mas então relaxam, acreditando ter conhecimento suficiente. Nós nunca alcançaremos um ponto em que teremos adquirido todo o entendimento, discernimento, e a sabedoria que a Bíblia nos oferece.

Sem estudo consistente da Bíblia, os cristãos podem ser enganados como qualquer um, por livros e filmes com a pretensão de revelar a verdade sobre Jesus ou o cristianismo. O fato de um livro ser um *best-sell*er escrito por alguém com referências impressionantes, não significa que seu conteúdo seja verdade. Seremos protegidas do engano somente quando seguirmos o exemplo das bereanas e investirmos tempo na Palavra de Deus.

> *...examinando as Escrituras todos os dias para ver se as coisas eram, de fato, assim.*
> ATOS 17:11

## 22 DE JANEIRO

# Mulheres traumatizadas

"RAQUEL" CHORANDO POR SEUS FILHOS
MATEUS 2:18

Lágrimas quentes aguilhoavam seus olhos enquanto olhava para o calendário. Hoje completava seis anos e este ano não era diferente dos outros.

Primeiro ela se lembrou do conselho de seus amigos: "Este não é o momento certo — você precisa terminar a faculdade." "Você precisa pensar no que é melhor para você." "Na verdade, não é algo terrível". "Esta é a única solução".

Então houve as questões familiares que ela guardou para si: *Eu teria um filho ou uma filha no jardim de infância agora? De que cor seriam seus olhos? Será que teria meus cabelos cacheados? De que livros gostaria? Como seria sua voz?*

Mateus 2:18 se refere a dois grupos de mulheres na história de Israel que lamentaram a perda de seus filhos. Jeremias originalmente pronunciou a profecia para descrever mães cujos filhos eram levados ao cativeiro. Depois, Mateus usou as palavras para descrever as mães afetadas pelo luto na área de Belém, cujos filhos de dois anos ou menos foram mortos pelos soldados de Herodes. Imagine os lamentos ensurdecedores enquanto as mulheres agarravam os corpos inanimados de seus bebês tão repentinamente abatidos.

Em nossa nação, incontáveis mulheres choram a perda de seus filhos, geralmente em silêncio. Segundo estimativas do Centro de Controle de Doenças e do Instituto Alan Guttmacher, mais de 42 milhões de abortos foram executados nos Estados Unidos desde que a prática foi legalizada. Profissionais da área médica identificaram uma amplitude de sintomas em mulheres que sofrem de síndrome pós-aborto incluindo: insônia, transtornos alimentares, álcool e vício em drogas, depressão severa e tentativas de suicídio.

Estamos cercadas por milhões de mulheres feridas. Sua única esperança de cura está na cruz, onde Jesus sofreu e morreu para que nós pudéssemos ser plenas. Por mais profunda que seja nossa dor, podemos ir a Jesus sabendo que Ele foi ferido para que nós fôssemos restauradas.

> *...sara os de coração quebrantado e lhes pensa as feridas.* SALMO 147:3

23 DE JANEIRO

# *Palavras de consolo*

**BATE-SEBA**
2 SAMUEL 12:7-25

Ela tropeçou pela porta da frente e desmoronou no sofá. A luz do começo da manhã emitia um brilho lúgubre na imagem de ultrassom emoldurada colocada sobre a lareira. Foi tudo um sonho ruim — o violento ataque de cólicas, a ida até a emergência, as horas frenéticas seguidas de repentina calma? Ao colocar sua mão gentilmente em seu abdômen, sua mente entorpecida abruptamente encheu-se de perguntas. *Onde está meu filho? Será que o verei novamente? Ele me reconhecerá como sua mãe?*

Bate-Seba também conhecia a dor de perder um bebê. Quando o rei Davi engravidou Bate-Seba e então mandou assassinar seu marido, o julgamento de Deus sobre este pecado incluiu a morte de seu bebê. Davi jejuou e orou enquanto seu filho lutava com sua doença, mas ele deixou de prantear depois que o bebê morreu. Davi explicou que não podia trazer seu filho dos mortos, mas poderia estar com ele um dia no futuro. Estas palavras podem ter acalmado o coração machucado de Bate-Seba. Apesar da dor da perda, e da tristeza por seu pecado, ela se apegou à promessa de que seu filho descansava em segurança nas mãos de Deus. Ela o veria novamente.

Através dos séculos, as palavras de Davi trouxeram conforto a incontáveis mães que perderam bebês ou crianças pequenas. Indiferentemente de como uma criança é concebida ou morre, podemos nos apegar à esperança de que se aceitarmos Cristo como nosso Salvador, chegará o dia em que estaremos com nossos bebês que foram perdidos em abortos, doenças ou acidentes. A Bíblia não responde a todas as nossas perguntas sobre estas situações, mas Deus promete que estes bebês estão seguros em Suas mãos. Estas são as palavras mais consoladoras que qualquer mãe poderia ouvir.

> *...Eu irei a ela, porém ela não voltará para mim.*
> 2 SAMUEL 12:23

24 DE JANEIRO

# Escolhendo a vida

## UMA MÃE VERDADEIRA
## 1 REIS 3:16-28

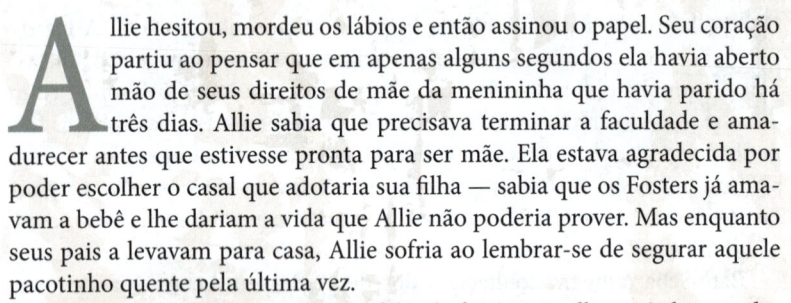

Allie hesitou, mordeu os lábios e então assinou o papel. Seu coração partiu ao pensar que em apenas alguns segundos ela havia aberto mão de seus direitos de mãe da menininha que havia parido há três dias. Allie sabia que precisava terminar a faculdade e amadurecer antes que estivesse pronta para ser mãe. Ela estava agradecida por poder escolher o casal que adotaria sua filha — sabia que os Fosters já amavam a bebê e lhe dariam a vida que Allie não poderia prover. Mas enquanto seus pais a levavam para casa, Allie sofria ao lembrar-se de segurar aquele pacotinho quente pela última vez.

Allie demonstrou amor por sua filha de forma semelhante à de uma das duas mulheres que foram diante do rei Salomão. Quando ambas as mulheres reivindicaram o mesmo bebê, o rei ordenou que a criança fosse cortada ao meio com uma espada para que as mulheres pudessem compartilhá-la. Salomão sabia que a mulher que estivesse disposta a abrir mão do bebê era a mãe verdadeira. Ainda que fosse profundamente doloroso renunciar seu filho, ela colocaria sua segurança em primeiro lugar. Ela abandonaria seus direitos de mãe para que ele permanecesse vivo.

Meninas e moças que abrem mão de seus bebês para a adoção são algumas das mães mais devotas e corajosas que existem. Nossa sociedade oferece a mulheres que passam por uma gravidez inesperada uma saída supostamente fácil por meio do aborto. Mas na verdade, o aborto significa morte para um bebê e riscos de saúde física e emocional para a mãe. Mesmo após fazer a escolha de dar à luz, as mulheres lutam contra seus instintos maternos naturais ao entregarem seus bebês para outro casal. Não importa o quão bom seja o lar que o casal adotivo possa prover, jovens como Allie já concederam a seus filhos um precioso dom que ninguém lhes poderia ter dado: o dom da vida.

*...escolhe, pois, a vida, para que vivas,
tu e a tua descendência.* DEUTERONÔMIO 30:19

## 25 DE JANEIRO

# Sem disfarce

### A ESPOSA DE JEROBOÃO
### 1 REIS 14:1-6

Jackie sentou-se no escritório do reitor, se perguntando como foi que alguém conseguiu reconhecê-la naquela brincadeira estúpida. Quando ela e sua amiga decidiram empurrar as bicicletas que ficavam à frente dos dormitórios, Jackie estava usando um disfarce perfeitamente seguro. Ela usou uma peruca vermelha, óculos escuros, máscara cirúrgica e um traje de hospital. O que Jackie esqueceu é que ela também estava usando uma calça de agasalho com seu sobrenome gravado na parte de trás.

O disfarce da esposa do rei Jeroboão não funcionou muito melhor. Seu marido havia liderado Israel à adoração de ídolos e perseguiu sacerdotes, mas quando seu filho ficou gravemente doente, Jeroboão enviou sua esposa para perguntar a um profeta se o menino se recuperaria. Seguindo as instruções de seu marido, ela retirou suas joias e vestimentas majestosas e se disfarçou como uma mulher comum. Ela andou pelas ruas até a casa de Aías, confiante de que ninguém a reconheceria. Imagine seu choque ao ouvir o idoso profeta cego chamá-la antes mesmo que ela batesse à porta: "…Entra, mulher de Jeroboão…".

Muitos de nós passamos pela vida tentando usar disfarces, seja intencional ou inconscientemente. Algumas pessoas tentam desesperadamente parecer mais virtuosas ou inteligentes do que são. Outras agem de uma forma durante a semana e então colocam seus disfarces de domingo para ir à igreja. Se estivermos tentando impressionar pessoas ou estamos simplesmente nos enganando, Deus vê através de qualquer máscara. Ele conhece nossas palavras antes mesmo que as pronunciemos e nossos pensamentos antes que cheguem a nossa mente. Se não entendemos o amor e a misericórdia de Deus, isto pode parecer aterrorizante, mas aqueles que conhecem Sua misericórdia e aceitação são libertos. Sejam quais forem nossas falhas, não precisamos fingir ser alguém que não somos para o nosso Pai celestial.

> *…por que finges assim?*
> 1 REIS 14:6

**26 DE JANEIRO**

# Cante sua canção

**MULHERES QUE CANTAM**
**JUÍZES 5:1-5; 1 SAMUEL 2:1,2; LUCAS 1:46-49**

Twila desligou o telefone e marcou a data em seu calendário. Ainda que sempre tenha evitado falar em público, ela não podia rejeitar fazer parte de um jantar para honrar o Sr. Shelton. Foram a sua generosidade e seu tino para negócios que colocaram sua família e algumas outras pessoas com a vida de volta nos eixos, após a farmácia ter fechado. Ele possibilitou que Twila realizasse seu sonho de frequentar a universidade e agora a estava ajudando no curso de Medicina. Depois que o pai de Twila morreu, o Sr. Shelton se tornou seu mentor, foi inclusive quem a levou ao altar em seu casamento. Certamente, ela estava nervosa em fazer um discurso, mas como poderia abrir mão da oportunidade de compartilhar como este amável homem havia feito o que parecia impossível?

A Bíblia contém três belos exemplos de mulheres testificando o que Deus fez por elas. Após ver Deus ajudar Israel a vencer um exército poderoso, Débora o louvou com um hino de vitória. Quando Deus deu a Ana um filho após anos de esterilidade, ela derramou sua gratidão em um poema. A reverência de Maria por ter sido a escolhida para dar à luz o Messias, a fez irromper em uma canção. Três mulheres diferentes em três situações diferentes; todas experimentaram a misericórdia e a bondade de Deus e todas expressaram livremente sua alegria, maravilhamento e gratidão.

Cada uma de nós tem uma história de vida singular e cada uma pode testificar a bondade e o amor de Deus. Talvez não saibamos cantar com afinação, escrever uma poesia comovente ou soar como palestrantes profissionais, mas o Senhor quer que estejamos prontas para falar sobre Ele, sempre que tivermos uma oportunidade. Pode haver um parente, amigo, colega de trabalho, vizinho ou estranho que precisa ouvir o que Deus fez em nossa vida. Nossa história singular pode ser exatamente o que irá encorajar essa pessoa a se aproximar de Deus ou até encontrá-lo pela primeira vez. Vale a pena testemunhar para obter esse resultado!

*Vinde, ouvi, todos vós que temeis a Deus,*
*e vos contarei o que tem ele feito por minha alma.*
SALMO 66:16

## 27 DE JANEIRO

# *Sentindo-se ignorada*

### A MÃE DE UMA FILHA POSSESSA POR DEMÔNIOS
### MATEUS 15:21-23

Becky sentou-se tensamente em sua cadeira de plástico rígido e balançou seu filho para frente e para trás. Dylan chorou tanto que finalmente dormiu e agora ela lutava com suas próprias lágrimas. O acidente acontecera tão rápido. Um minuto ele estava rindo em cima do escorregador e repentinamente estava no chão, segurando seu braço contra o peito e gritando caso ela o tocasse. Passaram mais de duas horas esperando na emergência antes que fossem atendidos. Becky olhava para a mulher no balcão e sentia vontade gritar: "Você não está vendo que meu filho precisa de ajuda?"

A mulher na passagem bíblica de hoje conhecia o sentimento de ser ignorada. Ela havia ouvido histórias sobre os milagres e as curas de Jesus. Agora Ele estava em sua cidade e seu coração pesado sentiu o primeiro raio de esperança em muito tempo. A mulher clamou a Jesus, implorando que ajudasse sua filha que sofria de uma terrível possessão demoníaca, mas Ele ignorou seu clamor. Ela continuou apelando pela ajuda de Jesus até que Seus discípulos insistiram que Ele a fizesse ir embora. A mulher se sentiu tão confusa. Era esse o mesmo homem que tinha a reputação de ir até os necessitados?

Não nos sentimos bem por sermos ignorados, especialmente quando precisamos de ajuda. É frustrante o suficiente sentir-se negligenciada pelas pessoas, mas quando parece que até mesmo Deus não está nos respondendo, não sabemos o que pensar. Algumas vezes nossas orações pedindo ajuda parecem bater no teto e voltar. Nessas horas é tentador questionar se Deus realmente se importa conosco e com nossa dor. Quando Deus parece estar nos ignorando, podemos ter certeza de que Ele está plenamente ciente de nossa situação e que há um propósito para sua demora em responder. Como a mulher gentia com a filha possessa por um demônio, precisamos continuar clamando Àquele que é nossa única esperança.

*Os olhos do S*ENHOR *repousam sobre os justos,*
*e os seus ouvidos estão abertos ao seu clamor.*
SALMO 34:15

**28 DE JANEIRO**

## *Fé teimosa*

### A MÃE DE UMA FILHA POSSESSA POR DEMÔNIOS
### MATEUS 15:24-28

A mulher gentia que pediu a Jesus que curasse sua filha possessa por demônios deve ter se surpreendido quando Jesus a repeliu. A maioria das pessoas teria se magoado, ficado ofendida ou se irado e ido embora. Se eu estivesse no lugar dessa mulher há séculos, teria dito imediatamente: "Mas Jesus, você curou a filha deste homem, o filho desta mulher, aquele cego e aquele surdo. Por que não minha filha?" Em vez de desistir, a mulher obstinadamente continuou a suplicar a ajuda de Jesus.

As Escrituras não esclarecem porque Jesus tratou esta mulher de modo tão diferente do que era Seu costume ao lidar com pessoas necessitadas. É uma passagem difícil de entender. Deus havia claramente dado a Jesus a missão de chamar os israelitas de volta para Deus (depois, o Senhor enviou apóstolos como Paulo para falar aos gentios sobre Seu amor). Através da história, Ele demonstrou ao mundo Seu amor fiel e Sua paciência extraordinária pelo modo como tratou os judeus.

Jesus estava claramente focado no propósito de Deus durante Seu tempo na história humana. Talvez Jesus quisesse estender a fé da mulher ou revelar o preconceito de Seus discípulos. Talvez Ele quisesse deixar algo claro para as pessoas que o assistiam: Ele sabia que esta mulher era gentia e que Deus aceitava todas as pessoas que criam nele, não apenas os judeus.

Seja qual foi a razão, essa passagem mostra que em alguns momentos podemos sentir como se Deus estivesse nos rejeitando enquanto supre a necessidades de outros. Nestes momentos difíceis quando as ações de Deus parecem confusas, precisamos nos lembrar de que Ele tem um bom plano para nós. Precisamos ter fé obstinada que confia que o Senhor sempre tem um propósito e que Ele nos responderá no momento certo. Como a mãe desesperada que demonstrou fé obstinada há tanto tempo, podemos ver nossa confusão repentinamente se tornar alegria.

> *Então, lhe disse Jesus: Ó mulher, grande é a tua fé!...*
> MATEUS 15:28

29 DE JANEIRO

## Ver sangue

**MULHERES E SACRIFÍCIOS**
ÊXODO 24:5-8

Eu olhei para o teto enquanto a enfermeira retirava sangue do braço de minha filha. Lembrei-me do dia em que descobri meu problema com a ideia de ver sangue. Meu noivo e eu retiramos sangue e eu saí do prédio andando rigidamente fingindo que não estava sentindo algo ruim por todo o corpo. Em alguns minutos desabei sobre os joelhos no estacionamento. Desde então, aprendi a olhar para baixo durante cenas de batalhas sangrentas em filmes, fechar meus olhos em frente à televisão quando médicos estiverem operando e esperar que ninguém precise de minha ajuda após um acidente.

É difícil imaginar como as mulheres judias no Antigo Testamento se sentiam com relação a sangue. Animais eram continuamente sacrificados pelos pecados das pessoas. O altar, os objetos de adoração e as roupas do sumo sacerdote eram todos purificados com sangue. Após Moisés ler os mandamentos para o povo, ele aspergiu os israelitas com sangue e água para confirmar a aliança que haviam feito com Deus. Será que alguma das mulheres ficava desconfortável com o sangue envolvido em sua adoração, ou estavam acostumadas?

Como as mulheres do Novo Testamento devem ter se alegrado ao saber que os sacrifícios de sangue e rituais de purificação, já não eram mais necessários. Como nos alegramos ao lembrar que o sangue de Jesus fez o que os repetidos sacrifícios de animais não conseguiram cumprir. Somente o sacrifício do Cristo sem pecado foi bom o suficiente para trazer perdão para nossos pecados. Um sacrifício perfeito substituiu para sempre séculos de massacre, cortes e aspersão. Quando penso no sangue de Cristo, derramado por mim, não me sinto enjoada — sinto gratidão que vai além de palavras.

*...tendo o coração purificado de má consciência
e lavado o corpo com água pura.*
HEBREUS 10:22

**30 DE JANEIRO**

# Beleza e cérebro

**ABIGAIL**
**1 SAMUEL 25:1-20**

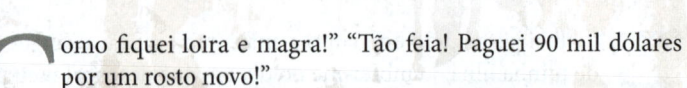

"Como fiquei loira e magra!" "Tão feia! Paguei 90 mil dólares por um rosto novo!"

Enquanto esperava na fila do caixa do mercado, as reportagens de revistas gritavam para mim dizendo que não sou uma mulher de verdade. Senti que precisava deixar meu papel toalha e produtos de limpeza de vaso sanitário ali mesmo e correr para o salão de beleza mais próximo. As revistas para mulheres ao meu redor queriam melhorar minha aparência e o conteúdo parecia projetado para me fazer sentir burra. Para estímulo intelectual, uma das revistas oferecia o artigo: "Seu signo está acabando com sua vida amorosa?" e "Agarre-o, beije-o e fique com ele: Sua Bíblia para prender rapazes."

Abigail também vivia em uma cultura que tinha a aparência como base do valor de uma mulher, mas a Bíblia registra que ela tinha beleza e cérebro. Em um momento de perigo, o servo foi até Abigail não por sua aparência, mas porque sabia que ela possuía um modo de pensar racional e sabedoria prática. Depois que Nabal, marido de Abigail insultou Davi, o servo abordou Abigail, explicou o que havia acontecido e insistiu que ela decidisse como lidar com o problema que surgiria.

Muitas de nós aceitamos a mentira de que a beleza é realmente tudo o que importa. Isso pode nos deixar deprimidas, obcecadas e humilhadas. Dados da Sociedade Americana de Cirurgia Plástica Estética mostram um aumento de 444% em procedimentos cosméticos de 1997 a 2005. As pessoas podem nos admirar por um rosto belo, mas o bom julgamento e a sabedoria terão efeitos duradouros em nossa vida e na vida de outros.

O livro de Provérbios revela que para adquirir sabedoria o primeiro passo é cultivar uma atitude correta em relação a Deus e Seu caráter (PROVÉRBIOS 9:10). Conforme conhecemos Deus melhor, crescemos em sabedoria que vem em nosso auxílio em momentos difíceis. Nem mesmo um rosto caro pode competir com isso.

*Enganosa é a graça, e vã, a formosura,*
*mas a mulher que teme ao* SENHOR*,*
*essa será louvada.* PROVÉRBIOS 31:30

**31 DE JANEIRO**

## *Amor por aquele que não merece*

ABIGAIL
1 SAMUEL 25:20-38

Susan olhou para a chuva lá fora enquanto ela e Sean começaram a viagem de três horas até a casa de sua irmã. Apesar de amar reencontrar Emily e o resto de seus irmãos, Susan tinha receios sobre como o dia terminaria. Sean estaria contando em voz alta as mesmas piadas obscenas. E ainda que ele permanecesse alheio a como isto afetava sua família, Susan percebia cada olhar sarcástico de sua mãe e as observações sussurradas de suas irmãs, por dias.

Nunca é fácil suportar o comportamento rude daqueles que são tão próximos de nós. Abigail conhecia essa mesma vergonha e frustração que Susan sentia e que muitas de nós sentimos quando vivemos com as consequências de comportamentos tolos. As Escrituras descrevem o marido de Abigail, Nabal, como beberrão rude e mal-humorado. Abigail certamente havia experimentado muitos dias em que precisou recuar diante de comentários inapropriados, mas quando Nabal insultou os homens de Davi após protegerem generosamente o rebanho de Nabal, seu comportamento passou do ponto de vergonhoso para tolo. Abigail poderia ter deixado o comportamento de seu marido deprimir e paralisá-la. Mas ela engoliu sua frustração e agiu decisivamente para salvar Nabal e sua família, mesmo se significasse aceitar a culpa pelas ações de seu marido.

É difícil amar e servir pessoas que claramente não merecem tal tratamento. Esse tipo de amor altruísta nunca surge naturalmente, mas é o tipo de amor para o qual Deus nos chama. Quando estamos em um casamento difícil ou um relacionamento problemático com um parente, chefe ou colega de trabalho, é mais fácil pensar no que a outra pessoa merece do que em como podemos corrigir essa situação de modo amoroso.

Nossa reação às pessoas não deveria ser determinada apenas pelo modo como elas nos tratam. Podemos decidir amar outros quando lembramos que Jesus está à destra do Deus intercedendo por nós (ROMANOS 8:34). E podemos ser gratas por Deus não nos dar o que merecemos, ainda que nós, também, possamos agir como tolas.

> *[O amor] não procura os seus interesses, não se exaspera, não se ressente, do mal.* 1 CORÍNTIOS 13:5

1.º DE FEVEREIRO

# Pago por completo

## MULHERES VENDIDAS POR DÍVIDA
## MATEUS 18:25; NEEMIAS 5:5

Cathy se encolheu devido ao mal-estar que sentiu na boca do estômago. Era aquela época do mês: a hora da fatura do cartão de crédito; ela acabara de ver Sam se aproximar da caixa de correio. Fazendo uma rápida conta em sua cabeça, Cathy percebeu que ela havia passado do limite devido à empolgação neste período. Mas, pensando bem, ela havia economizado tanto fazendo compras nas liquidações depois do Natal. *Por que ele já tinha voltado da loja de computadores?*, ela pensou furiosa. *Eu poderia pagar a fatura sem que ele visse e teria evitado uma discussão feia.*

Conforme Israel interagia com as nações ao seu redor e se afastava dos princípios de Deus, as dívidas se tornaram um problema sério, com sérias consequências. Em vez de demonstrar leniência para com os pobres, os credores algumas vezes vendiam o devedor, sua esposa ou seus filhos como pagamento. Algumas vezes as mulheres eram separadas de seus maridos ou precisavam assistir a seus filhos serem levados como escravos. Jesus se reportou a essa prática mais de uma vez em Suas parábolas — e Seus ouvintes estavam muito familiarizados com a angústia causada às famílias que eram dilaceradas pela dívida.

Todas nós nascemos com uma dívida que nunca poderemos pagar — a punição por nossa condição pecaminosa. Em vez de nos vender, Deus pagou a dívida com a morte de Jesus na cruz por nós. Nossas contas foram pagas por completo. Contudo, assim que aceitamos essa transação estamos também assumindo outra dívida. Para o resto de nossa vida, devemos isto a Deus: demonstrar Seu amor a todos ao nosso redor. Quando nos lembramos da grande dívida que Ele pagou em nosso favor, encontramos alegria ao suprir necessidades de outros. Não recebemos uma fatura mensal por nossa dívida de amor, mas temos uma chance de fazer pagamentos diários.

*Não devam nada a ninguém,*
*a não ser o amor de uns pelos outros…*
ROMANOS 13:8 (NVI)

2 DE FEVEREIRO

# Lábios mentirosos

SAFIRA
ATOS 5:3-11

O homem perguntou, "1,60 m?", preenchendo o formulário de renovação da carteira de motorista.

"Sim", respondi. "Olhos azuis?" "Sim." "Continua pesando 60 quilos?"

Acenei a cabeça concordando. Ele começou a digitar e então parou para olhar-me por cima dos óculos de leitura. "Que cara é essa?", ele quis saber.

"Bom…", gaguejei, "é muito importante ser totalmente exata neste ponto?" Eu sabia que não ficaria escondida atrás do alto balcão para sempre.

Mentir com frequência tem consequências sérias, como Safira e seu marido Ananias acabaram descobrindo. Quando o casal vendeu uma parte da propriedade fingiu ter dado todo o dinheiro ao seu grupo de cristãos, mas eles mantiveram uma quantia consigo. Ninguém notaria o que haviam feito — pelo menos era isso que pensavam.

Safira foi até os apóstolos sem saber que seu marido havia morrido algumas horas antes por ter mentido. Quando Pedro perguntou se o dinheiro que Ananias havia entregado era a quantidade que eles haviam recebido por sua terra, ela respondeu: "Sim, esse foi o preço." Safira esperava ser elogiada por tal generosidade, mas ficou horrorizada ao ouvir Pedro revelar que o casal estava mentindo para Deus. Ele lhe disse que ela morreria por esse pecado, assim como acontecera a seu marido.

Deus derrubou Safira e Ananias para limpar a igreja de forças destrutivas como a mentira e a hipocrisia. Felizmente, Ele nem sempre julga a mentira tão severamente, mas o Senhor ainda ouve cada mentira que contamos e despreza este pecado. Sempre que agimos longe da verdade estamos construindo um hábito de desonestidade. Estamos também agindo como Satanás, a quem a Bíblia chama de "pai da mentira" (JOÃO 8:44). Eventualmente, sofreremos as consequências de desobedecer ao mandamento de Deus sobre evitar mentir. Podemos enganar outros, mas jamais enganaremos o Senhor.

*Os lábios mentirosos são abomináveis ao SENHOR, mas os que agem fielmente são o seu prazer.*
PROVÉRBIOS 12:22

## 3 DE FEVEREIRO

# Motivos impuros

**SAFIRA**
ATOS 4:32-37; 5:1,2

Minha amiga fechou a porta de seu carro e sentou-se olhando para a clínica, ponderando se e quando deveria voltar. Quando ainda estudava na faculdade, aceitou o chamado de Deus para se tornar uma médica e ajudar pessoas em sofrimento. Anos se passaram e ela manteve sua carreira atarefada, além de ser esposa, mãe e voluntária na igreja. Certo dia, durante seu momento de quietude, ela percebeu que sua motivação principal passara a ser o reconhecimento e o elogio de outras pessoas. Deus agora a estava chamando para abandonar sua carreira até que pudesse honrá-lo, em lugar de buscar admiração.

Safira, a mulher na passagem de hoje, não examinou seus motivos e pagou muito caro por isso. O vínculo do amor e união na igreja primitiva levou muitos cristãos ricos a vender propriedades e dar o dinheiro para ser distribuído aos pobres que havia entre eles. Safira e seu marido seguiram esse exemplo, mas infelizmente, suas motivações não eram puras. Apesar de venderem uma parte da propriedade devido ao desejo de ajudar os necessitados, o casal decidiu ficar com parte do dinheiro. Isso teria sido perfeitamente aceitável se eles não tivessem fingido doar a quantia total à igreja para serem admirados por sua generosidade.

Mesmo quando nossas ações parecem ser nobres, nossos motivos podem desonrar Deus. Outras pessoas podem não questionar nossa sinceridade, mas o Senhor vê as profundezas de nosso coração e sabe o que realmente nos motiva. Estamos fazendo trabalho voluntário pelo desejo de ajudar outros ou porque parece ser bom? Resolvemos preencher aquele cheque porque queremos fazer uma gentileza a nossos amigos ou por querermos que eles tenham uma dívida conosco? Enquanto estivermos em nosso corpo terrestre lutaremos para manter motivações puras. Com a ajuda de Deus podemos aprender a fundamentar nossas ações em nosso desejo de amar e honrá-lo — esse é o tipo de ação que Ele pode recompensar.

*Eu, o Senhor, esquadrinho o coração, eu provo os pensamentos; e isto para dar a cada um segundo o seu proceder, segundo o fruto das suas ações.*
JEREMIAS 17:10

4 DE FEVEREIRO

# Testando limites

**SAFIRA**
ATOS 5:3,4,9

Assisti à minha neta de um ano e meio recuar lentamente com os olhos colados em sua mãe que estava de costas para ela. Lacey sabia que não tinha permissão para se aproximar do bruto piso de tijolos à frente da lareira. Ela sabia que cedo ou tarde sua mãe se voltaria para ela, diria não e a tiraria dali, mas isso não a impediu de tentar mesmo assim. Repentinamente, Holly se virou. Lacey firmou os olhos nos da mãe e começou a balbuciar como se isso fosse distrair sua mãe fazendo-a não notar a desobediência.

A mulher na passagem de hoje agiu de forma semelhante. Ananias e Safira conheciam o mandamento de Deus contra a mentira. Eles compreendiam que Ele é onisciente. No entanto, ainda assim pensaram que poderiam mentir sobre o dinheiro que haviam doado a seu grupo de cristãos. Pedro perguntou a Safira como ela ousara testar o Espírito Santo de tal forma. Seu desejo de parecer justa aos olhos dos outros a havia levado a abusar da misericórdia de Deus. Seria esse um hábito em sua vida ou um fato isolado? Em qualquer caso, Safira nunca imaginou a seriedade com que Deus lidaria com essa prova de Seus limites.

Algumas vezes agimos como crianças pequenas em nosso relacionamento com Deus. Ainda que entendamos claramente Suas instruções, testamos os limites. Podemos nos convencer de que estamos seguindo os caminhos do Senhor, mas em alguma pequena área que parece muito insignificante, colocamos apenas os pés além da linha. Quando nada desastroso acontece, caminhamos um pouco adiante. É fácil nos enganarmos quando nos concentramos no amor e na misericórdia de Deus e ignoramos Sua necessidade de julgar o pecado. Eventualmente, colhemos as consequências por tentar descobrir até onde podemos ir com Ele. Deus quer que sejamos obedientes para que estejamos abertas para a Sua bênção. Ele não quer que descubramos o quão perigosa a audácia pode ser, como aconteceu com Safira.

*Tornou-lhe Pedro: Por que entrastes em acordo para tentar o Espírito do Senhor?...*
ATOS 5:9

5 DE FEVEREIRO

## Completa nele

**MULHERES SOLTEIRAS**
**1 CORÍNTIOS 7:7,8,34**

Lindy fez careta enquanto olhava o folheto do 15º reencontro de sua turma de Ensino Médio. Deveria ir? Era só mais uma chance de ouvir as temidas perguntas: "Com mais de 30 anos e ainda não casou? Pelo que você está esperando?" Lindy *realmente* detestava quando as pessoas ainda complementavam suas perguntas com comentários como: "Você não está ficando mais nova, sabe." *Muito original. Bem,* suspirou, *pelo menos no formulário para a dança há a opção "sozinho ou acompanhado".*

As mulheres solteiras nos tempos bíblicos eram pressionadas pela sociedade a casarem-se e ter família. Em uma época em que era raro mulheres desenvolverem carreiras, seu valor estava vinculado aos seus papéis de esposa e mãe. A carta de Paulo aos cristãos de Corinto descrevia uma imagem diferente da vida de solteira. Ele explicou que sem as demandas de tempo, energia e recursos, que o casamento apresenta a uma mulher, é mais fácil para ela se devotar por completo a Deus. Ela fica livre para se concentrar em servir ao Senhor sem se distrair com preocupações relativas ao marido e aos filhos.

Ainda que ser solteira hoje não tenha o estigma que costumava ter, muitas mulheres ainda sentem que precisam de um companheiro para completá-las. Michelle McKinney, palestrante e autora, encoraja mulheres a deixar de focar em sua condição marital e aprender a encontrar alegria em um relacionamento íntimo com Deus. O fato de que os animais embarcaram na arca em pares não significa que uma mulher solteira não possa desfrutar de uma vida completa. Nossa felicidade de fato depende de sermos parte de um casal — ela vem do relacionamento íntimo com o Amado de nossa alma. Sem isso, nada pode nos completar.

> *Quero que todos os homens sejam tais como também eu sou; no entanto, cada um tem de Deus o seu próprio dom...*
> 1 CORÍNTIOS 7:7

## 6 DE FEVEREIRO

## *Jamais rejeitada*

### MULHERES DIVORCIADAS
### MATEUS 19:3-8

Ao aproximar-se silenciosamente do último banco logo que o culto começou, Roxanne rapidamente olhou ao redor. Seria sua imaginação ou a mulher ao seu lado havia realmente evitado contato visual com ela? Roxanne, envergonhada, apanhou um hinário. Três meses se passaram desde o seu divórcio e ela ainda se sentia desconfortável em público. Até mesmo seus amigos próximos pareciam inquietos, como se não soubessem o que lhe dizer. Roxanne certamente os compreendia — ela também não sabia o que dizer sobre o fim de seu casamento. Após 30 anos como esposa, praticamente da noite para o dia, ela passou a fazer parte do grupo de mulheres divorciadas.

Temos a tendência de pensar no divórcio como uma questão moderna, mas era um assunto corrente também nos dias do Novo Testamento. Os fariseus tentaram confundir Jesus em debate teológico sobre o divórcio e as mulheres tinham profundo interesse em Sua resposta. Naquela época, as pessoas estavam divididas entre duas interpretações opostas sobre as regras em Deuteronômio 24:1-4. Um grupo acreditava que um homem poderia se divorciar de sua esposa por praticamente qualquer motivo; o outro grupo defendia o divórcio somente em casos de infidelidade. Jesus evitou o conflito focando-se na intenção original de Deus para o relacionamento conjugal: deveria ser permanente.

O divórcio se propagou amplamente em nossa sociedade, mas isso não diminui a dor de suas consequências. Mulheres divorciadas muitas vezes lutam com questões financeiras, especialmente quando têm filhos. Algumas mulheres sentem-se fracassadas, depois do fim de seus casamentos. Mesmo que alguns divórcios acabem com relacionamentos doentios, as mulheres ainda acham que a transição para a vida de solteira é difícil. Deus planejou o casamento como um comprometimento vitalício, mas Ele não nos ama menos se estamos divorciadas. Não somos menos valiosas aos Seus olhos e Ele ainda tem um propósito e um plano para nossa vida. Não precisamos nos preocupar com uma possível rejeição da parte de Deus, mesmo que alguma outra pessoa nos rejeite.

*Pois o SENHOR [...] não desampara os seus santos...* SALMO 37:28

**7 DE FEVEREIRO**

# Jamais sozinha

**VIÚVAS**
**1 TIMÓTEO 5:3-6**

Irene tropeçou em seus chinelos e andou pelo corredor rindo sozinha. Ela não via a hora de contar a Max o sonho louco que tivera. *Por que ele ainda não havia feito o café?* Repentinamente, tudo voltou como uma torrente — o súbito ataque cardíaco, dois dias na UTI, o culto após o sepultamento há apenas uma semana. Irene despencou sobre a mesa, pensando nos 69 anos de casamento. Ela e Max haviam sobrevivido como casal mais do que seu filho, seus irmãos e a maioria de seus amigos. Agora ela vivia sem seu melhor amigo e companheiro de vida. Como conseguiria continuar sem ele?

Na Bíblia, Deus instrui Seu povo a dar atenção especial às viúvas. A igreja primitiva ministrava às mulheres que haviam perdido seus maridos e Paulo explicou que as verdadeiras viúvas precisavam do suporte da congregação. Estas mulheres estavam sozinhas no mundo, sem filhos ou netos que pudessem cuidar delas. Se estas viúvas serviam ao Senhor e buscavam Sua ajuda, os outros cristãos lhes deviam respeito e apoio.

É sempre traumático perder alguém com quem compartilhamos a nossa vida. A solidão é intensificada quando uma viúva não tem filhos, família ou amigos de longa data. Isso podia ser realmente assustador para uma mulher de idade avançada, que dependia de seu marido em vários aspectos. Outras experiências de vida além da viuvez também podem nos fazer sentir isoladas — mudar-nos para outro lugar, lidar com o "ninho vazio" ou com uma doença séria, por exemplo.

Deus entende todas as coisas pelas quais passamos, incluindo nossos sentimentos. Ainda que Ele queira nos consolar, precisamos receber Seu cuidado por meio da oração, da leitura de Sua Palavra e mantendo nossos pensamentos fixos nele. Nossa melhor cura para a solidão é investir tempo com Aquele que está sempre cuidando de nós. Podemos nos sentir solitárias em alguns momentos, mas nunca estaremos realmente sozinhas.

*Porque o teu Criador é o teu marido...*
ISAÍAS 54:5

## 8 DE FEVEREIRO

## *Amor sincero*

### ESPOSAS DE FARISEUS
### MATEUS 23:25,26; LUCAS 18:9-12

Haley observava seu marido enquanto os olhos dele percorriam o restaurante lotado por colegas de negócios ou possíveis clientes. Como sempre, ela não receberia muita atenção dele durante o jantar de aniversário de casamento. Ele havia enviado as mesmas 12 rosas e comprado uma cara pulseira de diamantes, mas há quanto tempo não compartilhava nada além de uma conversa superficial? Quando foi a última vez que segurou sua mão, havia lhe ouvido ou olhado em seus olhos? As amigas de Haley achavam que ela tinha tudo, mas se ele era um marido modelo, por que ela se sentia desprezada?

Nos tempos de Jesus, os fariseus eram um partido político/religioso poderoso e eram considerados judeus modelo. Eles tinham muito orgulho de seguir as leis em seus mínimos detalhes, mas Jesus os condenou como hipócritas por sua falta de amor. Como vivia a esposa de um fariseu? Estes homens amavam suas esposas como amavam a Deus, como uma exposição externa de rituais que desconsiderava seus corações? As esposas dos fariseus podem ter sentido a mesma frustração solitária de Haley, cujo marido se concentrava mais em como o casamento parecia para as pessoas de fora, do que em construir uma relação mutuamente satisfatória.

Deus não deseja um relacionamento vazio, assim como nenhuma mulher o deseja. É fácil cair em um padrão de acompanhar o movimento de adorar a Deus, ao passo que o negligenciamos ou até mesmo o ignoramos. Nossa declaração de amor lhe soa vazia se não investimos tempo para falar com o Senhor em oração, para ouvir Sua voz, obedecer à Sua Palavra e falar sobre Ele com outros. O amor ao estilo fariseu não significa nada para Deus, que olha além de nossa demonstração externa de afeição e vê a condição do nosso coração.

*...com a sua boca e com os seus lábios me honra, mas o seu coração está longe de mim...*
ISAÍAS 29:13

**9 DE FEVEREIRO**

# A maior história de amor

### A JOVEM EM SULAMITA
### CÂNTICO DOS CÂNTICOS 1:1-4

Paula girou o suporte de brochuras na biblioteca. Estava ficando difícil encontrar algum livro que ainda não tivesse lido. Várias capas pareciam idênticas — um homem musculoso, belo, sem camisa segurando em seus braços uma mulher com cabelos esvoaçantes usando um vestido que caía de seus ombros. Não é surpresa que Paula sentisse necessidade de esconder os livros de seus filhos. Mas ela amava essas horas de escape em que entrava em uma fantasia de paixão, busca pelo amor e do "felizes para sempre". *Se minha vida pudesse ser como um destes livros,* ela suspirou.

Como as mulheres nos tempos bíblicos reagiam ao ouvir a leitura de Cântico dos Cânticos? Será que se envergonhavam com as descrições vívidas de amor entre um homem e uma mulher? Será que invejavam o modo como o jovem cortejava sua amada? Será que sonhavam acordadas com a ideia de serem apreciadas como a jovem no texto?

Embora Salomão tivesse 700 esposas e 300 concubinas, muitos creem que ele escreveu Cântico dos Cânticos como protesto contra a prática da poligamia. O livro descreve um modelo de relação entre homem e mulher que desfrutam do amor romântico no casamento da forma como Deus planejou que fosse. Em um nível mais profundo, muitos veem o livro como uma imagem do intenso amor de Deus pelos cristãos.

Em um mundo imperfeito repleto de pessoas imperfeitas, nunca experimentaremos um relacionamento romântico perfeito. Namorados e maridos sempre nos decepcionarão de algum modo. Mas o amor de Deus é mais maravilhoso do que qualquer outro. Se queremos encontrar o amor que verdadeiramente satisfaz, precisamos conhecer Aquele que nos amou o suficiente para morrer em nosso lugar. Então descobriremos que a maior história de amor de todas está na Bíblia. E nunca precisaremos ter vergonha da capa.

*Eu sou do meu amado, e o meu amado é meu...*
CÂNTICO DOS CÂNTICOS 6:3

10 DE FEVEREIRO

# Sentindo-se menos que desejada

**A JOVEM SULAMITA**
**CÂNTICO DOS CÂNTICOS 1:5-11**

Olhando ao redor para as belas e bem vestidas mulheres que a cercavam, Alexa desejou não ter ido à festa. Ela apresentava olheiras e sete quilos a mais. Seu cabelo precisava desesperadamente de um corte e luzes, e seu rosto precisava de mais do que a rápida passada de brilho labial que ela havia conseguido dar. *Ela realmente acabou com minha aparência, mas valeu a pena,* Alexa pensou ao olhar para o bebê de sete semanas dormindo em seus braços. Ela não tinha ideia de quão linda estava naquele momento aos olhos de seu marido, que a olhava fixamente do outro lado da sala.

Há alguma mulher no mundo que não tenha se comparado com outras e se sentido mais feia? A jovem de Cântico dos Cânticos não era uma exceção. Como uma moça da fazenda, ela tinha pele bronzeada devido ao trabalho nas vinhas de sua família. Quando olhava para a tez refinada das mulheres da cidade de Jerusalém, sentia-se envergonhada de sua aparência. Sua insegurança a fez se voltar para a única pessoa que ela sabia que a via como uma mulher bela. Seu noivo achava que sua pele era encantadora.

Todas nós nos sentimos menos desejáveis de vez em quando. Se compararmos nossa aparência com fotos digitalmente retocadas de modelos, manipuladas profissionalmente, não teremos chance alguma. Mas mesmo em situações rotineiras há sempre alguém que tenha um cabelo mais brilhoso, dentes mais brancos e uma aparência melhor. Durante esses momentos é útil lembrar que há Alguém que vê além de nosso cabelo embaraçado, nossa acne e peso extra. Ele nos vê como pessoas por quem valeu a pena morrer simplesmente por sermos quem somos — e por isso Ele morreu. Deus olha para Suas filhas com olhos de amor incondicional e nós nem imaginamos como somos belas para Ele.

*...fui tida por digna da confiança do meu amado.*
CÂNTICO DOS CÂNTICOS 8:10

**11 DE FEVEREIRO**

# Fazendo elogios

**A JOVEM SULAMITA**
**CÂNTICO DOS CÂNTICOS 4:1-7; 5:9-16**

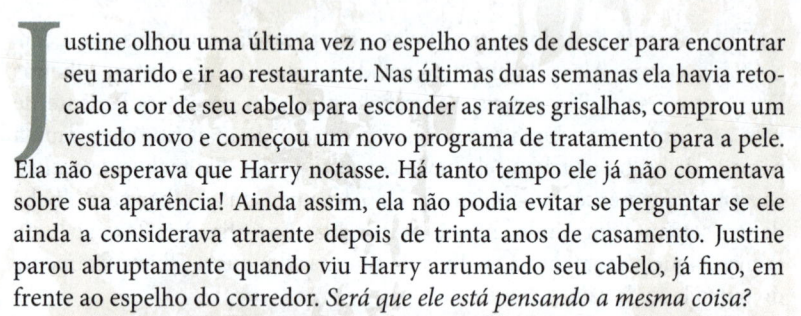

Justine olhou uma última vez no espelho antes de descer para encontrar seu marido e ir ao restaurante. Nas últimas duas semanas ela havia retocado a cor de seu cabelo para esconder as raízes grisalhas, comprou um vestido novo e começou um novo programa de tratamento para a pele. Ela não esperava que Harry notasse. Há tanto tempo ele já não comentava sobre sua aparência! Ainda assim, ela não podia evitar se perguntar se ele ainda a considerava atraente depois de trinta anos de casamento. Justine parou abruptamente quando viu Harry arrumando seu cabelo, já fino, em frente ao espelho do corredor. *Será que ele está pensando a mesma coisa?*

O jovem casal em Cântico dos Cânticos não hesitava em esbanjar elogios um para o outro. Ainda que algumas das metáforas soem estranhas para nós, tanto o homem quanto a mulher deram profundos detalhes ao descrever a beleza dos cabelos, dentes, lábios, bochechas, pescoço e corpo um do outro.

A jovem sulamita provavelmente se sentiu estimada por seu noivo quando ele declarou que ela era "formosa". Como resposta, ela disse que ele era "totalmente desejável".

Como é triste que muitos casais abandonam o hábito de elogiar-se um ao outro conforme envelhecem! Os pais geralmente deixam de exaltar seus filhos quando eles chegam à adolescência e o relacionamento entre pais e filhos se torna mais desafiador. Amigos de longa data podem ser negligentes em compartilhar palavras de estima entre si. Nenhum de nós jamais se torna tão seguro a ponto de não mais precisar ouvir palavras de afirmação daqueles com quem nos importamos.

Deus também quer ouvir nossas palavras de afirmação. Muito frequentemente gastamos tempo em oração listando nossas necessidades sem expressar nossa estima por quem Ele é. Louvar a Deus por Seu amor, Sua misericórdia e bondade é mais do que reconhecer o quanto o valorizamos; muda nossa atitude conforme nos centramos nele e não em nossos problemas. Ainda que Deus realmente seja centramos, o mínimo que podemos fazer é tentar descrevê-lo.

*Dar-te-ei graças, Senhor, Deus meu, de todo o coração...*
SALMO 86:12

## 12 DE FEVEREIRO

# O amor é indestrutível

**A JOVEM ESPOSA**
**CÂNTICO DOS CÂNTICOS 8:6,7**

A senhora idosa sacudiu o braço de seu marido enquanto ele, com olhos inexpressivos, olhava pela janela ensolarada. Como ela ansiava ouvi-lo dizer seu nome, sentir sua mão segurando a dela, receber algum tipo de reação. Apesar de seus amigos dizerem que seria perda de tempo, ela ia ao asilo várias vezes por semana. Ela assistira, impotente, ao mal de *Alzheimer* roubar a memória, a fala e a dignidade de seu marido. Mas se recusava a permitir que este inimigo roubasse seu amor por ele.

Esta mulher escolheu viver as palavras ditas pela esposa na passagem bíblica de hoje. Suas declarações sobre a natureza permanente do amor contêm alguns dos mais belos versículos sobre amor na Bíblia. Extasiada de devoção a seu marido, a jovem declarou que o amor é "forte como a morte". E "suas brasas são brasas de fogo", mas nem mesmo rios podem apagá-las ou submergi-las. O amor da noiva por seu marido havia amadurecido e ido além de sentimentos físicos e emocionais ou desejos. Ela havia escolhido comprometer-se permanentemente numa aliança que resistisse ao tempo e triunfasse sobre os obstáculos e problemas.

Na sociedade de hoje, muitas pessoas conhecem apenas um substituto barato e não o verdadeiro amor. Como é triste acomodar-se em um relacionamento fundamentado em atração física, sentimentos emocionais ou desejo autocentrado de conseguir suprir nossas necessidades. A Bíblia ensina que o amor genuíno por outros é uma das provas de que pertencemos a Deus. Isso significa fazer uma aliança permanente focados nos interesses do outro. Quando tratamos outros desta forma, refletimos o amor indestrutível que Deus tem por nós — amor incondicional que dura até a eternidade. Você não terá um comprometimento mais duradouro que este.

*Agora, pois, permanecem a fé, a esperança e o amor, estes três; porém o maior destes é o amor.*
1 CORÍNTIOS 13:13

**13 DE FEVEREIRO**

# O amor é um dom

**A JOVEM ESPOSA**
**CÂNTICO DOS CÂNTICOS 8:7**

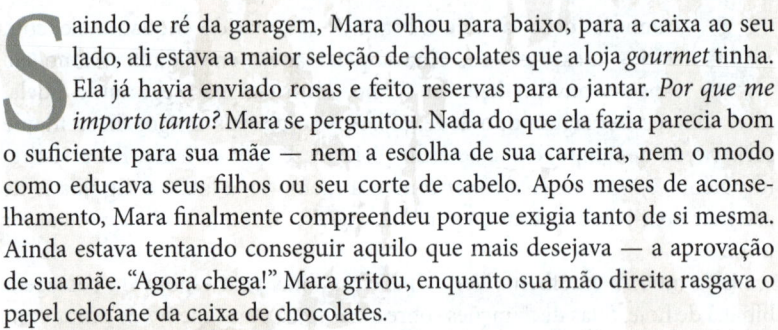

Saindo de ré da garagem, Mara olhou para baixo, para a caixa ao seu lado, ali estava a maior seleção de chocolates que a loja *gourmet* tinha. Ela já havia enviado rosas e feito reservas para o jantar. *Por que me importo tanto?* Mara se perguntou. Nada do que ela fazia parecia bom o suficiente para sua mãe — nem a escolha de sua carreira, nem o modo como educava seus filhos ou seu corte de cabelo. Após meses de aconselhamento, Mara finalmente compreendeu porque exigia tanto de si mesma. Ainda estava tentando conseguir aquilo que mais desejava — a aprovação de sua mãe. "Agora chega!" Mara gritou, enquanto sua mão direita rasgava o papel celofane da caixa de chocolates.

Mara não experimentou o amor como a jovem de Cântico dos Cânticos experimentou. Enquanto exaltava seu relacionamento com seu marido, a jovem esposa argumentou que o amor não pode ser comprado a preço algum. Mesmo que as pessoas tentassem comprar com toda a riqueza que possuíam, sua oferta seria desprezada. A mulher sabia que o amor entre ela e seu marido era um dom inestimável que eles compartilhavam deliberadamente um com o outro.

Algumas vezes, mulheres vivem relacionamentos em que se sentem compelidas a lutar permanentemente para ganhar a aprovação de alguém. Se simplesmente tivéssemos uma aparência melhor ou cozinhássemos melhor, fôssemos mais inteligentes ou trabalhássemos mais, então talvez nossos pais/irmãos/namorados/maridos nos amariam. Mas nestes relacionamentos, o problema está no desenvolvimento emocional da outra pessoa, não em nosso desempenho.

Muitas pessoas pensam no amor de Deus como fundamentado em desempenho, mas isto está muito distante da verdade. Jesus morreu por nossos pecados simplesmente porque Ele nos ama, não porque merecemos. A salvação nos é oferecida como presente, e uma vez que a aceitamos, não há nada que possamos fazer para que Deus nos ame mais. Seu amor não pode ser comprado — não com boas obras e nem com chocolates *gourmet*.

*Pois vocês são salvos pela graça, por meio da fé, e isto não vem de vocês, é dom de Deus; não por obras, para que ninguém se glorie.* EFÉSIOS 2:8,9 (NVI)

## 14 DE FEVEREIRO

## *Voto de pureza*

### A JOVEM ESPOSA
### CÂNTICO DOS CÂNTICOS 8:4

Desde que o movimento nacional *True Love Waits* (O amor verdadeiro espera) começou em 1993, mais de dois milhões de estudantes do Ensino Médio e universitários se comprometeram a esperar até o casamento para o envolvimento sexual. Os adolescentes assinam um cartão de compromisso que declara: "Crendo que o amor verdadeiro espera, me comprometo com Deus, comigo mesmo, com minha família, com aqueles com quem me envolverei e com meu futuro companheiro a manter-me sexualmente puro até o dia em que me casar."

O versículo bíblico de hoje soa como o voto original de pureza. Três vezes no livro, a jovem frisa para outras mulheres "…não acordeis, nem desperteis o amor, até que este o queira". Conforme a narrativa progride, a jovem expressa sua alegria e deleite com seu amado. Apesar da intensa atração física, ela e seu noivo respeitaram os limites que Deus estabeleceu para a intimidade física; e agora estão livres para desfrutar plenamente deste presente. A jovem deseja esta mesma plenitude e alegria para as outras mulheres.

Com a ênfase que nossa sociedade dá ao amor romântico, pode ser tentador investir em um relacionamento com a pessoa errada. Com a atual obsessão por sexo, pode também ser tentador ignorar as coordenadas do Senhor para os aspectos físicos de um relacionamento. A Palavra de Deus enfatiza a reserva do sexo ao casamento para que possamos desfrutar plenamente da intimidade física do modo como Ele planejou.

A Bíblia também nos incita a mantermo-nos espiritualmente puras imitando-o em todos os aspectos de nossa vida. Ainda que lutemos sempre com tentações enquanto vivermos na Terra, chegará o dia em que seremos libertas de todos os traços de pecados. Até lá, só encontraremos nossa maior alegria e plenitude se vivermos de acordo com as Suas orientações. Nunca é tarde demais para comprometer-se com a pureza sexual ou espiritual.

*E a si mesmo se purifica todo o que nele tem esta esperança, assim como ele é puro.*
1 JOÃO 3:3

**15 DE FEVEREIRO**

# *As joias mais preciosas*

O PEITORAL DO SACERDOTE
ÊXODO 28:15-29

Michelle passou os dedos na corrente de ouro em seu pescoço e desejou nunca precisar tirá-la. Era o melhor presente de aniversário que poderia ter ganhado — um colar de mãe com três pendentes fixos no ouro. A ametista, o rubi e a safira azul representavam três das datas mais importantes de sua vida. "É um colar para mamães", o pequeno Adam explicou. "Se você usar, nós vamos estar sempre perto de seu coração."

Arão e os sumo sacerdotes que o seguiam usavam um tipo de "joia para Pais" quando ministravam diante de Deus — uma peça primorosa, singular projetada pelo Senhor. O peitoral continha doze gemas, cada uma fixada em uma filigrana de ouro representando uma tribo de Israel, com o nome da tribo gravado. As mulheres israelitas sabiam que a joia de sua tribo, brilhando no peitoral do sumo sacerdote, também as representava. O sumo sacerdote carregava os nomes das suas tribos em seu coração quando se aproximava de Deus para lembrá-las de que o Senho mantinha cada uma delas próximo ao Seu coração.

Joias são incríveis, mas a melhor coisa que podemos usar não é encontrada em lojas. Deus nos aconselha a usar a lealdade e a bondade como colares (PROVÉRBIOS 3:3) e a colocar os ensinamentos de nossos pais em nosso pescoço (PROVÉRBIOS 6:20,21). Ele compara o senso comum e o discernimento a joias, em um colar (PROVÉRBIOS 3:21,22). Em contraste, a descrição dos perversos diz "...a soberba que os cinge como um colar..." (SALMO 73:6). Podemos não perceber, mas as pessoas veem os indícios externos do que acontece dentro de nós. Se guardarmos os ensinamentos de Deus perto de nosso coração, as gemas de Sua sabedoria ficarão evidentes em nossa vida. Então, todos verão que estamos usando as joias de nosso Pai.

> *...guarda a verdadeira sabedoria e o bom siso;*
> *porque serão [...] adorno a teu pescoço.*
> PROVÉRBIOS 3:21,22

## 16 DE FEVEREIRO

# Encontrando uma família

## MULHERES DA IGREJA PRIMITIVA
ATOS 2:42-47

Gwen sentou-se no estacionamento do restaurante entretida com suas chaves. Que diferença faria uma ligação telefônica! Apesar de haver desfrutado de uma infância maravilhosa com seus pais adotivos, um vago sentimento de solidão sempre afligiu seu coração; e se intensificou quando seus pais morreram 13 anos antes. Agora, aos 34 anos, Gwen encontrou sua família biológica. Eram sete irmãos que, com sua mãe biológica e avós maternos, a aguardavam na churrascaria. Gwen gargalhou ao sair de seu carro. *Uma coisa é certa: não sou mais filha única.*

As mulheres na igreja primitiva também encontraram uma família — unida por uma mesma crença: a fé em Cristo. Os cristãos primitivos desfrutavam de uma comunhão muito próxima, pois se reuniam em suas casas para comer e adorar a Deus juntos. A alegria em sua nova fé transbordava e se transformava em alegria por estar na companhia uns dos outros. Aquelas que já tinham família se alegravam em encontrar novas irmãs em Cristo. Outras, sem uma família, eram abençoadas ao ganhar uma rede de amizade e suporte. Além de crescer em número, as cristãs percebiam que sua fé amadurecia e sua proximidade as fortalecia para enfrentar a perseguição da igreja que logo viria.

Uma vez que nos tornamos filhas de Deus, ganhamos uma rede mundial de irmãos e irmãs em Cristo. Esta nova família é fundamentada em mais do que traços biológicos ou memórias de infância. O amor e a gratidão por nossa salvação nos conectam, mais firmemente, que qualquer relacionamento terreno. Como os irmãos com quem crescemos, algumas vezes temos problemas em nos relacionar uns com os outros. Mas é importante não negligenciarmos nossos relacionamentos com companheiros de fé, especialmente considerando que passaremos a eternidade juntos. Uma coisa é certa: na família de Deus não existe filho único.

*Deus faz que o solitário more em família...*
SALMO 68:6

17 DE FEVEREIRO

# Não desista!

**A MÃE DE ICABODE**
**1 SAMUEL 4:12-22**

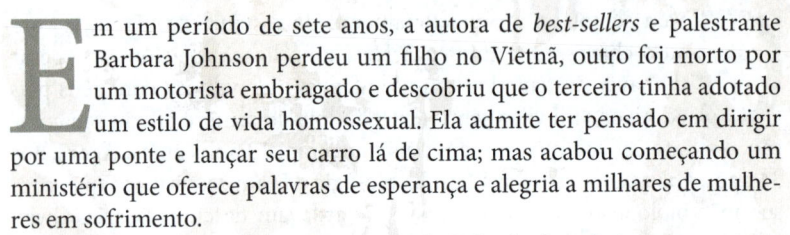

Em um período de sete anos, a autora de *best-sellers* e palestrante Barbara Johnson perdeu um filho no Vietnã, outro foi morto por um motorista embriagado e descobriu que o terceiro tinha adotado um estilo de vida homossexual. Ela admite ter pensado em dirigir por uma ponte e lançar seu carro lá de cima; mas acabou começando um ministério que oferece palavras de esperança e alegria a milhares de mulheres em sofrimento.

Por meio de uma mensagem, a mãe de Icabode descobriu que seu marido e sogro tinham morrido e a arca da aliança usurpada. Estas notícias ruins a fizeram entrar em trabalho de parto e desespero. As parteiras tentaram consolá-la, porque os israelitas consideravam o nascimento de um filho uma grande bênção, mas ela deu a seu filho o nome de Icabode ("Onde está a glória?"). Antes de morrer, ela disse: "...Foi-se a glória de Israel, pois foi tomada a arca de Deus".

Israel havia tratado a arca como um amuleto mágico que garantiria vitória militar em vez de reverenciá-la como testemunho da presença de Deus e de Sua provisão. A mãe de Icabode também parecia depender mais do símbolo do que de Deus. O nome que ela escolheu para seu filho refletia sua desesperança. Suas últimas palavras nos fazem questionar se ela morreu de complicações físicas ou porque simplesmente perdeu a vontade de viver.

Provações e perdas podem nos fazer sentir que a glória de Deus se afastou de nossa vida. Pode ser que Deus deseje nos afastar da dependência de indícios visíveis de Seu agir, para que aprendamos a confiar somente nele. Gálatas 6:9 nos incita a não nos cansarmos de fazer o bem e promete que "...ceifaremos, se não desfalecermos". Teremos decepções na vida, mas não devemos jamais optar pela desesperança se temos a glória do Espírito Santo de Deus vivendo em nós.

> *...aos quais Deus quis dar a conhecer qual seja a riqueza da glória deste mistério entre os gentios, isto é, Cristo em vós, a esperança da glória.*
>
> **COLOSSENSES 1:27**

## 18 DE FEVEREIRO

# Contato perigoso

### A MÉDIUM DE EN-DOR
### 1 SAMUEL 28:3-14

O programa de televisão *Crossing Over* (Atravessando para o outro lado) ficou no ar por quatro anos, laçando à fama o apresentador John Edward. Em cada episódio, o médium tentava conectar membros da plateia com os espíritos de pessoas amadas já falecidas. Edward continua sendo um autor de *best-sellers* e palestrante muito requisitado, além de ser convidado para outros programas de televisão. Seus clientes geralmente gastam dois anos em uma lista de espera para conseguir uma sessão privada com ele.

Quando Deus não respondeu às indagações do rei Saul da maneira comum, Saul encontrou uma médium que supostamente tinha a habilidade de contatar os mortos. Estudiosos da Bíblia sugerem três possíveis explicações para o que aconteceu a seguir: (1) A mulher fez uso de fraude para enganar Saul; (2) ela conectou-se com poder demoníaco para invocar um falso Samuel; ou (3) Deus trouxe o espírito de Samuel de volta para profetizar uma última vez.

Ainda que a médium parecesse confiante em suas habilidades, ela gritou quando o espírito de Samuel apareceu; então ela provavelmente foi pega de surpresa. Talvez ela tenha visto que desta vez o poder de Deus estava agindo, não suas artes das trevas. Não era ela quem estava no controle.

Algumas pessoas ficam obcecadas com a ideia de contatar o espírito de um parente que morreu. Nossa sociedade alimenta esse desejo por meio de artigos, livros e programas de televisão retratando histórias de pessoas que supostamente contataram alguém "no outro lado". Estas pessoas ou estão nos enganando ou foram enganadas.

Contatar espíritos pode parecer inofensivo, mas esta prática é proibida por Deus (DEUTERONÔMIO 18:10,11), por uma boa razão. Práticas ocultas são fundamentadas nos poderes de Satanás e seus demônios. Podemos experimentar um "sucesso" inicial, para sermos seduzidas. Mas eventualmente descobriremos que *nós* é que estamos sendo controladas.

*Quando vos disserem: Consultai os necromantes e os adivinhos, que chilreiam e murmuram, acaso, não consultará o povo ao seu Deus? A favor dos vivos se consultarão os mortos?* ISAÍAS 8:19

**19 DE FEVEREIRO**

# Perversa e gentil

**A MÉDIUM DE EN-DOR**
**1 SAMUEL 28:15-25**

Erin ficou chocada ao perceber que acabara de conversar e gargalhar com uma mulher a quem planejara evitar pelo resto de sua vida. Esta não podia ser a chefe do grupo local de ateus, a mulher cujos protestos haviam levado à remoção dos hinos de natal do concerto de inverno da escola, a líder da petição para banir a tradicional cruz da Páscoa que ficava no pátio. Como esta mulher podia ser tão agradável? *Ela deve ter deixado os chifres e seu tridente em casa,* Erin pensou.

Saul visitou uma médium que se envolvia com práticas que eram condenadas por Deus como detestáveis e puníveis com a morte, contudo ela também apresentava um lado diferente. Quando Saul caiu no chão, paralisado pelas más notícias que acabara de ouvir, a mulher demonstrou preocupação. Ela suplicou que ele comesse para recuperar suas forças. Ela rapidamente matou e preparou um bezerro, assou pão e serviu a refeição a Saul e seus soldados. Eles não poderiam desejar uma anfitriã mais generosa, gentil ou atenciosa.

Contudo, ser gentil não é a mesma coisa que ser piedosa. Até mesmo aqueles que ativamente lutam contra Deus podem ter personalidades amáveis e empáticas, mas isso não é suficiente para levar as pessoas para o céu. Não é uma questão de nossas obras gentis serem em maior número do que as obras perversas. Todas nós falhamos quando se trata de viver conforme o padrão de Deus para a perfeição. Por isso precisamos de um Salvador.

Ser gentil jamais acobertará a desobediência deliberada. Pode fazer com que outras pessoas queiram estar ao nosso redor, mas a gentileza pode ser superficial e até autocentrada. A piedade vem quando o Espírito de Deus nos controla. Nossos mais profundos esforços para sermos gentis são insignificantes se estiverem distantes do fundamento de confiança em Deus. Esses esforços jamais podem limpar-nos de um pecado, seja ele a prática da necromancia ou a recusa de crer em Deus.

*…pois todos pecaram e carecem da glória de Deus.*
ROMANOS 3:23

## 20 DE FEVEREIRO

# Mulheres generosas

### A VIÚVA COM DUAS MOEDAS E MARIA DE BETÂNIA
### MARCOS 12:43,44; JOÃO 12:1-3

O presidente da faculdade nem sequer tentou esconder sua empolgação durante a entrevista sobre a inesperada herança da instituição. Exatamente quando enfrentava sua pior crise financeira, a pequena faculdade particular recebeu a maior doação de sua história. Uma herdeira viúva havia morrido e como não tinha filhos deixou toda a sua fortuna para a pequena faculdade que havia frequentado há muitos anos.

As duas mulheres nos versículos de hoje tinham condições financeiras diferentes, mas ambas demonstraram generosidade extrema. A viúva provavelmente vivia na pobreza, mal conseguindo alimentar-se. Segundo Jesus, sua oferta de duas moedas era todo o dinheiro que ela tinha para viver. Muitas pessoas a teriam chamado de louca por dar o dinheiro ao templo em vez de guardar para suas próprias necessidades.

Maria de Betânia provavelmente desfrutava de muito mais riqueza do que a pobre viúva, mas um grande vaso de unguento certamente não fazia parte de orçamento dela também. O custo do perfume raro que ela derramou sobre os pés de Jesus era equivalente aos salários de um ano inteiro de um trabalhador. Jesus entendeu que a generosidade de Maria transbordava de seu amor por Ele e de gratidão a Ele. Quando alguns observadores a criticaram por desperdiçar dinheiro, Ele defendeu seu gesto.

Deus quer que sejamos sábias em lidar com nossas finanças, mas Ele também espera que sejamos generosas ao doarmos a outros e ofertar alguns de nossos recursos para Ele. Tudo o que colocamos no gazofilácio veio de Suas mãos. Não precisamos nos preocupar com a possibilidade de darmos a Ele mais do que nossa condição permite. Se formos filhas obedientes que vivem para Ele, nosso Pai celestial, se comprometerá a prover todas as nossas necessidades. Mesmo que outros pensem que estamos desperdiçando nosso dinheiro, Deus recompensará nosso dar, e possibilitará que sejamos ainda mais generosas.

*...enriquecendo-vos, em tudo,*
*para toda generosidade...*
2 CORÍNTIOS 9:11

**21 DE FEVEREIRO**

# Profundamente amada

**RAQUEL**
**GÊNESIS 29:10-20**

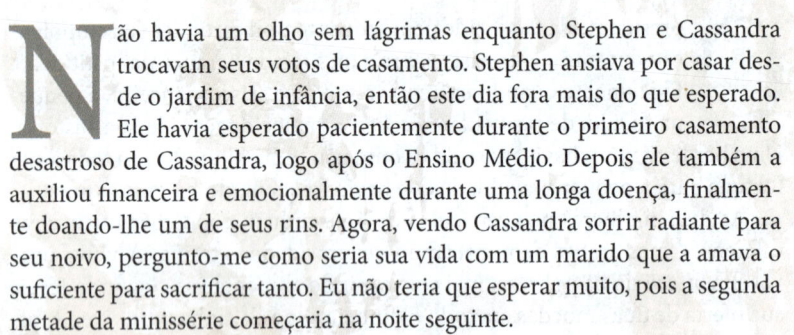

Não havia um olho sem lágrimas enquanto Stephen e Cassandra trocavam seus votos de casamento. Stephen ansiava por casar desde o jardim de infância, então este dia fora mais do que esperado. Ele havia esperado pacientemente durante o primeiro casamento desastroso de Cassandra, logo após o Ensino Médio. Depois ele também a auxiliou financeira e emocionalmente durante uma longa doença, finalmente doando-lhe um de seus rins. Agora, vendo Cassandra sorrir radiante para seu noivo, pergunto-me como seria sua vida com um marido que a amava o suficiente para sacrificar tanto. Eu não teria que esperar muito, pois a segunda metade da minissérie começaria na noite seguinte.

A passagem bíblica de hoje descreve um exemplo real de uma mulher amada por um homem que estava disposto a sacrificar-se por ela. Jacó amou Raquel a partir do primeiro momento em que a viu. Considerando que havia fugido de casa e não tinha bens materiais para oferecer ao pai da moça, Jacó prometeu trabalhar por sete anos em trocada mão de Raquel em casamento. Raquel provavelmente sentiu uma segurança maravilhosa e alegria ao saber que Jacó a amava tão profundamente que sete anos de trabalho pesado como pastor, pareciam apenas alguns dias para ele. Mais tarde, ele ainda concordou em trabalhar mais sete anos para garantir que ela seria sua noiva.

Que mulher não sonha em ser amada tão profundamente? Contudo, que mulher já não foi amada muito mais profundamente? Quer saibamos ou não, há um Homem que nos ama tanto que, deliberadamente, morreu numa cruz para salvar nossa vida. Esse tipo de amor altruísta é suficientemente incrível, mas, na realidade, Jesus era Deus, tomou forma humana para entregar Sua vida em nosso favor. O mesmo Deus que nos criou fez o sacrifício maior por nós, e nós jamais encontraremos amor mais profundo que esse.

*Nisto consiste o amor: não em que nós tenhamos amado a Deus, mas em que ele nos amou e enviou o seu Filho como propiciação pelos nossos pecados.*
1 JOÃO 4:10

## 22 DE FEVEREIRO

# Faminta de afeição

LIA
GÊNESIS 29:21-35

Cindy enrugou as sobrancelhas ao olhar para seu marido do outro lado da sala, absorto nas páginas de esportes. *Engraçado como ele se lembra das médias de rebatidas de cada jogador do time de beisebol, mas se esqueceu do meu aniversário na semana passada*, ela pensou. No fim de semana que viria, ele ficaria colado às arquibancadas do estádio ou à televisão para assistir ao grande jogo. Cindy suspirou e retornou à leitura de seu romance, em que a heroína era admirada e valorizada.

Como Cindy, Lia se sentia como uma esposa de segundo lugar. Após ser ofuscada durante anos por sua bela irmã mais nova, Lia experimentou a humilhação máxima quando seu pai enganou Jacó fazendo-o se casar com ela. E para acrescentar à sua desgraça, Jacó casou-se com Raquel apenas uma semana depois de ter se casado com Lia. Ela provavelmente temeu os anos por vir, considerando que dividiria seu marido com uma mulher a quem ele amava o suficiente, para trabalhar 14 anos em troca de tê-la como esposa.

Deus viu que Lia não era amada e lhe concedeu filhos, enquanto Raquel permaneceu estéril por vários anos. Lia deu à luz a três filhos, sempre esperando que os nascimentos fizessem Jacó amá-la. Quando o quarto filho nasceu, ela simplesmente exclamou: "...Esta vez louvarei o Senhor...". O foco de Lia havia mudado. Não era mais seu anseio pela afeição do marido, mas sim a fé em Deus.

Muitas esposas sentem que foram substituídas no coração de seu marido pelo trabalho, televisão, por um *hobby* como pesca ou caçadas, ou até mesmo pelo ministério. Outras mulheres são machucadas por pais que as tratam com menos importância do que outro filho. Sempre que alguém na Terra não nos ama como desejamos, podemos saber que há Alguém no céu que nos aprecia mais do que imaginamos. Ele cuidará de nós como cuidou de Lia, que teve o grande privilégio de dar à luz Judá, por meio de quem o Filho do próprio Deus, viria à Terra.

*...Com amor eterno eu te amei...*
JEREMIAS 31:3

23 DE FEVEREIRO

# Rivalidade de irmãs

**LIA E RAQUEL**
**GÊNESIS 30:3-20**

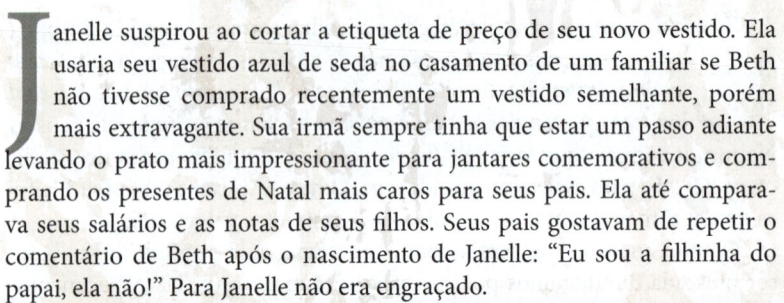

Janelle suspirou ao cortar a etiqueta de preço de seu novo vestido. Ela usaria seu vestido azul de seda no casamento de um familiar se Beth não tivesse comprado recentemente um vestido semelhante, porém mais extravagante. Sua irmã sempre tinha que estar um passo adiante levando o prato mais impressionante para jantares comemorativos e comprando os presentes de Natal mais caros para seus pais. Ela até comparava seus salários e as notas de seus filhos. Seus pais gostavam de repetir o comentário de Beth após o nascimento de Janelle: "Eu sou a filhinha do papai, ela não!" Para Janelle não era engraçado.

Lia e Raquel sabiam o que era a rivalidade entre irmãs. A tristeza de Raquel por sua esterilidade era intensificada pelo ciúme que sentia por ter que dividir seu marido com uma irmã que havia gerado quatro filhos. Em desespero, Raquel deu sua serva a Jacó. Quando Bila teve dois filhos, Raquel deu ao segundo filho o nome de Naftali para refletir sua competição com Lia. Para não ser sobrepujada, Lia deu a Jacó sua serva que também teve dois filhos. Depois disso, Lia deu à luz outros dois filhos e uma filha e Raquel gerou dois filhos. A necessidade de marcar pontos deve ter arruinado a alegria comum e o orgulho que há na maternidade, para estas irmãs.

A competição pode ser algo bom quando nos impulsiona a lutar pela excelência. Torna-se destrutiva quando instigada por inveja ou ambição egoísta.

A rivalidade pode tornar um lar, um ambiente de trabalho ou uma igreja, lugares miseráveis, quando pessoas competem entre si em vez de trabalharem como equipe. A rivalidade ciumenta pode tirar nossa alegria quando conquistamos algo ou até mesmo dilacerar uma família. Sempre que nos sentimos pressionadas a comparar nosso desempenho com o de outra pessoa, precisamos nos lembrar de que a opinião de Deus é a única que realmente importa. Quando nos concentramos em agradá-lo já não sentimos mais a necessidade de marcar pontos.

*Pois, onde há inveja e sentimento faccioso,*
*aí há confusão e toda espécie de coisas ruins.*
TIAGO 3:16

**24 DE FEVEREIRO**

# Façamos um acordo

**LIA E RAQUEL**
**GÊNESIS 30:14-16**

A rivalidade entre Lia e Raquel atingiu um outro nível quando o filho de Lia encontrou algumas mandrágoras que, acreditava-se, eram afrodisíacas. Quando Raquel implorou que sua irmã lhe desse as plantas, Lia perguntou amargamente se não era suficiente Raquel ter-lhe roubado o marido. Então Raquel concordou em abrir mão de sua vez de estar com Jacó naquela noite em troca de algumas plantas. Lia encontrou Jacó enquanto ele vinha do campo e o informou de que ela havia "pago" por ele com as mandrágoras. As irmãs estavam tão presas em sua inveja e competição que trataram seu marido como um prostituto.

Muitas pessoas gostam de pechinchar preços e desfrutam da satisfação de conseguir um bom acordo. Mas esta atitude causa problemas quando sai do mundo de negócios e entra nos relacionamentos. Pensar que "todos têm um preço" faz algumas pessoas manipularem outras em vez de interagir de modo honesto e saudável. Ninguém quer ser tratado como uma mercadoria a ser comprada e pela qual se paga.

Algumas vezes as pessoas até mesmo tentam fazer acordos com Deus. Quando estamos com problemas, é tentador prometer ao Senhor que mudaremos nossos caminhos ou abriremos mão de um hábito ruim caso Ele nos ajude. Se alguém que amamos está realmente doente, podemos fazer o voto de servir a Deus pelo resto de nossa vida se Ele simplesmente curar a pessoa amada. Mas o Senhor não age dessa forma. Podemos pedir-lhe, mas não há pagamento que possamos fazer para que Ele faça o que queremos. O amor de Deus e Sua misericórdia são oferecidos graciosamente; não devem ser barganhados como estas duas irmãs ciumentas que barganharam seu marido.

> *Bem-aventurados os que guardam a retidão*
> *e o que pratica a justiça em todo tempo.*
> SALMO 106:3

**25 DE FEVEREIRO**

# Nossos ídolos escondidos

**RAQUEL**
**GÊNESIS 31:17-35**

Sandra subiu as escadas correndo e jogou o envelope no fundo de sua gaveta de roupas íntimas. *Bem na hora*, ela pensou, ao ouvir a porta da garagem abrir. Ultimamente, Matt se perguntava porque a conta bancária do casal estava com uma quantia tão baixa, mas ela sabia como disfarçar seus gastos. Ele ficaria furioso se descobrisse que ela jogava na loteria toda semana, mas chegaria o dia em que ele a agradeceria. Ela simplesmente sabia que a qualquer momento teria um bilhete vencedor.

Durante a época de Gênesis 31, muitas pessoas tinham pequenos ídolos de madeira ou metal, ou "deuses", em suas casas. Pensava-se que estes ídolos ofereceriam proteção e orientação e tinham também importância legal conectados à herança familiar que era passada adiante. Quando Jacó decidiu deixar a casa de seu tio, Raquel roubou os ídolos de seu pai. Será que ela esperava que os ídolos abençoassem a jornada da família ou estava com medo que Labão pudesse usá-los para descobrir o lugar a que se destinavam? Talvez ela os tenha roubado para garantir que herdaria os bens de seu pai.

Seja qual foi a razão, o roubo logo colocou a vida de Raquel em perigo. Quando Jacó foi confrontado por Labão, ele prometeu matar qualquer um que fosse encontrado com os deuses. Labão procurou, mas nunca encontrou seus ídolos porque Raquel estava sentada sobre eles o tempo todo.

Podemos não ter estátuas e objetos em nossas casas aos quais nos curvamos, mas podemos ter ídolos em nosso coração. Qualquer momento em que colocamos qualquer outra coisa e não Deus no primeiro lugar de nossa vida, isto se torna um ídolo. Pode ser um relacionamento, um trabalho, um hábito, um *hobby*, materialismo ou a busca por prazer. Deus quer que sejamos plenamente dedicadas a Ele. O Senhor é o único digno de nossa adoração e veneração. Não podemos esconder nossos ídolos dele, mesmo que nos sentemos sobre eles.

*Amarás, pois, o Senhor, teu Deus, de todo o teu coração, de toda a tua alma, de todo o teu entendimento e de toda a tua força.* MARCOS 12:30

## 26 DE FEVEREIRO

## Mulheres de primeira classe

### CONCUBINAS

Enquanto Patsy ouvia suas amigas falarem cheias de empolgação sobre seus planos de desfrutar de um dia em *Spa*, sua mente procurava freneticamente por uma desculpa para não as acompanhar. Por que se expor a mais vergonha e embaraço? Ela poderia passar por isso todos os dias. Não importa o lugar onde fosse com suas duas melhores amigas, Patsy sentia a ferroada da discriminação. Em restaurantes e lojas elas recebiam atenção enquanto Patsy se sentia negligenciada e ignorada. Suas amigas tinham boas intenções, mas eram desatentas — e eram magras. *Estou cansada de ser tratada como uma pessoa de segunda classe só por causa do meu tamanho*, Patsy pensou.

As concubinas na época do Antigo Testamento sabiam como era serem cidadãs de segunda classe. Mesmo que Deus não aceitasse essa prática, havia se tornado aceitável na sociedade israelita que um homem tivesse escravas, servas ou prisioneiras de guerra como esposas secundárias. Tornar-se a concubina do mestre significava uma elevação de condição para uma escrava ou serva, mas ela permanecia em posição inferior à esposa. Os filhos de uma concubina eram considerados filhos legais de sua ama, mas não tinham herança ou direitos de propriedade a não ser que seu pai escolhesse adotá-los.

Muitas mulheres lutam com sentimentos de inferioridade e se veem como pessoas de segunda categoria. Estes sentimentos podem ser fundamentados na condição social ou econômica, origem étnica, histórico familiar, nível de educação ou até mesmo aparência.

Ainda que o mundo encoraje estas percepções, aos olhos de Deus não há pessoas de segunda categoria. Não importa em que circunstâncias tenhamos nascido, somos todas igualmente culpadas do pecado que nos separa dele. Felizmente, Deus vê cada uma de nós como alguém por quem valeu a pena morrer. Uma vez que nascemos em Sua família ao crermos em Jesus, somos igualmente aceitas e perdoadas. Deus não tem filhos de segunda classe em Sua família.

> *Dessarte, não pode haver judeu nem grego;*
> *nem escravo nem liberto; nem homem nem mulher;*
> *porque todos vós sois um em Cristo Jesus.* GÁLATAS 3:28

## 27 DE FEVEREIRO

# Fora de controle

### UMA JOVEM ESCRAVA CURADA POR PAULO
### ATOS 16:16-19

Rosemary bateu a porta de seu quarto e se jogou com o rosto no edredom. Ela havia feito a mesma coisa de novo! Por que se irritou tanto? Michael foi atencioso e avisou-a que trabalharia até tarde novamente e eles *realmente* precisavam de mais dinheiro. Então por que ela começou a gritar no telefone e jogou sua xícara de café contra a parede? Depois de cada acesso de raiva, Rosemary jurava controlar seu humor, mas de nada adiantava. Ela parecia sempre estar à mercê de suas emoções.

A escrava em Atos 16 estava à mercê de seu mestre e também de um espírito demoníaco. Esta jovem não era uma vigarista; estava possessa por um espírito maligno que lhe permitia prever o futuro. Sua aflição tornara seus donos ricos, mas que vida miserável e degradante ela deve ter vivido! Evitada por todos, exceto clientes pagantes, ela deve ter ansiado ser valorizada por quem era como pessoa, não apenas por seu desempenho.

Certo dia, um encontro transformou a vida dessa moça. Quando Paulo ordenou ao demônio que a deixasse, ela foi instantaneamente liberta do espírito maligno que a controlava. Os donos dessa moça ficaram furiosos porque haviam perdido seu meio de lucro, mas por meio do poder do nome de Jesus ela foi restaurada à saúde mental e emocional.

Todas nós lutamos com nossas emoções, mas algumas pessoas são dominadas por elas. A Bíblia ensina que acessos de raiva, ira e ciúme são parte de nossa natureza pecaminosa. Somente o Espírito de Deus, que vive em nós pode nos libertar destes demônios. Devemos fazer a escolha de deixar que Ele nos controle. A única maneira de evitar estar à mercê de nossas emoções, como Rosemary, é estar à mercê de Deus.

> *E os que são de Cristo Jesus crucificaram a carne, com as suas paixões e concupiscências.*
> GÁLATAS 5:24

28 DE FEVEREIRO

# Falando com Deus 24 horas por dia

ANA
LUCAS 2:21-38

Julie abriu sua conta de *email* e encontrou uma longa lista de pedidos de oração à sua espera. *Bem, tempo não é o meu problema,* suspirou. Ajustou a cadeira de rodas que a carregava desde o acidente que a paralisara há 30 anos. Algumas vezes não podia evitar pensar em como as coisas teriam sido diferentes, mas não nesta manhã. Hoje, Julie estava determinada a manter a reputação de seu apelido: "Guerreira de oração sobre rodas."

Ana, a profetiza, também tinha um poderoso ministério de oração. Ela ficara viúva após apenas sete anos de casamento, então permanecia no Templo, dia e noite, adorando a Deus por meio de jejum e oração. Muitos estudiosos creem que Ana tinha mais de cem anos. Deus a recompensou ricamente por sua dedicação em servi-lo por meio da oração. Ela foi uma das primeiras pessoas a ver e reconhecer o Messias quando Ele tinha pouco mais de um mês de vida. Sua alegria e empolgação com este privilégio ficaram claras quando ela imediatamente passou a falar de Jesus a outras pessoas.

Os cristãos hoje em dia têm o Espírito de Deus vivendo dentro de si. Considerando que nosso corpo é o templo de Deus (1 CORÍNTIOS 6:19), somos como Ana vivendo neste templo dia e noite. Como Ana nós também somos chamadas à oração contínua. No começo parece impossível já que muitas de nós definem oração como um período de tempo estendido em que ficamos sozinhas ou algo que fazemos somente em um lugar específico.

Ter um tempo consistente de silêncio é importante, mas Deus quer que a oração seja parte natural de nossa vida diária, como a respiração. Ele está conosco em todos os momentos de nossas alegrias, aborrecimentos triviais e problemas sérios. Não importa onde estamos ou o que está acontecendo ao nosso redor, podemos desenvolver o hábito de uma conversa contínua com Deus. Ele está ansioso por um exército de guerreiras de oração como Ana e Julie.

*Orai sem cessar.*
1 TESSALONICENSES 5:1

## 1.º DE MARÇO

# Uma torre forte

**MULHERES DE TEBES**
**JUÍZES 9:42-51**

A maioria de nós ainda lembra das terríveis imagens do 11 de setembro de 2001. Como podemos nos esquecer de ter visto pessoas pulando para a morte do alto do *World Trade Center*? As torres de 110 andares representavam uma inovação da engenharia, mas quando os terroristas lançaram seus aviões contra elas, as torres se tornaram armadilhas flamejantes para as pessoas no interior dos prédios. Bombeiros trabalharam intensamente, mas para muitos ali não houve escape.

Quando um louco com sede de sangue atacou a antiga cidade de Tebes, toda a população fugiu para a torre em busca de segurança. Era uma torre forte, com muros espessos construídos para protegê-los de seus inimigos. Naquele momento, entretanto, eles desejaram estar em qualquer outro lugar. Será que sabiam que Abimeleque havia acabado de destruir sua própria cidade Siquém e queimou o templo de El-Berite com todas as pessoas dentro? Do topo de sua torre, o povo de Tebes ainda conseguia ver a fumaça vindo da região da cidade de Siquém. O pânico provavelmente tomou o coração das mulheres que horrorizadas observavam do telhado, incapazes de escapar enquanto Abimeleque se aproximava.

Todas queremos nos sentir seguras, mas nunca encontraremos nada na Terra que verdadeiramente garanta nossa segurança. Sem perceber, algumas pessoas colocam sua confiança em uma pessoa, no governo, em seu dinheiro ou sua sabedoria. Algumas vezes as coisas das quais dependemos para termos proteção acabam nos colocando em perigo. Considerando que Deus tem o controle máximo do Universo, somente Ele pode nos proteger. Quando uma crise nos atinge, nós geralmente não pensamos no Senhor até percebermos que não temos mais para onde ir. Confiar em Deus todos os dias e clamar Seu nome antes que o perigo ameace, nos envolve em Seu poder e força. Então, não importa o que aconteça ao nosso redor ou a nós, sabemos que estamos em Suas mãos, o lugar mais seguro possível.

*Torre forte é o nome do Senhor,*
*à qual o justo se acolhe e está seguro.*
PROVÉRBIOS 18:10

2 DE MARÇO

# Arma poderosa

## UMA MULHER DE TEBES
## JUÍZES 9:52,53

Enquanto Abimeleque atacava a torre em Tebes, uma mulher sagaz que estava no telhado descobriu uma arma singular, mas eficaz. Quando ela viu Abimeleque se preparando para colocar fogo na entrada logo abaixo, pegou uma pedra usada para moer grãos que estava perto de si e a lançou. A pedra caiu sobre o crânio de Abimeleque e o esmagou. Enquanto os homens na torre provavelmente desejavam arcos e flechas, lanças ou outras armas, esta mulher usou o que tinha em mãos.

Nossa tendência é admirar certas pessoas fortes que aparentam ser gigantes espirituais, mas Deus deu a todos os Seus filhos tudo o que precisam para lutar qualquer batalha que venha em sua direção. Nossa fé e obediência nos protegem dos ataques de Satanás que nos tenta a deixarmos de seguir Jesus. Nossas armas ofensivas — oração, a Palavra de Deus escrita e Seu Espírito Santo dentro de nós — nos concedem poder para a batalha espiritual.

Ainda que Deus tenha criado armas espirituais específicas, Ele também quer que pensemos com criatividade ao executarmos Sua obra. Algumas vezes nos sentimos mau equipadas para executar certo trabalho, quando aquilo de que precisamos está bem ao nosso alcance. Em vez de desejar que pudéssemos realizar mais para Deus, um autoinventário pode revelar habilidades desprezadas, talentos, conexões ou posses materiais esperando para serem investidos no reino de Deus. Ele usou um cajado de madeira comum na mão de Moisés para executar milagres diante do faraó egípcio. O Senhor usou uma pedra de moinho e uma mulher para matar um homem louco e cruel. Nas mãos de Deus, coisas comuns podem realizar façanhas extraordinárias.

*Perguntou-lhe o Senhor: Que é isso que tens na mão?...*
ÊXODO 4:2

## 3 DE MARÇO

# A força da fraqueza

## UMA MULHER DE TEBES
## JUÍZES 9:54-57

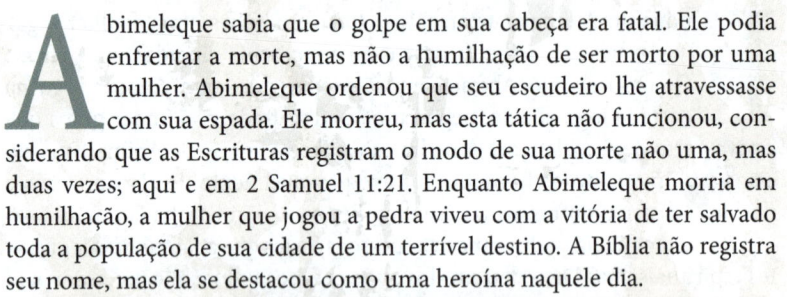

Abimeleque sabia que o golpe em sua cabeça era fatal. Ele podia enfrentar a morte, mas não a humilhação de ser morto por uma mulher. Abimeleque ordenou que seu escudeiro lhe atravessasse com sua espada. Ele morreu, mas esta tática não funcionou, considerando que as Escrituras registram o modo de sua morte não uma, mas duas vezes; aqui e em 2 Samuel 11:21. Enquanto Abimeleque morria em humilhação, a mulher que jogou a pedra viveu com a vitória de ter salvado toda a população de sua cidade de um terrível destino. A Bíblia não registra seu nome, mas ela se destacou como uma heroína naquele dia.

Comparada a Abimeleque e suas forças, a mulher no telhado parecia fraca e impotente, entretanto se tornou vencedora. Deus tem um histórico de transformar em heróis aqueles que muito dificilmente o seriam — escolher candidatos mais jovens ou fracos para se tornarem líderes e utilizar pequenas forças para conquistar grandes exércitos. Ele geralmente colocava os israelitas em situações em que precisavam reconhecer que tinham vencido pelo poder de Deus e não pelo seu próprio.

A fragilidade humana fornece o pano de fundo perfeito para a exibição do poder de Deus. Quando não temos recursos, somos forçadas a depender por completo do Senhor. Então Ele age por nosso intermédio de maneiras incríveis. Para o mundo, Jesus parecia fraco e impotente durante Seu julgamento e Sua crucificação, mas na verdade, a cruz exibiu o poder de Deus mais do que qualquer outro acontecimento na história. Se nos sentimos fracas e tolas, isso pode ser bom. É exatamente neste ponto que Deus pode nos usar para algo grande.

> *…Deus escolheu as coisas loucas do mundo*
> *para envergonhar os sábios e escolheu as coisas fracas*
> *do mundo para envergonhar as fortes.*
> 1 CORÍNTIOS 1:27

4 DE MARÇO

# Não se preocupe

**O ENSINO DE JESUS**
**LUCAS 12:22-31**

Miko caminhou pelo corredor de casacos e blusas. Após tantos anos fora do mercado de trabalho, estava nervosa com a entrevista que faria. Estava preocupada em não ter um traje adequado, e não tinha dinheiro para gastar em roupas novas. Felizmente sua amiga havia sugerido um brechó. Olhando para o blazer feito sob medida que estava em seu carrinho, ela pensou: *Quais são as chances de encontrar uma peça que combine com essa cor e em meu tamanho?* Alguns minutos depois ficou boquiaberta ao encontrar uma blusa gola rulê na cor e no tamanho perfeitos — com suas iniciais marcadas na gola!

As mulheres que ouviram Jesus ensinar Seus discípulos na passagem de hoje tinham as mesmas preocupações diárias que temos hoje. Elas compreendiam facilmente quando Jesus falava sobre preocupar-se com alimento e roupas, considerando que praticamente tudo de suas vidas girava em torno de alimentar e vestir suas famílias. Elas o ouviam lembrar-lhes de que se Deus alimenta os pássaros, poderia certamente alimentá-las. Elas assistiam com atenção enlevada enquanto Ele apontava para alguns lírios próximos, belamente "vestidos" por Deus. Será que sentiram alívio do fardo sobre seus ombros conforme Jesus lhes certificava do cuidado contínuo do Pai celestial?

Deus nos adverte a não nos preocuparmos com nossa vida diária por uma boa razão. A preocupação desperdiça nosso tempo e nossa energia sem que a situação mude. Também contribui para o empobrecimento da saúde física e emocional e interfere em nosso relacionamento com Deus. Não podemos confiar nele e nos preocupar com nossas necessidades ao mesmo tempo.

A fé é o único antídoto para o nocivo hábito da preocupação. Se realmente cremos que nosso Pai celestial conhece nossas necessidades e proverá o que precisamos, então podemos treinar nossa mente para substituir cada pensamento de ansiedade que brota por uma oração. Deus quer que nos concentremos em questões espirituais e deixemos os detalhes da vida diária para Ele.

*Não andeis ansiosos de coisa alguma; em tudo, porém, sejam conhecidas, diante de Deus, as vossas petições, pela oração...* FILIPENSES 4:6

5 DE MARÇO

## Estilo de vida transitório

SARAI
GÊNESIS 12:1-6

Melinda desligou o telefone e baixou a cabeça sobre as mãos. Mais uma mudança — agora que estavam se estabelecendo na vizinhança e as crianças indo tão bem na escola. Ela sempre soube que a vida com um marido militar significaria transferências ocasionais, mas 12 mudanças em 16 anos de casamento? Considerando o crescimento de sua família e posses, cada transferência se tornava mais difícil. Melinda se sentia sugada apenas em pensar nos dias que viriam.

Muitas mulheres na Bíblia tinham um estilo de vida transitório. Devido ao chamado de Deus, Sarai precisou deixar sua casa, seus parentes e seu país. Sarai nem mesmo sabia aonde estavam indo — o Senhor simplesmente instruiu o casal e sair e ir à terra que Ele mostraria a Abrão. Seu coração certamente doeu ao deixar tudo o que era familiar para unir-se a seu marido nesta jornada. Conforme Sarai adotava um estilo de vida seminômade, podemos imaginar que seus pensamentos frequentemente retornavam à vida urbana que antes conhecera.

Nunca é fácil deixar a segurança do que é familiar e confortável. Mesmo que nos sintamos empolgadas com uma mudança, um novo emprego ou uma mudança no estilo de vida, a incerteza do que está por vir pode nos encher de dúvida e medo. Como é reconfortante saber que aonde quer que a jornada de nossa vida nos leve, Deus estará bem ali conosco. Ainda mais, Ele já terá ido à nossa frente e feito os ajustes para que as mudanças sejam usadas para o nosso bem, por mais que pareçam dolorosas no momento. A obediência de Abrão e Sarai ao chamado de Deus trouxe bênçãos a eles e ao resto do mundo. Quando Deus nos chama para deixar algo para trás, podemos esperar encontrar bênçãos adiante.

*Eu é que sei que pensamentos tenho a vosso respeito, diz o Senhor...* JEREMIAS 29:11

6 DE MARÇO

# *Situações injustas*

SARAI
GÊNESIS 12:10-20

Conforme Sônia terminava de rotular a última caixa de mudança, ela sentou-se sobre os calcanhares e olhou ao redor. Havia tantas memórias naquela sala de estar. Parecia irreal que no dia seguinte ela e Stan sairiam da casa onde seus filhos cresceram, a casa onde ela esperava envelhecer. Se ela simplesmente não tivesse concordado com o investimento impulsivo de Stan. Ela teve dúvidas desde o começo, mas Stan parecia tão seguro de que daria certo. Sônia lutava com as lágrimas. *Isto é tão injusto*, ela esbravejou.

Sarai provavelmente pensou que sua situação era injusta quando acabou morando em um harém. Abrão havia se passado por seu irmão e não marido, por medo de que um egípcio o matasse para ficar com ela. Sarai concordou com o plano de Abrão; afinal de contas, isso era apenas meia mentira e ela queria proteger seu marido. Agora, provavelmente o pedido soou ilógico. O faraó planejou tomá-la como sua esposa e não parecia haver saída. Como Sarai deve ter ficado contente quando Deus interveio para libertá-la do harém do governante.

Todas nós conhecemos o sentimento de estar em uma situação injusta. Pode ser algo que se desenvolveu devido às nossas escolhas ou comportamento tolo, ou podemos nos encontrar presas nas escolhas de outras pessoas. Independentemente da causa, podemos buscar libertação em Deus. Ele se deleita na justiça e com frequência intervém em nossos problemas de maneiras inesperadas. Em outros momentos, Ele não muda as circunstâncias, mas nos dá força para suportá-las. Ele promete corrigir tudo o que há de incorreto. Não importa o quão injusta nossa situação pareça, podemos estar certas de que seremos justificadas, mais cedo ou mais tarde.

> *Pois o Senhor julga ao seu povo e se compadece dos seus servos.* SALMO 135:14

7 DE MARÇO

# *Procurando atalhos*

SARAI
GÊNESIS 16:1-6

Todas nós amamos atalhos e soluções rápidas. Alguns destes, como modeladores de cachos, micro-ondas, computadores e lanchonetes *drive-thru*, poupam nosso tempo e tornam a vida mais eficiente. Outros criam mais problemas do que os resolvem. Muitos lanches *fast-food* acabam destruindo uma dieta equilibrada e nossa aparência. Um diploma rápido *on-line* não substitui anos de estudo na universidade. Serviços *on-line* de namoro podem não ser a melhor rota para encontrar um parceiro comprometido para o resto da vida. Algumas coisas simplesmente levam tempo, mas a espera vale a pena.

Sarai também procurou um atalho. Há anos Deus havia prometido que Abrão teria um filho e herdeiro. Agora, Sarai já havia passado há muito tempo da idade de gerar filhos, e estava cansada de sentir-se frustrada ano após ano. Por que permanecer esperando por algo que obviamente não aconteceria? Então ela tomou a questão em suas mãos e deu sua serva a Abrão. Segundo o costume, o filho de Agar seria considerado filho de Sarai. Talvez tenha sido assim que Deus planejou prover o herdeiro para Abrão.

A ideia de Sarai não fazia parte do plano de Deus e ela logo se arrependeu de sua decisão precipitada. A gravidez de Agar criou conflito entre Sarai e seu marido e ciúme entre Sarai e sua serva. Também iniciou uma hostilidade que permaneceu em todos os descendentes do filho de Agar e do filho de Sarai, o povo árabe e a nação judaica.

O plano de Deus geralmente inclui algo que é muito difícil de executarmos — esperar. Conforme assistimos ansiosamente a meses ou anos se passarem sem sinal do agir de Deus para cumprir Suas promessas, podemos nos desesperar. Começamos a nos perguntar se Ele nos esqueceu, ou se perdemos algo. É tentador intervir e "ajudar Deus". Isso sempre é um erro. Esforços humanos para cumprir promessas divinas apenas complicam as questões, como Sarai aprendeu do modo mais difícil.

*Eu, porém, olharei para o S*ENHOR *e esperarei no Deus da minha salvação...* MIQUEIAS 7:7

8 DE MARÇO

## Ajuste na atitude

AGAR
GÊNESIS 16:7-16

Mais uma vez, a nova supervisora era o tópico da conversa na hora do intervalo.

"Desde que ela foi promovida, mal fala comigo."

"Sim, ela pensa ser boa demais para nos fazer companhia — você deveria ver a cara que ela fez quando eu perguntei sobre a equipe de boliche deste ano."

"O que ela esquece é que ela *precisa* de nós — se não fizermos nosso trabalho, ela não fica bem com a chefe *dela*."

"Hum, alguém tem alguma ideia?"

Quando Sarai fez Abrão dormir com sua serva egípcia, Agar foi elevada à posição de segunda esposa. No começo Agar provavelmente sentiu-se honrada e grata por sua inesperada mudança de *status*, mas logo tornou-se arrogante. Depois que Agar engravidou, ela passou a tratar Sarai com desdém. Agar fez questão de deixar claro que ela podia fazer algo que sua ama não podia — dar à luz ao filho de Abrão.

Sarai reagiu à insolência de Agar maltratando-a. Em vez de admitir seu erro e se desculpar, Agar fugiu. O anjo do Senhor veio a Agar no deserto e disse-lhe que ela teria um filho e mais descendentes do que poderia contar. Ele também a instruiu a retornar e submeter-se à autoridade de Sarai. Agar voltou para casa com uma nova atitude e um novo nome para o Senhor — "O Deus que me vê."

É fácil ser humilde quando somos surpreendidas com honra, seja um prêmio, uma promoção ou simplesmente um elogio verbal. Mas conforme o tempo passa, podemos começar a pensar que merecemos ainda mais. Podemos começar a tratar outros com desdém ou desenvolver uma atitude rebelde concernente à autoridade. Deus vê nossos pensamentos assim como nossas ações. Ele sabe quando caminhamos em direção a uma queda e nos recomenda uma atitude de ajuste. Bom será se não esperarmos chegar no deserto criado por nossa própria arrogância.

*A soberba precede a ruína, e a altivez do espírito, a queda.* PROVÉRBIOS 16:18

**9 DE MARÇO**

# Novo nome, nova mulher

**SARA**
GÊNESIS 17:15,16; 18:1-12; 21:1-7

"Você tem visto a Tina?" Bethany perguntou à sua amiga ao começarem a caminhada matinal. "Eu a encontrei em uma loja e quase não a reconheci. Ela na verdade tinha um sorriso no rosto em vez de um olhar zangado; mas a parte mais incrível foi ouvi-la falar sem sua amargura e seu sarcasmo comuns. Algo definitivamente aconteceu com ela!"

"Você está errada", Emily respondeu, sorrindo. "Descobri pela irmã dela que Tina começou a frequentar um estudo bíblico. Não foi *algo* que aconteceu com ela — *Alguém* aconteceu para ela."

Sarai teve muitas experiências amargas em sua vida. Apesar de ter um marido zeloso, ela era estéril em uma cultura que fundamentava a importância da mulher em sua habilidade de gerar filhos. Enquanto Deus preparava o milagroso nascimento de Isaque, Ele mudou o nome de Sarai para Sara. Ambos os nomes significam "princesa". A mudança no nome de Sara foi leve, mas ela em pouco tempo passou por uma transformação dramática.

Abraão tinha 99 anos quando o anjo do Senhor confirmou a promessa de que ele teria inúmeros descendentes. Desta vez, o prognóstico de Deus foi mais específico: Sara teria um filho dentro de um ano. Sara ouviu a conversa e riu silenciosamente da ridícula ideia de que poderia vir a engravidar. Depois, quando ela deu à luz um filho como fora profetizado, ela declarou: "Deus me deu motivo de riso". Algo ou, na verdade, Alguém havia mudado a atitude de Sara: de rir por descrença ela passou a rir com alegria.

A Bíblia ensina que quando nos tornamos filhas de Deus, somos novas criaturas. O Espírito de Deus, vivendo em nós, começa a transformar nossos pensamentos, nossas atitudes e ações para nos conformar à imagem de Cristo. O amor de Deus e Sua graça fluem por meio de nós para outros. Nossos nomes podem não mudar, mas como Tina ou Sara, nossa vida demonstrará que tivemos um encontro com o Rei dos reis. E Ele pode nos tornar, a todas, princesas.

*...se alguém está em Cristo, é nova criatura...*
2 CORÍNTIOS 5:17

## 10 DE MARÇO

# Deus do impossível

**SARA**
**GÊNESIS 18:1-15**

Sara enfrentou uma situação impossível. Ela e Abraão haviam saído de casa há 24 anos, confiando na promessa de Deus de que teriam incontáveis descendentes. Abraão havia tido um filho com Agar, mas Deus insistiu que o herdeiro de Abraão viria de Sara. Conforme se aproximava dos 90 anos de idade, Sara provavelmente foi perdendo a esperança. Em alguns momentos, a bênção prometida pode ter soado para ela como uma piada cruel.

Quando Deus visitou Abraão e confirmou que Sara teria um bebê no ano seguinte, Deus perguntou: "Acaso, para o Senhor há coisa demasiadamente difícil?" Esta é uma pergunta que precisamos fazer a nós mesmas quando enfrentamos situações impossíveis. Deus muitas vezes espera que creiamos no que parece inacreditável. Podemos nos perguntar como permanecer em um casamento tão insatisfatório, ou se algum dia veremos o fruto de nossa educação espiritual em nossos filhos. Ele pode nos pedir que abramos mão de um hábito de anos ou que o sirvamos de algum modo que pareça ir além de nossas habilidades.

Ao esperar para cumprir a promessa até Sara estar muito além dos anos normais de concepção de filhos, Deus demonstrou Seu poder para que todos vissem. Ninguém poderia negar que o nascimento de Isaque foi miraculoso. A Bíblia fornece muitos relatos de Deus se revelando ao realizar o impossível. Ele venceu exércitos poderosos com uma pequena companhia de fiéis seguidores, abriu o mar e ressuscitou mortos. Seu feito mais "impossível" foi se tornar humano e morrer por nossos pecados para que nós não precisássemos passar por isso.

Nossa sociedade despeja clichês sobre pensamento positivo tais como: "Se você acreditar, você alcançará", mas é melhor crermos em Deus do que nos apoiarmos em nossos "poderes" mentais. Há coisa demasiadamente difícil para o Senhor? Nossa fé pode em certos momentos vacilar, mas nós conhecemos a resposta. Podemos ter certeza de que Deus manterá Suas promessas — mesmo quando significa fazer o "impossível".

*Jesus [...] disse-lhes: Isto é impossível aos homens, mas para Deus tudo é possível.*
MATEUS 19:26

## 11 DE MARÇO

# Jamais abandonada

**AGAR**
**GÊNESIS 21:8-21**

Ashley olhou para o bilhete em sua mão, tentando compreender as palavras. Ela havia se apaixonado por Todd mesmo ele ainda sendo legalmente casado. Logo ele se mudou para seu apartamento. Sempre que Ashley perguntava sobre os extensos procedimentos do divórcio, Todd lhe tranquilizava e falava de sua vida futura juntos. Agora Ashley chega em casa e encontra um bilhete informando-lhe que ele havia decidido voltar para sua esposa — e não queria contato com a bebê de dois meses ao lado de sua cama, chorando de fome.

Agar também se sentiu abandonada e sem esperança. Durante a festa para celebrar a desmama de Isaque, o filho adolescente de Agar havia zombado de Isaque. Sara, esposa de Abraão, exigiu que Abraão se livrasse de sua concubina e seu filho. Considerando que Isaque era o filho por meio de quem a aliança de Deus com Abraão seria cumprida, Deus aprovou a separação, mas Ele não abandonou Agar e Ismael.

Abraão mandou Agar embora com um pouco de comida e um recipiente com água. Ela e Ismael perambularam a esmo pelo deserto até que a água acabou e então Agar se separou de seu filho. Ela não podia suportar a angústia de assisti-lo morrer. Mas o mesmo Deus que instruiu Agar a chamar seu filho de Ismael "Deus ouve", ouviu os clamores do menino. O Deus a quem Agar chamou de "Aquele que me vê" (16:13) abriu seus olhos para ver um poço de água. Deus continuou com ela e seu filho conforme ele crescia até se tornar pai de uma nação.

Algumas vezes nos sentimos abandonadas exatamente pelas pessoas que deveriam nos amar e proteger. Se formos mães solteiras criando filhos sem ajuda alguma ou estivermos separadas de alguém com quem tínhamos um relacionamento próximo, são situações assustadoras. Pode parecer às vezes que ninguém se importa conosco, mas Deus ouve nossos clamores e vê nossas necessidades. Ele nos protegerá e proverá o que precisamos — estando sozinhas em nossos lares ou no meio de um deserto.

*…De maneira alguma te deixarei,*
*nunca jamais te abandonarei.* HEBREUS 13:5

12 DE MARÇO

# Aceitável, mas não aconselhável

SARA
GÊNESIS 16:4,5; 17:20

Olhando rapidamente para o relógio em seu criado-mudo, Mary suspirou. Ela havia esperado pelo dia em que faria 21 anos para desfrutar de uma noite especial no melhor bar da cidade, mas havia esquecido o costume de brindar com cada uma das moças da irmandade da universidade. Após uma noite vomitando, ela havia perdido o horário de sua entrevista. Mary sabia que não teria outra chance para esse estágio. *Perdi minha grande chance; e tudo por causa de uma tradição do campus,* ela pensou enquanto corria para o banheiro.

A decisão de Sara de que Abraão dormisse com sua serva era perfeitamente aceitável segundo os costumes da época. Se Agar tivesse um filho homem e Abraão o adotasse, ele se tornaria o filho e herdeiro legal. Como Sara era estéril e estava chegando aos 80 anos de idade, parecia óbvio para ela que Deus não planejava que o filho prometido viesse dela. Após tantos anos de espera, talvez ela se sentisse aliviada por ter encontrado uma solução para o problema. Sara em pouco tempo entendeu que ainda que o mundo considerasse sua "solução" moralmente sensata, Deus não a aprovava. As amargas consequências afetaram a ela e a história de duas nações.

O fato de que algo é legal não significa que seja uma boa ideia. O mundo considera aceitável muitas coisas que Deus não aprova. Sexo antes do casamento, homossexualidade e aborto podem ser sancionados pela sociedade, mas não fazem parte dos planos de Deus para nós. Estas escolhas podem resultar em sérias consequências que nos importunarão pelo resto da vida, tanto quanto a decisão de Sara afetou sua vida. Ao decidir que atitude tomar, não é suficiente pensar se nossa escolha é ou não legal ou aceitável na opinião do mundo; uma decisão muito mais sábia é garantir que a atitude seja piedosa. Se permitirmos que Deus guie nossas decisões, podemos esperar consequências positivas, o que também tem efeitos duradouros.

*Todas as coisas me são lícitas, mas nem todas convêm...* 1 CORÍNTIOS 6:12

## 13 DE MARÇO

# Mãos ocupadas

**DORCAS**
ATOS 9:36-42

A adolescente esfregou em sua bochecha a manta macia de crochê. Ela havia encontrado o cobertor rosa e branco em uma sacola de presentes que sua mentora do Centro de Gravidez Crítica acabara de deixar no seu quarto de hospital. Como mãe solteira dependente de auxílio público, a menina não podia comprar nem mesmo o básico. Seus olhos se encheram de lágrimas ao pensar em sua encantadora bebê envolta no belo cobertor feito à mão. Enquanto isso, do outro lado da cidade, uma mulher mais velha, sentada em casa tricotava e orava por jovens moças que nunca conheceria.

Dorcas, ou Tabita, era outra cristã com mãos ocupadas. Ver os pobres e necessitados em sua cidade avivou sua compaixão e a impeliu a usar sua habilidade de costura para ajudar a vesti-los. Dorcas desenvolveu uma reputação por fazer coisas boas e ajudar os pobres. Quando ela morreu, os outros cristãos ficaram tão entristecidos que chamaram Pedro.

As viúvas mostraram a Pedro as roupas e casacos que Dorcas havia feito para elas. Essas mulheres provavelmente não teriam roupas adequadas se não fosse a bondade dessa notável mulher. Todas choraram ao se lembrarem do que Dorcas havia feito em favor de cada uma delas. Pedro tirou-as do quarto e orou, e Deus trouxe Dorcas de volta à vida.

Muito frequentemente na igreja, a nossa atenção tende a se voltar aos ministérios mais visíveis. Se não estamos falando, ensinando ou atuando, podemos sentir que não temos muito a oferecer. Mas Deus deu a Seus filhos todos os tipos de dons e habilidades. Habilidades práticas como costurar, cozinhar, decorar e organizar podem não ter brilho, mas têm grande impacto na vida de outras pessoas. Qualquer habilidade que tivermos pode abençoar outros se a dedicarmos a Deus. Nem todas podem costurar roupas, mas todas podemos semear bondade — usando qualquer ferramenta que Deus tenha nos dado.

> *Servi uns aos outros, cada um conforme o dom que recebeu, como bons despenseiros da multiforme graça de Deus.*
> 1 PEDRO 4:10

## 14 DE MARÇO

# Pronta para a verdade

**RAABE**
**JOSUÉ 2:1-11**

"Mamãe, porque minha mãe de verdade não quis ficar comigo?" Roberta olhou para os olhos castanhos e a testa franzida de sua menininha. *Como devo responder a isso?* Ela pensou. Maggie sempre soube que fora adotada quando nasceu, que Deus a havia escolhido como um presente especial para uma família sem filhos. Mas ultimamente, ela vinha fazendo mais perguntas inquisitivas.

"Vamos lá para fora no *deck*, querida", Roberta disse. Ela sabia que Maggie estava pronta para ouvir a verdade.

Raabe também estava pronta para receber a verdade. Ela havia ouvido relatos sobre como o Deus de Israel abriu miraculosamente o mar Vermelho para o Seu povo e como depois eles venceram dois poderosos reis amonitas. Talvez ela tenha meditado nestas histórias, cheia de curiosidade sobre o Deus que provou ser muito mais poderoso e misericordioso do que os deuses pagãos de seu povo cananeu. Então, de modo incrível, dois homens que adoravam *Yahweh* entraram em sua casa. Com o resto do seu povo, Raabe temia o inevitável ataque de Israel contra Jericó, mas apesar de seu medo, Raabe admitiu o pouco que sabia sobre *Yahweh* e declarou sua crença nele como o único Deus verdadeiro.

Em toda a má e violenta cidade de Jericó, Deus encontrou somente uma pessoa receptiva à Sua verdade. Quando Ele viu o coração de Raabe o buscando, Ele direcionou os espias à sua casa. *Yahweh* lida com as pessoas da mesma maneira hoje. Quando o Senhor vê alguém o buscando, provê uma oportunidade para essa pessoa conectar-se com Ele. Não precisamos entender tudo na Bíblia para nos tornarmos filhas de Deus; só precisamos aceitar a verdade de que Ele enviou Cristo para morrer por nosso pecado. À medida que crescemos espiritualmente, Deus revela-nos mais verdades, contanto que sejamos fiéis àquilo que já compreendemos. Ele sempre enviará a verdade para a qual estamos preparadas.

*...recebestes o Espírito pelas obras da lei ou pela pregação da fé?* GÁLATAS 3:2

15 DE MARÇO

## Momento decisivo

**RAABE**
**JOSUÉ 2:3**

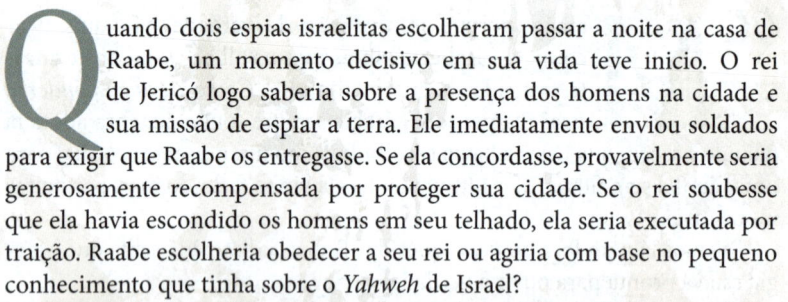

Quando dois espias israelitas escolheram passar a noite na casa de Raabe, um momento decisivo em sua vida teve inicio. O rei de Jericó logo saberia sobre a presença dos homens na cidade e sua missão de espiar a terra. Ele imediatamente enviou soldados para exigir que Raabe os entregasse. Se ela concordasse, provavelmente seria generosamente recompensada por proteger sua cidade. Se o rei soubesse que ela havia escondido os homens em seu telhado, ela seria executada por traição. Raabe escolheria obedecer a seu rei ou agiria com base no pequeno conhecimento que tinha sobre o *Yahweh* de Israel?

Muitas de nós enfrentamos momentos decisivos semelhantes àquele de Raabe. Podemos receber a oferta de uma promoção ou um bom aumento, mas as horas extras nos forçariam a negligenciar as necessidades de nossas famílias. Ou podemos ser confrontadas com uma situação em que nosso chefe espera que façamos algo que contradiga os caminhos de Deus e nossa recusa pode significar uma demissão. Talvez precisemos decidir entre buscar nossos interesses ou nos comprometermos a cuidar de nosso pai ou nossa mãe com *Alzheimer*.

Algumas vezes nossas circunstâncias nos forçam a escolher entre rejeitar algo para que sigamos Deus plenamente ou o *status quo*, ou seja, "seguir a maré". A escolha de Raabe determinaria se sua fidelidade estaria com sua cidade pagã ou com o Deus de Israel, que demonstrou Sua poderosa proteção ao Seu povo. De modo semelhante, nossas escolhas diárias determinam se seguiremos o reino terrestre ao nosso redor ou o reino de Deus, que representa um modo melhor de viver. É sempre difícil rejeitar algo que parece valoroso ou necessário para nossa felicidade, mas a longo prazo, obedecer a Deus é sempre a melhor escolha.

*O que Deus pede que você rejeite para poder segui-lo de maneira plena?*

## 16 DE MARÇO

## Arriscando tudo

**RAABE**
JOSUÉ 2:11-16

Em janeiro de 1956, cinco missionários americanos fizeram contato com uma tribo até então não alcançada de índios Auca, no Equador. Após um encontro inicial amigável, cinco violentos homens Huaoranis retornaram para ferir com lanças os missionários até a morte. Algum tempo depois, um representante dessa tribo convidou Rachel Saint e Elisabeth Elliot para viver entre eles. Pelo fato destas mulheres arriscarem suas vidas ao viverem com os assassinos de seu irmão e marido, os Huaoranis abriram seus corações para o perdão de Deus e se libertaram do estilo de vida baseado no medo e matança por vingança.

Raabe também correu risco por Deus. Ela acreditava que *Yahweh* era o único Deus verdadeiro, e ela queria estar do lado vencedor da batalha. Sua fé a encorajou a arriscar sua vida para proteger os espiões israelitas, escondendo-os no telhado e enviando os soldados do rei a uma busca absurda. No dia seguinte, Raabe ajudou os espias a escapar descendo-os por uma corda através da janela de sua casa. Raabe sabia que se os soldados descobrissem que tinha recebidos os espias, ela seria executada por ajudar os inimigos. Ela provavelmente passou por alguns momentos de ansiedade, mas sua crença no poder de Deus superou seu medo do que poderia acontecer a ela.

Viver para o Senhor pode ser arriscado. Ele nos pede que entreguemos todo o controle de nossa vida a Ele. Algumas vezes Deus espera inclusive que façamos coisas que aparentam ser perigosas ou ameaçam nossa vida. Sejam quais forem os perigos que enfrentamos, podemos confiar que Ele controlará todas as circunstâncias. Podemos também descansar tranquilas por saber que mesmo após a morte permaneceremos seguras em Suas mãos. Quando entendemos a bondade e o poder de Deus, entendemos que segui--lo nunca é realmente um risco — é a única certeza.

*...sei em quem tenho crido e estou certo de que ele é poderoso para guardar o meu depósito até aquele Dia.*
2 TIMÓTEO 1:12

## 17 DE MARÇO

# Fé em ação

**RAABE**
**JOSUÉ 2:17-24**

June assistiu ao carro sair da entrada de sua casa, e então voltou para casa com o coração apertado. Ela desejou nunca ter apresentado sua colega de trabalho a seu irmão. Após apenas três meses de namoro, Daniel estava desesperadamente apaixonado e já havia feito o pedido de casamento. Hallie dizia amar Daniel, mas June tinha suas dúvidas. Seu relacionamento parecia mais com o relacionamento de uma rainha com um súdito do que o relacionamento de duas pessoas apaixonadas. Toda a afeição parecia estar em um lado. June se perguntava se Hallie entendia que o amor requer mais que palavras.

Raabe declarou sua crença no Deus verdadeiro e lhe foi exigido demonstrar sua crença por meio de atitudes. Em troca de ajudar os espias israelitas a escapar, eles concordaram em poupá-la junto com sua família se ela deixasse uma fita vermelha amarrada em sua janela. Conforme os dias se arrastavam, ela provavelmente se perguntava com ansiedade se os espias manteriam sua palavra com uma prostituta de uma cidade inimiga. Ela provavelmente checava com frequência a fita para garantir que estava no lugar, tranquilizando-se de que havia feito o necessário para salvar sua família.

Na Bíblia, Deus fala de pessoas que o honram com seus lábios enquanto seus corações permanecem distantes dele (ISAÍAS 29:13). A fé genuína requer mais que palavras — exige atitude. Raabe agiu segundo sua crença em Deus ao ajudar os espias e seguir suas instruções. Provamos que temos fé em Deus ao seguirmos Suas instruções da maneira mais adequada possível, o que resulta em nosso crescimento espiritual e em serviço de amor aos outros. Se verdadeiramente cremos em Deus, nossa fé será tão visível como uma fita vermelha pendurada numa janela.

*Porque, assim como o corpo sem espírito é morto, assim também a fé sem obras é morta.*
TIAGO 2:26

18 DE MARÇO

# Uma promessa cumprida

**RAABE**
JOSUÉ 6:1-25

A senhora sentou-se em frente à sua casa, olhos fixos na estrada de pó que passava pelo vilarejo. Ela sorriu ao tocar o bilhete já envelhecido em seu bolso. Oito anos se passaram desde que seu filho fora embora para os Estados Unidos em busca de uma vida melhor. Pessoas do vilarejo disseram que ele esqueceria sua promessa de voltar para buscá-la, mas ela sabia que não. Repentinamente notou uma nuvem de poeira adiante.

Raabe não precisou esperar muito para saber se os espias cumpririam sua promessa. Menos de um mês depois de sua visita, toda a Jericó assistiu às forças armadas israelitas marcharem silenciosamente ao redor da cidade cercada de muros. Por seis dias a família de Raabe amontoou-se em sua casa, assistindo e se perguntando o que aconteceria. Nada os poderia ter preparado para os eventos dramáticos do sétimo dia. Quando os israelitas bradaram, Raabe provavelmente assistiu maravilhada enquanto os muros espessos e fortificados desabavam. Será que a parte que sustentava sua casa permaneceu de pé? Ela ainda deve ter ficado perplexa quando os dois ex-espiões escoltaram sua família até um lugar seguro.

Os filhos de Deus vivem com uma promessa mais poderosa do que aquela em que Raabe se apegou ao esperar pelo ataque a Jericó. Temos a garantia de Deus de que algum dia começaremos uma nova vida gloriosa com Ele, que durará para sempre. Podemos ficar tão envolvidas em nossa vida atarefada que esquecemos que esta Terra está marcada para a destruição. Ainda que Deus deseje que todos venham a Ele, chegará o momento em que Ele julgará o mundo por rejeitá-lo, assim como julgou Jericó quando chegou o momento. Não sabemos quando isto acontecerá, mas não importa o quão terrível seja a situação, temos a promessa de Deus que Ele um dia nos escoltará a um lugar seguro.

*Guardemos firme a confissão da esperança, sem vacilar, pois quem fez a promessa é fiel.* HEBREUS 10:23

19 DE MARÇO

# Uma vida transformada

**RAABE**
**MATEUS 1:5; HEBREUS 11:31**

O passo de fé de Raabe fez mais do que salvar sua vida — transformou-a. Depois que os espias levaram Raabe a um lugar seguro próximo ao seu acampamento, ela parece desaparecer da história — até chegarmos ao Novo Testamento e descobrir que ela desempenhou papel-chave na história de Israel. Mesmo antes da destruição de Jericó, Raabe acreditava no poder do Deus de Israel. Ao viver entre os israelitas e aprender mais sobre seu Deus, ela também experimentou Seu perdão, Sua misericórdia e graça.

O passado vergonhoso desta antiga prostituta desapareceu tão certamente quanto a cidade de Jericó se tornou fumaça. Ela se dedicou a viver de modo que agradasse a Deus. E tendo se tornado uma mulher piedosa, finalmente um príncipe da tribo de Judá a escolheu para ser sua esposa. Raabe e Salmom se tornaram os tataravós do rei Davi. Seus nomes estão incluídos na genealogia de Jesus Cristo em Mateus. Quaisquer memórias de sua antiga vida como prostituta em uma cidade pagã provavelmente renovavam sua admiração e gratidão pelo fato de que a graça de Deus havia lhe dado uma nova vida.

Deus também honrou Raabe incluindo-a como uma das duas mulheres mencionadas pelo nome no capítulo de Hebreus que lista alguns dos heróis da fé. O Senhor deseja que cada uma de nós se torne heroína da fé. Parte deste processo envolve abrir mão de coisas, o que pode ser doloroso. Deixar uma vida de crime ou de imoralidade ostensiva para seguir Cristo é algo que não precisa de nenhuma consideração, mas algumas vezes Deus nos chama para abandonar hábitos que parecem inofensivos ou atividades que em si são boas. As coisas que temos dificuldade de abandonar são as coisas que nos impedem de experimentar a vida transformada que Deus deseja para nós. Antes que nos tornemos por completo o que Ele quer que sejamos, talvez precisemos assistir a algumas coisas, se tornando fumaça, como Raabe o fez.

*Tais fostes alguns de vós; mas vós vos lavastes, mas fostes santificados, mas fostes justificados em o nome do Senhor Jesus Cristo e no Espírito do nosso Deus.*
1 CORÍNTIOS 6:11

## 20 DE MARÇO

# Morrer para viver

**TESTEMUNHA DA ENTRADA TRIUNFAL DE JESUS**
**MATEUS 21:1-11**

Apesar das temperaturas frias, o calendário garantia a Madison que hoje era o primeiro dia da primavera. Colocando um suéter, ela pisou para fora procurando mais alguma prova de que isso era verdade. Definitivamente, brotos verdes irrompiam do solo em sua floreira. Madison sorriu ao fechar os olhos e visualizar como seu jardim em breve estaria, repleto de flores cujos bulbos repousaram no subsolo durante meses. Arbustos que agora pareciam estar mortos estariam floridos. *Gostaria de poder tirar o inverno das estações do ano,* ela pensou.

As mulheres na multidão que acompanhavam Jesus em Sua entrada triunfal em Jerusalém devem ter sentido como se uma nova estação tivesse começado. Ao entrar em Jerusalém montado em um jumentinho, Jesus cumpriu a profecia que o revelava como o Messias. As multidões o seguiam, lançando vestimentas e ramos em Seu caminho e bradando louvores para seu tão esperado Rei. Eles criam que um novo dia havia raiado para a nação que sofria sob a opressão romana.

Conforme Jesus ia até Jerusalém naquele dia, Seu ministério, aparentemente, florescia. As pessoas reconheciam Sua glória e o seguiam. Mas Jesus previu que em questão de dias um de Seus discípulos o trairia, as multidões se voltariam contra Ele e sofreria humilhação e uma dolorosa morte. Jesus também sabia que sem Sua morte, não haveria ressurreição e pagamento do preço que o nosso pecado exigia.

A morte é necessária nos mundos natural e espiritual. Precisamos morrer para nossa natureza pecaminosa para experimentarmos nova vida como pessoas que creem em Cristo. Tornar-se mais semelhante a Ele requer que façamos essa escolha diariamente. Eventualmente, nossa morte física abrirá a porta à eternidade e viveremos em uma época em que não há escuridão, frio ou fim.

*Porque o que semeia para a sua própria carne da carne colherá corrupção; mas o que semeia para o Espírito do Espírito colherá vida eterna.* GÁLATAS 6:8

## 21 DE MARÇO

# Ação em grupo

**MULHERES NA MULTIDÃO**
MATEUS 27:20-26

A menina sentou-se entre seus pais na delegacia, olhando para o chão. Tudo parecia surreal — ela nunca havia batido em ninguém. Só foi ao parque porque suas amigas disseram que precisavam dela. Então o outro grupo apareceu e as coisas saíram do controle. A última memória que tinha era de estar segurando um taco beisebol e uma menina caída a seus pés.

As mesmas pessoas que adoraram Jesus quando Ele fez Sua entrada triunfal em Jerusalém tornaram-se em uma multidão enfurecida alguns dias depois. Como Pilatos acreditava que Jesus era um homem inocente, ele ofereceu à multidão uma escolha entre soltar Jesus ou Barrabás, o assassino. Com a incitação dos líderes religiosos a multidão escolheu Barrabás. Todas as vezes que Pilatos fazia a pergunta, a multidão bradava: "Crucifica-o! Crucifica-o!" Os gritos envolveram a multidão em tal frenesi que gritaram para que a responsabilidade da morte de Jesus caísse sobre eles e seus filhos.

Só posso imaginar o quão enojada qualquer mulher que participou disto deve ter se sentido no dia seguinte, se perguntando como poderia ter sido tão cruel e sanguinária. A história revela que as pessoas, quando parte de uma multidão, fazem coisas com as quais jamais sonhariam caso estivessem sozinhas, até mesmo atacar alguém. Quando as pessoas se envolvem em emoções de um grupo, tendem a ir adiante mesmo quando uma atitude impulsiva entra em conflito com seus valores.

Nós também enfrentamos o perigo de nos perdermos por causa de nossa cultura. Todos os dias estamos cercadas pelas altas vozes da mídia nos incitando a nos comportarmos de maneiras que vão contra os valores de Deus. Se não formos cuidadosas ao ouvir a voz de Deus, podemos acordar um dia e descobrir que fizemos algo que jamais pensaríamos ser capazes de fazer.

*Não seguirás a multidão para fazeres mal...*
ÊXODO 23:2

## 22 DE MARÇO

# *Coragem surpreendente*

**MULHERES NO TÚMULO**
**MATEUS 28:1-5**

Lois segurava seu pequeno filho choroso no colo e o balançava. Se não fosse por suas roupas pingando, ela pensaria ter sonhado com os acontecimentos dos últimos minutos. Ela e Jacob haviam parado na casa de seu vizinho que estava viajando para alimentar o gato e regar as flores no deck. Quando Lois ouviu o repentino barulho da água, ela pulou na parte funda da piscina sem pensar duas vezes. Agora se perguntava como tinha conseguido tirar Jacob de lá. Lois não sabia nadar e desde a infância tinha medo de água funda.

As mulheres que foram ao túmulo de Jesus dois dias após Sua crucificação também demonstraram coragem surpreendente. Quando um anjo rolou a pedra do túmulo e sentou-se sobre ela, sua face brilhou como relâmpago e suas roupas eram de cor branca radiante. Os guardas romanos tremeram de medo e desmaiaram ao vê-lo, mas as mulheres ouviram o que o anjo tinha a dizer. Como estas mulheres, já enfraquecidas pela tristeza de testemunhar a crucificação de Jesus, permaneceram firmes diante de uma visão tão aterradora quando soldados romanos, treinados para o sofrimento e o combate, desmaiaram?

Os soldados consideravam Jesus um criminoso e permaneciam em guarda para impedir que Seus seguidores roubassem Seu corpo para fingir que Ele havia ressuscitado. As mulheres vieram para cuidar do corpo do líder a quem amaram e serviram. Ainda que a aparição do anjo as tenha assustado, sua motivação genuína lhes deu coragem para enfrentar a situação apesar do medo. Quando nos concentramos em amar e servir a Deus, encontramos coragem surpreendente quando mais precisamos dela. Mesmo quando o medo seria a reação natural, nossa fé nos ajudará a enfrentar qualquer coisa que venha em nossa direção — e, diferente dos soldados romanos, não desmaiaremos.

*Sede fortes, e revigore-se o vosso coração, vós todos que esperais no Senhor.* SALMO 31:24

## 23 DE MARÇO

# Venham e vejam

**MULHERES NO TÚMULO**
**MATEUS 28:5,6**

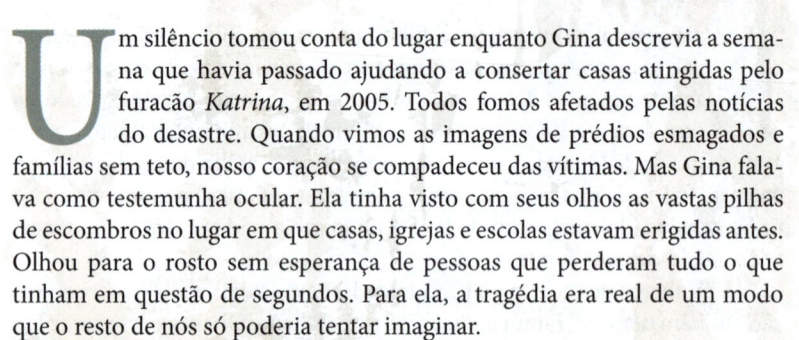

Um silêncio tomou conta do lugar enquanto Gina descrevia a semana que havia passado ajudando a consertar casas atingidas pelo furacão *Katrina*, em 2005. Todos fomos afetados pelas notícias do desastre. Quando vimos as imagens de prédios esmagados e famílias sem teto, nosso coração se compadeceu das vítimas. Mas Gina falava como testemunha ocular. Ela tinha visto com seus olhos as vastas pilhas de escombros no lugar em que casas, igrejas e escolas estavam erigidas antes. Olhou para o rosto sem esperança de pessoas que perderam tudo o que tinham em questão de segundos. Para ela, a tragédia era real de um modo que o resto de nós só poderia tentar imaginar.

Deus planejou que as mulheres no túmulo testemunhassem a ressurreição. A palavra do anjo teria sido suficiente para convencê-las de que Jesus havia ressuscitado, mas o anjo as encorajou a entrar no túmulo e verem por si mesmas que o corpo de Jesus não estava mais ali. Em vez de ungirem Seu corpo como planejaram, as mulheres tiveram o privilégio de ser as primeiras a ouvir a notícia de que Ele havia ressuscitado. Será que ao pisar na entrada do túmulo como que em um sonho, elas compreenderam que a pedra não havia sido rolada para que Jesus saísse, mas somente para que elas entrassem?

Deus ainda convida pessoas para ver a verdade. Ele amorosamente chama cada um de nós para ir a este lugar em fé, onde podemos ver com nossos olhos a realidade do sacrifício que Ele fez por nós. Podemos não entrar no túmulo físico onde o corpo de Jesus foi colocado, mas podemos ler na Bíblia o relato de Sua morte, sepultamento e ressurreição. Por receber e crer no evangelho, podemos ter um relacionamento pessoal com Deus. Assim, ao falarmos sobre Ele, estaremos relatando o que vimos e vivenciamos, não apenas repetindo rumores.

*…Vinde ver onde ele jazia.*
MATEUS 28:6

## 24 DE MARÇO

# *Vão e contem*

**MULHERES NO TÚMULO**
**MATEUS 28:7**

Melissa desligou o telefone e riu alto. Que notícia maravilhosa! Por longos seis anos, sua filha e genro esperaram poder adotar um recém-nascido. Agora haviam entrado em contato com uma adolescente grávida que tentava colocar seu bebê no sistema de adoção. Melissa estava radiante ao pegar o telefone para ligar para seus amigos e então congelou. Talvez fosse cedo demais para contar a alguém. Talvez sua filha quisesse anunciar a nova. Afinal de contas, Melissa não tinha a permissão do casal para espalhar a notícia. *Talvez não seja o momento certo para falar sobre isso*, ela pensou.

As mulheres no túmulo não precisaram ponderar como Melissa o fez. Paradas do lado de fora do túmulo vazio, provavelmente lutaram para apreender o significado de tudo aquilo. Por quanto tempo teriam que ficar ali, paralizadas em seus lugares olhando para os tecidos fúnebres onde o corpo de Jesus fora colocado? O anjo falou novamente, trazendo-as de volta à realidade. Ele as instruiu: "Ide, pois, depressa e dizei aos seus discípulos que ele ressuscitou dos mortos…". As mulheres tinham a mensagem mais importante de todos os tempos para entregar — Jesus Cristo estava vivo.

Todas nós amamos compartilhar notícias, especialmente quando se trata de algo alegre. Mas quando se trata de compartilhar as boas-novas sobre Jesus, hesitamos e damos desculpas. Não queremos forçar outros a crer no que cremos, invadir sua privacidade ou ofendê-los sendo insistentes demais. Mas como podemos cogitar guardar para nós a notícia mais maravilhosa de todos os tempos? A Palavra de Deus nos lembra de que temos o privilégio e a responsabilidade de compartilhar o evangelho com outros. Para celebrar verdadeiramente a Páscoa, precisamos ter certeza de que não somente vamos ver, mas também vamos contar que Jesus está vivo.

*Ide, pois, depressa e dizei aos seus discípulos que ele ressuscitou dos mortos…* MATEUS 28:7

## 25 DE MARÇO

# Obediência imediata

**MULHERES NO TÚMULO**
**MATEUS 28:8-10**

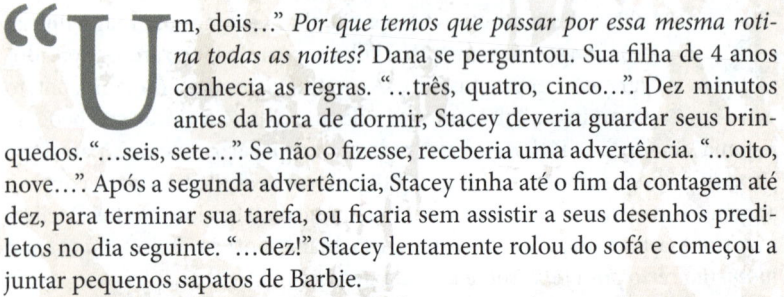

"Um, dois..." *Por que temos que passar por essa mesma rotina todas as noites?* Dana se perguntou. Sua filha de 4 anos conhecia as regras. "...três, quatro, cinco...". Dez minutos antes da hora de dormir, Stacey deveria guardar seus brinquedos. "...seis, sete...". Se não o fizesse, receberia uma advertência. "...oito, nove...". Após a segunda advertência, Stacey tinha até o fim da contagem até dez, para terminar sua tarefa, ou ficaria sem assistir a seus desenhos prediletos no dia seguinte. "...dez!" Stacey lentamente rolou do sofá e começou a juntar pequenos sapatos de Barbie.

As mulheres que foram ao túmulo de Jesus nos dão uma bela imagem da obediência e suas recompensas. A aparição do anjo e suas palavras as desconcertaram e ainda não compreendiam por completo as implicações do túmulo vazio. Mas quando o anjo lhes disse para levar a notícia aos discípulos de Jesus, elas imediatamente correram, em vez de andar, para seguir suas instruções. No caminho, as mulheres tiveram uma surpresa ainda maior quando Jesus repentinamente as saudou. Se o túmulo vazio as havia enchido de alegria, quão turbulentas não estariam suas emoções com este encontro inesperado com seu amado Mestre.

A maioria de nós pode ser lenta em alguns momentos em que devemos seguir os comandos de Deus. Quando descobrimos uma nova verdade em Sua Palavra, podemos investir tempo meditando nisto em vez de imediatamente aplicá-la à nossa vida. Se o Espírito de Deus nos encoraja a fazer algo, podemos criar várias desculpas para adiar ou evitar esta ordem. A obediência verdadeira é fazer algo no momento em que nos é ordenado, independentemente de quão assustadas, confusas ou cansadas estejamos. Assim como a obediências das mulheres foi recompensada com alegria inexprimível, Deus nos recompensa quando o obedecemos. E Ele não quer ter que contar até dez.

*Apresso-me, não me detenho em guardar os teus mandamentos.* SALMO 119:60

**26 DE MARÇO**

## *Crer sem cessar*

#### TESTEMUNHA OCULAR DA RESSURREIÇÃO DE JESUS
#### JOÃO 20:19-29; 1 CORÍNTIOS 15:6

Em 1998, um membro do Congresso norte-americano anunciou a seus colegas na Câmara, que o comediante Bob Hope havia falecido. Dentro de segundos, canais da mídia de todo o mundo correram para preparar tributos ao comediante. A filha de Bob Hope, Linda, tinha uma perspectiva bastante diferente. Ela imediatamente telefonou a agências de notícias para negar os rumores. Em sua casa em Pasadena, Califórnia, Linda estava vendo o pai tomar seu café da manhã.

As mulheres neste versículo de João tinham uma perspectiva diferente sobre a morte de Jesus. É difícil imaginar as emoções das mulheres que viram o Mestre após Sua ressurreição. Elas haviam testemunhado Sua morte lenta e agonizante na cruz. Algumas delas assistiram a José de Arimateia envolver Seu corpo em linho e colocá-lo no túmulo. Quando Jesus apareceu às mulheres, elas provavelmente imaginaram se não estavam sonhando ou se os últimos dias não haviam sido um pesadelo. Jesus foi até elas em um corpo no qual podiam tocar, entretanto Ele podia aparecer e desaparecer quando quisesse. O êxtase das mulheres deve ter excedido qualquer coisa que já haviam vivenciado, uma profunda alegria permaneceria com elas para o resto de suas vidas.

Algumas pessoas pensam que fé requer sinais miraculosos e aparições angelicais. Quando Jesus apareceu a Seus discípulos, Ele pronunciou uma bênção especial sobre aqueles que cressem sem vê-lo. Esta bênção inclui todos os que aceitam a prova que Deus nos deu. A Bíblia e outros relatos históricos estabelecem a vida, a morte e a ressurreição de Jesus. Ao investigarmos Jesus por meio do relato bíblico de Sua vida, Deus nos permite ver Jesus com olhos de fé. Então descobrimos a alegria especial que vem de saber que Cristo está vivo, não porque vimos Seu corpo, mas porque Deus o revelou a nós.

> *...a quem, não havendo visto, amais; no qual, não vendo agora, mas crendo, exultais com alegria indizível e cheia de glória.* 1 PEDRO 1:8

27 DE MARÇO

## É só isso que existe?

**AS ESPOSAS DOS SADUCEUS**
**MATEUS 22:23-33**

"Mamãe, eu vou encontrar a vovó de novo?"

A pergunta assombrou Jessie por muito tempo depois de colocar Emma para dormir. Sua resposta ensaiada: "Ela viverá em nosso coração enquanto nos lembrarmos dela", não satisfez plenamente sua filha — e agora Jessie também tinha suas dúvidas. Ela sempre se considerou "esclarecida" demais para as crenças fora de moda de sua mãe sobre o céu e a vida após a morte. Mas pensar no espírito vibrante de sua mãe e sua natureza amorosa sendo apagados como uma chama, sem nada além de memórias? Jessie começou a questionar…

Os saduceus eram líderes religiosos nos dias de Jesus que não criam em anjos, espíritos ou vida após a morte. Quando fizeram uma pergunta para ridicularizar a ideia de ressurreição, Jesus respondeu que eles não conheciam a Palavra ou poder de Deus.

Será que as esposas dos saduceus aceitavam suas crenças, ou algumas delas criam em secreto que a vida continua após a morte? Ao irem a funerais de membros da família e amigos, será que não lutavam com a ideia de que seus amados simplesmente deixariam de existir? Quando ouviram sobre a confrontação entre os saduceus e Jesus e ouviram Sua resposta, talvez algumas delas tenham recebido a certeza que por tanto tempo ansiaram.

Nossas crenças sobre a morte ajudam a determinar como vivemos. A Bíblia ensina que continuaremos a viver eternamente, com Deus ou sem Ele. Este é o momento de conhecer ao Senhor, fazer Sua vontade e compartilhar a verdade sobre Ele com outros. Se pensarmos que a vida acaba quando nosso corpo morre, então não importa o modo como passamos nosso breve tempo na Terra. Pensar que Deus nos criaria para depois nos extinguir entristeceria qualquer um, até mesmo alguém que não fosse saduceu.

*Entretanto, estamos em plena confiança,*
*preferindo deixar o corpo e habitar com o Senhor.*
2 CORÍNTIOS 5:8

28 DE MARÇO

# Ferindo Deus

## MULHERES QUE VIRAM OS FERIMENTOS DE JESUS
LUCAS 24:35-40

Heather olhava para a porta e remexia-se no lençol do hospital. Sua mente ainda lutava para recompor as últimas semanas. Ela se lembrava de sair do metrô após um turno tardio. Depois disso, ela precisava que outros lhes contassem detalhes da tentativa de roubo, do estranho que interveio para interromper o ataque cruel, do ferimento na cabeça que a manteve em coma por 12 dias. Heather respondeu à gentil batida na porta e suspirou. Um homem entrou mancando, um braço envolto em uma tipoia, um tampão em seu olho direito e cortes profundos ainda marcavam sua bochecha. Lágrimas encheram os olhos de Heather. *Ele sofreu esses ferimentos tentando salvar minha vida.*

Lágrimas também devem ter enchido os olhos das mulheres que viram Jesus depois de Sua ressurreição. Ainda que tivesse um corpo glorificado capaz de aparecer e desaparecer, as marcas de Sua crucificação permaneciam visíveis. As amáveis mãos que se estenderam para curar pessoas agora tinham as marcas dos cruéis pregos romanos. Os pés que haviam caminhado quilômetros para ensinar e ministrar a pessoas sofridas exibiam profundas cicatrizes. A imagem das mãos e dos pés de Jesus estariam vivas na mente daquelas mulheres pelo restante de suas vidas e gradualmente ganharam significados mais profundos conforme entenderam que Ele sofreu para salvá-las.

Uma imagem mental das feridas nas mãos e pés do Jesus ressurreto serve como lembrete poderoso do calvário que Ele sofreu por nós. O que não conseguimos ver são as feridas que causamos em Deus quando amamos a outras coisas mais do que a Ele. O Senhor sofre todo momento em que nos afastamos dele para buscar consolo ou plenitude em outra fonte. Como Deus quer o que é melhor para nós, lhe entristece quando nos recusamos a deixá-lo prover o que precisamos. Se pudéssemos ver como nossa rebeldia afeta o Senhor, nossos olhos também se encheriam de lágrimas.

*...pois me quebrantei por causa do seu coração dissoluto, que se desviou de mim...* EZEQUIEL 6:9

**29 DE MARÇO**

# Acesso a Deus

**O VÉU RASGADO**
**ÊXODO 26:31-33; MARCOS 15:37,38**

A mulher olhou a pilha de entulhos coberta com arame farpado e protegida por torres de vigia, onde antes estava o muro de concreto. Durante toda a sua vida, o muro de Berlim dividiu sua cidade, separando o leste do oeste. Após ver as imagens na televisão dessa barreira caindo, ela quis vê-la pessoalmente. Ela não compreendia plenamente todas as implicações da remoção do muro, no entanto sentiu uma onda de empolgação.

Uma barreira também caiu há mais de dois mil anos. Quando Jesus deu Seu último suspiro em uma cruz fora de Jerusalém, o espesso véu no Templo rasgou-se ao meio de alto a baixo. Como as judias se sentiram ao ouvirem sobre este acontecimento tão esquisito? Elas sabiam que Deus havia dado instruções para que o véu fosse pendurado em frente ao Lugar Santíssimo como símbolo da separação entre o povo e Sua presença. Elas sabiam que somente o sumo sacerdote poderia passar pelo véu e apenas no Dia Anual da Expiação. Conforme os seguidores de Jesus compreenderam o significado do véu rasgado, suas mentes provavelmente se encheram de admiração com o fato de que a barreira entre eles e Deus fora removida.

Ainda que o Novo Testamento explique a relação entre a morte de Jesus e o rasgar do véu do Templo (HEBREUS 10:19-22), ainda é difícil para nós entendermos a importância daquele acontecimento. Fomos todos afetados pela barreira que se ergueu entre Deus e todos os seres humanos no momento em que o pecado entrou no mundo. Mas como não vivemos com esse constante lembrete visual, é difícil compreendermos por completo sua remoção. O sacrifício perfeito de Jesus nos deu acesso a Deus — proveu um caminho para homens e mulheres pecadores se unirem ao Pai celestial. Assim como foi com o muro de Berlim, a barreira foi removida; agora somos livres para entrar na presença de Deus.

*…pelo novo e vivo caminho que ele nos consagrou pelo véu, isto é, pela sua carne.* HEBREUS 10:20

**30 DE MARÇO**

# Alguém já está lá

## A ASCENSÃO DE JESUS
ATOS 1:6-11

Barb bocejou e fez a curva na longa entrada de pedregulhos que levava à cabana de seus pais à margem do lago. Olhando para o relógio, franziu a testa. *Talvez eu devesse ter esperado até amanhã para vir. Até conseguir arrumar tudo já serão duas da manhã.* Barb ficou surpresa ao ver o carro de sua irmã em frente à cabana e sentiu-se aliviada por saber que o aquecimento já estaria ligado. Mais surpresas a saudaram ao levar sua mala até o quarto. A cama parecia convidativa, com lençóis novos de flanela. No criado-mudo estava seu sanduíche favorito de rosbife e um bilhete que dizia: "APROVEITE."

Quando Jesus subiu fisicamente ao céu, Seus seguidores não compreenderam imediatamente todas as implicações do fato de Ele os ter deixado. Suas mentes se esforçaram para compreender os acontecimentos recentes: Jesus tinha sido preso e executado, três dias depois ressuscitara dos mortos e por 40 dias apareceu a grupos de Seus seguidores para confortar e ensiná-los. Agora Cristo havia ascendido aos céus em uma nuvem. Somente mais tarde, com a ajuda do Espírito Santo, os cristãos entenderiam plenamente o que significaria para eles pessoalmente o fato de Jesus haver retornado ao céu.

Seja o que for que enfrentemos na vida, podemos ter certeza de que Jesus já passou por essa experiência. Ele voluntariamente assumiu um corpo humano e sofreu as mesmas tentações e provas pelas quais passamos para que Ele pudesse se identificar conosco. Se enfrentamos solidão ou rejeição, podemos encontrar força e compaixão daquele que suportou as mesmas coisas em nosso favor. Se lutamos com tristeza e dificuldades, o Homem de dores nos oferece consolo. Jesus foi adiante de nós ao céu. Chegará o dia em que conheceremos a nova casa que Ele preparou para nós e realmente entenderemos o significado de "APROVEITE".

*...Pois vou preparar-vos lugar.*
JOÃO 14:2

31 DE MARÇO

# *Esteja preparada*

## AS DEZ VIRGENS
## MATEUS 25:1-13

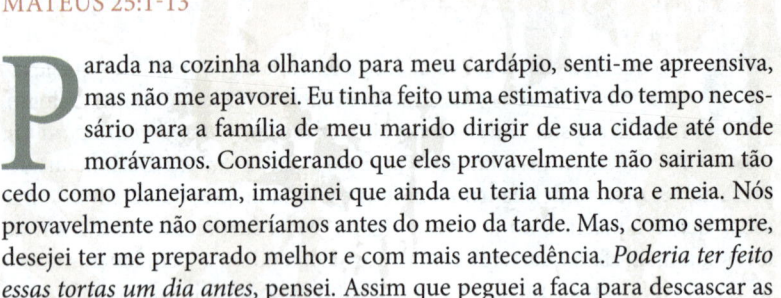

Parada na cozinha olhando para meu cardápio, senti-me apreensiva, mas não me apavorei. Eu tinha feito uma estimativa do tempo necessário para a família de meu marido dirigir de sua cidade até onde morávamos. Considerando que eles provavelmente não sairiam tão cedo como planejaram, imaginei que ainda eu teria uma hora e meia. Nós provavelmente não comeríamos antes do meio da tarde. Mas, como sempre, desejei ter me preparado melhor e com mais antecedência. *Poderia ter feito essas tortas um dia antes*, pensei. Assim que peguei a faca para descascar as batatas, nossos convidados entraram.

A parábola de Jesus sobre as dez virgens, esperando para fazer parte das bodas, ilustra o perigo de não estarmos espiritualmente preparadas. Cinco mulheres tinham azeite extra para suas lâmpadas e cinco não levaram azeite suficiente. Quando o noivo finalmente apareceu à meia-noite, as virgens que precisavam de mais azeite entraram em pânico e imploraram às outras que lhes emprestassem um pouco. Quando seu pedido foi negado, as mulheres correram para tentar comprar mais. Elas chegaram tarde ao banquete do casamento e suplicaram para entrar, mas o noivo recusou. Somente as virgens que pensaram com antecedência desfrutaram do privilégio de participar das festividades.

Muitas pessoas estão vivendo como as virgens tolas, caminhando pela vida sem ao menos pensar em seu destino eterno. Quando estamos saudáveis e felizes, é tentador ignorar nossas necessidades espirituais. É fácil nos envolvermos com o presente e não nos prepararmos para o futuro. Esquecemos que o dia em que estaremos diante de nosso Criador para prestar contas de nossa vida se aproxima. Quando este momento chegar, não desejamos ser como as virgens que ouviram o noivo dizer: "...não vos conheço". Queremos que Deus nos considere espiritualmente preparadas para que possamos desfrutar das festividades com Ele.

> *[Jesus disse:] Ficai também vós apercebidos, porque, à hora em que não cuidais, o Filho do Homem virá.*
> LUCAS 12:40

1.º DE ABRIL

# Respostas proteladas

## MARTA E MARIA
## JOÃO 11:1-6

Janice passou a mão em seu tornozelo inchado e olhou para o relógio. *Por que ele está demorando tanto?*, ela se perguntou novamente. Quando ligou para Steve para dizer-lhe que havia torcido o tornozelo, ele prontamente concordou em sair do trabalho mais cedo. Mas ele já teria tido tempo mais que suficiente para chegar a casa e as crianças estavam berrando, esperando o jantar. Finalmente, a porta dos fundos se abriu e Steve entrou com uma sacola do restaurante mexicano favorito da família, um buquê de rosas e uma caixa de chocolates.

As duas mulheres na passagem bíblica de hoje também esperaram e fizeram perguntas. Quando seu irmão adoeceu seriamente, Marta e Maria naturalmente voltaram-se para Jesus em busca de ajuda. Os três eram amigos muito próximos de Jesus que, com frequência, hospedava-se em sua casa. As irmãs tinham-no visto realizar milagres e sabiam que Ele era capaz de curar Lázaro. Marta e Maria ficaram devastadas quando seu irmão morreu, logo após o mensageiro iniciar sua jornada. Enquanto os dias seguintes se arrastavam, sua tristeza provavelmente se misturou com decepção e confusão pelo atraso de Jesus em atender a mensagem delas.

Os filhos de Deus naturalmente clamam por Sua ajuda em momentos de angústia ou tristeza repentina. Sabemos que Ele nos ama o suficiente para ter morrido por nós. Sabemos também que Ele tem o poder de controlar qualquer situação em nossa vida. Mas quando Ele não responde imediatamente aos nossos apelos, podemos ficar confusas, desesperadas, iradas ou amargas.

É difícil lembrar que Deus tem um plano e que Ele responderá as nossas orações conforme o *Seu* tempo. Quando a Sua reposta vem, é geralmente melhor do que aquilo que pedimos. Jesus atrasou-se para responder a mensagem de Marta e Maria porque Deus tinha algo muito maior em mente do que uma cura. Quando Deus parece agir lentamente em nossas situações, podemos ter certeza de que Ele tem algo maior reservado para nós.

*Pois tudo quanto, outrora, foi escrito para o nosso ensino foi escrito, a fim de que, pela paciência e pela consolação das Escrituras, tenhamos esperança.*

ROMANOS 15:4

## 2 DE ABRIL

# Entendimento limitado

**MARTA**
**JOÃO 11:17-26**

O filho de minha amiga Lisa sempre preferiu o mundo acadêmico ao invés de esportes. Certo dia, sua turma da quarta série participou de um jogo de beisebol na aula de Educação Física. Enquanto Mark estava na base, o batedor atingiu a bola. Ao ver que Mark parecia estar sonhando acordado, o professor e seus amigos começaram a gritar: "Corra, Mark! Corra!" Mark imediatamente saiu correndo — para fora do campo.

Há momentos em que não compreendemos plenamente o que alguém nos diz. Quando Jesus disse a Marta que seu irmão ressuscitaria, ela presumiu que Ele estivesse se referindo à ressurreição final dos mortos. Marta não tinha ideia de que Jesus estava prestes a realizar um milagre. Cheia de tristeza pela perda de seu amado irmão, ela pensou que Jesus queria confortá-la lembrando-a de um acontecimento futuro. O entendimento de Marta era limitado aos ensinos conhecidos sobre ressurreição dos mortos. Ainda que reconhecesse Jesus como o Messias e Filho de Deus, sua mente não conseguiu conceber o que Ele planejava.

Todas nós lutamos com um entendimento limitado de Deus. Não temos problemas em crer que Ele controla o Universo, mas pode ser mais difícil aceitar que Ele esteja envolvido com os detalhes de nossa vida. Entendemos que Jesus morreu para nos garantir a vida eterna, mas não compreendemos exatamente a vida abundante que Ele prometeu aos Seus seguidores. É mais fácil adotar a ideia de ir para o céu em algum momento, para estarmos com Deus, do que compreender que Ele vive em nós, neste exato momento. Como Marta, nós nem sempre entendemos plenamente o que Deus está nos dizendo, mas Ele nos ajudará a crescer até o dia em que estivermos no céu onde não há limites para nossa compreensão.

*Agora, conheço em parte; então, conhecerei como também sou conhecido.* 1 CORÍNTIOS 13:12

## 3 DE ABRIL

# A resposta mais importante

**MARTA**
JOÃO 11:27

Marta talvez não tenha entendido o significado pleno do comentário de Jesus de que seu irmão ressuscitaria, mas ela sabia qual era a resposta certa à pergunta seguinte que Ele faria. Jesus disse: "...Eu sou a ressurreição e a vida. Quem crê em mim, ainda que morra, viverá" (JOÃO 11:25). Quando Ele perguntou à Marta se ela cria nisso, sua resposta revelou sua profunda fé. Sem hesitar, essa mulher afirmou que Jesus era o Filho de Deus, o Messias prometido a quem Deus enviou ao mundo.

Como Marta, cada uma de nós deve responder à pergunta que Jesus fez a Seus discípulos em Lucas 9: "Mas vós, [...] quem dizeis que eu sou?". Nosso relacionamento com Deus e o destino eterno de nossas almas dependem do que cremos sobre a identidade de Jesus. Ele foi simplesmente um homem bom e moral, que ensinou os caminhos de Deus a Seus seguidores? Estava enganando as pessoas ou a si mesmo quando afirmava ser o Filho de Deus? Ou Ele era quem declarava ser — Deus em forma humana, que veio ao mundo para morrer por nossos pecados para que pudéssemos ter um relacionamento pessoal com nosso Criador?

Assim que descobrimos as respostas a todas as perguntas importantes: "Mas vós, [...] quem dizeis que eu sou?", temos um alicerce firme como rocha, para nossas vidas. Sempre haverá momentos em que não saberemos o que Deus está fazendo. Sempre lutaremos com alguns aspectos da vida espiritual e acharemos algumas partes da Bíblia difíceis de compreender. Mas mesmo quando nos sentimos confusas ou decepcionadas, podemos nos apegar ao que sabemos: Jesus Cristo é Senhor da nossa vida e Ele é sempre fidedigno. Quando enfrentamos perguntas às quais não podemos responder, não é o que sabemos, mas quem conhecemos que realmente importa.

*...porque sei em quem tenho crido...*
2 TIMÓTEO 1:12

4 DE ABRIL

# O coração de Deus

**VENDO JESUS CHORAR**
JOÃO 11:28-37

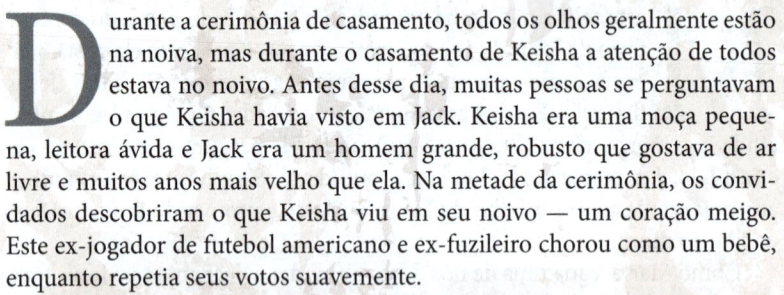

Durante a cerimônia de casamento, todos os olhos geralmente estão na noiva, mas durante o casamento de Keisha a atenção de todos estava no noivo. Antes desse dia, muitas pessoas se perguntavam o que Keisha havia visto em Jack. Keisha era uma moça pequena, leitora ávida e Jack era um homem grande, robusto que gostava de ar livre e muitos anos mais velho que ela. Na metade da cerimônia, os convidados descobriram o que Keisha viu em seu noivo — um coração meigo. Este ex-jogador de futebol americano e ex-fuzileiro chorou como um bebê, enquanto repetia seus votos suavemente.

As mulheres na passagem bíblica de hoje devem ter se emocionado com as lágrimas de Jesus. Ele ficou profundamente movido ao ver Maria e outras pessoas pranteando a morte de Lázaro. Sua tristeza o encheu de compaixão e ira com a angústia e a morte que o pecado trouxe ao mundo. Quando pediu para ser levado ao túmulo de Lázaro, Jesus chorou. Alguns interpretaram Suas lágrimas como um sinal do quanto Ele amava Lázaro; outros perguntaram por que Ele não pôde impedir que Lázaro morresse, considerando que Ele havia curado um homem cego. Ninguém que estava ali observando compreendeu o que estava vendo — o Deus Todo-poderoso do Universo chorando pelo estado decaído da raça humana.

"Jesus chorou." Estas duas palavras curtas revelam muito sobre o coração e o caráter de Deus. Ele não é um capataz frio e inflexível esperando para nos liquidar quando fazemos algo errado. Como Pai amoroso, escolheu entrar em nosso mundo e compartilhar do sofrimento humano. O pecado e suas consequências o enraiveceram, mas Ele sempre tem compaixão de Seus filhos que vão a Ele precisando de consolo e afirmação. Quando estamos sofrendo, Ele sofre conosco. Quando lamentamos, Ele lamenta também. Quando choramos, Deus derrama lágrimas conosco. No evangelho de João, Deus nos deu uma imagem comovente de Sua compaixão, para nos ajudar a lembrar disso.

*Jesus chorou.*
JOÃO 11:35

5 DE ABRIL

# *Rolando a pedra*

MARTA
JOÃO 11:38-40

Meu estômago revirou enquanto eu ouvia a história no jornal da noite. Quando os vizinhos reclamaram de maus odores vindo de uma casa em ruínas, as autoridades foram até o local checar a senhora que morava ali. Ela se recusou a abrir a porta ou deixar os policiais entrarem. Quando eles finalmente abriram a porta, o odor quase os derrubou. Dentro da casa encontraram uma confusão inacreditável — gatos rastejando por todos os lados, mobília ensopada de urina e fezes e pilhas de lixo em todos os cantos.

Como Lázaro já estava morto há quatro dias, Marta sabia que o odor do corpo em decomposição seria terrível. Ela hesitou ao ouvir a instrução de Jesus para remover a pedra da caverna. Seu irmão já havia passado do ponto de ser curado. Que bem possível haveria em abrir seu túmulo e sujeitar as pessoas ao odor pútrido? Quando Jesus a repreendeu gentilmente por protestar, Marta cedeu e deu permissão para que a pedra fosse retirada. Ela confiou em Jesus mesmo quando não o compreendeu.

Todas nós temos questões pútridas em nossa vida que tentamos esconder de outras pessoas. Acontecimentos passados podem nos encher de vergonha ou podemos lutar com uma vida de pensamentos impuros, tentações secretas ou um hábito que sabemos que desagrada a Deus. Se as pessoas descobrissem teriam nojo de nós. Então selamos uma parte do nosso viver e tentamos ignorá-la.

Deus quer renovar todas as áreas de nossa vida. Não há nada confuso ou repulsivo demais para Ele resolver, mas o Senhor não pode lidar com essas áreas enquanto nos detivermos. Ele espera nossa permissão para rolar a pedra e poder entrar. Assim que abrimos nossas áreas secretas ao Senhor, ficaremos maravilhadas com o ar fresco que surgirá.

*Então, ordenou Jesus: Tirai a pedra...*
JOÃO 11:39

6 DE ABRIL

## Alegria inesperada

**VENDO LÁZARO RESSUSCITAR**
**JOÃO 11:41-44**

A esposa perturbada recostou-se no forte ombro de seu pai. Quanto tempo já havia passado desde que o porta-voz da empresa discretamente compartilhara a notícia com o grupo de parentes e amigos? A equipe de resgate confirmou que todos os mineradores presos estavam mortos. De repente, a mulher ouviu uma agitação. Passando pela multidão, ela viu um homem sendo retirado da entrada. Ela prendeu a respiração — poderia ser...? O homem fitou-a e os joelhos dela fraquejaram.

Marta e Maria tiveram um choque semelhante, quatro dias depois de seu irmão ter morrido. Quando Jesus pediu que a pedra fosse retirada do túmulo, elas não imaginavam o que Ele tinha em mente. Talvez quisesse entrar na caverna e olhar pela última vez o corpo de Seu amigo. Elas não esperavam que Jesus chamaria Lázaro para sair da sepultura. E certamente não esperavam ver seu irmão caminhar para fora do túmulo, com a cabeça e o corpo envoltos em tecido fúnebre! As irmãs, que choraram durante quatro dias devem ter irrompido em alegria incontrolável, ao ver seu irmão de volta à vida.

Como a perda é uma parte normal da vida, todas nós passamos por períodos de tristeza. Durante esses momentos, podemos sentir que nunca mais sorriremos, mas quando passamos pela tristeza de modo saudável, eventualmente superamos o processo e recebemos a alegria novamente. Se vivenciarmos um relacionamento íntimo com Deus, algumas vezes uma alegria inesperada nos surpreenderá mesmo em meio à dor. Lembrar que Deus pode extrair o bem de qualquer sofrimento, nos ajuda a encontrar consolo em Seus amáveis braços durante os momentos mais dolorosos de nossas vidas. Também podemos nos lembrar que está chegando o tempo em que tudo o que nos machuca será substituído por alegria eterna.

*Converteste o meu pranto em folguedos...*
SALMO 30:11

7 DE ABRIL

# Um homem inocente

## A ESPOSA DE PILATOS
## MATEUS 27:11-19

Jane esperou em seu carro com os olhos fixos no portão. Seu irmão finalmente sairia da prisão. O pesadelo tinha começado há oito anos, quando Larry fora acusado de atirar em um colega de trabalho. Outro homem testemunhou contra ele, mas Larry sustentava a declaração de ser inocente. Somente Jane permaneceu do seu lado enquanto sua família e amigos se afastaram um a um. Conforme os anos se passaram, Jane se apegou à sua confiança no caráter e na integridade de seu irmão. Agora uma nova prova havia reaberto o caso e comprovado sua inocência.

A esposa de Pilatos é mencionada uma vez na Bíblia, mas tem a honra de ser a única pessoa que testificou a inocência de Jesus durante Seu julgamento. Quando o governador romano se sentou no trono do julgamento, ela lhe enviou uma mensagem persuadindo-o: "...não te envolvas com este justo...". A passagem nos diz que ela estava profundamente incomodada com um pesadelo que tivera com Jesus. Não recebemos nenhum detalhe sobre o sonho, nem sabemos como isso afetou sua vida depois. Tudo o que sabemos é que a esposa de Pilatos insistiu na inocência de Jesus quando Seus inimigos testificaram falsamente e a multidão se voltou contra Ele.

Segundo pesquisas conduzidas em 2002 pelo Grupo Barna, 40% dos adultos americanos acreditam que Jesus Cristo cometeu pecados enquanto viveu na Terra. Isso contradiz diretamente o que a Bíblia ensina. Ainda que Jesus tenha enfrentado as mesmas tentações que enfrentamos, Ele nunca pecou (HEBREUS 4:15). Somente um animal perfeito, sem mácula era aceitável para os sacrifícios israelitas; e apenas o Filho perfeito de Deus poderia carregar os pecados do mundo. É somente por causa da inocência de Jesus que podemos ser livres da culpa. E a Bíblia é a única prova de que precisamos.

*Aquele que não conheceu pecado, ele o fez pecado por nós; para que, nele, fôssemos feitos justiça de Deus.*
2 CORÍNTIOS 5:21

**8 DE ABRIL**

# Observando enquanto Jesus é ridicularizado

## TESTEMUNHA DA CRUCIFICAÇÃO
## MATEUS 27:27-44

Na multidão que compareceu ao julgamento e à sentença de Jesus, Seus seguidores viram seu amado líder sendo zombado e torturado. Quando os soldados romanos terminaram seu tratamento cruel, Jesus estava tão desfigurado que mal podia ser reconhecido como homem. Isto cumpriu a profecia de Isaías 52:14. Enquanto Jesus estava pendurado na cruz, a zombaria continuou. As pessoas que por ali passavam, os sacerdotes, mestres religiosos e anciãos; até mesmo os criminosos crucificados ao Seu lado, todos o ridicularizavam.

Cada palavra de desprezo deve ter atravessado profundamente o coração das mulheres que amavam e serviram a Jesus. Os líderes conseguiram o que queriam, mas não estavam satisfeitos por terem-no sentenciado à morte. Agora eles insultavam e zombavam de Cristo enquanto Ele sofria a dolorosa execução. As mulheres assistiam impotentes, incapazes de defender o homem a quem passaram a respeitar e honrar.

As pessoas nunca pararam de zombar de Jesus desde aquele dia no Calvário, há dois mil anos. Algumas repudiam qualquer noção de um Deus e escolhem adorar a si mesmas. Outras aceitam a ideia de um Ser Supremo, mas desprezam a ideia de que Jesus fosse algo além de um bom homem e mestre. Nossa sociedade fica cada vez mais ousada em zombar abertamente de Deus em canções, livros, arte, filmes e programas de televisão.

Aqueles que entendem o sacrifício de Jesus sofrem sempre que ouvem Seu nome sendo escarnecido ou usado com irreverência. Não deveríamos ficar surpresas quando o mundo ridiculariza nosso Senhor ou quando nos ridiculariza por crer nele. Ele alertou Seus seguidores para que esperassem o mesmo tipo de tratamento que Ele recebia. Jesus disse que deveríamos receber a perseguição porque significa que somos fiéis. Quando alguém zomba de nós por crermos em Jesus, podemos olhar para trás para o que Ele suportou por nós e então olhar adiante para nossa recompensa.

*Bem-aventurados sois quando, por minha causa, vos injuriarem, e vos perseguirem, e, mentindo, disserem todo mal contra vós.* MATEUS 5:11

9 DE ABRIL

# Uma palavra de tristeza

## FILHAS DE JERUSALÉM
## LUCAS 23:26-31

Mandy olhou rapidamente para os raios de sol entrando pela janela e puxou o edredom sobre a cabeça. A cada dia, ela precisava lutar um pouco simplesmente para sair da cama e se vestir. Para que me incomodar?, Mandy gemia. Com certeza algo ruim vai acontecer. Primeiro, houve dois abortos; depois, seus pais foram diagnosticados com câncer terminal. Apenas alguns dias depois do segundo funeral, Mandy descobriu que enquanto lidava com a doença de seus pais, seu marido estava tendo um caso com uma amiga da família. Um ano depois, Mandy ainda se sentia anestesiada e se perguntava quanta dor uma pessoa consegue suportar.

Mesmo quando enfrentava Sua própria dor torturante Jesus demonstrou compaixão a mulheres em sofrimento. A grande multidão o seguiu até a cruz, e diante dela estavam muitas mulheres. Elas choravam e tropeçavam pela estrada, repletas de tristeza com a sentença de morte de Cristo. Ele conhecia a angústia que o esperava na cruz e também conhecia o destino de Jerusalém. Em aproximadamente 40 anos, os romanos destruiriam a cidade. Mulheres com filhos pequenos seriam as que mais sofreriam com a violência. Seu coração doía por eles enquanto caminhava para Sua morte.

Todas nós queremos viver felizes para sempre. Podemos pensar que Deus nos deve uma vida livre de problemas se fazemos o nosso melhor para segui-lo. Mas enquanto vivermos entre pessoas imperfeitas em um mundo corrompido pelo pecado e pela influência maléfica de Satanás, podemos esperar lutas e tristezas. Doença, divórcio, morte e outras experiências dolorosas podem nos fazer questionar se vale a pena viver. O único lugar em que podemos encontrar consolo e força é na cruz, onde Jesus voluntariamente sofreu dor e angústia para que Ele pudesse compartilhar de nosso sofrimento.

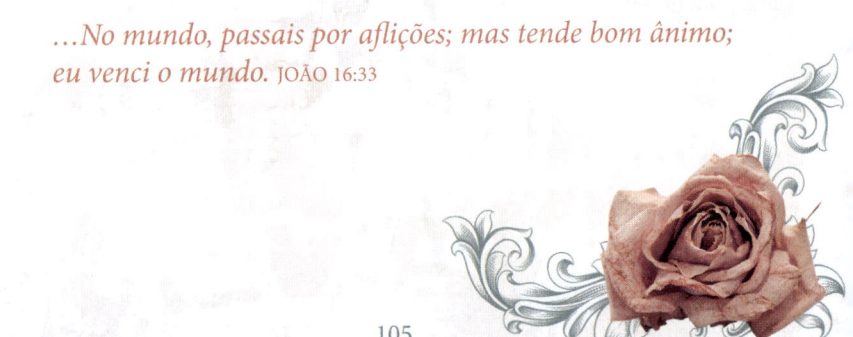

*...No mundo, passais por aflições; mas tende bom ânimo; eu venci o mundo.* JOÃO 16:33

## 10 DE ABRIL

## *Até o fim*

### MULHERES AOS PÉS DA CRUZ
### MATEUS 27:45-61

Enquanto Jesus morria pendurado na cruz, um grande grupo de mulheres permanecia observando. Mateus identifica três delas: Maria Madalena, Maria, a mãe de Tiago e José; e a mãe de Tiago e João. Em seu evangelho, João nos conta que a mãe e a tia de Jesus, junto com Maria Madalena, permaneceram próximas ao pé da cruz (JOÃO 19:25). Estas mulheres, junto com muitas outras, seguiram Jesus partindo da Galileia para cuidar do que Ele precisasse. Mesmo quando os eventos saíam terrivelmente de controle, elas permaneciam com Cristo e foi assim até o amargo fim.

Estas mulheres haviam testemunhado Jesus ensinando com autoridade inegável, curando enfermos e até mesmo ressuscitando mortos; e se devotaram a servi-lo. Agora, a terrível reviravolta de eventos as deixara assustadas e pasmas. Parecia que suas esperanças e sonhos estavam morrendo junto com seu amado Mestre, enquanto Ele ofegava. O que fortaleceu estas mulheres desnorteadas e feridas e lhes permitiu permanecer com Jesus até o amargo fim quando outros fugiram de medo? Elas ficaram por causa de seu amor por Ele.

Mais cedo ou mais tarde, cada uma de nós enfrentará um momento em que aparentemente nossas esperanças e sonhos estarão morrendo. Podemos ter problemas de saúde que nos enfraqueçam, relacionamentos destruídos, a perda de um ente querido ou um filho que escolhe o caminho errado. Como reagiremos quando, apesar de nossas orações desesperadas, não houver sinal visível da mão de Deus agindo em nossas vidas? Desistiremos de nossa fé e nos afastaremos ou permaneceremos por causa de nosso amor por nosso Mestre? As mulheres ao pé da cruz não podiam prever o maravilhoso acontecimento que se seguiria em dois dias. Quando sentimos ter chegado ao fim do caminho, precisamos nos lembrar também de que, da mesma forma, podemos ainda não ver o que Deus tem preparado para nós.

*Porque nos temos tornado participantes de Cristo, se, de fato, guardarmos firme, até ao fim, a confiança que, desde o princípio, tivemos.* HEBREUS 3:14

## 11 DE ABRIL

# Esperança em meio ao sofrimento

### MULHERES PRANTEANDO A MORTE DE JESUS

Rebeca caiu de joelhos ao lado das novas lápides cintilando no sol de primavera; uma grande e duas pequenas. Parecia tão surreal… Ela havia ficado em casa para se preparar para a festa de aniversário dos gêmeos, sem saber que um motorista embriagado mudaria sua vida para sempre. Revivendo tudo, Rebeca explodiu em lágrimas mais uma vez. *Se eu não estivesse tão ocupada naquela manhã… Se eu soubesse que era a última vez que os veria, a última chance de dizer "Eu te amo"… Se eu pudesse dizer adeus e abraçá-los uma última vez… Se…*

A prisão repentina e a crucificação de Jesus provavelmente pareceram surreais para as mulheres que o amavam e o seguiam. Não era assim que elas esperavam que as coisas acontecessem. O Messias de Israel, que lhes havia ensinado a Palavra de Deus, curado suas doenças e as amado, fora cruelmente assassinado. Elas se devotaram a servir Jesus; agora Ele tinha sido tirado de suas vidas. *Se eu soubesse que seria a última vez que falaria com Ele… Se eu tivesse feito mais para demonstrar a Ele que o amava… Se eu pudesse olhar em Seus olhos mais uma vez e dizer obrigada.*

Nós nunca sabemos quando veremos alguém pela última vez. Após a morte de um ente querido, nossas mentes podem ficar presas em coisas que gostaríamos de ter dito ou ter feito de modo diferente. Se a morte veio repentinamente, sofremos ao dizer-lhes adeus. O processo normal de luto requer tempo, mas se nossos queridos criam em Jesus, temos o consolo de saber que os veremos novamente. Podemos nos apegar à promessa de que estão seguros nas mãos de Deus e que nos uniremos a eles algum dia. Então nossos "se" desaparecerão e passaremos a eternidade juntos.

> *Não queremos, porém, irmãos,*
> *que sejais ignorantes com respeito aos que dormem,*
> *para não vos entristecerdes como os demais,*
> *que não têm esperança.* 1 TESSALONICENSES 4:13

**12 DE ABRIL**

# Uma voz confortante

**MARIA MADALENA**
JOÃO 20:11-18

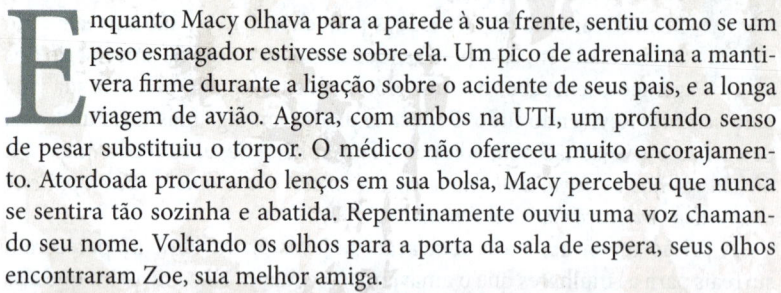

Enquanto Macy olhava para a parede à sua frente, sentiu como se um peso esmagador estivesse sobre ela. Um pico de adrenalina a mantivera firme durante a ligação sobre o acidente de seus pais, e a longa viagem de avião. Agora, com ambos na UTI, um profundo senso de pesar substituiu o torpor. O médico não ofereceu muito encorajamento. Atordoada procurando lenços em sua bolsa, Macy percebeu que nunca se sentira tão sozinha e abatida. Repentinamente ouviu uma voz chamando seu nome. Voltando os olhos para a porta da sala de espera, seus olhos encontraram Zoe, sua melhor amiga.

Maria Madalena também foi esmagada pelo pesar quando foi ao túmulo de Jesus. Confusão e ansiedade foram acrescidos ao seu sofrimento, quando descobriu que alguém havia roubado o corpo. Após relatar a notícia a dois discípulos, Maria permaneceu sozinha do lado de fora do túmulo, chorando. O pesadelo dos últimos dois dias voltou-lhe à mente ao perceber que lhe fora negado o privilégio de ajudar a preparar o corpo de Jesus para o funeral. Ao pedir informação ao homem que ela acreditava ser o jardineiro, ficou chocada quando uma voz familiar chamou seu nome: "Maria!"

Quando a dificuldade repentinamente atrapalha nossas vidas, a tristeza e a confusão podem nos sobrecarregar ao ponto de nos sentirmos esmagadas pelo peso da situação. Como Deus nos ama mais do que qualquer outra pessoa, Ele pode nos consolar como ninguém. Algumas vezes, Ele nos consola por meio de outras pessoas. Algumas vezes, Seu Espírito sopra palavras de afirmação ou nos dá consciência de Sua presença. Geralmente, Ele nos consola por meio de Sua Palavra escrita. O pesar na vida é um fato, mas temos a escolha de aceitar o consolo que Deus oferece. Em qualquer situação difícil, se prestarmos atenção, ouviremos uma voz familiar chamando nosso nome. É a voz de nosso Melhor Amigo e Mestre.

*...o Senhor consolou o seu povo e dos seus aflitos se compadece.* ISAÍAS 49:13

**13 DE ABRIL**

# Dinheiro bem gasto

## MULHERES QUE APOIAVAM O MINISTÉRIO DE JESUS
## LUCAS 8:1-3

Fechei o jornal e balancei a cabeça. Já havia lido histórias semelhantes, mas ainda tinha dificuldade de acreditar que alguém viveria daquela maneira. Uma mulher tinha morrido sozinha em uma casa modesta, quase que sem mobília. Apesar de viver como indigente, as autoridades descobriram, mais tarde, que ela tinha uma fortuna no banco. Como é triste ver que a mulher acumulou sua riqueza em vez de fazer bom uso dela.

As mulheres na passagem bíblica de hoje faziam o melhor uso possível de seu dinheiro. Quando Jesus começou a viajar por cidades e vilarejos para pregar, levou Seus doze discípulos e um grupo de mulheres com Ele. Jesus havia curado estas mulheres de doenças e libertado de cadeias demoníacas; agora, elas demonstravam sua gratidão servindo a Ele e aos discípulos. Elas também ajudavam financeiramente Jesus e Seus discípulos, com de seu próprio dinheiro. Este tipo de acordo era altamente incomum naquela cultura, mas Jesus aceitava o serviço e o auxílio financeiro das mulheres. Maria Madalena, Joana, Suzana e outras consideravam uma bênção e um privilégio contribuir com o ministério daquele que lhes havia dado nova vida.

Em um mundo incerto, é tentador concentrar-se em acumular o máximo de bens possível. Deus quer que planejemos nosso futuro com sabedoria; Ele também espera que contribuamos com Sua obra. Nunca poderemos pagar a dívida que temos com nosso Salvador, mas devolver a Deus demonstra nossa gratidão. Nossas contribuições à nossa igreja local, ministérios de evangelismo e missões podem fazer diferença na vida de outros e trazer novas almas para o Reino de Deus. Seremos recompensadas por nossa fidelidade nesta área. Usar nossas finanças para propósitos eternos será sempre um dinheiro bem empregado.

> *...Façam para vocês bolsas que não se gastem com o tempo, um tesouro nos céus que não se acabe, onde ladrão algum chega perto e nenhuma traça destrói.* LUCAS 12:33 (NVI)

14 DE ABRIL

# Certas coisas não podem ser mensuradas

A CARTA DE PAULO
EFÉSIOS 3:14-19

"Depois que eu sair da interestadual, quantos quilômetros eu ando até pegar a estrada para a cidade?" Era o tipo de pergunta que eu temia. Para mim é difícil dar direções porque não tenho noção de distância, diferentemente do meu marido, que tem uma habilidade inata de estimar medidas em sua mente. Richard não entende por que eu não consigo responder imediatamente a perguntas como: "Em que altura você quer o suporte desta cortina?" "Qual é o comprimento do recuo daquela casa?" "Qual é a largura desse salão?" (Suspiros). Não é fácil ser desafiada em termos de medidas.

Talvez algumas das mulheres que viviam nos dias do Novo Testamento também tinham este problema. Será que saberiam dizer a um viajante quantos quilômetros andar até chegar a certo vilarejo? Uma medida com a qual todas lutavam estava na carta de Paulo aos cristãos de Éfeso. Imagino que os corações dessas mulheres se aqueceram ao ouvir a oração do apóstolo de que poderiam compreender a imensidão do amor de Deus por elas.

Não importa o quão analíticas nossas mentes sejam, nenhuma de nós é capaz de entender plenamente o infinito amor de Deus. Podemos contar as bênçãos que o Senhor nos deu e recitar versículos como "Deus é amor" (1 JOÃO 4:8), mas isso ainda é superficial. Ele nos deu uma ideia de Seu amor quando se tornou humano para sofrer e morrer em nosso lugar para que pudéssemos ser livres da punição pelo pecado. Compreendemos o amor de Deus mais facilmente quando olhamos para Jesus Cristo: a altura da cruz, a amplitude da extensão de Seus braços, a profundidade do corte da espada em Seu lado, por quanto tempo Seu corpo jazeu no túmulo antes de Sua ressurreição. Ainda assim, algumas coisas simplesmente não podem ser mensuradas.

> ...a fim de poderdes compreender, com todos os santos, qual é a largura, e o comprimento, e a altura, e a profundidade e conhecer o amor de Cristo...
> EFÉSIOS 3:18,19

15 DE ABRIL

# Uma punição severa

**FILHAS DOS SACERDOTES**
**LEVÍTICO 21:9**

Uma adolescente saiu da clínica, esperando não encontrar ninguém que a conhecesse. *Isto é tão injusto*, ela disse a si mesma. *Isto não deveria estar acontecendo comigo*. Ele tinha sido seu primeiro namorado, e ela acreditou quando disse que ela era sua primeira namorada. Quando descobriu que seu parceiro estava dizendo o mesmo a outra menina, ela desmoronou, mas ele a havia deixado com um lembrete do relacionamento: ela havia se unido a outras 20 milhões de americanas com papilomavírus humano. A jovem nunca ouvira falar de HPV antes, e agora havia contraído o tipo de alto risco. A garota também não sabia que uma adolescente de 16 anos podia desenvolver câncer cervical.

Visto que a imoralidade sexual é tão prejudicial, Deus fixou penalidades severas para a desobediência, quando escolheu a nação de Israel como Seu povo. Mulheres culpadas de infringir a lei de pureza eram condenadas à morte, mas as filhas de sacerdotes eram queimadas vivas porque seu pecado depreciava a santidade de seus pais. Nós podemos pensar que tais punições brutais impediriam as mulheres de se envolver em relações imorais, mas por sermos humanas, racionalizamos nosso comportamento e nos convencemos de que não seremos pegas.

Ficamos horrorizadas com as punições severas para a imoralidade sexual, dispostas no Antigo Testamento. Infelizmente, não ficamos tão chocadas quanto deveríamos com a atitude comum relativa ao sexo nos dias de hoje. Deus planejou a intimidade sexual como parte de um relacionamento marital; qualquer outra expressão sexual é pecado. Não vivemos sob a lei mosaica, mas ainda há consequências por desobedecer às leis espirituais. O pecado sexual danifica nosso caráter, destrói relacionamentos, machuca outras pessoas e nos expõe a doenças que podem ter efeitos permanentes ou até nos matar. Nossa sociedade retrata o sexo extraconjugal como inofensivo, mas a Bíblia nos lembra de que é um comportamento que pode carregar punições severas.

*Fugi da impureza. Qualquer outro pecado que uma pessoa cometer é fora do corpo; mas aquele que pratica a imoralidade peca contra o próprio corpo.*
1 CORÍNTIOS 6:1

# 16 DE ABRIL

## *Sentindo-se ameaçada*

**A MULHER DE SANSÃO**
**JUÍZES 14:1-17**

Todos nós ficamos ali sorrindo enquanto o filhinho de minha amiga acariciou os filhotes de labrador e gritou de alegria. Ele estava se divertindo muito! Repentinamente, a mãe dos filhotes entrou na sala e começou a latir, o que nos fez saltar. Ao ver o grande cachorro, o pequeno garoto correu para trás de seu pai, enganchou-se em suas pernas e espiava o animal. Com a segurança de ter o papai entre ele e o perigo, o menininho parecia mais curioso do que assustado.

Quando a esposa de Sansão foi ameaçada, ela não se voltou para a única pessoa que podia protegê-la. Sansão apresentou uma charada para os convidados do casamento junto com uma aposta. Como não conseguiram resolvê-la após alguns dias, os convidados exigiram que a noiva descobrisse a resposta ou a matariam junto com sua família. A ameaça aterrorizou a jovem filisteia que sabia que seus compatriotas fariam o que disseram. Uma aposta tola havia repentinamente lançado o destino de sua família em suas mãos. Infelizmente, a mulher não compartilhou o problema com seu marido. Se ela simplesmente compreendesse a força que tinha à sua disposição!

Deus quer que corramos diretamente para Ele quando nos sentimos ameaçadas, quer estejamos em perigo por dano físico, emocional ou se formos atacadas no reino espiritual. Defender-nos faz parte de Suas responsabilidades como nosso Pai. Quando alguém nos ameaça, está na verdade ameaçando a Ele. Sermos honestas com Deus, levar nossos fardos a Ele e confiar que Ele lidará com nossos eles da melhor maneira possível, faz parte de nossas responsabilidades. Podemos fazer uma confusão terrível quando tentamos resolver problemas sérios sozinhas, sem a ajuda de Deus. Ah, se compreendêssemos a força e o poder que temos à nossa disposição!

*...lançando sobre ele toda a vossa ansiedade, porque ele tem cuidado de vós.* 1 PEDRO 5:7

17 DE ABRIL

# Lábios frouxos

## A MULHER DE SANSÃO
### JUÍZES 14:17-19

Catherine escondeu-se atrás do suporte para cartões, quase derrubando-o. *Preciso sair daqui sem que ela me veja,* pensou desesperada. Era difícil acreditar que há apenas um ano, ela e Brianna eram boas amigas. Mas isso mudou quando Catherine foi jantar com algumas amigas e falou um pouco demais. Não tinha sido sua intenção, mas as palavras simplesmente saíram. Quando percebeu havia compartilhado algo que Brianna lhe contara em total confiança. Hoje, pela milionésima vez, Catherine desejou poder aprender a controlar sua boca.

A nova esposa de Sansão também traiu a confiança de alguém, com consequências muito mais sérias do que as que Catherine vivenciou. Após alguns dias suplicando e chorando, ela finalmente conseguiu que Sansão explicasse a charada que propôs durante sua festa de casamento. Ela compartilhou a informação com os homens que a ameaçaram e Sansão ficou irado com o fato dos homens saberem a resposta. Ele só havia dito a uma pessoa, então sabia quem o havia traído. Ainda que sua noiva tenha agido dessa forma para salvar as vidas de seus familiares, o temperamento explosivo de Sansão o fez matar e roubar 30 dos compatriotas de sua esposa para pagar a aposta.

Muitas pessoas têm dificuldades para guardar segredos. No calor da conversa, é muito fácil compartilhar informações pessoais sobre outras pessoas e que, preferivelmente, deveriam ser mantidas em segredo. Palavras descuidadas podem ter consequências diversas desde sentimentos de desconforto, a reputações arruinadas e relacionamentos destruídos. A amizade verdadeira gira em torno da confiança de que estamos seguros com a outra pessoa e não precisamos nos preocupar com o quanto ela sabe sobre nós. Nossa boca pode causar grandes estragos, seja quando traímos a confiança de alguém acidentalmente ou compartilhando nossos segredos com alguém que não é confiável.

*O mexeriqueiro descobre o segredo,*
*mas o fiel de espírito o encobre.*
PROVÉRBIOS 11:13

18 DE ABRIL

# Entregue a outro

## A MULHER DE SANSÃO
## JUÍZES 14:20–15:6

Entre todas as cenas dramáticas do filme *Náufrago*, uma se destaca em minha mente. Tom Hanks interpreta Chuck, um viciado em trabalho que sobrevive a uma queda de avião e fica preso em uma ilha remota. Após quatro anos, Chuck se lança ao mar em uma pseudobalsa, é localizado e volta para a família e os amigos que presumiam que ele estivesse morto. Sua namorada, Kelly, abre a porta para ver o "amor de sua vida" vivo e bem — mas agora ela está casada com outro homem com quem tem filhos.

A noiva de Sansão sabia um pouco sobre o que a personagem de Helen Hunt sentiu. Seu casamento com Sansão era do tipo em que a noiva vivia com os pais e o marido a visitava periodicamente, mas quando Sansão descobriu que sua noiva havia revelado a resposta da charada, ele a deixou antes que o casamento fosse consumado na sétima noite. O pai da moça considerou isto como uma anulação e a entregou a outro homem.

Ela provavelmente presumiu que nunca mais veria Sansão, mas um dia, ele a chocou aparecendo de volta como se nada tivesse acontecido. Quando seu ex-noivo descobriu que sua noiva pertencia a outro homem, seu temperamento explosivo iniciou uma cadeia de represálias que resultou no assassinato da moça e de seu pai por seus compatriotas.

O Novo Testamento muitas vezes chama os cristãos de noiva de Cristo e nos constrange a permanecermos puros até que Ele venha nos buscar. Enquanto isso, vivemos em um mundo que tenta desesperadamente atrair nosso coração nos afastando de nosso primeiro amor. Se não vigiarmos e alimentarmos nosso relacionamento com Jesus, poderemos abrir mão de nossas afeições sem nem percebermos. A noiva de Sansão não teve escolha em sua situação; seu pai tomou a decisão de dá-la a outro homem. Nós escolhemos se seremos ou não consideradas fiéis a nosso Noivo quando Ele vier nos buscar.

*Seja perfeito o vosso coração para com o SENHOR, nosso Deus...* 1 REIS 8:61

## 19 DE ABRIL

# Por amor ao dinheiro

**DALILA**
JUÍZES 16:4,5

Fico imaginando o que Kent anda fazendo ultimamente... Marie balançou a cabeça. Estes pensamentos ligeiros sobre seu amor do Ensino Médio passaram a ser corriqueiros. Marie gostou profundamente de Kent e o namorou durante três anos. O problema era sua falta de ambição. Ele estava satisfeito trabalhando no negócio de seu pai em sua cidade natal, mas Marie tinha grandes objetivos. Ela planejava ter muito dinheiro — algo que lhe faltou em sua infância. Agora seus sonhos tinham se realizado. Ela estava casada com um diretor-executivo e tinha sua carreira, mas ultimamente sua casa grande parecia tão vazia no fim do dia. Simplesmente já não parecia ser suficiente.

Dalila também parecia ser motivada por dinheiro quando seus colegas filisteus pediram que traísse Sansão. Ela também pode ter sido motivada pelo fato de que Sansão era um israelita e, portanto, odiava seu povo. Talvez ela tenha se sentido lisonjeada por homens ricos e poderosos terem pedido sua ajuda. Mas Dalila precisaria ter uma moral mais forte para resistir à extraordinária quantia de dinheiro que os governantes filisteus lhe ofereceram em troca do segredo da força sobre-humana de Sansão. Ansiosa por se tornar uma mulher incrivelmente rica, Dalila desceu ainda mais fundo ao maquinar friamente um plano para trair o homem que estava enfeitiçado por ela.

O amor pelo dinheiro pode nos atrair a todos os tipos de situações malignas, embora não sejamos uma filisteia com baixa moral. Não há nada de errado em querer dinheiro suficiente para vivermos confortavelmente e Deus geralmente abençoa os cristãos com provisão. Mas a Bíblia nos alerta contra o desejo de enriquecer em vez de estarmos contentes com o que temos. Buscar riquezas ao invés de virtude nos deixa vulneráveis às tentações em todas as áreas de nossa vida. Apesar das crenças de nossa sociedade, o dinheiro não pode comprar felicidade. Nenhuma quantidade de riquezas vale o preço da traição de nossos princípios e de nossa integridade.

*Porque o amor ao dinheiro*
*é a raiz de todos os males...*
1 TIMÓTEO 6:10

20 DE ABRIL

# Abusando de nosso poder

**DALILA**
**JUÍZES 16:6-21**

Ela acabou de escovar os cabelos e olhou para o seu relógio. Ele chegaria a qualquer momento. É claro que traria flores ou chocolates e talvez uma caixinha com algo brilhante dentro. Ela realmente deveria acabar com tudo — afinal de contas, não era justo com ele. Ela não estava atraída de verdade por ele, ainda que ele parecesse a estar levando a sério desde o início. Mas não iria contar-lhe já — era bom ser adorada e tomar todas as decisões. Tudo o que precisava fazer era dizer o nome do restaurante ou uma peça de teatro, mencionar um conserto que precisava ser feito em sua casa ou falar sobre alguma preocupação financeira. Ela sabia que tinha algo muito bom em mãos e queria desfrutar um pouco mais.

Dalila estava em uma situação semelhante. Quando Sansão se apaixonou por ela, Dalila poderia ter insistido em iniciar um relacionamento adequado como marido e mulher. Poderia tê-lo influenciado a ir além de sua tendência de pregar peças maliciosas e o encorajado a assumir seriamente seu papel de juiz de Israel. Dalila poderia ter ajudado Sansão a se tornar um homem a quem outros poderiam respeitar e admirar por mais do que suas demonstrações ocasionais de força física. Mas ela usou seu poder para traí-lo, entregando-o a seus inimigos em troca de riquezas.

Nós geralmente não percebemos o poder que temos em relacionamentos com namorados, maridos, filhos, parentes e amigos. Quanto mais próximo o relacionamento, mais vulnerável a outra pessoa é. Percebendo ou não, usamos essa influência de formas que ajudam ou prejudicam nossos queridos. Podemos usar o relacionamento para nosso benefício, sem considerar as necessidades da outra pessoa, ou podemos trazer à tona o melhor dela ao encorajá-la a tornar-se a pessoa que Deus planejou que fosse. Ser o objeto do amor de alguém nos traz grande responsabilidade. No fim das contas, teremos que nos justificar a Deus pelo modo como lidamos com isso.

*Tudo isto vi quando me apliquei a toda obra que se faz debaixo do sol; há tempo em que um homem tem domínio sobre outro homem, para arruiná-lo.* ECLESIASTES 8:9

21 DE ABRIL

# Mulher de coração endurecido

**DALILA**
**JUÍZES 16:21-27**

Era uma daquelas histórias que me fizeram lamentar por ter ligado no noticiário da noite. A polícia tinha encontrado uma adolescente quase em estado de inanição presa em uma jaula no porão da casa de sua mãe adotiva. A menina pesava apenas 20 quilos, vivia na imundície e não tinha contato com ninguém fora da casa. Ao olhar para o rosto da mulher, pensei em como ela podia ser tão cruel com uma filha. Será que ela não sentia absolutamente nada quando a menina a olhava com os olhos cheios de miséria e fome?

Como Dalila se sentiu quando os filisteus correram para o quarto e arrancaram os olhos que a contemplavam com adoração? Seu coração ficou repleto de remorso quando viu Sansão humilhado, moendo grãos na prisão? Será que foi tomada por tristeza quando o homem que antes maravilhara as pessoas com sua força agora as entretinha como um infeliz artista de circo? É difícil imaginar que Dalila não tenha lutado com culpa quando suas ações reduziram o homem que a amava a uma vida de degradação. No entanto, a Bíblia não menciona arrependimento de sua parte. Ela deveria ser uma mulher fria, de coração duro, interessada somente em dinheiro injusto.

Dalila é o tipo de pessoa descrita em Efésios 4:18,19. O coração das pessoas que se recusam a crer em Deus pode ficar tão petrificado pelo pecado que elas perdem a habilidade de sentir vergonha quando fazem algo mau. Jesus alertou que quando nossos corações se endurecem, fica difícil vermos e ouvirmos a verdade (MATEUS 13:15). Até mesmo os cristãos precisam vigiar constantemente procurando sinais em si, de um processo gradual de endurecimento de coração com relação ao mau procedimento. Precisamos da ajuda de Deus para permanecermos sensíveis aos efeitos de nosso comportamento. Caso contrário, podemos desenvolver corações endurecidos como o de Dalila.

*...obscurecidos de entendimento, alheios à vida de Deus por causa da ignorância em que vivem, pela dureza do seu coração.* EFÉSIOS 4:18

## 22 DE ABRIL

## Planos bem esboçados

**DALILA**
**JUÍZES 16:28-30**

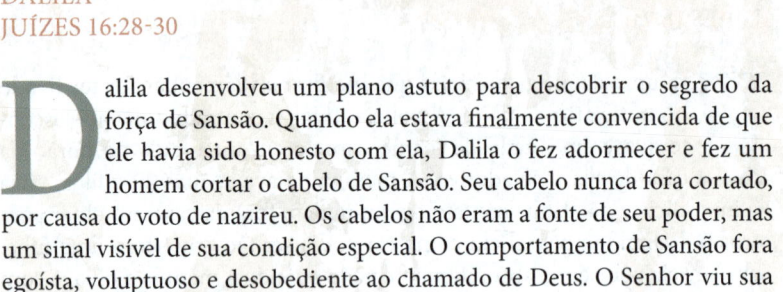

Dalila desenvolveu um plano astuto para descobrir o segredo da força de Sansão. Quando ela estava finalmente convencida de que ele havia sido honesto com ela, Dalila o fez adormecer e fez um homem cortar o cabelo de Sansão. Seu cabelo nunca fora cortado, por causa do voto de nazireu. Os cabelos não eram a fonte de seu poder, mas um sinal visível de sua condição especial. O comportamento de Sansão fora egoísta, voluptuoso e desobediente ao chamado de Deus. O Senhor viu sua imprudência tola com Dalila como a última gota e retirou a incrível força que lhe havia dado.

O plano de Dalila foi bem-sucedido. Com um golpe, ela libertou sua nação de seu inimigo mais odiado e conseguiu dinheiro suficiente para permanecer rica para o resto de sua vida. Ela podia agora desfrutar dos prazeres e confortos da vida. Mas Deus tinha outros planos. Enquanto os filisteus comemoravam, Deus concedeu ao arrependido Sansão força para derrubar os pilares do templo, matando milhares de filisteus e começando a libertação de Israel de seus brutais opressores. Dalila encontrou a morte naquele dia? Talvez ela tenha ido ao festival como convidada de honra. E mesmo que tenha escapado com vida, qualquer governante filisteu que tenha sobrevivido provavelmente iria querer mais do que seu dinheiro de volta, considerando o modo como as coisas acabaram.

A maioria de nós gosta de planejar o dia, uma temporada ou o ano. Mesmo que não tenhamos objetivos específicos e listas detalhadas, temos alguma ideia de como queremos que os eventos em nossa vida se desenvolvam. Não importa o quanto nos dediquemos a desenvolver nossos planos, encontraremos problemas se deixarmos Deus de fora. Nossos melhores planos podem dar errado ou nos prejudicar. Deus tem Seus próprios propósitos para nosso viver. Os planos mais seguros e sábios são: buscar Sua vontade e garantir que nossos projetos se alinhem aos dele.

*Muitos propósitos há no coração do homem,*
*mas o desígnio do Senhor permanecerá.*
PROVÉRBIOS 19:21

23 DE ABRIL

# Mulheres manipuladoras

## A MULHER DE SANSÃO E DALILA
## JUÍZES 14:16,17; 16:15,16

"Você conversou com Travis sobre nossa 'viagem só para mulheres' até a Flórida?", Joanie perguntou.

"Ele disse que esse ano não podemos pagar", Sandy respondeu.

"Ah, que pena que você não irá conosco."

"Não se preocupe," Sandy gargalhou. "Eu estarei deitada na praia com vocês. Depois de alguns dias amuada e de mau humor ele vai mudar de ideia. Na pior das hipóteses, eu choro copiosamente — isso sempre funciona com ele."

Sandy soa como as mulheres na vida de Sansão. Quando sua noiva quis descobrir o segredo de sua charada para salvar sua vida, ela chorou copiosamente por três dias até ele ceder. Quando Dalila quis descobrir o segredo de sua força para traí-lo, ela também fez cara feia e o importunou. Cada uma acusou Sansão de não amá-la de verdade e o atormentou com murmuração até, finalmente, conseguir o que queria.

Algumas mulheres são especialistas em manipular outros para conseguir o que querem. Elas reagem à frustração e decepção com murmuração, discussão, o tratamento do silêncio (que Sansão provavelmente teria preferido), ou reações exageradamente emotivas. Estes podem se tornar hábitos enraizados, aos quais algumas de nós nos voltamos sem perceber, mas se substituirmos e colocarmos técnicas de manipulação no lugar de comunicação honesta, arriscamos nutrir ressentimento e ira em nossos relacionamentos. Também fica mais difícil que outros nos respeitem.

Adotar atitudes semelhantes com Deus é tentador. Podemos aberta ou subconscientemente acusá-lo de não nos amar realmente quando enfrentamos problemas ou lutas. Nossa oração pode se tornar mais como birra. Deus quer que sejamos sinceras com Ele sobre nossas emoções e desejos. Ele também quer que confiemos nele em vez de tentar manipulá-lo. Ele não quer que ajamos como Sandy ou uma das mulheres de Sansão.

> *O gotejar contínuo no dia de grande chuva*
> *e a mulher rixosa são semelhantes.*
> PROVÉRBIOS 27:15

## 24 DE ABRIL

# Uma influência poderosa

**EUNICE E LOIDE**
**2 TIMÓTEO 1:5; 3:14-17**

Marla desligou a televisão e tentou ignorar a inquietação familiar que já estava se infiltrando. Ela amava assistir a programas sobre mulheres incríveis que influenciaram o mundo na política, ciência, medicina ou filantropia. Mas estes programas a deixavam insatisfeita com sua vida. Como ela podia fazer algo importante sem educação formal, dinheiro, talentos especiais ou tempo extra? Amanhã era sua vez de dar carona e de ser voluntária na turma de Andrea. Depois da escola, ela levaria Jeremy à aula de artes e à noite lideraria a reunião da organização Mãos Colaboradoras. *Acho que donas de casa não têm chance de fazer diferença no mundo, ela suspirou.*

A segunda carta de Paulo a Timóteo menciona duas mulheres que provavelmente ansiavam por fazer diferença em seu mundo. Eunice e sua mãe Loide eram judias que se tornaram cristãs, talvez por meio da pregação de Paulo. Elas provavelmente não tinham nenhum ministério público ou posição de poder, mas tiveram a oportunidade de treinar o neto de Loide e ensinar-lhe as Escrituras. Por meio da influência de sua mãe e avó, Timóteo se tornou um grande evangelista que influenciou inúmeras vidas para Cristo.

Podemos não sentir que estamos em uma posição que cause impacto no mundo, mas cada uma de nós tem a oportunidade de influenciar alguém. Mães podem educar seus filhos para crescerem como seguidores de Cristo e em retorno seus filhos influenciarão outros. Podemos ter um vizinho, amigo ou colega de trabalho que precise do toque do amor e da verdade de Deus. A única exigência para se tornar uma influência poderosa é disposição de ser usada onde quer que Deus nos coloque. Os exemplos de Eunice e Loide mostram que se formos fiéis, podemos fazer diferença no mundo de forma duradoura exatamente onde estamos.

*Bem-aventurado o homem que teme ao Senhor*
*[...] a sua justiça permanece para sempre,*
*e o seu poder se exaltará em glória.* SALMO 112:1,9

25 DE ABRIL

# Testemunha de um milagre

## CURANDO OLHOS CEGOS
## MATEUS 20:29-34

Certa vez fui a uma igreja cujo pastor era casado com uma mulher que tinha perdido a visão anos antes, devido a um dano permanente do tecido ocular. A família da mulher adaptou-se à sua nova condição mas continuou a pedir a Deus que restaurasse sua visão. Certo dia, durante o momento de oração corriqueiro da mulher, sua visão repentinamente retornou. Após examinar seus olhos, os médicos ficaram perplexos. O dano não havia sido corrigido. Pensando em aspectos médicos, a mulher não deveria conseguir enxergar.

Podemos imaginar uma mulher na multidão seguindo Jesus testemunhando um milagre semelhante. Ela ouviu dois homens cegos clamando desesperadamente para que Jesus tivesse misericórdia deles. Ela se compadeceu dos homens, mas a multidão gritava para que se calassem. Pedintes cegos sentados à beira da estrada era algo comum e o povo queria ouvir seu novo Rabino.

Os dois homens continuaram a clamar mais alto, então Jesus parou. A mulher não acreditou no que ouviu quando Jesus perguntou aos homens o que queriam que Ele fizesse por eles. Não era óbvio? Quando os homens disseram a Jesus que queriam ver, Ele tocou seus olhos. A mulher suspirou quando os dois homens imediatamente começaram a pular e uniram-se à multidão. Em um momento eram cegos, no minuto seguinte estavam enxergando.

Todas nós, de certa forma, somos cegas, incapazes de ver o mundo espiritual ao nosso redor. Quando Deus abre nossos olhos para nossa condição pecaminosa, vemos a verdade sobre a morte de Jesus, em nosso favor. Com o Espírito Santo vivendo em nós, verdades espirituais e passagens bíblicas que antes eram confusas se tornam claras, translúcidas como água. E há sempre algo novo para ver. O Senhor quer que clamemos para que Ele abra nossos olhos assim como os dois cegos fizeram. Nunca entenderemos plenamente tudo na Palavra de Deus, mas com a Sua ajuda sempre veremos coisas maravilhosas ali.

*Desvenda os meus olhos, para que eu contemple as maravilhas da tua lei.* SALMO 119:18

## 26 DE ABRIL

## *A vingança não é doce*

### DINÁ
### GÊNESIS 34:1-26

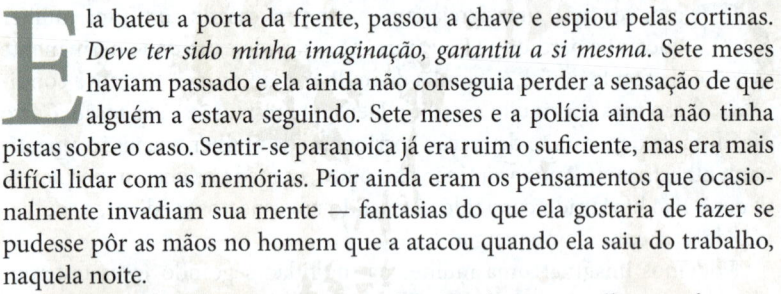

Ela bateu a porta da frente, passou a chave e espiou pelas cortinas. *Deve ter sido minha imaginação, garantiu a si mesma*. Sete meses haviam passado e ela ainda não conseguia perder a sensação de que alguém a estava seguindo. Sete meses e a polícia ainda não tinha pistas sobre o caso. Sentir-se paranoica já era ruim o suficiente, mas era mais difícil lidar com as memórias. Pior ainda eram os pensamentos que ocasionalmente invadiam sua mente — fantasias do que ela gostaria de fazer se pudesse pôr as mãos no homem que a atacou quando ela saiu do trabalho, naquela noite.

A passagem bíblica de hoje relata a história de outra mulher que foi estuprada, ainda que com uma consequência completamente diferente. Quando a família de Diná se mudou para um novo lugar e ela foi visitar suas amigas, um príncipe da região a estuprou. Os irmãos de Diná mataram o estuprador, sua família e todos os homens que vivam no local. Embora a Bíblia se concentre em como a família de Diná reagiu ao crime, podemos tentar imaginar quão devastada ela deve ter ficado. Não apenas sofreu com o crime hediondo cometido contra ela, mas a vingança sanguinária de seus irmãos prejudicou sua família também.

Quando as pessoas nos ferem profundamente, é mais que natural querer vingança. Devemos fazer tudo o que pudermos para garantir que a justiça seja feita e que aqueles que agiram contra nós sejam responsabilizados por suas ações de acordo com a lei. Mas há uma diferença entre querer justiça e desejar vingança. Somente Deus tem o direito de punir a injustiça. Alimentar nossa sede de vingança permite que as pessoas nos firam novamente. Deus quer que renunciemos a esse desejo. Também quer que nos lembremos de que mesmo que aqueles que nos feriram escapem da justiça aqui na terra, eventualmente terão que enfrentar Sua justa ira e Seu julgamento.

*Não digas: Vingar-me-ei do mal; espera pelo* Senhor, *e ele te livrará.* PROVÉRBIOS 20:22

27 DE ABRIL

# Colocando Deus em primeiro lugar

**A VIÚVA DE SAREPTA**
**1 REIS 17:7-14**

Meu primeiro contrato de um livro veio numa época em que meu marido estava desempregado há dois anos. Nosso filho adulto, que morava conosco, também havia sido demitido e nossa filha havia acabado de terminar o Ensino Médio. Mesmo com empregos temporários, precisávamos usar nossa poupança que estava quase no fim. O adiantamento generoso nos ajudaria com as contas, incluindo os impostos de nossa propriedade. Então me lembrei de uma oração de muito tempo quando sonhava com a ideia de ser escritora — eu daria a Deus todo o dinheiro de minha primeira venda em cada novo livro publicado. Opa! Mas na nossa situação, será que Ele esperava que eu fosse adiante com a ideia?

A mulher na passagem bíblica também enfrentou uma decisão difícil. Como a pobre viúva deve ter ficado chocada quando Elias lhe pediu seu pão. Todos sabiam que a região sofria de uma fome severa causada pela seca. Certamente, ele percebeu com um olhar que ela seria a última pessoa a ter comida sobrando. Mas mesmo depois de explicar que só tinha farinha e óleo suficiente para uma última refeição para si e para o filho, o homem a instruiu a servi-lo primeiro. Como ele poderia pedir tal coisa?

Às vezes, Deus nos pede para demonstrar nossa fé nele fazendo algo que não tem sentido do ponto de vista humano. Ele pode pedir que abramos mão de algo que valorizamos ou que coloquemos as necessidades de alguém antes das nossas. Quando o chamado do Senhor entra em conflito com a lógica humana, temos decisões difíceis a serem tomadas. Colocaremos nossa racionalização de lado e dependeremos de Sua sabedoria? Podemos confiar que Ele cuidará de nós? O Senhor tem direito de pedir que compartilhemos nosso último bocado de comida, quando temos um filho faminto? Ele poderia esperar que lhe entregássemos dinheiro com base em uma antiga promessa, em vez de a utilizar para pagar contas necessárias?

*...buscai, pois, em primeiro lugar, o seu reino e a sua justiça, e todas estas coisas vos serão acrescentadas.*
MATEUS 6:33

**28 DE ABRIL**

# Colocando Deus em primeiro lugar, parte 2

## A VIÚVA DE SAREPTA
## 1 REIS 17:13,14

Quando confrontada com uma decisão difícil, busquei a vontade de Deus em oração — mas primeiro fiz muitos questionamentos e lancei palavras vazias. *Tudo bem, Deus, o que exatamente eu disse? Eu quis realmente dizer o primeiro cheque? Estava me referindo somente ao adiantamento? O que eu havia dito foi todo o dinheiro. Mas parece que o Senhor está provendo este dinheiro para nossas contas. Isso significa que minha promessa não está valendo?* O Salmo 50:14 nos aconselha a mantermos os votos que fazemos a Deus. Finalmente, me determinei a manter minha promessa impulsiva e comecei a pedir ao Senhor que me ajudasse a fazê-lo com alegria. Muitas semanas depois, meu marido começou a trabalhar novamente.

A viúva de Sarepta não ficou jogando palavras ao vento. Elias prometeu que ela e seu filho não ficariam sem alimento caso ela usasse seu último punhado de farinha para alimentá-lo primeiro. Embora a mulher não fosse judia, ela cria no Deus de Israel e imediatamente obedeceu às instruções de Elias. Em vez de morrerem famintos como provavelmente se esperava, a viúva e seu filho tiveram alimento suficiente para o resto do período de fome. Como ela deve ter louvado a Deus ao ver seu suprimento de farinha e óleo miraculosamente reabastecido dia após dia, mês após mês!

Deus prometeu suprir nossas necessidades se o colocarmos em primeiro lugar. Algumas vezes isso significa fazer algo que parece tolo de acordo com a lógica humana, até nos lembrarmos de que Ele controla todas as riquezas e os recursos no mundo. Deus se deleita em demonstrar Sua fidelidade em circunstâncias impossíveis para que possamos responder com alegria e louvor. Podemos estar certas de que quando nos concentramos em amar e obedecer a Deus, mesmo em momentos de desemprego ou fome, Ele, de alguma forma, nos manterá abastecidas de farinha e óleo.

*E o meu Deus, segundo a sua riqueza em glória, há de suprir, em Cristo Jesus, cada uma de vossas necessidades.* FILIPENSES 4:19

29 DE ABRIL

# Modo de busca

## A MULHER PROCURANDO UMA MOEDA PERDIDA
## LUCAS 15:8-10

Respirei fundo e tentei me manter calma. Que manhã frustrante! Desde o café da manhã estava procurando meu talão de cheques. No entanto, meu tempo não foi completamente desperdiçado. Até o momento havia encontrado o controle remoto do DVD, uma das meias da minha neta, minhas chaves-reserva do carro e alguns outros itens que não via há algum tempo. Finalmente, encontrei o talão — tinha caído de minha bolsa para dentro dos sapatos em meu armário. Agora poderia pagar aquelas contas. Só havia um problema: *Onde eu havia deixado meus óculos?*

Jesus contou uma parábola sobre uma mulher que estava procurando uma moeda. Algumas pessoas pensam que a moeda fazia parte do conjunto de moedas ornamentais que as mulheres casadas usavam na cabeça. Outras salientam que a moeda provavelmente equivalia ao salário de um dia de trabalho da época. De qualquer forma, aquela senhora havia perdido algo de grande valor e estava desesperada para encontrá-lo. Ela acendeu uma lâmpada, apanhou uma vassoura e passou por todos os cantos e fendas da casa. Quando encontrou a moeda perdida, a mulher ficou cheia de alegria e convidou suas amigas para celebrar com ela.

A parábola ilustra a alegria de Deus quando pessoas se voltam a Ele e se arrependem de seus pecados. Podemos tirar uma dica da história sobre nossa abordagem com Deus. Algumas pessoas procuram Deus nos lugares errados, como no oculto, filosofias de homens ou falsas religiões. Mas Deus não está se escondendo de nós. Ele se revelou por meio de Sua criação; Sua Palavra e Seu Filho Jesus. Quando nos tornamos Seus filhos, encontramos orientação por meio de Seu Espírito que vive em nós e por meio da Bíblia. Se cremos que Deus é digno de ser procurado, Ele promete que o encontraremos.

*Buscar-me-eis e me achareis quando me buscardes de todo o vosso coração.*
JEREMIAS 29:13

**30 DE ABRIL**

# Intrusos indesejados

**MULHERES SOFRENDO COM INVASORES**
**2 REIS 17:5,6; 2 CRÔNICAS 24:23,24**

Eu não estava preparada para este aspecto da vida entre os milharais: fazendeiros fazem sua colheita atrás de nossa casa e por isso intrusos indesejados invadiram nossa casa. Reencontrei excrementos de camundongos aqui e ali e, mesmo com ratoeiras, ocasionalmente via um camundongo passar correndo pela sala. Mas o melhor de tudo veio quando meu marido e eu nos sentamos assistindo a um filme certa noite. Ao olhar para a lareira de tijolos na sala de estar, vi que tínhamos a companhia de um camundongo que também gostava de filmes.

A mulher nas passagens do hoje do Antigo Testamento, sofria de invasões muito mais sérias. Todas as vezes que o povo hebreu escolhia ídolos no lugar de Deus ou escolhia um estilo de vida pecaminoso em vez de obedecer a Seus mandamentos, o Senhor os disciplinava permitindo que seus inimigos invadissem sua terra. Uma invasão inimiga destruía a vida das mulheres, pois sua cidade era sitiada ou saqueada. Seus corações se partiam quando os opressores as carregavam ou a seus entes queridos, como prisioneiros. Deus permitiu que cada nação vencedora controlasse Seu povo até que seus corações retornassem a Ele e eles mais uma vez reconhecessem o controle divino sobre suas vidas.

Todas estamos sujeitas a invasões inimigas no campo de batalha de nossas mentes. Se nos concentrarmos somente em evitar comportamento pecaminoso em detrimento de nossos pensamentos, nos deixamos abertas à intrusão de Satanás. Se não notarmos quando Satanás sutilmente insere pensamentos e devaneios em nossas mentes, ele pode gradualmente começar a controlar nossas atitudes e comportamento. O que permitimos em nossas mentes também afeta nossos pensamentos. Estamos permitindo que filmes, programas de televisão ou material de leitura perniciosos influenciem nosso modo de pensar? Ou estamos nos concentrando em coisas convenientes e apreendendo a Palavra de Deus todos os dias? Com a ajuda de Deus podemos aprender a focar nossas mentes de modo que se feche para a entrada de intrusos.

*...tudo o que é verdadeiro, tudo o que é respeitável, tudo o que é justo, tudo o que é puro, tudo o que é amável, tudo o que é de boa fama, [...] seja isso o que ocupe o vosso pensamento.* FILIPENSES 4

## 1.º DE MAIO

# Servindo com gratidão

**A SOGRA DE PEDRO**
**MATEUS 8:14,15**

Tentei me levantar, mas rapidamente afundei novamente no sofá. Eles não estavam brincando sobre a seriedade da gripe asiática. Durante três dias, estive tão fraca que mal conseguia me mexer. Usei toda a minha força para fazer os sanduíches dos meus filhos no almoço. Eu me senti mal quando vi que meu filho de dois anos havia grudado sua fatia de queijo na janela. E depois, me senti ainda pior quando vi que não estava mais lá. Eu só esperava que o sol não tivesse estragado a maionese. Mais do que tudo, ansiava por poder cuidar de meus meninos novamente, cozinhar, e até mesmo, lavar os banheiros.

Quando Jesus foi fazer uma visita à casa de Pedro, a sogra desse apóstolo estava doente na cama. Cristo tocou sua mão e a febre imediatamente saiu de seu corpo. A mulher não estava se recuperando, então, foi instantaneamente curada. Em vez de permanecer na cama para melhorar esperando que a força voltasse, ela pulou e preparou uma refeição para Jesus e Seus seguidores. Estava feliz por poder servir o Mestre com amor e gratidão por Seu toque curador.

Logo que me recupero de uma gripe ou de outra doença, me alegro por poder fazer a tarefas da casa, até mesmo minhas menos preferidas. Infelizmente, essa atitude passa rápido. Minha disposição de servir a Jesus não deveria jamais desaparecer quando me lembro de que Ele me curou do pecado. Deus não quer que o sirvamos com má vontade ou por pensarmos que conseguiremos pontos extra. O serviço verdadeiro é uma expressão de amor e gratidão pela misericórdia e graça de Deus. Podemos nem sempre sentir essa vontade de pular da cama, mas ao pensarmos no que Ele fez por nós, seguiremos o exemplo da sogra de Pedro e pularemos ao percebermos a chance de servir a Deus ou a nossos colegas cristãos.

*Servi ao Senhor com alegria...* SALMO 100:2

## 2 DE MAIO

# *Mentores*

### MULHERES MAIS VELHAS
### TITO 2:3-5

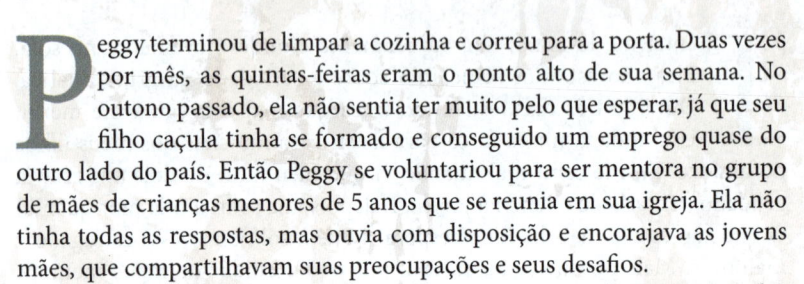

Peggy terminou de limpar a cozinha e correu para a porta. Duas vezes por mês, as quintas-feiras eram o ponto alto de sua semana. No outono passado, ela não sentia ter muito pelo que esperar, já que seu filho caçula tinha se formado e conseguido um emprego quase do outro lado do país. Então Peggy se voluntariou para ser mentora no grupo de mães de crianças menores de 5 anos que se reunia em sua igreja. Ela não tinha todas as respostas, mas ouvia com disposição e encorajava as jovens mães, que compartilhavam suas preocupações e seus desafios.

O segundo capítulo de Tito encoraja mulheres mais velhas e mais maduras na fé a treinar mulheres mais jovens, ajudando-as a crescer em seu relacionamento com Deus e em seu papel familiar. Tal ajuste era benéfico a todas envolvidas. Estes relacionamentos concediam às mulheres mais velhas posições de honra no grupo de cristãos, faziam-nas sentir-se valorizadas e enriqueciam suas vidas por estarem alcançando outros. Em retorno, as mulheres mais jovens com famílias se desenvolvendo recebiam o benefício da sabedoria prática e experiência de suas mentoras.

Em nossa sociedade transitória e focada nos centros urbanos, muitas jovens moram longe de seus familiares. Sentem falta de ter mãe, tias e avós por perto para lhes oferecer conselhos e encorajamento diante das demandas que enfrentam. Em muitos contextos, grupos etários diferentes são isolados. Grupos como mães de crianças pequenas tornam possível o relacionamento nos padrões sugeridos por Tito.

Quer estejamos ou não em uma relação formal de mentoria, sempre haverá alguém nos observando e aprendendo com nosso exemplo — seja ele bom ou ruim. Independentemente de nossa idade, todas nós temos sabedoria ou discernimento que podemos compartilhar com outros e sempre há algo que podemos aprender com eles. Contanto que permaneçamos dispostas a receber o ensino de Deus, sempre teremos algo a compartilhar com outros.

*Consolai-vos, pois, uns aos outros e edificai-vos reciprocamente, como também estais fazendo.*
1 TESSALONICENSES 5:11

3 DE MAIO

# O melhor modelo

ATALIA
2 REIS 11:3-16

Enquanto esperávamos pelos noivos chegarem à recepção, depois do casamento, caminhei até a filha de uma amiga para cumprimentá-la. Ela tinha cerca de 20 anos e eu não a via há muito tempo. Quando ela se virou, eu quase engasguei ao ver o quanto se parecia com sua mãe. Tinha os mesmos olhos castanhos, o mesmo sorriso iluminado e um corte de cabelo semelhante. Enquanto conversávamos, percebi que até sua voz era semelhante à de sua mãe e tinha algumas das mesmas manias. Eu nunca tinha visto uma semelhança tão forte entre mãe e filha.

Atalia era parecida com sua mãe e o foi inclusive na morte. Como Como Jezabel, Atalia foi uma rainha cruel e poderosa que promovia a adoração de ídolos. Assim como sua mãe, Atalia cometeu assassinato sem hesitar. Após ver o fim miserável de Jezabel (2 REIS 9:30-33), será que Atalia chegou a questionar se seguir os passos de sua mãe era uma boa ideia? Ela havia sido exposta à verdade de Deus, contudo escolheu moldar sua vida segundo a perversidade de Jezabel. Atalia governou Judá por seis anos até que um herdeiro legítimo do trono de Davi foi proclamado rei. Alguns soldados a mataram no caminho da entrada dos cavalos, ao lado do palácio e, talvez, seu corpo tenha sido pisoteado por carruagens exatamente como fora o de sua mãe.

Felizmente, nenhuma de nós tem pais que deixaram exemplos tão cruéis como Jezabel e Acabe fizeram (1 REIS 16:29-31). Mas mesmo que tenhamos tido bons pais, nós, às vezes, repetimos suas falhas e erros apesar de termos visto as consequências. Pior ainda, algumas pessoas moldam suas vidas segundo artistas famosos, cujos estilos de vida deixam muito a desejar.

Deus quer que tenhamos a melhor vida possível. É por isso que Ele nos aconselha a imitá-lo acima de todas as coisas. Como Deus em carne humana, Jesus exibiu os traços de nosso Pai celestial. Traços de amor, perdão, misericórdia, justiça e compaixão. Ele também demonstrou uma vida de serviço de amor e obediência. Não podemos ter um modelo melhor, a partir do qual moldarmos nossas vidas, do que Jesus.

*Sede, pois, imitadores de Deus, como filhos amados.* EFÉSIOS 5:1

**4 DE MAIO**

## Um lugar seguro

**JEOSEBA**
**2 REIS 11:1-3**

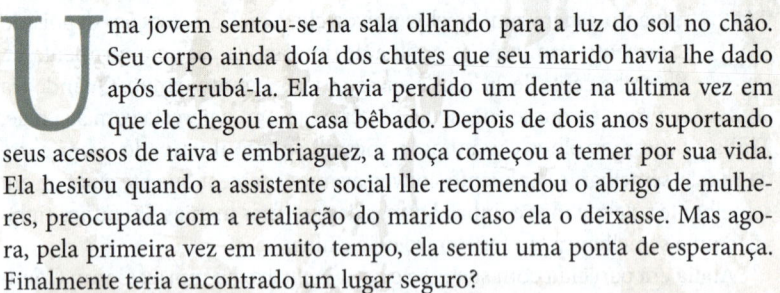

Uma jovem sentou-se na sala olhando para a luz do sol no chão. Seu corpo ainda doía dos chutes que seu marido havia lhe dado após derrubá-la. Ela havia perdido um dente na última vez em que ele chegou em casa bêbado. Depois de dois anos suportando seus acessos de raiva e embriaguez, a moça começou a temer por sua vida. Ela hesitou quando a assistente social lhe recomendou o abrigo de mulheres, preocupada com a retaliação do marido caso ela o deixasse. Mas agora, pela primeira vez em muito tempo, ela sentiu uma ponta de esperança. Finalmente teria encontrado um lugar seguro?

Quando Atalia tentou matar todos os netos para que pudesse governar como rainha de Judá, um deles encontrou um lugar seguro, graças a sua tia. Jeoseba escondeu seu sobrinho Joás, ainda bebê, em um quarto para que ele não fosse assassinado e, então, o levou ao Templo onde seu marido servia como sumo sacerdote. Como seu coração deve ter sofrido por não poder salvar todos os seus sobrinhos! Mas durante os muitos anos seguintes ela se alegrou por Joás ter crescido em segredo no Templo. Um dia, ele reinaria em Judá em seu lugar de direito e a linhagem de Davi seria restaurada.

As chances de precisarmos um dia livrar alguém do assassinato como Jeoseba o fez são muito pequenas, mas todas podemos ser "lugares seguros" para aqueles que Deus coloca em nossas vidas. Podemos oferecer à nossa família, nossos amigos e vizinhos a segurança de saber que são amados e valorizados. Eles precisam saber que seus segredos estão seguros conosco e que podem confiar que sempre falaremos a verdade. Então se lembrarão de nós quando precisarem de um lugar para o qual correr em momentos de luta ou tristeza. Não podemos salvar todo o mundo, mas podemos experimentar a alegria que vem de saber que somos o lugar seguro de alguém.

*...tu me tens sido alto refúgio e proteção no dia da minha angústia.* SALMO 59:16

## 5 DE MAIO

# *Avós*

### MAACA E LOIDE
### 2 CRÔNICAS 15:16; 2 TIMÓTEO 1:5

Parei ao lado do caixão de minha avó, quase não reconhecendo a mulher com o cabelo espetado e maquiagem. Lembrei-me da mulher vestindo um simples vestido de algodão que trabalhava duro e ria facilmente. Eu amava minhas visitas de verão quando criança e ir à escola bíblica de férias na igreja da área rural que minha avó frequentava. No começo da semana, vovó colhia uma abóbora amarela, que havia crescido demais para ser comida, desenhava um rosto na casca e colocava um gorro que ela havia costurado. Não era exatamente a última *Barbie* lançada no mercado, mas me fazia sentir especial porque tinha sido feita especialmente para mim. Quase 50 anos depois, ainda me lembro de minhas bonecas de abóbora.

Os versículos na leitura de hoje fazem contraste entre duas avós e sua influência. Quando o rei Asa decidiu libertar Judá da adoração de ídolos, ele destituiu sua avó de sua posição de rainha-mãe porque Maaca havia feito uma imagem a Aserá, um símbolo cananeu de fertilidade. Em contrapartida, a avó de Timóteo transmitiu seu amor pela Palavra de Deus ao seu neto e ele se tornou um líder influente na igreja primitiva. Maaca exerceu seu poder de um modo que lhe trouxe desonra, enquanto a Bíblia elogia Loide por sua influência na vida de seu neto.

Avós estão em uma posição em que podem afetar a próxima geração de modo poderoso. Segundo um relatório de 2005 da Associação Americana de Pessoas Aposentadas, 4,5 milhões de crianças moram com seus avós e muitas mais têm seus avós como babás. Se nossos netos moram longe, é necessário mais esforço e criatividade para estarmos envolvidas em suas vidas, mas com *email*, ligações telefônicas e fotos ainda é possível. Mesmo que não tenhamos netos, provavelmente moramos perto de uma jovem família que adoraria uma avó postiça. Não é preciso muito para fazer diferença na vida de uma criança — apenas amor, tempo e, talvez, um vegetal bem grande.

*...tua fé sem fingimento, a mesma que, primeiramente, habitou em tua avó Loide...* 2 TIMÓTEO 1:5

**6 DE MAIO**

# Devoção intensa

**RISPA**
**2 SAMUEL 21:1-14**

Camille olhou para o relógio. Ela não conseguia acreditar que já era hora da terapia do Seth de novo. Ainda que fosse difícil discernir se os exercícios realmente ajudavam seus músculos, ela acreditava ter visto algum progresso. Considerando as severas deficiências de nascimento de Seth, seu primeiro médico os aconselhou a adotar cuidado institucionalizado. Ela e seu marido imediatamente encontraram um novo médico que estava disposto a trabalhar com eles. Camille não havia percebido o quão exaustivo seria o cuidado especial de Seth, mas fez um voto de continuar fazendo o melhor que pudesse por ele, um dia de cada vez.

Rispa foi devotada a seus filhos na vida e na morte. Por causa dos pecados de Saul, seus dois filhos com Rispa e cinco de seus netos foram executados em uma montanha. Rispa permaneceu ali, sem poder salvar a vida de seus filhos, mas decidiu que eles não receberiam mais nenhuma desonra depois de morrerem. Por cinco longos meses, Rispa cuidou dos corpos dos homens. Dia e noite, no calor e no frio, ela os protegeu de pássaros e animais selvagens. É difícil imaginar o que preenchia a mente desta mãe assolada pelo luto enquanto lutava com o cansaço, o desconforto e o clima para manter guarda.

Ainda que não possamos entender plenamente todos os motivos de Rispa, temos que admirar sua dedicação a seus filhos, que durou muito após o fim de suas vidas. Ela é um modelo para o tipo de devoção que Deus deseja ver em nós. É tentador deixar definhar nosso comprometimento de segui-lo quando a vida se torna difícil, quando enfrentamos uma situação desesperadora ou quando nossos sonhos parecem ter morrido. Nesses momentos, o melhor que podemos fazer é nos apegar obstinadamente à nossa confiança de que Deus governa nossa vida. A devoção de Rispa tocou o rei Davi e ele deu a seus filhos e aos outros homens um sepultamento adequado. Deus irá recompensar nossa devoção a Ele de modos muito mais grandiosos que este.

*...vivamos, no presente século, sensata, justa e piedosamente.* TITO 2:12

7 DE MAIO

# Valorizar a disciplina

**A MÃE DE MICA**
**JUÍZES 17:1-6**

Sally inspecionou sua sala de estar, que parecia ter sido atingida por um tornado. Ela amava sua irmã e gostaria de convidá-la com mais frequência, mas não suportava seus sobrinhos por muito tempo. Deana nunca fora muito rígida e agora parecia ceder a tudo o que seus filhos queriam. Não era agradável estar perto de crianças que não têm consideração pelos sentimentos de outras pessoas e nenhuma noção de que suas ações têm consequências.

A mãe de Mica é um exemplo claríssimo de uma mãe que mimou o filho. Quando alguém roubou 13 quilos de prata que havia guardado, ela amaldiçoou o ladrão. Depois que seu filho admitiu ter roubado o dinheiro, ela tentou substituir a maldição com uma bênção de Deus. Em lugar de disciplinar Mica pelo erro, ela o parabenizou por sua honestidade ao confessar o crime. Ela, inclusive, usou parte do dinheiro para fazer um ídolo em homenagem ao filho. Mica e sua mãe viveram durante um período em que Israel havia abandonado os padrões do Senhor, mas o bom senso deveria ter motivado a mãe de Mica a corrigi-lo, quando ele roubou seu dinheiro.

Às vezes, podemos desejar que Deus nos mime. Não seria ótimo se Ele não se importasse com nossos erros ao nos julgar e abençoasse nossas ações mesmo quando escolhêssemos ignorar Suas instruções e fazer as coisas de nosso jeito? A Bíblia ensina que quando o Senhor nos disciplina é um sinal de que pertencemos a Ele. Como somos de um Deus santo que deseja que nos tornemos mais parecidas com Ele, o Senhor precisa lidar com o pecado em nossa vida. Colher as consequências de nossos pecados pode ser doloroso, mas a longo prazo é benéfico. Independentemente do quanto queremos as coisas do nosso jeito, nosso Pai celestial nos ama demais para não nos disciplinar por algo que não é bom para nós.

> ...*como um homem disciplina a seu filho,*
> *assim te disciplina o* Senhor, *teu Deus.*
> DEUTERONÔMIO 8:5

8 DE MAIO

# Vendo além da dor

**A MÃE DE JABEZ**
**1 CRÔNICAS 4:9,10**

A mulher na passagem bíblica de hoje deu a seu filho o nome de Jabez [N.E.: significa "gerado com dor"] porque seu nascimento foi doloroso demais. Muitas mulheres podem se identificar com a agonia de um parto longo e doloroso, mas depois que o bebê finalmente chega, as mulheres geralmente esquecem o sofrimento. Elas não escolhem para seus filhos nomes que as lembrem permanentemente sua provação. A mãe de Jabez deve ter ficado tão consumida por seu sofrimento que não conseguia pensar em mais nada quando ele nasceu.

Ah! Se esta mulher pudesse ter previsto o futuro, no momento do parto. A Bíblia nos dá pouca informação sobre seu filho, mas nos diz que ele cresceu e se tornou "…mais ilustre do que seus irmãos…". Como testemunho adicional de seu caráter piedoso, as Escrituras registram uma de suas orações. Jabez pediu a Deus que o abençoasse, expandisse seu território, estivesse com ele e o preservasse do mal e da dor.

A mãe de Jabez deve ter ficado orgulhosa e alegre ao assistir a seu filho crescer amando Deus e o obedecendo. O sofrimento pelo qual ela passou no nascimento do menino valeu a pena, quando pôde testemunhar Deus concedendo o pedido de seu filho. Ela não sabia que séculos depois, a oração de seu filho se tornaria o fundamento para um *best-seller* (*A oração de Jabez*, Ed. Mundo Cristão, 2001) e seria impressa em canecas, camisetas e chaveiros.

Quando passamos por uma provação dolorosa, só conseguimos enxergar o sofrimento. Podemos ser tentadas a nos voltar contra Deus e nos amargurarmos com a vida. Mas Deus vê o futuro e somente Ele conhece o propósito de nossa dor. Nossas piores lutas algumas vezes acabam sendo nossas maiores bênçãos. Se confiarmos na liderança de Deus, a memória de nosso sofrimento eventualmente será substituída por profunda e duradoura alegria — como a mãe de Jabez aprendeu.

*…provei-te na fornalha da aflição.* ISAÍAS 48:10

9 DE MAIO

# Escolhas

**ELISEBA**
ÊODO 6:23; LEVÍTICO 10:1,2

Marta olhou as fotos de seus filhos adolescentes e balançou a cabeça. Ambos eram altos e tinham olhos castanhos, mas a semelhança acabava aí. Seus temperamentos eram completamente diferentes. Ryan sempre se esforçou na escola, se dava bem com todos e chegava antes do horário estipulado. Kenny parecia determinado a quebrar todas as regras desde que nasceu e se dedicava mais a ficar de castigo do que a qualquer outra coisa. *Como dois meninos criados na mesma casa poderiam ser tão diferentes entre si?*, ela se perguntava.

Eliseba tinha filhos que eram diferentes entre si. Ela deve ter conhecido tanto alegria quanto decepção profunda, em seu papel de mãe. Eliseba era casada com Arão, o líder do sacerdócio hebraico, e ela deu à luz quatro filhos. Deus matou seus dois filhos mais velhos Nadabe e Abiú com fogo, após terem desobedecido às Suas claras instruções com relação à oferta de incenso no Tabernáculo. O coração de Eliseba deve ter sofrido pela morte trágica de seus filhos, ocorrida por sua rebeldia contra as ordenanças de Deus. Por outro lado, seus filhos mais novos, Eleazar e Itamar foram fonte de orgulho, pois executaram suas funções sacerdotais ao lado de seu pai.

As pessoas tendem a dar crédito aos pais quando seus filhos se tornam boas pessoas. Quando os filhos são uma decepção, as mães tendem a se culpar, mesmo quando outros não as culpam. O sentimento de que somos responsáveis pelo que nossos filhos se tornam, pode se tornar um fardo pesado demais para carregarmos. É verdade que influenciamos outros. No entanto, indivíduos fazem suas escolhas pessoais e essas escolhas têm consequências inevitáveis. Compreender isto ajuda a tirar a pressão de sobre nós em qualquer relacionamento, especialmente quando estamos tentando influenciar outros para Deus. Podemos fazer nosso melhor para compartilhar a verdade, mas eles devem escolher se vão seguir os caminhos de Deus ou rebelar-se contra Ele.

*...se vos parece mal servir ao Senhor, escolhei, hoje, a quem sirvais...* JOSUÉ 24:15

**10 DE MAIO**

# Pedindo as coisas erradas

## SALOMÉ, MÃE DE TIAGO E JOÃO
## MATEUS 20:20-28

Maria assistiu pela janela enquanto seu filho entrava em seu carro e ia embora. Ela não quis discutir com ele daquela maneira; queria apenas o melhor para ele. Após seu filho ter concordado em estudar Direito, ela o colocou na melhor faculdade e até usou sua influência para conseguir um estágio no escritório de advocacia mais prestigiado da cidade. Exatamente como ela esperava, o escritório ofereceu a seu filho um cargo. E ele agora planejava rejeitar esta oportunidade incrível; e por quê? Para trabalhar em uma agência sem fins lucrativos lidando com adolescentes delinquentes de bairros pobres? Ele parecia decepcionado por ela não estar empolgada com sua decisão. O que tinha de errado com ter grandes ambições para seu filho?

Salomé tinha grandes ambições para seus filhos, Tiago e João. Apesar de ter servido Jesus fielmente durante Seu ministério, Salomé via Seu reino vindouro com uma perspectiva humana. A ansiedade com o futuro de seus filhos a induziu a pedir os dois lugares de honra ao lado de Jesus, quando Ele começasse a reinar. O pedido egoísta e insensível de Salomé veio de seu amor maternal e de uma crença sincera de que eles mereciam o melhor. Jesus usou a oportunidade para ensinar Seus seguidores que Deus define grandiosidade por humildade e serviço, geralmente acompanhados de grande sofrimento.

Faz parte da natureza humana desejar grandes coisas para nossos entes queridos e para nós mesmos. Infelizmente, nós geralmente fundamentamos nossas ambições em padrões mundanos de sucesso. Aos olhos de Deus, a verdadeira grandiosidade não está nada relacionada à reputação, prestígio ou poder. Poucos têm o objetivo de se tornar servos, e nós raramente pensamos no sofrimento como uma honra. Mas se desejamos nos tornar semelhantes a Cristo, Deus renovará nosso modo de pensar e o alinhará com Sua perspectiva eterna. Eventualmente, estaremos orando menos para conseguir uma promoção ou ganhar um prêmio, e oraremos simplesmente para servi-lo ao servir outros.

> …pedis e não recebeis, porque pedis mal,
> para esbanjardes em vossos prazeres.
> TIAGO 4:3

## 11 DE MAIO

# O tempo de Deus

**ISABEL**
LUDAS 1:5-25

"Eu te amo mamãe!" Valerie se curvou para deixar os pequenos braços de seu filho envolverem seu pescoço, e então observou Sammy correr de volta para o parquinho. Ela se lembrou de como ficou chocada ao descobrir que estava grávida no começo de seus 40 anos, bem quando suas duas filhas estavam na universidade. No começo, não foi apenas o enjoo matinal que lhe havia causado náuseas, mas as coisas acabaram dando certo. É verdade, ela não tinha a liberdade de que suas amigas desfrutavam e em alguns dias chegava ao jantar completamente exausta. E qual o problema de ser a mãe mais velha no parque hoje? Ela acenou de volta para Sammy que estava em cima da casinha e sorriu. *Não perderia esse momento por nada neste mundo.*

A passagem de hoje nos conta a história da mulher que recebeu a chocante notícia de uma gravidez. Apesar de Isabel e seu marido serem "avançados em dias", um anjo anunciou que ela daria à luz um filho. Isabel se alegrou com a notícia, mas apesar de sua profunda fé, talvez tivesse dúvidas momentâneas enquanto seu corpo, em processo de envelhecimento, vivenciava as mudanças da gravidez. Será que ela se perguntava se teria o necessário para ser uma boa mãe com a idade que tinha? Qualquer ansiedade seria dispersada se soubesse que Jesus mais tarde diria sobre seu filho: "…entre os nascidos de mulher, ninguém apareceu maior do que João Batista…" (MATEUS 11:11).

Algumas vezes nos questionamos sobre o tempo de Deus. Ele pode trazer acontecimentos e pessoas a nossas vidas em momentos que parecem ser os mais inconvenientes. Mas o tempo de Deus é perfeito, mesmo quando não faz sentido algum para nós. Antes de tirar conclusões precipitadas e nos preocuparmos com o futuro, seria melhor se aprendêssemos a confiar nele em todos os aspectos da nossa vida. Assim quando algo aparentar acontecer na hora errada, olharemos para trás e diremos: "Não perderia isso por nada neste mundo."

*…eu, o S*ENHOR*, a seu tempo farei isso prontamente.*
ISAÍAS 60:22

## 12 DE MAIO

# Nenhum apoio

EVA
GÊNESIS 4:1

Eva, a primeira mulher no mundo a ter um bebê não tinha ninguém a quem pedir ajuda. Ela não tinha mãe ou uma parente mulher para oferecer-lhe conselho, nenhuma amiga para ajudar-lhe, nenhum livro sobre cuidados de crianças para responder às suas perguntas. Eva nem mesmo tinha a memória de ter sido criança. Ela nunca vivenciou o crescimento ou pôde desfrutar de um relacionamento com uma mãe. Enfrentou uma experiência solitária e aterrorizante ao lidar com o nascimento de um filho e a maternidade.

Eva deve ter lutado com ansiedade e medo como todas nós, mas a passagem de hoje nos dá um indicador de como ela lidou com esta estranha e nova situação. Após o nascimento de Caim, ela reconheceu que tudo havia ocorrido "…com o auxílio do Senhor". Antes de ser expulsa do Jardim do Éden, Eva desfrutava de um relacionamento singular com seu Criador, mas o pecado arruinou essa intimidade. Esta nova experiência da maternidade a levou para uma dependência mais profunda de Deus para ter sabedoria, força e orientação. Como a primeira mãe, ela não tinha ninguém a quem recorrer exceto seu Pai celestial.

Pode ser aterrorizante enfrentar uma nova situação e sentir como se não tivéssemos nada para prosseguir. Para onde nos voltamos quando nos faltam recursos para lidar com algo pela primeira vez, seja um emprego, um relacionamento ou uma decisão difícil? Outras pessoas podem oferecer informação útil ou encorajamento, mas Deus deveria ser nossa fonte primária de orientação. Mesmo em circunstâncias em que nos sentimos confiantes, a sabedoria de Deus será mais confiável do que a nossa. Quando estudamos a Escrituras e pedimos ajuda ao Senhor, Ele promete nos orientar em qualquer nova experiência, independentemente de quão aterrorizante pareça.

*Confia no Senhor de todo o teu coração
e não te estribes no teu próprio entendimento.*
PROVÉRBIOS 3:5

13 DE MAIO

# O desejo de nosso coração

ANA
1 SAMUEL 1:2-20

Muitas mulheres conhecem muito bem a angústia de ansiar por um filho quando têm dificuldades para conceber. Durante anos, o coração de Tina sofria enquanto ela ia a chás de bebê, lutando para compartilhar da alegria das futuras mães, enquanto seus braços permaneciam vazios. O dia das mães renovava sua tristeza todos os anos quando se perguntava por que Deus não respondia suas orações. A família de Tina e amigos da igreja continuaram a orar e hoje Tina e seu marido são orgulhosos pais de dois meninos e duas meninas.

Ana vivia em uma sociedade que considerava a esterilidade uma maldição de Deus. Ainda que seu marido Elcana tentasse consolá-la sugerindo que tê-la era melhor que dez filhos, Ana levou a dor de seu coração para o Senhor. Ao orar no Tabernáculo, sua angústia era tão grande que Eli, o sacerdote, pensou que ela estivesse bêbada. Ana explicou que se sentia muito desencorajada e estava derramando seu coração ao Senhor. Eli então a abençoou e orou para que seu pedido fosse concedido.

Podemos não lutar com a infertilidade, mas como Ana, todas temos algum profundo anseio não realizado. Pode ser decepção com nosso casamento ou por estarmos solteiras. Podemos sofrer com um filho genioso ou um relacionamento problemático com um amigo ou parente. Podemos ansiar por uma mudança em nosso emprego, no ambiente em que vivemos, na situação em nosso lar ou em nossa personalidade.

Deus quer que derramemos nossos corações diante dele como Ana fez. Como Elcana, o Senhor também quer que nos satisfaçamos com Ele somente. Quando aprendermos a dar a Deus o primeiro lugar em nossa vida, nosso coração ansiará conhecer e agradá-lo acima de tudo. Então poderemos ter certeza de que ou Ele concederá nossos desejos ou os mudará de modo que se alinhem com Sua vontade para nós.

*Agrada-te do S<small>ENHOR</small>, e ele satisfará os desejos do teu coração.* SALMO 37:4

**14 DE MAIO**

# Abrindo mão

**ANA**
**1 SAMUEL 1:21-28**

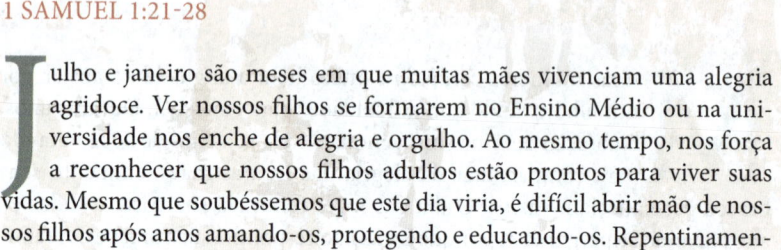

Julho e janeiro são meses em que muitas mães vivenciam uma alegria agridoce. Ver nossos filhos se formarem no Ensino Médio ou na universidade nos enche de alegria e orgulho. Ao mesmo tempo, nos força a reconhecer que nossos filhos adultos estão prontos para viver suas vidas. Mesmo que soubéssemos que este dia viria, é difícil abrir mão de nossos filhos após anos amando-os, protegendo e educando-os. Repentinamente, 18 ou 21 anos não parecem tempo suficiente para uma infância.

Esse dia de abrir mão veio muito mais cedo para Ana. Quando Deus lhe permitiu dar à luz um filho, ela provavelmente se encheu de alegria. Finalmente ela tinha o que havia desejado por tantos anos. Ainda assim, a alegria de Ana na maternidade estava misturada com dor. Ela tinha feito um voto de dedicar seu filho para o serviço integral a Deus, então teria apenas alguns anos para se dedicar ao cuidado e treinamento de Samuel. Ela provavelmente desmamou Samuel em torno dos três anos e então o levou ao Tabernáculo para viver ali permanentemente. Ana se alegrou com a oportunidade de levar seu filho de volta Àquele que o havia dado a ela, mas seu coração de mãe provavelmente sofreu um pouco ao voltar para casa sem ele.

A fé e a devoção de Ana a Deus a capacitaram a abrir mão daquilo que ela mais queria. Esta lição dolorosa vem para todas nós mais cedo ou mais tarde. Sempre que nos apegamos demais a algo, isto pode se tornar um ídolo em nossa vida. Deus pode nos pedir para abrir mão de bens materiais, de um relacionamento ou um emprego. Podemos estar certas de que Ele sempre tem um motivo, assim como Ana soube quando seu filho se tornou um dos grandes líderes de Israel. Se nos apegarmos vagamente a coisas nesta vida terrena, não será tão doloroso quando tivermos que abrir mão delas.

*...Porque tudo vem de ti, e das tuas mãos to damos.*
1 CRÔNICAS 29:14

## 15 DE MAIO

# Ambiente corrupto

ANA
1 SAMUEL 2:12-19

Melanie acenou e observou o ônibus escolar até que virasse a esquina. *Ele parece tão novo para ficar na escola o dia todo*, pensou pela centésima vez naquela semana. Ela e seu marido tinham feito tudo o que podiam para dar a Christopher o melhor possível para começar a vida. Garantiram que ele tivesse um lugar seguro para brincar e conhecer coisas novas, além de muitas oportunidades para estímulo intelectual. Mas como ela poderia protegê-lo das influências na escola — linguagem inadequada, brigas ou algo pior? Ela se preocupava por enviá-lo a um ambiente desconhecido.

Ana tinha uma boa razão para se preocupar com o ambiente do Tabernáculo para onde estava enviando seu filho. Apesar de Eli ser o sumo sacerdote, seus filhos demonstravam completa falta de respeito por Deus. Hofni e Fineias forçavam pessoas que faziam as ofertas a dar-lhes mais do que sua parte determinada legalmente. Eles até seduziam jovens moças que serviam no Tabernáculo. Ana deve ter se preocupado por ter que colocar seu filho, de três anos, sob o treinamento de Eli e por ele passar a viver perto dos filhos de Eli. No entanto, sua fé constante em Deus lhe deu força para confiar no poder da oração para vencer as más influências a que Samuel seria exposto.

A Bíblia nos aconselha a fugir de más influências sempre que possível. Como "…o mundo inteiro jaz no Maligno" (1 JOÃO 5:19), todas vivemos em um ambiente corrupto. Nunca seremos capazes de proteger nossos queridos ou a nós mesmas de tentações e pressões exercidas por pessoas incrédulas. A despeito de Samuel crescer ao redor de más influências, ele se tornou um homem piedoso que influenciou sua nação para o bem. As visitas de Ana a seu filho foram poucas e breves, mas ela deve ter orado por ele continuamente. Seu exemplo demonstra o poder da oração para proteção em um ambiente corrupto.

*Não peço que os tires do mundo, e sim que os guardes do mal.* JOÃO 17:15

**16 DE MAIO**

# Bênção depois do sacrifício

ANA
1 SAMUEL 2:20,21

A mulher saiu do consultório sem conseguir pronunciar qualquer palavra. Ela se sentou em seu carro, olhando para a foto do ultrassom e deixando sua mente absorver a ideia. Há apenas cinco anos, ela e seu marido oravam por um irmão para sua filha de três anos. Quando os médicos lhes deixaram sem esperança de conceber, sentiram Deus os direcionando para adotar um bebê da China. Após lidar com toda a burocracia, eles finalmente chegaram ao orfanato para descobrir que Deus tinha dois meninos gêmeos esperando por eles. Agora, três anos depois, um *checkup* havia indicado que ela estava grávida — de gêmeos.

Após Ana ter cumprido sua promessa de dedicar Samuel ao serviço de Deus, o Senhor a abençoou com mais filhos. Ela havia implorado a Deus que lhe desse um filho; Ele lhe deu mais três meninos e duas meninas. Os anos de anseio por um filho enquanto suportava os escárnios da outra esposa de Elcana desapareceram de sua memória enquanto mais filhos nasceram. Com visitas ao Tabernáculo para tomar conta das necessidades de Samuel além do cuidado de outros cinco filhos, Ana desfrutava de uma vida plena. A dor que ela havia sofrido em renunciar seu primogênito, após apenas alguns anos com ele, foi atenuada conforme desfrutava das bênçãos que Deus enviou para recompensar sua fidelidade a Ele.

O Senhor se deleita em recompensar Seus filhos fiéis. Jesus prometeu que qualquer um que abrir mão de algo por Deus desfrutará da vida eterna e será ricamente abençoado nesta vida. Ainda que não possamos ser recompensadas com a mesma coisa de que abrimos mão, Deus abençoa qualquer sacrifício motivado por amor e um desejo de ser obediente à Sua vontade. Suas recompensas vão geralmente muito além de qualquer coisa que pensaríamos em pedir. Como Ana, descobriremos que quanto mais renunciamos para Deus, mais espaço haverá em nossa vida para Ele preencher com bênçãos.

*E todo aquele que tiver deixado casas, ou irmãos, ou irmãs, ou pai, ou mãe [ou mulher], ou filhos, ou campos, por causa do meu nome, receberá muitas vezes mais e herdará a vida eterna.*

MATEUS 19:29

## 17 DE MAIO

# *Jamais anônima*

**MULHERES ANÔNIMAS**
**ISAÍAS 49:14-16**

Eu tinha cinco anos e estava extremamente ansiosa. Como crianças de areas rurais não frequentavam o jardim de infância eu iria direto para a primeira série. Arrastei minha mãe pelo corredor e nós paramos na lista de nomes colocada ao lado da primeira sala de aula. Nenhuma Diane ali. Na segunda lista, lá havia uma Diane Jones. Na terceira lista encontramos Diane Stevens. Meu coraçãozinho afundou-se até a sola de meus sapatos novos. Lá estava eu, pronta para meu primeiro dia de aula e meu nome não estava nas listas de turma.

A Bíblia inclui muitas mulheres cujos nomes foram deixados de fora das Escrituras. Deus não nos deu o nome da mulher que salvou a cidade de Tebes jogando uma pedra de moinho na cabeça do invasor. As Escrituras não identificam a mulher que tocou no manto de Jesus para ser curada, a viúva a quem Ele elogiou por sua oferta sacrificial ou a mulher samaritana, cuja vida mudou após uma conversa com Jesus no poço. Não sabemos os nomes da sogra de Pedro, da esposa de Noé ou da filha de Jairo. Suas histórias são importantes o suficiente para serem incluídas na Palavra de Deus, mas por alguma razão, Ele decidiu não incluir seus nomes.

É fácil nos sentirmos anônimas em nossa sociedade. Enquanto nomes de estrelas do cinema passam facilmente por todos, pode parecer que ninguém se lembra dos nossos nomes. No fim das contas, não importará se fomos bem conhecidas ou não, mas quão bem vivemos nossa vida. Quando nos tornamos filhas de Deus por meio da fé em Jesus, Ele escreve nossos nomes no Livro da vida do Cordeiro. Deus compara isto a termos nossos nomes escritos nas palmas de Suas mãos como lembrete constante de que pertencemos a Ele. Não importa o quão anônimas nos sintamos em alguns momentos, Deus nunca nos esquecerá ou apagará nossos nomes. Isso é muito mais importante do que qualquer lista terrena, mesmo no primeiro dia de aula.

*Eis que nas palmas das minhas mãos te gravei...*
ISAÍAS 49:16

**18 DE MAIO**

# O jogo da comparação

## MULHERES IMPERFEITAS

Eu me preparei para o meu primeiro dia de aula. Finalmente chegou o momento pelo qual tanto esperei: a hora de usar nossos novos blocos e lápis grossos. A senhora Thompson nos instruiu a preencher metade da página com linhas verticais e a outra metade com círculos. Trabalhei cuidadosamente e então me recostei para inspecionar meu trabalho com orgulho — até que olhei para o outro lado do corredor. A menina ao meu lado havia completado a página com linhas igualmente espaçadas e círculos perfeitamente modelados. Repentinamente, minha página parecia uma bagunça malfeita. A decepção substitui o sentimento de satisfação. Anos depois, descobri que aquela menina já havia passado pela primeira série antes.

É difícil não comparar nosso desempenho ao de outros. Se nos compararmos à mulher de Provérbios 31, nós provavelmente ficaremos desencorajadas e se olharmos para Jezabel, todas nós ficaremos com uma imagem muito boa. A Bíblia nunca disfarça as imperfeições das mulheres que preenchem suas páginas. Apesar das falhas e más escolhas, Deus usou algumas mulheres imperfeitas de maneiras poderosas. A lista de heróis da fé em Hebreus 11 inclui Sara, apesar de seu erros e lapsos momentâneos de falta de confiança nas promessas de Deus.

Quando entramos no jogo da comparação, sempre poderemos encontrar alguém que nos fará parecer superior, mas nesta vida terrena, nenhuma de nós pode atingir os padrões de Deus para a santidade perfeita. Felizmente, a morte e a ressurreição de Cristo tornaram possível, àqueles que creem nele serem perfeitos aos olhos de Deus. Enquanto nossa condição permanece "perfeita" a despeito de lapsos momentâneos e fé vacilante, tornar-se santo é um processo. Para ser mais semelhante a Cristo precisamos praticar todos os dias, assim como preencher a página com linhas e círculos.

*Porque, com uma única oferta, aperfeiçoou para sempre quantos estão sendo santificados.*
HEBREUS 10:14

## 19 DE MAIO

# O sistema de segurança supremo

**MULHERES VENDO O MURO SER RECONSTRUÍDO**
**NEEMIAS 2:11-18; 6:15,16**

Rhonda examinou o folheto do sistema de segurança que acabara de instalar em sua casa. Tinha toda a tecnologia avançada, com detectores de monóxido de carbono, fumaça, vazamentos de água, temperaturas baixas excessivas e, claro, ladrões. Com esta companhia vigiando sua casa 24 horas por dia da central de monitoramento, ela certamente dormiria melhor. O modelo mais avançado tinha ficado com uma boa parte de suas economias, mas parecia valer a pena.

As mulheres em Jerusalém provavelmente dormiram melhor após o muro ao redor da cidade ter sido reconstruído. Os judeus que retornaram do cativeiro da Babilônia encontraram a cidade em ruínas, repleta de entulho, o muro destruído e os portões queimados. A cidade estava indefesa. Quando algumas pessoas se reuniram para reconstruir o muro, as mulheres provavelmente suspiraram aliviadas. Elas assistiram o progresso a cada dia que passava e esperavam pelo momento em que tal projeto seria finalizado. Uma vez que uma muralha sem defeitos circundasse Jerusalém novamente, a cidade seria capaz de se defender, caso inimigos atacassem.

Algumas vezes precisamos reconstruir os muros ao redor da nossa vida. Desobedecer às ordenanças de Deus pode quebrar nosso relacionamento com nosso Pai e Protetor. Ignorá-lo e buscar nossos desejos deixa fendas em nossa proteção, que nos tornam vulneráveis aos ataques de Satanás, nosso inimigo número um. Quando isto acontece, precisamos reconstruir nossas defesas nos colocando novamente sob a autoridade do Senhor e abandonando a rebeldia. Por meio da oração consistente, podemos restaurar os muros ao redor de nossas vidas, que nos ajudam a nos guardar da tentação e nos guiam a escolhas mais sábias. Um relacionamento mais próximo com Deus é o sistema de segurança máxima. É necessário tempo e esforço, mas vale a pena.

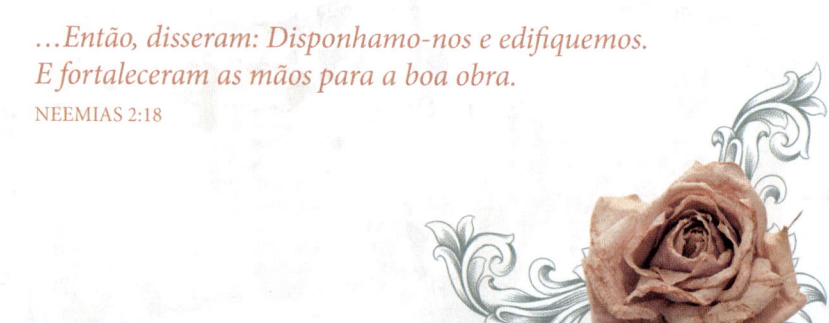

> *...Então, disseram: Disponhamo-nos e edifiquemos. E fortaleceram as mãos para a boa obra.*
> NEEMIAS 2:18

**20 DE MAIO**

# Um novo começo

**A MULHER PEGA EM ADULTÉRIO**
**JOÃO 8:1-11**

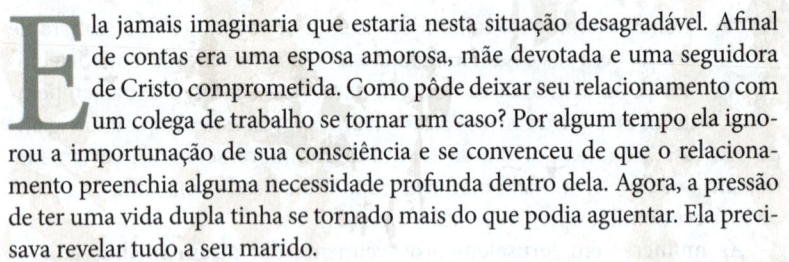

Ela jamais imaginaria que estaria nesta situação desagradável. Afinal de contas era uma esposa amorosa, mãe devotada e uma seguidora de Cristo comprometida. Como pôde deixar seu relacionamento com um colega de trabalho se tornar um caso? Por algum tempo ela ignorou a importunação de sua consciência e se convenceu de que o relacionamento preenchia alguma necessidade profunda dentro dela. Agora, a pressão de ter uma vida dupla tinha se tornado mais do que podia aguentar. Ela precisava revelar tudo a seu marido.

Todas nós já não sentimos o fardo de ter um segredo vergonhoso que precisava ser escondido? A mulher em João 8 teve sua culpa exposta de modo cruel quando os líderes religiosos a arrastaram até Jesus e perguntaram se ela deveria ser apedrejada, como a lei de Moisés afirmava. O plano era que Jesus perdesse o favoritismo que tinha com o povo ou tivesse problemas com os romanos. Tudo o que a mulher sabia era que fora vítima de uma armadilha.

Ela estava ali sozinha, desamparada e humilhada diante da multidão maliciosa. Seu destino parecia estar nas mãos do Homem que se inclinava para escrever na areia. A vergonha e o medo da mulher se dissolveram quando Jesus falou e seus acusadores se afastaram em silêncio, um por um. Com plena consciência de sua culpa, a mulher aterrorizada ficou maravilhada ao encontrar misericórdia e perdão.

Todas nós já fomos adúlteras de certa forma. A Bíblia ensina que o adultério acontece tanto em pensamentos quanto fisicamente. Também nos ensina que amar algo ou alguém mais do que a Deus é adultério. Cedo ou tarde, Deus nos colocará face a face com nosso pecado. Nossas ações podem gerar consequências permanentes, mas se confessarmos e nos afastarmos de nosso erro, encontraremos o que a mulher levada diante de Jesus encontrou — um novo começo. Isso é algo de que todas nós precisamos todos os dias.

> *Agora, pois, já nenhuma condenação há para os que estão em Cristo Jesus.*
> ROMANOS 8:1

## 21 DE MAIO

# Um novo começo, parte 2

### A MULHER PEGA EM ADULTÉRIO
### JOÃO 8:11

Quando terminei de costurar a manga na abertura do braço, ergui o vestido para admirá-lo. Então joguei-o indignada. Não podia acreditar que havia cometido o mesmo erro duas vezes. Após tirar os pontos e alfinetar a manga, a havia costurado ao contrário novamente. Ao apanhar o desmancha-costura mais uma vez, pensei: *Agora lembro porque eu geralmente deixo minha mãe fazer a maior parte de minhas costuras.*

Algumas vezes cometer o mesmo erro mais de uma vez tem consequências mais sérias. As palavras de Jesus à mulher pega em adultério não acabaram com a garantia de que Ele não a condenava. Ele também acrescentou: "...vai e não peques mais". Em questão de minutos, as emoções desta mulher percorreram a escala de choque, terror e humilhação. E estas foram seguidas por imenso alívio diante da inesperada reviravolta na situação, quando seus acusadores foram embora. Enquanto lutava para compreender o que acabara de acontecer, a face e as palavras de Jesus a impressionaram profundamente. Nos anos seguintes, a memória do Homem que a tinha salvado da multidão irada deve tê-la capacitado a resistir ao desejo de retornar aos seus antigos hábitos.

O perdão de Deus nos liberta de nosso fardo de culpa e vergonha quando fazemos algo errado. Mas se não tivermos cuidado, podemos desenvolver uma atitude impertinente com relação à Sua misericórdia. Algumas pessoas caem no hábito de fazer o que querem, considerando que podem contar com o perdão divino depois. Ser um alvo da graça de Deus traz uma grande responsabilidade. Ele não nos perdoa apenas para que possamos escapar do julgamento, mas para que tenhamos uma vida nova e melhor. Ao permanecer perto de Deus e fazer o nosso melhor para viver de forma que o agrade teremos um novo começo, que passará a ser um novo estilo de vida.

*...disse Jesus: [...] vai e não peques mais.*
JOÃO 8:11

22 DE MAIO

# Oferecendo refrigério

**A MULHER DE SUNÉM**
**2 REIS 4:8-10**

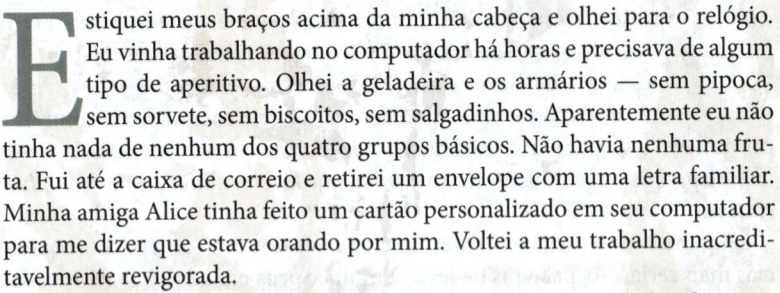

Estiquei meus braços acima da minha cabeça e olhei para o relógio. Eu vinha trabalhando no computador há horas e precisava de algum tipo de aperitivo. Olhei a geladeira e os armários — sem pipoca, sem sorvete, sem biscoitos, sem salgadinhos. Aparentemente eu não tinha nada de nenhum dos quatro grupos básicos. Não havia nenhuma fruta. Fui até a caixa de correio e retirei um envelope com uma letra familiar. Minha amiga Alice tinha feito um cartão personalizado em seu computador para me dizer que estava orando por mim. Voltei a meu trabalho inacreditavelmente revigorada.

A mulher de Suném sabia como revigorar um viajante cansado. Ela notou que o profeta Eliseu geralmente parecia estar cansado ao passar por sua casa em suas frequentes viagens. Ela conhecia sua reputação como homem de Deus. Então preparou um quarto de hóspedes para ele na cobertura de sua espaçosa casa. Ao mobiliar e decorar o quarto, seus pensamentos se focaram no conforto, descanso e privacidade que proveria ao profeta de idade avançada. Que alegria poder expressar sua fé em Deus oferecendo refrigério ao corpo e ao espírito de outra pessoa.

Todas nós precisamos de refrigério de tempos em tempos. Deus institui o sábado como dia de descanso para que Seu povo pudesse encontrar renovo para o corpo, mente e espírito. Fazer uma pausa em nossas atividades comuns por um pequeno momento de quietude e meditação na Bíblia nos recarrega e fortalece. Podemos também ser refrigério uns para os outros com expressões de amor e estima, encorajamento, bondade ou ajuda prática. Oferecer refrigério ao coração e espírito de outra pessoa demonstra nosso amor por Deus. E como a mulher de Suném descobriu, qualquer refrigério que ofereçamos a outros também renova nossos espíritos.

*A alma generosa prosperará,*
*e quem dá a beber será dessedentado.*
PROVÉRBIOS 11:25

## 23 DE MAIO

# Além do que imaginamos

**A MULHER DE SUNÉM**
**2 REIS 4:11-17**

A mão de Dena tremeu ao pegar o envelope da faculdade. A resposta de sua aprovação finalmente chegara. Após trabalhar em uma série de empregos sem perspectiva, ela não subestimaria o valor da educação formal novamente. Dena imaginou que com uma economia séria conseguiria aguentar uma ou duas matérias por semestre — presumindo que tivesse sido aprovada na faculdade. Ao abrir o envelope, um bilhete caiu em seu colo antes mesmo de ver sua nota. Pegando o papel, leu: *Você obteve uma das notas mais altas deste ano, portanto ficamos felizes em ofertar a você uma bolsa integral de um ano em nossa faculdade.*

A mulher na passagem bíblica também recebeu muito mais do que esperava. Quando Eliseu ofereceu-se para fazer algo em troca de sua hospitalidade, ela garantiu ao profeta que não tinha nenhuma necessidade especial. Mas Eliseu a surpreendeu ao dizer que ela teria um filho dentro de um ano. A mulher implorou a Eliseu que não a enganasse. Há anos desistira do sonho da maternidade. Suas emoções passaram por altos e baixos nas semanas seguintes ao se perguntar: *Ouso ter esperança de que isso possa acontecer?* Então veio o dia em que descobriu que estava grávida.

Pensamos que temos grandes sonhos e planos para nossa vida, mas são pequenos comparados com o que Deus tem em mente para nós. Ele faz o que parece impossível, e quer que façamos coisas pelas quais nunca ousamos esperar. Quando estamos buscando a vontade do Pai e vivendo em obediência a Ele, Seu poder age por nosso intermédio para fazer mais do que jamais poderíamos pensar em pedir a Ele. Deus quer que confiemos nele o suficiente para sonharmos alto, mas mesmo assim não podemos imaginar o que Ele tem guardado para nós.

> *Ora, àquele que é poderoso para fazer infinitamente mais do que tudo quanto pedimos ou pensamos, conforme o seu poder que opera em nós.*
> EFÉSIOS 3:20

## 24 DE MAIO

# Momento decisivo

### A MULHER DE SUNÉM
### 2 REIS 4:18-20

Apesar de a mulher de Suném ter desistido de ter um filho, a profecia de Eliseu se cumpriu e ela deu à luz um menino. A mulher fora feliz antes e agora abraçava as alegrias da maternidade e agradecia a Deus todos os dias por Sua milagrosa dádiva. Muitos anos se passaram e um dia seu filho seguiu o pai aos campos na época da colheita. Repentinamente, o menino teve uma severa dor de cabeça. A mãe perturbada o segurou em seu colo até o meio dia, quando ele morreu.

A morte inesperada de seu filho atingiu a mulher como um relâmpago. Deus enviara esse precioso filho depois de ela haver se resignado com o fato de que nunca seria mãe. O menino trouxera mais luz e felicidade à sua vida do que jamais sonhara possível. Agora Deus tinha permitido seu filho morrer. Esta tragédia trouxe um momento decisivo à vida desta mulher. A maneira como reagisse seria um grande fator em seu relacionamento com o Senhor e em sua habilidade de ser testemunha para Ele. Será que perderia sua fé no Deus que havia servido tão fielmente? Sua dor e desespero mudariam seu modo de ver o Eterno fazendo-a enxergá-lo como cruel em vez de amoroso e misericordioso?

É fácil ter uma boa atitude com Deus quando nossas vidas estão calmas. Desfrutamos das bênçãos de Deus e o agradecemos por ser amoroso e misericordioso. O Senhor então tira algo que valorizamos, talvez até aquilo que mais amamos. Perdemos um emprego que tínhamos há 20 anos. Um cônjuge vai embora depois de 30 anos de casamento. Uma doença repentina tira a vida de um filho. Esses dias escuros são os que revelam nossa fé. Será que a mudança em nossas circunstâncias mudará nosso modo de ver Deus? Ou permaneceremos obstinadamente apegadas à verdade de que o Seu caráter jamais se transforma não importa o quanto estejamos sofrendo?

*Como você reagirá se Deus tomar algo que você estima?*

25 DE MAIO

# Conte primeiro a Ele

## A MULHER DE SUNÉM
## 2 REIS 4:21-28

Por toda a tarde, ensaiei a conversa. Naquela manhã na igreja, uma mulher havia criticado o modo como presidi o comitê da igreja e havia se recusado a servir comigo por mais um ano. Seus comentários ácidos me machucaram e eu estava esperando para contar para minha amiga mais próxima. Eu sabia que Lisa me tranquilizaria dizendo que estou fazendo um bom trabalho e condenaria as observações daquela mulher como injustas. Mas Lisa estava fora da cidade o dia todo. Enquanto olhava o relógio, esperando por seu retorno, senti Deus falando comigo: *Por que você não fala comigo sobre isso?*

A sunamita falou sobre seu problema com a pessoa certa. Quando seu filho morreu de forma repentina, ela imediatamente foi ver o profeta Eliseu. Quando o servo de Eliseu foi à frente para ver se havia algo errado, ela lhe disse que estava tudo bem. A mulher deveria estar em choque e angústia por perder seu único filho. Ela não se preocupou em parar e explicar sua dor ao servo; foi diretamente a Eliseu. Então derramou sua tristeza ao profeta, que havia predito o nascimento miraculoso de seu filho. Ela tinha fé na habilidade de Eliseu como homem de Deus para restaurar a vida de seu filho.

Sempre que estamos magoadas ou com dificuldades, nosso primeiro instinto é correr para um amigo próximo. Queremos alguém que nos tranquilize e nos faça sentir melhor. A Bíblia ensina que deveríamos compartilhar nossas alegrias e tristezas uns com os outros e encorajar-nos. Muito frequentemente, falamos com todos menos com Deus sobre aquilo que nos preocupa. Ele deveria ser o primeiro a quem recorremos, não o último. Se confiamos na habilidade do Senhor de nos consolar e resolver nossos problemas, imediatamente pensaremos nele quando precisarmos de alguém com quem conversar. E Ele nunca está fora da cidade.

*Confiai nele, ó povo, em todo tempo; derramai perante ele o vosso coração; Deus é o nosso refúgio.* SALMO 62:8

**26 DE MAIO**

# Caminhando com um Companheiro

**A MULHER DE SUNÉM**
2 REIS 4:29-37

Ao caminhar pelo cavernoso estacionamento, os olhos de Alana se comprimiram para enxergar seu carro azul. Ela nunca gostou de dirigir até o centro para reuniões noturnas de sua companhia, especialmente agora que os jornais anunciavam recentes ataques a mulheres. Alana olhou para o segurança caminhando próximo a ela e ficou envergonhada com sua oferta de acompanhá-la até o carro, mas agora estava grata pela insistência do guarda. Certamente era bom ter companhia em uma situação como esta.

A mulher de Suném teve companhia ao retornar para casa, onde seu filho jazia morto. Ela fora procurar Eliseu e quando o encontrou caiu no chão e agarrou-o pelos pés. Quando descobriu que algo estava errado com o filho da mulher, Eliseu enviou seu servo para colocar seu cajado sobre o menino. Isso não satisfez a mãe assolada pelo luto. Ela fez um voto de não voltar para casa a não ser que o profeta fosse com ela. Enquanto os dois voltavam para Suném, a mulher não imaginava o que aconteceria, mas tinha o consolo de ter ao seu lado a pessoa que poderia ajudá-la.

Quando uma crise nos atinge, nosso primeiro instinto deveria ser correr para Deus, como a sunamita correu até Eliseu. Não precisamos agarrá-lo pelos pés e implorar que Ele venha conosco. Ele já está ali e prometeu caminhar conosco em todas as situações da nossa vida. Depois que a sunamita chegou a casa, Eliseu orou e Deus restaurou a vida do menino. Ainda que o Senhor nem sempre mude nossas circunstâncias do modo como desejamos, algo miraculoso acontecerá. Ele nos dará a força e a coragem para enfrentar qualquer coisa que surja em nosso caminho e Ele nos transformará durante o processo. Quer estejamos lidando com uma noite escura e assustadora ou com a tragédia da morte, Alguém caminha ao nosso lado a cada passo que damos.

*Ainda que eu ande pelo vale da sombra da morte, não temerei mal nenhum, porque tu estás comigo...*
SALMO 23:4

27 DE MAIO

# Restauração

## A MULHER DE SUNÉM
## 2 REIS 8:1-6

A mãe olhou para seu jardim florescendo e pensou em todos os anos de trabalho que ela e seu marido haviam investido em sua casa e no jardim. Eles esperaram pelo momento em que criariam três filhos ali. Agora, corriam o risco de perder sua casa. A prefeitura havia ameaçado apreender sua propriedade assim como a de outros na área para que uma construtora pudesse fazer condomínios de luxo. No começo, mal podiam acreditar no que estava acontecendo; depois ela descobriu que não apenas era algo legal, mas tais ações estavam se tornando mais comuns.

A sunamita também teve sua propriedade apreendida. Quando Eliseu alertou-a sobre uma fome que viria, ela seguiu o conselho do profeta e saiu de Israel com sua família. Sete anos se passaram e ela retornou com seu filho para encontrar sua casa e terra tomadas por outras pessoas. Quando a mulher foi pleitear seu caso com o rei, ela e seu filho entraram exatamente quando o servo de Eliseu estava relatando a história de como o profeta havia ressuscitado o filho daquela mulher. O rei ordenou que a propriedade fosse restituída e que ela ainda fosse compensada por qualquer colheita durante sua ausência. A decepção da mulher tornou-se em alegria.

A sunamita deixou Israel em obediência a Eliseu, mas nós algumas vezes nos distanciamos de Deus por rebeldia. Quando escolhemos viver da forma que queremos, em vez de obedecer às Suas instruções, nos afastamos de Sua abundante provisão e de Suas bênçãos. Podemos acabar em um lugar onde não queremos estar, ansiando retornar à proximidade que antes sentíamos com Deus. Ainda que frequentemente tenhamos que viver com as consequências de nossa desobediência, Deus promete renovar nossa alegria e paz quando nos arrependemos e voltamos aos Seus caminhos. Quando clamamos ao nosso Rei com a atitude correta, podemos sempre esperar restauração.

*Converte-nos a ti, Senhor, e seremos convertidos; renova os nossos dias como dantes.* LAMENTAÇÕES 5:21

28 DE MAIO

# Mães gratas

## JESUS ABENÇOA AS CRIANÇAS
## MATEUS 19:13-15

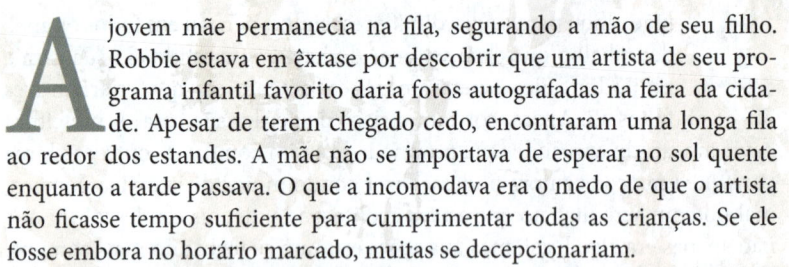

A jovem mãe permanecia na fila, segurando a mão de seu filho. Robbie estava em êxtase por descobrir que um artista de seu programa infantil favorito daria fotos autografadas na feira da cidade. Apesar de terem chegado cedo, encontraram uma longa fila ao redor dos estandes. A mãe não se importava de esperar no sol quente enquanto a tarde passava. O que a incomodava era o medo de que o artista não ficasse tempo suficiente para cumprimentar todas as crianças. Se ele fosse embora no horário marcado, muitas se decepcionariam.

Uma mãe na passagem bíblica de hoje caminhou por estradas empoeiradas e permaneceu pacientemente perto da multidão segurando a mão de seu filho. Ficou surpresa ao ver quantas mães haviam vindo, mas estava disposta a esperar sua vez para que seu filho fosse abençoado pelo novo Rabi. Repentinamente, muitos homens se colocaram em frente à multidão, com expressão de reprovação, ordenando que os pais se afastassem. O coração da mãe se encheu de decepção ao sair dali. Então ouviu outra voz repreendendo os discípulos impacientes. Jesus falava com autoridade e compaixão: "...Deixai os pequeninos, não os embaraceis de vir a mim".

O coração das mães presentes naquela tarde deve ter se enchido de gratidão e alegria por Jesus investir tempo para abençoar cada criança antes de sair daquele lugar. Ele quer fazer o mesmo hoje, para todas nós. Não temos discípulos impacientes nos constrangendo a não incomodar o Mestre, então o que nos impede de receber uma bênção de Jesus todos os dias? Muito frequentemente, nossas agendas lotadas não incluem tempo de solitude com Deus. Deixamos que as coisas do mundo nos impeçam de receber alimento espiritual. O Senhor anseia abençoar-nos com encorajamento, consolo e consciência de Sua amável presença. Tudo o que temos que fazer é tomar tempo para ir ao Rabi. Não precisamos nem ficar paradas na fila.

*Então Jesus pôs as mãos sobre elas e foi embora.*
MATEUS 19:15 (NTLH)

29 DE MAIO

# Fé como de criança

## JESUS ABENÇOA AS CRIANÇAS
LUCAS 18:15-17

Olhando para cima, levantei-me rapidamente de minha cadeira ao ver uma criança indo diretamente para o lado fundo da piscina. Então notei seus olhos fixos no rosto de seu pai, que estava na água, e com seus braços erguidos. Quando a menininha hesitou na beira, seu pai sorriu e sussurrou palavras de encorajamento. Assisti, fascinada, enquanto os segundos passavam… e então a menina repentinamente relaxou e mergulhou diretamente nos braços do pai.

Jesus fez uma importante declaração sobre a confiança como de criança quando impôs as mãos nos pequeninos e os abençoou. Os discípulos pensavam que crianças não eram dignas do tempo de seu Mestre, mas Jesus as recebeu. Ele também usou a oportunidade para ensinar a importância de se aproximar de Deus com a atitude correta. Após as mães irem embora, elas devem ter considerado a declaração de Jesus de que uma pessoa só pode entrar no Reino de Deus ao se tornar como criança. Isto contrastava radicalmente com a atitude de seus líderes religiosos e mestres, que se gloriavam em seus cargos e enfatizavam a adesão rigorosa às regras. Vez após vez, estas mães podem ter se perguntado: "Um relacionamento com o Senhor pode realmente ser tão simples assim?"

Apesar de complicarmos as coisas, um relacionamento com Deus é simples. Jesus usou a imagem de uma criança para ilustrar a atitude necessária para uma pessoa se tornar filho de Deus. Como crianças, vamos com humildade e total dependência dele, não em orgulho e autossuficiência. Nós o abordamos sem nossas programações e confiamos de modo irrestrito que Ele nos salvará. Mesmo depois de nos tornarmos filhos de Deus, é importante manter nossa fé e nossa confiança como de criança. Quando as responsabilidades, os fardos e os problemas nos esmagam, o que poderia ser mais consolador do que pular nos braços de nosso Papai, sabendo que Ele cuidará de tudo?

> *Em verdade vos digo: Quem não receber o reino de Deus como uma criança de maneira alguma entrará nele.*
> LUCAS 18:17

30 DE MAIO

# Não-conformistas

**MULHERES HEBREIAS**
**ÊXODO 20:1-17; DEUTERONÔMIO 14:2**

Quando vi cabeças se virando ao meu redor, desejei poder proteger a mulher dos olhares curiosos. Contudo, seu rosto sereno não revelava sinais de vergonha. *Será que ela está acostumada com isso?*, pensei. Seu vestido totalmente azul fechado com alfinetes em lugar de botões, e seu cabelo preso em um coque sob uma touca branca, gritavam claramente que ela pertencia à comunidade *Amish* vizinha. Ao entrar na clínica era inevitável que ela chamasse atenção.

Os hebreus que guardavam as leis de Deus não se misturavam na multidão. Suas práticas de adoração, circuncisão dos homens, dieta especial e guardar o dia do descanso no sábado eram práticas que os separavam das nações ao seu redor. Como as mulheres se sentiam por serem diferentes de outros grupos de pessoas? Algumas provavelmente desejavam poder simplesmente esquecer as leis de Deus e viver como os outros ao seu redor. Outras certamente sentiam-se numa condição que lhes ensinava humildade e sentiam-se privilegiadas por pertencer ao grupo que Deus escolheu para um papel único na história.

O Senhor não escolheu os hebreus como Seu povo especial para excluir outros; Ele separou os israelitas para revelar Sua santidade ao mundo e atrair todos a Ele. Hoje, os cristãos têm o privilégio e a responsabilidade de fazer o Senhor conhecido ao mundo. O modo como vivemos e como tratamos outros deveria nos distinguir, demonstrando que temos um conjunto de valores e objetivos diferentes do resto do mundo. Podemos ter vontade de nos misturar com a multidão, mas seguir Deus significa ser diferente. Quando os hebreus começaram a viver como as nações ao seu redor, eles sofreram e perderam sua oportunidade de testemunhar para Deus. Não devemos repetir esses erros.

*Ser-me-eis santos, porque eu, o Senhor,*
*sou santo e separei-vos dos povos, para serdes meus.*
LEVÍTICO 20:26

**31 DE MAIO**

# Guardando mágoas

**EVÓDIA E SÍNTIQUE**
**FILIPENSES 2:1,2; 4:2**

"O dia está belo, Laura decorou a sala de estar com tons de rosa e Katie está trazendo um de seus bolos deliciosos. Somente uma coisa pode estragar o seu chá de bebê agora."

"O que é?"

"Se Doris e Jill vierem."

"Ah, sim! A 'dupla estranha.' Elas sempre se odiaram assim?"

"Acredite se quiser, mas elas eram amigas muito próximas. Mas tiveram uma discussão e agora criam tensão sempre que estão no mesmo ambiente. A única solução é colocá-las de costas uma para a outra. Assim não podem lançar seus olhares de raiva."

Na carta de Paulo à igreja de Filipos, ele mencionou um desacordo entre duas mulheres. Evódia e Síntique eram ambas seguidoras comprometidas, de Jesus Cristo. Elas já haviam trabalhado duro juntas, para compartilhar as boas-novas do amor e perdão de Deus. Então tiveram uma discussão e se recusaram a perdoarem-se. Seu relacionamento hostil causava dissensão em seu grupo de cristãos, então Paulo solicitou que resolvessem o desacordo porque ambas pertenciam ao Senhor.

Algumas vezes é possível nutrir uma mágoa contra alguém em segredo, enquanto fingimos que está tudo bem no relacionamento. Muito frequentemente, nosso ressentimento afeta aqueles ao nosso redor e cria espírito de discórdia. Guardar mágoas nos machuca física, emocional e espiritualmente. Prejudica nossos relacionamentos com outros e obstrui nosso relacionamento com Deus.

Deus decretou a reconciliação mais importante quando a morte de Jesus possibilitou que nos tornássemos Suas filhas. Ele também deseja que sejamos reconciliados uns com os outros. Com a Sua ajuda, podemos reparar qualquer relacionamento destruído. Então não precisaremos nos preocupar em sermos expostas em uma carta a uma igreja — ou estragarmos um chá de bebê.

*...completai a minha alegria, de modo que penseis a mesma coisa, tenhais o mesmo amor, sejais unidos de alma, tendo o mesmo sentimento.* FILIPENSES 2:2

## 1.º DE JUNHO

# *Sozinha em casa*

**MULHERES RECÉM-CASADAS**
**DEUTERONÔMIO 24:5**

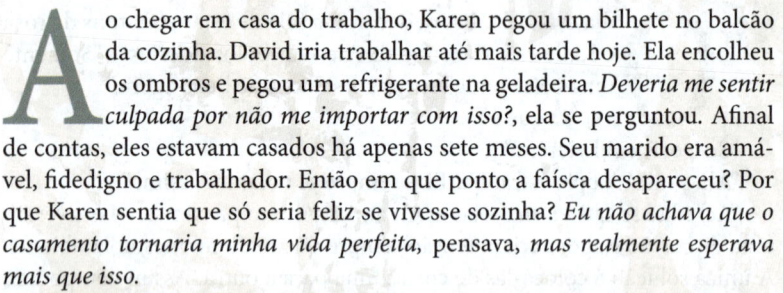

Ao chegar em casa do trabalho, Karen pegou um bilhete no balcão da cozinha. David iria trabalhar até mais tarde hoje. Ela encolheu os ombros e pegou um refrigerante na geladeira. *Deveria me sentir culpada por não me importar com isso?*, ela se perguntou. Afinal de contas, eles estavam casados há apenas sete meses. Seu marido era amável, fidedigno e trabalhador. Então em que ponto a faísca desapareceu? Por que Karen sentia que só seria feliz se vivesse sozinha? *Eu não achava que o casamento tornaria minha vida perfeita,* pensava, *mas realmente esperava mais que isso.*

Segundo as leis estabelecidas para Israel em Deuteronômio, um homem recém-casado não poderia ser convocado para serviço militar ou negócios específicos que o afastassem de casa. Durante o primeiro ano, sua responsabilidade era concentrar-se em fazer sua esposa feliz. Ter este tempo juntos, livres de outras distrações, permitia que o relacionamento amadurecesse e unisse o casal, que provavelmente não havia passado tempo junto antes de seus pais arranjarem o casamento. A esposa provavelmente desfrutava do fato de ser o centro da atenção de seu marido por um ano.

Mesmo quando nossos casamentos são excelentes, não podemos esperar que nossos maridos supram todas as nossas necessidades. Frequentemente pensamos que o relacionamento certo, um emprego melhor ou um estilo de vida diferente nos farão felizes. Se apenas tivéssemos mais dinheiro, ou um visual perfeito, ou morássemos em outro lugar, estaríamos perfeitamente satisfeitas. Mas Deus é a única fonte de alegria verdadeira. Ele nos criou para desfrutar de um relacionamento íntimo com Ele. Nada neste mundo nos satisfará se antes de tudo não tivermos consciência disto. Quando nos concentrarmos em amar, adorar e obedecer a Deus, então a felicidade nos encontrará — e durará muito mais do que um ano.

> *Guia-me pela vereda dos teus mandamentos, pois nela me comprazo.* SALMO 119:35

## 2 DE JUNHO

# *Esposa troféu*

**RAINHA VASTI**
**ESTER 1:10-19**

Quando Lady Diana e Príncipe Charles se casaram em 1981, centenas de milhares de expectadores esperaram pelas ruas para vislumbrar o casal. Após a cerimônia, pessoas em todo o mundo passaram a ter acesso a muitos detalhes sobre a Princesa Diana — o que ela vestia, qual era seu penteado, no que investia o seu tempo. Repórteres e fotógrafos a importunavam a cada passo que dava. Diana admitiu mais tarde ser infeliz devido à pressão de estar constantemente exposta aos olhares públicos. Ela morreu em um acidente de carro enquanto fugia, com seu companheiro, de fotógrafos.

A rainha Vasti também sabia como era estar exposta ao público. O rei encerrou uma celebração de seis meses com um banquete repleto de muita bebida. Assuero exibira sua riqueza e majestade e agora em sua embriaguez, decidira expor sua esposa. Ele ordenou-lhe que fosse ao banquete para que todos os homens presentes pudessem admirar sua beleza. Muitos comentaristas acreditam que o pedido do rei ia contra a etiqueta persa. A rainha era tipicamente protegida dos olhares públicos e a separação entre sexos era um costume observado na época. Vasti provavelmente ficou horrorizada com o pedido do rei, pois se recusou a obedecer à ordem, talvez esperando que, quando sóbrio, ele percebesse o contrassenso de sua atitude.

Podemos não ser princesas ou rainhas, mas ainda conseguimos nos identificar com o sentimento de sermos vistas como objetos. Sentir que alguém só está interessado em nossa aparência física. Talvez sintamos que somos apenas um meio para que uma tarefa seja cumprida ou para suprir a necessidade de alguém. Todas nós ansiamos ser conhecidas e valorizadas por quem somos interiormente. É exatamente esse tipo de relacionamento que Jesus quer ter conosco. Este Rei dos reis nos chama para ir até Ele em silêncio e solitude, onde podemos simplesmente ser nós mesmas — e sermos amadas exatamente por isso.

*Bem-aventurado o homem a quem o Senhor não atribui iniquidade e em cujo espírito não há dolo.* SALMO 32:2

## 3 DE JUNHO

# Jamais sentir-se boa o suficiente

**JOVENS MULHERES NA PÉRSIA**
**ESTER 2:1-14**

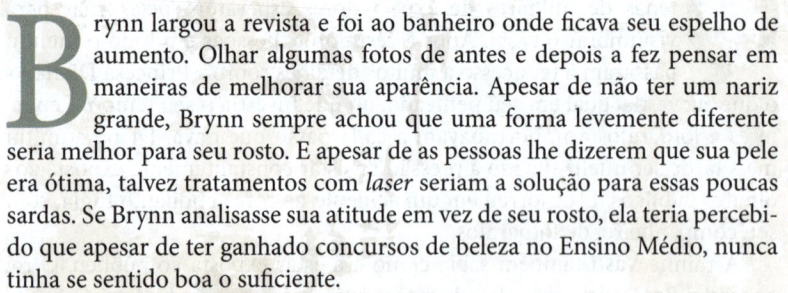

Brynn largou a revista e foi ao banheiro onde ficava seu espelho de aumento. Olhar algumas fotos de antes e depois a fez pensar em maneiras de melhorar sua aparência. Apesar de não ter um nariz grande, Brynn sempre achou que uma forma levemente diferente seria melhor para seu rosto. E apesar de as pessoas lhe dizerem que sua pele era ótima, talvez tratamentos com *laser* seriam a solução para essas poucas sardas. Se Brynn analisasse sua atitude em vez de seu rosto, ela teria percebido que apesar de ter ganhado concursos de beleza no Ensino Médio, nunca tinha se sentido boa o suficiente.

As jovens na passagem de hoje eram tratadas da mesma forma como Brynn tratava a si mesma. O rei designou comissários em cada uma das 127 províncias para caçar as belas jovens virgens e as agrupar no palácio como uma criação de animais, como um prêmio. Até mesmo as moças mais deslumbrantes não eram boas o suficiente para o rei até que recebessem tratamentos especiais de beleza por um ano. É difícil imaginar a autoimagem destas mulheres, que fizeram parte de um programa de aperfeiçoamento de 12 meses e ainda precisavam esperar para saber se o rei as aceitaria.

Muitas mulheres passam a vida toda sentindo que não são boas o bastante. Temos a tendência de nos apegar às falhas de nossa aparência e às habilidades e dons que não temos. Algumas mulheres abordam Deus com o mesmo modo de pensar, acreditando que precisam de "uma arrumada" antes de ter um relacionamento com Ele. Não precisamos nos tornar boas o suficiente para sermos filhas de Deus — Ele nos aceita em nosso estado natural e então começa a nos moldar à Sua imagem. Depois disso, qualquer autoaperfeiçoamento deveria ocorrer para honrar Àquele que nos ama incondicionalmente.

> *...não por obras de justiça praticadas por nós, mas segundo sua misericórdia, ele nos salvou...* TITO 3:5

**4 DE JUNHO**

# Uma situação sem ganhos

**ESTER**
**ESTER 2:13,14**

Ester parecia estar presa em uma situação sem saída, diante de duas possibilidades ruins. Após passar uma noite com o rei, ela poderia ser levada ao harém onde todas as esposas e concubinas do rei viviam. A não ser que o rei Assuero a solicitasse pelo nome, Ester viveria no harém, separada de seus parentes, amigos e do povo que compartilhava de sua fé.

O outro cenário não era menos deprimente. Se, por acaso, Assuero escolhesse Ester como a próxima rainha, ela se casaria com um governante pagão conhecido por sua bebedeira, humor excêntrico e temperamento explosivo. Seguindo o conselho de seu guardião, Ester não revelou sua nacionalidade. Considerando que Assuero estaria infringindo a lei persa ao casar-se com uma moça judia, o segredo de Ester seria um pesado fardo, com a memória do que havia acontecido à antiga rainha quando esta irou o rei.

Referências a Deus são inexistentes no livro de Ester, e, olhando superficialmente, Ele parecia estar ausente nesta situação desagradável em que Ester se encontrava. Como uma moça judia criada por uma família dedicada que honrava as leis de Deus, ela deve ter ficado horrorizada com a perspectiva de cada uma das possibilidades. No entanto, Ester se apegou à sua confiança no caráter e na soberania de Deus, enquanto Ele silenciosamente trabalhava nos bastidores para cumprir Seus propósitos. O Senhor usou a situação de Ester para proteger os judeus de um inimigo que em breve ameaçaria sua existência.

Todas nós entendemos a ansiedade que essa mulher sentiu quando parecia não haver opções positivas. Em vez de esperar pelo melhor, nós algumas vezes acabamos tentando identificar o menor dos males. Em tais momentos, pode parecer que Deus está ausente de nossa vida. Mas se conseguíssemos ver além do superficial, entenderíamos que Ele está presente, trabalhando para cumprir Seus propósitos.

*O que a mim me concerne o Senhor levará a bom termo...* SALMO 138:8

5 DE JUNHO

# O lugar certo na hora certa

## A RAINHA ESTER
ESTER 3:12-15; 4:1-14

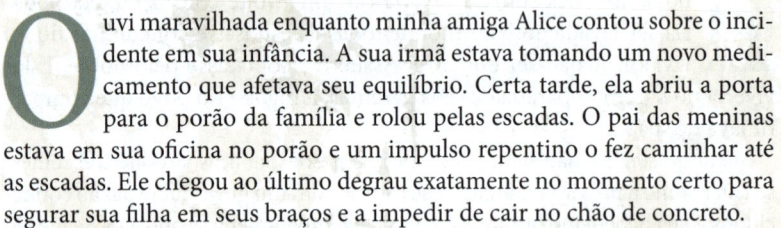

Ouvi maravilhada enquanto minha amiga Alice contou sobre o incidente em sua infância. A sua irmã estava tomando um novo medicamento que afetava seu equilíbrio. Certa tarde, ela abriu a porta para o porão da família e rolou pelas escadas. O pai das meninas estava em sua oficina no porão e um impulso repentino o fez caminhar até as escadas. Ele chegou ao último degrau exatamente no momento certo para segurar sua filha em seus braços e a impedir de cair no chão de concreto.

A rainha Ester salvou muitas vidas por estar no lugar certo, no momento certo. Seu guardião sabia que não era uma casualidade o fato de que a antiga rainha havia sido deposta por um capricho do rei, ou o fato de que Ester tinha sido escolhida entre as moças mais belas no império para substituí-la. Deus a havia colocado exatamente no cargo certo na hora certa para salvar o seu povo da aniquilação. Mordecai impeliu a rainha Ester a usar a oportunidade dada por Deus para abordar o rei e suplicar misericórdia aos judeus.

O Senhor colocou cada uma de nós em uma posição privilegiada. As pessoas, as necessidades e oportunidades ao nosso redor são providenciadas por Deus para fazermos diferença em nosso cantinho no mundo. Nossas mãos podem ser as únicas a alcançarem um vizinho. Nossas palavras de encorajamento podem ser as únicas que um amigo ouvirá. Nosso sorriso pode ser o único que um estranho verá. Se conhecemos Deus, somos filhas do Rei e como a rainha Ester fomos colocadas onde estamos exatamente "…para conjuntura como esta…".

> *…e quem sabe se para conjuntura como esta é que foste elevada a rainha?*
> ESTER 4:14

6 DE JUNHO

# Momento decisivo

## A RAINHA ESTER
### ESTER 4:10,11

Após se tornar rainha, Ester passou a viver em dois mundos. Nada poderia estar mais longe de sua criação judia do que a vida no palácio de um poderoso monarca persa. Apesar de viver de modo luxuoso, com inúmeros servos para satisfazer seus menores caprichos, seu papel exigia que vivesse entre pessoas que não conheciam Deus. Ester procedia de modo que ganhasse o favor daqueles ao seu redor, no entanto permanecia fiel à sua herança. Ela permanecia em constante contato com seu guardião, Mordecai, e seguia seus conselhos como já fizera antes de se tornar rainha.

Uma crise repentina interrompeu esta harmonia estabelecida e levou-a a um momento decisivo em sua vida. Quando Hamã agendou um dia para a aniquilação do povo judeu, Mordecai instou Ester a intervir. A rainha conhecia os perigos que correria — abordar o rei sem um convite significaria morte, a não ser que ele escolhesse estender seu cetro. Ester também não sabia como Assuero reagiria quando descobrisse que ela era judia. Deveria revelar sua raça ou continuar a guardar segredo? Deveria se pronunciar por seu povo ou permanecer em silêncio esperando evitar problemas? A decisão de Ester mudaria seu mundo e o de seu povo, de uma forma ou de outra.

Muitas mulheres cristãs tentam viver em dois mundos separados. Podemos trabalhar muito para nos encaixarmos em um emprego, na vizinhança ou em ambientes sociais enquanto mantemos nossa fé como uma questão particular. Apesar de tentarmos justificar nosso silêncio como um desejo de não empurrar nossa crença para outros, Deus eventualmente exigirá que escolhamos o mundo que representamos. Como reagiremos quando nos pronunciarmos por Cristo nos ridicularizar ou representar perigo, tal como perder um emprego? Escolher ocultar ou revelar nossa fé afetará nossa vida e a daqueles ao nosso redor.

*Há uma situação em que Deus está pedindo que você revele sua fé?*

## 7 DE JUNHO

# Aproximando-se

**A RAINHA ESTER**
ESTER 5:1-3

Patrícia piscou e olhou por todo o restaurante novamente. "Será que é quem eu estou pensando?", perguntou a Lisa.

Ao virar-se, Lisa quase pulou de sua cadeira. "Sim, é ele! Você não leu no jornal sobre o filme que está sendo feito aqui? Vamos pedir um autógrafo!"

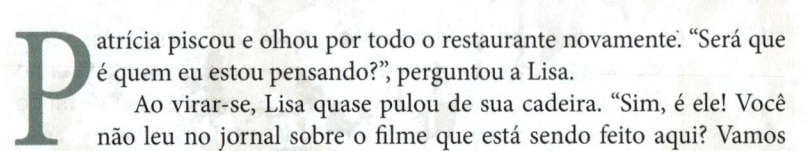

Patrícia foi pegar uma caneta em sua bolsa e então hesitou. "Eu não sei… ele tem uma reputação de imprevisível e mal-humorado. Imagine se ele faz um escândalo na frente de todas essas pessoas? Eu morreria!"

Quando decidiu abordar o rei, a rainha Ester tinha muito mais do que vergonha em jogo. A lei ordenava morte a qualquer um que entrasse no pátio interior sem ser convocado. Se Assuero estivesse de bom humor, ele estenderia seu cetro e pouparia a vida de Ester. Já havia se passado 30 dias desde que Assuero a convocara. Será que ainda se importava mais com ela do que com as muitas outras mulheres disponíveis a ele? Será que ficaria irado com sua audácia, ou escolheria agir com misericórdia? Ester se colocou no pátio vestindo seus mantos reais, olhando para ver como o rei reagiria e esperando para descobrir se viveria ou morreria.

Há momentos em que hesitamos ao abordar Deus, como se temêssemos o modo como Ele reagirá. Algumas mulheres só vivenciam Deus por meio de rituais formais de adoração, sem sonhar com o relacionamento pessoal que Ele deseja ter com todas elas. Ainda que seja importante reconhecer a majestade e a santidade do Senhor, Ele não quer que fiquemos distantes dele. Por causa da morte de Jesus, podemos abordar Deus livremente a qualquer momento e em qualquer situação. Quando nos aproximamos dele com a atitude correta, não precisamos ter dúvidas sobre como o Senhor reagirá conosco. Ele não estenderá um cetro de ouro a nós — Ele estenderá Suas mãos perfuradas pelos pregos.

*Chegai-vos a Deus, e ele se chegará a vós outros…*
TIAGO 4:8

8 DE JUNHO

# O tempo certo é o mais importante

**A RAINHA ESTER**
ESTER 5:3-7

Enquanto seu marido entrava pela porta dos fundos, Judy se controlou para não despejar todas as coisas que pesavam em sua mente. O mecânico tinha ligado para dizer que seu carro precisava de freios novos, a professora de Derek havia pedido uma reunião para conversar sobre um problema de comportamento do menino durante o recreio e ela estava pensando em começar a estudar à noite para terminar a faculdade. Este não é o momento certo, lembrou a si mesma. Não depois de um dia de dez horas de trabalho e um longo período dirigindo de volta para casa. Eles conversariam depois que Ed tivesse chance de aproveitar do seu jantar e ler o jornal. Depois de dez anos de casamento, ela tinha entendido a importância de fazer as coisas no tempo certo.

Quando Assuero recebeu Ester em seu pátio interior, ela pode ter sentido o ímpeto de despejar o que tanto pesava em seu coração. A vida de todo o povo judeu, incluindo seus parentes e amigos, estava em jogo. Mas considerando que Ester havia se preparado com oração, sentiu que este não era o momento certo para fazer seu pedido. Mesmo em tal situação arriscada, controlou suas emoções e esperou que Deus a guiasse. Em vez de suplicar pela vida de seu povo, convidou o rei a um banquete e prometeu explicar seu pedido no dia seguinte.

Admiro o discernimento e a moderação da rainha Ester. Com bastante frequência, me entrego à tentação de falar antes de pensar. Quando dizemos algo errado, ou algo certo na hora errada, pode ser o gatilho para consequências desagradáveis ou até mesmo desastrosas. A Bíblia ensina que somos responsáveis não apenas pelo que dizemos, mas também pelo momento em que dizemos e como o fazemos. Se orarmos antes de lidar com um problema, o Espírito Santo de Deus guiará nossas palavras e nos mostrará o momento certo. Com a Sua ajuda, podemos aprender a dizer a coisa certa exatamente no tempo certo.

*O coração do justo medita o que há de responder, mas a boca dos perversos transborda maldades.*
PROVÉRBIOS 15:28

9 DE JUNHO

# Hora de agir

**A RAINHA ESTER**
**ESTER 6–7**

Vanessa se colocou na beirada do cenário e observou as brilhantes luzes acima de sua cabeça. Fazer um teste para um comercial parecia uma aventura empolgante, mas agora ela estava começando a ter dúvidas. Havia memorizado suas poucas falas no diálogo e compreendeu exatamente como eles queriam que ela as interpretasse, mas não havia imaginado esta multidão de pessoas por todos os lados durante a filmagem. Ao limpar o suor de sua testa com o dorso da mão, Vanessa ouviu o diretor gritar: "Luz, câmera, ação!" Vanessa congelou.

Às vezes é difícil nos conter e não agir impulsivamente; em outros momentos é difícil tomar qualquer atitude que seja. A rainha Ester evitou pleitear o caso dos judeus com Assuero nas duas primeiras vezes em que ele perguntou sobre seu pedido. Na noite seguinte, o rei descobriu que Mordecai havia salvado sua vida, mas nunca fora recompensado. Isto fez do próximo banquete o momento perfeito para contar a Assuero sobre a trama de Hamã para aniquilar os judeus. Ester precisou ter coragem para acusar de traição o conselheiro em quem o rei mais confiava, mas ela sabia que Deus havia montado o cenário e lhe dado a deixa para executar seu papel designado.

Em vez de agir com ódio, Ester dependeu de Deus para mostrar-lhe o momento certo de agir. Na hora em que disse a Assuero que ela fazia parte do povo destinado à aniquilação, Deus tinha preparado os eventos de tal forma que o rei passou a ver Hamã e seu plano de forma diferente de como via antes. Quando enfrentamos um problema, o Senhor pode querer que esperemos para que Ele ordene os eventos. Mas também precisamos pedir sabedoria e coragem para estarmos prontas para fazer nossa parte. Por depender da oração e da liderança de Deus, não congelaremos quando Ele nos dirigir à ação.

*…não vos torneis insensatos, mas procurai compreender qual a vontade do Senhor.* EFÉSIOS 5:17

10 DE JUNHO

# Pedindo o impossível

A RAINHA ESTER
ESTER 8:1-12

"Eu certamente orarei por você", Ann prometeu após Betty terminar de listar seus problemas.

"Vai resolver muita coisa mesmo", Betty bufou ao se afastar. Ela já não valorizava tanto a oração. *A oração não impediu que meu marido perdesse seu emprego, ou que meu filho abandonasse sua esposa. Não curou o câncer de minha mãe. Nem mesmo nos concedeu o valor que pedimos por nossa casa. Acho que as coisas que pedimos a Deus eram difíceis demais para Ele.*

A rainha Ester fez um pedido semelhantemente impossível ao rei Assuero. Hamã havia lançado um decreto em nome do rei ordenando a destruição total do povo judeu no império. Repleta de horror com a perspectiva de morte para ela e seu povo, Ester implorou ao rei que revertesse a ordem. Mas segundo a lei dos medos e persas, um decreto real jamais poderia ser revogado. O rei Assuero, contudo, assinou outro decreto para corrigir o primeiro. O segundo decreto permitia que os judeus se reunissem e destruíssem seus inimigos, o que os protegia dos efeitos perniciosos do primeiro decreto, sem cancelá-lo.

Nada é impossível para Deus. Algumas vezes não recebemos o que pedimos porque vai contra Seus propósitos ou exigiria que Ele violasse o livre-arbítrio de alguém. Antes que Deus criasse o mundo, Ele decretou que a penalidade para o pecado seria a morte. Quando Adão e Eva desobedeceram, Deus não podia revogar essa lei. Mas Ele tinha um segundo decreto pronto. Ele se tornaria homem e morreria pelos pecados de toda a raça humana. Para aqueles que escolhem crer, o sacrifício de Jesus corrige os efeitos perniciosos da lei do pecado e da morte sem revogá-la.

*Porque a lei do Espírito da vida, em Cristo Jesus, te livrou da lei do pecado e da morte.* ROMANOS 8:2

11 DE JUNHO

# Instrumento de Deus

**A RAINHA ESTER**
ESTER 4:13,14

Quando Mordecai instou Ester a interceder pelo povo judeu, ele lhe disse que mesmo que ela se recusasse a agir, os judeus ainda seriam salvos de alguma forma. Mordecai confiava nas promessas de Deus para o Seu povo e percebeu que o Senhor não permitiria que fossem destruídos. Após a crise ter passado, as palavras de Mordecai devem ter permanecido na mente da rainha. Ninguém podia negar que Ester havia agido corajosa e sabiamente, mas ela sabia que Deus havia orquestrado cada detalhe do resgate dos judeus.

Deus havia colocado Ester em uma posição singular para intervir diante do rei. Ele a havia guiado fazendo-a esperar até o momento perfeito para revelar seu pedido. Nesse ínterim, Deus fez Assuero descobrir a dívida que tinha com Mordecai por ter salvado sua vida. Quando Ester finalmente revelou a trama de Hamã que ameaçava sua vida, Assuero foi até o jardim irado. No momento em que retornou viu Hamã caindo no divã da rainha e presumiu que ele a estava atacando (7:6,8). Este detalhe final selou a condenação do amargo inimigo dos judeus.

Quando cumprimos alguma tarefa importante para Deus, pode ser fácil nos gloriarmos de nosso sucesso. Qualquer compreensão de autorrelevância desaparece quando nos lembramos de que Deus é Aquele que controla todos e tudo em Seu mundo. Ele não precisa de nossa ajuda, mas nos permite a bênção de participar de Sua obra. Se nos recusarmos a cumprir nosso papel designado, Deus encontrará outra pessoa ou outra forma de executar o que deve ser feito. A rainha Ester sabia que era instrumento de Deus e deu a Ele o crédito pela libertação que os judeus receberam. Como Ester, precisamos nos lembrar de que ainda que o Senhor nunca precise de nossa ajuda, nós sempre precisamos da Sua ajuda.

*Ele não é servido por mãos de homens, como se necessitasse de algo, porque ele mesmo dá a todos a vida, o fôlego e as demais coisas.* ATOS 17:25 (NVI)

## 12 DE JUNHO

# Conselho sensato

**A ESPOSA DE HAMÃ**
ESTER 6:13; 7:10

Segurando a mão de sua filha, Phyllis ouvia enquanto Tori soluçava e chorava com a história do rompimento do namoro. *Sabia que este dia iria chegar,* Phyllis pensou. Ela tinha visto os sinais óbvios de alerta. Desde o começo, ela insistia que Tori não devia se relacionar com esse rapaz. Mas sua filha de personalidade forte, ignorou seu conselho e raivosamente a acusou de ser intolerante. Chegou um momento em que Phyllis se imaginou dizendo: "Eu avisei". Mas agora, tudo em que ela podia pensar era quanta dor e sofrimento sua filha poderia ter evitado se simplesmente a ouvisse.

A esposa de Hamã lhe deu um bom conselho, mas por recusar-se a ouvi-la, Hamã foi levado à morte e sua esposa ao profundo sofrimento. Ela viu que Deus havia protegido e honrado Mordecai, então insistiu que Hamã deveria desistir de opor-se a ele. Hamã continuou com sua trama contra Mordecai, tendo como resultado a ordem do rei para executá-lo com seus filhos e a tomada de sua propriedade. Por causa da teimosia de seu marido, a esposa de Hamã perdeu sua família e sua casa. Pelo resto de sua vida, ela deve ter imaginado como sua vida teria sido se Hamã simplesmente tivesse seguido seu conselho.

É difícil assistir àqueles a quem amamos caminharem em direção a problemas, mas só podemos lhes dar nossa opinião dizendo-lhes que estão cometendo erros. Não podemos forçar outros a seguir nosso conselho mesmo que seja para o seu bem. Deus nunca nos força a seguir Seu conselho mesmo sabendo sempre o que é melhor para nós. Sua Palavra nos dá as instruções que precisamos para apreciar a melhor vida possível, mas geralmente ignoramos a liderança divina e seguimos nosso caminho. Quando colhemos as consequências de nossa rebelião, Deus está pronto para nos consolar. Durante todo o tempo Ele anseia que vejamos quanta dor e sofrimento podemos evitar se seguirmos Seus conselhos.

*Com efeito, os teus testemunhos são o meu prazer, são os meus conselheiros.* SALMO 119:24

13 DE JUNHO

# Filha adotiva

**ESTER**
ESTER 2:5-11

Enquanto Moira puxava a certidão desbotada de dentro da caixa, lágrimas aguilhoavam seus olhos. Ela se lembrou de quando Roy colocou este papel em suas mãos em um restaurante elegante demais para uma menina de quatro anos. "Eu não estou apenas me casando com a mamãe", ele disse. "Também estou escolhendo você para ser minha filha. Este papel diz que nós pertencemos um ao outro para sempre". Moira olhou dentro da caixa novamente e viu o pequeno anel de ouro que seu novo pai havia colocado em seu dedo na cerimônia de casamento na semana seguinte à conversa no restaurante. Ele manteve sua promessa. Ela não poderia ter pedido por um pai mais amoroso ou avô melhor para seus filhos.

A heroína no livro de Ester também foi adotada. Após a morte de seus pais, seu primo mais velho, Mordecai, a adotou e a criou como sua filha. Quando Ester foi levada ao palácio do rei Assuero, Mordecai caminhava próximo ao harém todos os dias, tentando conseguir informações sobre Ester. Após Assuero coroá-la rainha, Mordecai permaneceu vigiando-a. Ester o honrava e obedecia, mesmo depois de se tornar uma poderosa rainha. Ela se recusou a deixar a mudança dramática em sua vida perturbar o elo que a unia a seu pai adotivo.

Todos os cristãos são filhos adotados em um sentido espiritual. Ser adotado significa: "ser escolhido", e a Bíblia ensina que Deus nos escolheu antes de criar o mundo. Jesus morreu para que um Deus santo pudesse nos adotar como Suas filhas. O Espírito Santo é nossa certidão de adoção, provando que nos tornamos parte da família de Deus. O Senhor nos promete Sua proteção, provisão e liderança plenas. Nossa parte é honrá-lo e obedecê-lo com o melhor de nossa habilidade, independentemente das circunstâncias em nossa vida. Não poderíamos jamais pedir um Pai mais amoroso.

*...nos predestinou para ele, para a adoção de filhos, por meio de Jesus Cristo, segundo o beneplácito de sua vontade.* EFÉSIOS 1:5

**14 DE JUNHO**

# *Pai menos que perfeito*

**AS FILHAS DE LÓ**
**GÊNESIS 19:6-8, 30-38**

"Pai, você sempre esteve ao meu lado!", Sierra devolveu o cartão no suporte. "Como posso te agradecer por tudo o que você me ensinou quando criança?" *Também não estava muito certo.* Ela torceu o nariz. *Onde vou achar um cartão que não me faça sentir uma hipócrita? Algo como: "Você esteve sempre ocupado demais com sua carreira para ir aos meus recitais e peças da escola, então eu realmente não tenho memórias de infância de momentos divertidos com você e agora somos tão distantes um do outro que nossa conversa é em grande parte sobre o clima ou o noticiário, mas Feliz Dia dos Pais mesmo assim."*

Nenhum pai é perfeito. A Bíblia descreve Ló como um homem justo (2 PEDRO 2:7,8), mas ele falhou com suas filhas de uma forma que causou muito sofrimento e degradação. Quando homens de Sodoma exigiram sexo com os dois homens que eram convidados de Ló, ele ofereceu suas filhas virgens. Ló deu mais importância ao seu papel de anfitrião do que ao seu papel de pai e protetor.

É difícil imaginar como as meninas se sentiram por serem oferecidas a uma multidão desejosa de prazer sexual, e além de tudo oferecidas por seu próprio pai. Nós sabemos que elas não tinham respeito por si próprias ou por Ló. As meninas mais tarde enganaram seu pai bêbado para ter relações sexuais com elas. Elas deram mais importância a manter a linhagem da família do que a leis básicas da moralidade. Seus filhos se tornaram os ancestrais de dois dos inimigos mais amargos de Israel.

Todas nós, de alguma maneira, já nos sentimos frustradas com nossos pais, seja por pequenas decepções ou feridas profundas de negligência ou abuso. É útil lembrar que ainda que nossos pais terrenos sejam humanos e predispostos a errar, nosso Pai celestial é perfeito e Seu amor nunca nos decepcionará. Ele também está pronto para nos ajudar a perdoar todos os males que nos causaram. Em casos como o de Sierra, Ele pode nos ajudar a reconstruir o relacionamento entre pai e filha para que a compra de um cartão para o dia dos pais, seja mais fácil.

*Vede que grande amor nos tem concedido o Pai, a ponto de sermos chamados filhos de Deus; e, de fato, somos filhos de Deus...*
1 JOÃO 3:1

**15 DE JUNHO**

# Uma herança notável

**AS FILHAS DE JÓ**
JÓ 42:12-15

Fiquei cada vez mais boquiaberta ao olhar o documento em minhas mãos. O fato de meu tio-avô ter me incluído em seu testamento não me surpreendeu, afinal de contas, ele não tinha filho e fora sempre próximo de minha família. O que me chocou completamente era a quantia de minha herança! Não tínhamos ideia de que esse homem era tão rico! Minha mente apressou-se em fazer planos— meu marido pedindo demissão do emprego, comprar uma casa nova, ajudar as crianças, viajar com minha família. Este dinheiro mudaria nosso modo de viver... de repente o telefone tocou — e eu acordei.

A passagem bíblica de hoje menciona outra herança surpreendente, mas esta não era só um sonho. Depois de suportar a devastadora perda de seus filhos e todos os seus bens, Jó foi abençoado por Deus em seus dias futuros. Mais dez filhos nasceram, incluindo três filhas, descritas como as mais formosas da região. Em uma época em que as mulheres normalmente não recebiam uma herança, Jó incluiu Jemima, Quezia e Quéren-Hapuque em seu testamento com seus filhos. Estas mulheres devem ter se sentido valorizadas ao saber que seu pai as amava o suficiente para ir contra a norma social e prover generosamente para o seu futuro.

As filhas de Deus também têm uma herança notável. O fato de um Deus perfeito um dia compartilhar Sua casa e riqueza com mulheres imperfeitas é incrível, mas quando nos tornamos Suas filhas adotadas por meio da nossa fé em Jesus, Ele nos promete um futuro maravilhoso e que vai além de tudo com o que poderíamos sonhar. O conhecimento de que temos um Pai que nos ama tanto a ponto de enviar Seu Filho para morrer e garantir nosso futuro, deveria nos fazer sentir especiais e valorizadas. E deveria mudar o modo como vivemos agora.

*...nos regenerou para uma viva esperança,*
*[...] para uma herança incorruptível, sem mácula,*
*imarcescível, reservada nos céus para vós outros.*
1 PEDRO 1:3,4

## 16 DE JUNHO

# Segura nas mãos do Pai

**A FILHA DE JEFTÉ**
**JUÍZES 11:29-40**

Estudiosos da Bíblia descordam entre si com relação ao que realmente aconteceu com a filha de Jefté. Porque o Espírito de Deus estava com ele e o havia ajudado em uma batalha, ele tinha feito um voto ao Senhor em que sacrificaria a primeira coisa que saísse de sua casa quando ele retornasse. Alguns creem que devido às influências pagãs e supersticiosas, Jefté literalmente ofereceu sua filha como holocausto em ação de graças. Outros argumentam que considerando que Deus tinha claramente proibido sacrifício humano, Jefté dedicou sua filha ao serviço vitalício ao Senhor, em lugar de permitir que ela se casasse e tivesse filhos como todas as israelitas desejavam fazer. De qualquer forma, o que mais se destaca para mim na passagem é a reação da filha.

Quando Jefté retornou da batalha, sua filha foi ao seu encontro, com adufes e danças de alegria por sua vitória contra a nação dos inimigos. Assim que a viu, Jefté clamou em angústia por seu voto impulsivo. Sua filha, no entanto, calma e corajosamente submeteu-se, para que a promessa de seu pai a Deus fosse cumprida. Será que ela, em sua inocência, compreendia o significado do primeiro comentário de seu pai? Ou será que somente mais tarde entenderia exatamente o que ele havia prometido? As Escrituras não registram palavras de acusação a seu pai impulsivo e nenhuma exclamação, que expressasse horror — somente um profundo senso de tristeza por nunca ter a chance de ser mãe.

Como filhas de Deus, temos um Pai celestial que é sempre sábio e bom. Não precisamos nos preocupar com a possibilidade de Ele fazer algo impulsivo que coloque nossa vida em perigo. Ele promete fazer tudo cooperar para o bem em nosso viver se lhe entregarmos o controle. Não é fácil confiar nele quando coisas ruins acontecem, mas mesmo em meio a nossas decepções, Deus pede submissão total à Sua vontade. Se a filha de Jefté demonstrou tal atitude a seu pai imperfeito, nós certamente podemos nos submeter a nosso perfeito Pai celestial sabendo, sem dúvida alguma, que estamos sempre seguras em Suas mãos.

*...o que preserva com vida a nossa alma*
*e não permite que nos resvalem os pés.*
SALMO 66:9

17 DE JUNHO

# Um anseio do Pai

## A FILHA DE JAIRO
## MARCOS 5:21-24

Ao sentir a anestesia começando a relaxar seu corpo, os pensamentos de Tânia se focaram em seu pai e não nas preocupações com o sucesso da cirurgia. Seu pai foi um de seus melhores encorajadores nos últimos anos, levando-a a consultas médicas e depois a tratamentos de diálise. Quando seu médico ressaltou a necessidade urgente de um transplante de rim, ele imediatamente se voluntariou. Tânia questionou a sabedoria do ato de seu pai ao abrir mão de um rim nessa idade, mas ele estava inflexível. Apesar de seu primo também ser um bom candidato para o transplante, o pai de Tânia insistiu que seu rim fosse usado. Ele queria estar envolvido na cura de sua filha.

A passagem bíblica de hoje conta de uma menina de 12 anos cujo pai ansiava por sua cura. Jairo era um líder da sinagoga local cuja única filha estava mortalmente doente. Lançando-se aos pés de Jesus, o pai aflito fervorosamente implorou a Jesus que fosse e impusesse as mãos para que ela não morresse. A menina estava em casa em sua cama, sem saber da profundidade da tristeza de seu pai ou de seus esforços desesperados para encontrar uma forma de salvar sua vida. Ela não tinha ideia de que a fé de seu pai, em breve, a levaria a receber um toque das mãos do próprio Deus.

Cada uma de nós tem um Pai que fervorosamente anseia por nossa cura. Jesus se dispôs a morrer para que fôssemos curadas da doença fatal do pecado que leva à separação eterna de Deus. Além disso, o Senhor deseja nos curar de qualquer coisa que nos impeça de desfrutar plenamente a vida que Ele planejou para nós: feridas de nosso passado, hábitos nocivos e tendências pecaminosas que nos impedem de ser espiritualmente saudáveis. Se ao menos conhecêssemos as profundezas da tristeza de nosso Pai pelas coisas que nos ferem, procuraríamos Seu toque curador.

*Cura-me, Senhor, e serei curado...*
JEREMIAS 17:14

## 18 DE JUNHO

# Ouvindo Sua voz

**A FILHA DE JAIRO**
**MARCOS 5:35-41**

"Hora do jantar!", Jackie gritou mais uma vez da cozinha. Minutos passaram, e ainda não houve resposta. Irritada, ela caminhou brava pelo corredor a bateu à porta de seu filho. "Você não me ouviu chamar?", reclamou. Nenhum som veio do quarto. Empurrando a porta, ela viu seu filho adolescente sentado em sua cama, fones nos ouvidos e seu novo aparelho MP3 em suas mãos; totalmente absorto sem perceber a mãe chamá-lo.

A menina em Marcos 5 ouviu uma voz chamá-la e não apenas do lado de fora de sua porta. Quando Jairo implorou a Jesus que fosse curar sua filha, essa jovem de 12 anos já havia morrido antes que chegassem a casa. Indo até seu quarto, Jesus tomou sua mão gelada e sem vida e a chamou: "Menina, levante-se!" Naquele instante ela teve a vida e a saúde restauradas.

Como a menina se sentiu ao ouvir a poderosa voz à qual até mesmo a morte obedecia? Talvez a voz de Jesus fosse familiar se ela já tivesse ouvido Seus ensinos ou estivesse estado nas multidões que o seguiam. Talvez tenha sentido apenas que seu espírito estava sendo irresistivelmente atraído a uma voz de amor e autoridade.

A voz de Jesus está chamando cada uma de nós hoje. Se estamos espiritualmente mortas, Ele nos chama para nova vida por meio da fé. Se já aceitamos o dom da vida eterna, Ele nos convida diariamente para seguir Sua liderança e viver de forma que agrademos a Deus. Quando nos cercamos de barulho constante, podemos perder a voz calma e leve de Jesus. Precisamos planejar um momento de quietude distante da televisão, de rádios, telefones celulares e MP3 *players*. Não queremos bloquear o chamado de Jesus — há muito mais em jogo do que um simples jantar.

> *Eis que estou à porta e bato; se alguém ouvir a minha voz abrir a porta, entrarei em sua casa e cearei com ele, e ele, comigo.* APOCALIPSE 3:20

**19 DE JUNHO**

# Uma história poderosa

**A FILHA DE JAIRO**
**MARCOS 5:42,43**

Todos nós ficamos sentados fascinados enquanto a palestrante convidada compartilhava sua incrível história de vida no jantar. Todos na plateia foram tocados. Em 1977, Gianna Jensen sobreviveu a um aborto por injeção salina, quando sua mãe estava na metade do oitavo mês de gravidez. Gianna pesava quase dois quilos e foi mais tarde diagnosticada com paralisia cerebral devido à falta de oxigênio em seu cérebro durante o aborto fracassado. O prognóstico dado pelos médicos era de que a menina nunca seria capaz de erguer a cabeça. Hoje, Gianna viaja pelo país dando palestras, cantando e também participando de maratonas. Em todo lugar aonde vai, aqueles que a ouvem são tocados por sua incrível história de vida.

A filha de Jairo também teve uma incrível história de vida para compartilhar com outros. Conforme a menina crescia, ela provavelmente nunca se cansou de ouvir sobre o milagre de sua vida — o modo como morreu enquanto seu amado pai implorava a Jesus que a curasse, e como Jesus foi à sua casa e a chamou de volta à vida e à saúde. Todos na vizinhança logo souberam de sua história e a conheciam como a menina que tinha sido ressuscitada. Ao se tornar uma mulher, ela soube que sua vida tinha propósito e significado, porque o amor de seu pai e o toque de Jesus lhe haviam concedido uma segunda chance.

Algumas mulheres têm histórias dramáticas para contar sobre o livramento de Deus de situações de violência, libertação de vícios, como Ele as curou de doenças terminais ou as resgatou do perigo. Podemos pensar que nossa história não causará impacto em outras pessoas, mas se somos cristãs, temos um testemunho significativo para compartilhar. O amor de nosso Pai e o toque de Jesus não apenas nos curaram da doença mortal do pecado, mas também nos deram nova vida que não terá fim. Qualquer vida transformada pelo amor de Deus tem uma história poderosa e valiosa para ser compartilhada.

*…mas oferecei-vos a Deus, como ressurretos dentre os mortos…* ROMANOS 6:13

20 DE JUNHO

# O grande roubo

**AS FILHAS DE LABÃO**
GÊNESIS 31:1-16

*Eu sabia que não deveria ter cedido!*, Lily sentiu vontade de socar as paredes. No começo, ela hesitou com a ideia de deixar seu irmão dependente de drogas mudar-se para sua casa, mas ele precisava de um lugar para ficar por apenas alguns dias, apenas até começar a reabilitação. Uma semana depois, Lily chegou em casa do trabalho e percebeu que ele e todo o equipamento de televisão e som sumiram. Ao correr até o quarto, seus maiores medos foram confirmados. Suas joias e seu dinheiro para emergências também sumiram.

Lia e Raquel sabiam como é ser roubada por um parente. Quando Jacó quis deixar seu sogro e voltar à sua terra natal, as duas irmãs prontamente concordaram, considerando que acreditavam que Labão as havia explorado. Lia e Raquel não receberam nenhum benefício do dote que Jacó havia pagado para casar-se com elas: 14 anos de trabalho. Como Labão lhes havia negado seus direitos de costume, Lia e Raquel sentiram que seu pai as havia tratado como escravas estrangeiras e não como filhas altamente valorizadas. Elas não tiveram receio algum em mudar-se secreta e silenciosamente com seu marido e com a riqueza que ele havia acumulado — junto com os valiosos ídolos de seu pai.

Independentemente de sabermos ou não, todas nós fomos roubadas. Satanás é o grande ladrão que roubou algo precioso quando introduziu o pecado no perfeito mundo de Deus. Em contraste, Jesus veio à Terra para entregar Sua vida para que pudéssemos reconquistar nosso relacionamento legítimos com nosso Pai. Mesmo depois de nos tornarmos cristãs, Satanás ainda tenta nos roubar. Quando fazemos concessões em nossos padrões, brincamos com o pecado ou damos o primeiro lugar em nossa vida a qualquer outra coisa que não seja Deus, podemos perceber que nossa alegria, nossa paz e nosso contentamento foram roubados. Se notamos que algo está faltando, é hora de correr para o nosso Pai, que quer nos ajudar a reconquistar o que é nosso por direito.

*O ladrão vem somente para roubar, matar e destruir; eu vim para que tenham vida e a tenham em abundância.*
JOÃO 10:10

21 DE JUNHO

# O verdadeiro alimento pronto para servir

## MULHERES E O MANÁ
## ÊXODO 16:11-15; NÚMEROS 11:7-9

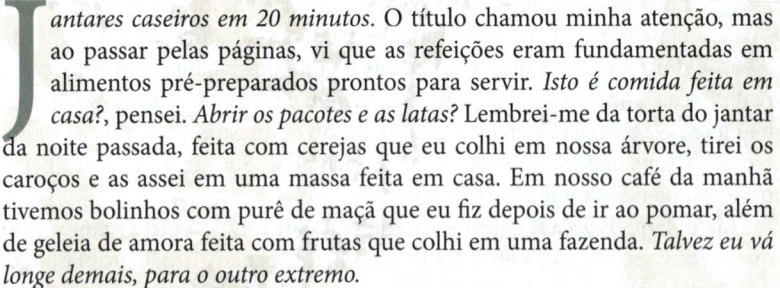

*Jantares caseiros em 20 minutos*. O título chamou minha atenção, mas ao passar pelas páginas, vi que as refeições eram fundamentadas em alimentos pré-preparados prontos para servir. *Isto é comida feita em casa?*, pensei. *Abrir os pacotes e as latas?* Lembrei-me da torta do jantar da noite passada, feita com cerejas que eu colhi em nossa árvore, tirei os caroços e as assei em uma massa feita em casa. Em nosso café da manhã tivemos bolinhos com purê de maçã que eu fiz depois de ir ao pomar, além de geleia de amora feita com frutas que colhi em uma fazenda. *Talvez eu vá longe demais, para o outro extremo.*

As mulheres na passagem bíblica de hoje sabiam um pouco sobre alimentos prontos para servir. Durante o período de 40 anos em que os israelitas perambularam pelo deserto, Deus proveu o povo fazendo chover comida do céu todas as manhãs. Êxodo 16:31 descreve o maná branco com sabor de bolos de mel. Tudo o que as mulheres tinham que fazer era caminhar para fora das tendas e colher o quanto suas famílias precisassem. Sim, elas ainda precisavam preparar o maná, mas pelo menos não precisavam matar, tirar a pele e cortar. Todos os dias, as mulheres sabiam qual era o cardápio. Elas só precisavam decidir se ferveriam ou assariam.

Muitas pessoas acreditam que o crescimento espiritual deveria ser rápido e fácil, como cozinhar com alimentos prontos. Mas não podemos abrir um pacote de devoção. Nós simplesmente não abrimos nossas Bíblias e entendemos Deus. Tornarmo-nos como Cristo exige trabalho pesado. Ainda que nossa salvação seja um presente, muitas passagens bíblicas nos estimulam a trabalhar e estudar para nos tornarmos quem Deus planejou que fôssemos. Embora eu nem sempre tenha tempo para cozinhar a partir do zero, eu preciso encontrar tempo todos os dias para preparar meu coração para Deus. Encontrarei os ingredientes necessários listados em Seu Livro.

> *Segui a paz com todos e a santificação...*
> HEBREUS 12:14

22 DE JUNHO

# Pão diário

## MULHERES E O MANÁ
## ÊXODO 16:4,5,16-20

Minhas mãos tremeram enquanto media a quantidade de mingau instantâneo a ser colocada na água fervente. Atrás de mim, meu filho de dois anos de idade sentando em seu cadeirão, chorando com toda a força dos pulmões. Manhã após manhã, seguíamos a mesma rotina. De quanto tempo ele precisaria para perceber que eu não o deixaria morrer de fome — que eu o havia alimentado no dia anterior e hoje o faria novamente?

Quando a comida dos israelitas acabou, eles acusaram Deus de haver planejado deixá-los morrer de fome. Deus queria que o povo confiasse que Ele supriria suas necessidades, então instruiu os israelitas a, todos os dias, colher maná suficiente para o consumo de um dia somente. Isto seria especialmente difícil para as mulheres que estavam acostumadas a conservar, preparar e servir o alimento. Afinal de contas, eles *estavam* no meio de um deserto. E se o maná não viesse no dia seguinte? E se seus filhos tivessem fome mais tarde por terem deixado comida no chão? Algumas pessoas desobedeceram às instruções de Deus e tentaram manter uma reserva do maná. Na manhã seguinte havia larvas e cheirava muito mal.

Os israelitas tiveram dificuldades em crer que Deus proveria suas necessidades básicas, mesmo depois de todos os milagres que Ele havia feito em favor deles. Nós geralmente duvidamos da provisão de Deus de modo semelhante. Mesmo já tendo confiado que Ele nos salvou do julgamento eterno pelo pecado, algumas vezes é difícil acreditar que o Senhor cuidará de nós em outros aspectos. Se precisamos de provisão material, ajuda com problemas emocionais ou de relacionamento ou liderança em decisões difíceis, podemos ter certeza de que Deus suprirá. Mas Ele só nos dará o que precisamos para essa situação específica. Dessa forma, cresceremos e aprenderemos a confiar que Ele continuará nos alimentando diariamente.

*...o pão nosso cotidiano dá-nos de dia em dia.*
LUCAS 11:3

23 DE JUNHO

# A carta de Paulo

## MULHERES ESTIMADAS
## EFÉSIOS 5:25-33

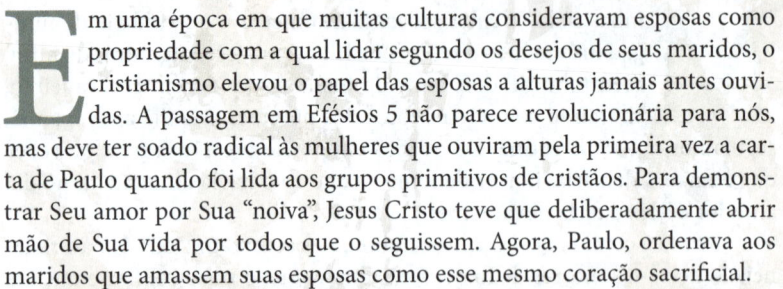

Em uma época em que muitas culturas consideravam esposas como propriedade com a qual lidar segundo os desejos de seus maridos, o cristianismo elevou o papel das esposas a alturas jamais antes ouvidas. A passagem em Efésios 5 não parece revolucionária para nós, mas deve ter soado radical às mulheres que ouviram pela primeira vez a carta de Paulo quando foi lida aos grupos primitivos de cristãos. Para demonstrar Seu amor por Sua "noiva", Jesus Cristo teve que deliberadamente abrir mão de Sua vida por todos que o seguissem. Agora, Paulo, ordenava aos maridos que amassem suas esposas como esse mesmo coração sacrificial.

Algumas das destinatárias originais das cartas de Paulo provavelmente suportavam tratamento severo. Talvez algumas delas viviam com maridos indiferentes ou frios. Mesmo que tivessem aprendido a aceitar sua situação, as palavras de Deus devem tê-las feito sentir valorizadas de uma forma que não conheceram antes. Quer os homens obedecessem ou não às instruções, as mulheres tinham a certeza de que a intenção do Senhor era que seus maridos as amassem e cuidassem delas tanto quanto de seus próprios corpos. Deus desejava que as esposas vivenciassem o tipo de amor que sempre age em prol dos interesses delas.

Que mulher não gostaria de ter ao seu lado um homem com amor profundo, altruísta que o levasse a entregar sua vida por ela, caso fosse necessário? Muitas esposas hoje sentem que estão em casamentos sem amor. Algumas vivenciam uma versão distorcida do relacionamento planejado por Deus, o que as faz sentir-se usadas. Independentemente da natureza de nosso casamento ou de nossa situação conjugal, nós já *vivenciamos* o amor descrito em Efésios 5. Jesus abriu mão de Sua vida por nós antes mesmo de o conhecermos. Ele sofreu e pagou o preço do nosso pecado para que possamos ter uma vida que vale a pena na Terra, e então viver com Deus para sempre. Quando aceitamos o que Jesus oferece, somos, de fato, mulheres apreciadas.

*...Cristo nos amou e se entregou a si mesmo por nós...*
EFÉSIOS 5:2

24 DE JUNHO

# Confirmação necessária

**BERENICE**
ATOS 25:23; 26:1-30

A mulher se afastou lentamente do rol de banquete sem acreditar. Como o porteiro poderia recusar-se a deixá-la entrar na recepção? Ela era uma musicista conhecida e todos ali já a haviam reconhecido mesmo antes de ela cantar no casamento uma hora antes. Mas por seu nome não estar na lista de convidados, ela foi rejeitada. Agora perderia o jantar e o baile; e tudo porque ela não tinha confirmado sua presença.

A mulher nas passagens bíblicas de hoje também negligenciou o envio da resposta a um convite. Quando Berenice e seu marido visitaram o governador romano Festo, ficaram muito curiosos sobre seu prisioneiro controverso. Eles ouviram enquanto Paulo compartilhava seu testemunho detalhadamente e proclamava a ressurreição de Jesus. Como judia, Berenice entendia as referências de Paulo ao Messias prometido, mas aparentemente se recusava a aceitar a mensagem do evangelho. A Bíblia não a menciona novamente. Talvez seu coração estivesse tão endurecido por uma vida de rebelião deliberada contra as leis de Deus, que ela não conseguiu reconhecer a verdade quando lhe foi oferecida tão claramente.

Deus enviou a cada uma de nós um convite muito precioso. Ele nos oferece a chance de sermos livres da culpa por nossa natureza pecaminosa e a promessa de vida eterna com Ele. A oferta de Deus exige uma confirmação prévia de nossa parte. Precisamos acreditar e confiar na morte e ressurreição sacrificiais de Jesus e nos afastar de nossa antiga vida de pecado. Muitas pessoas ouvem o evangelho, mas não querem ser incomodadas com a mudança em seus estilos de vida. Como não sabemos quanto tempo temos sobrando, é perigoso atrasarmos a resposta ao convite de Deus. Essa é uma recepção que nós definitivamente não queremos perder.

*...Hoje, se ouvirdes a sua voz.*
SALMO 95:7

25 DE JUNHO

# Quero meus direitos

## AS FILHAS DE ZELOFEADE
## NÚMEROS 27:1-4

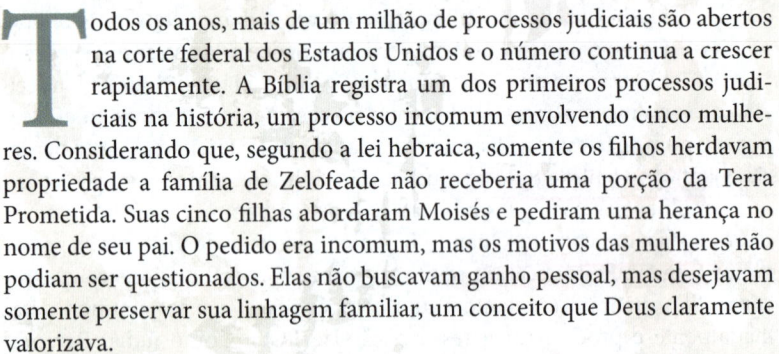

Todos os anos, mais de um milhão de processos judiciais são abertos na corte federal dos Estados Unidos e o número continua a crescer rapidamente. A Bíblia registra um dos primeiros processos judiciais na história, um processo incomum envolvendo cinco mulheres. Considerando que, segundo a lei hebraica, somente os filhos herdavam propriedade a família de Zelofeade não receberia uma porção da Terra Prometida. Suas cinco filhas abordaram Moisés e pediram uma herança no nome de seu pai. O pedido era incomum, mas os motivos das mulheres não podiam ser questionados. Elas não buscavam ganho pessoal, mas desejavam somente preservar sua linhagem familiar, um conceito que Deus claramente valorizava.

Faz parte da natureza humana exigir seus direitos. A publicidade alimenta esta tendência e tenta nos convencer de que merecemos tudo o que desejamos. Mesmo que nosso objetivo seja seguir Deus, podemos cair na armadilha de pensar que temos o direito à boa saúde, a filhos bem-comportados, um emprego seguro e uma boa casa. Mas Deus nunca nos prometeu vidas perfeitas. Fazer a Sua vontade frequentemente exige que submetamos nossa liberdade pessoal e coloquemos os interesses de outros acima dos nossos. Como Suas filhas, Ele nos pede que lhe rendamos nossos direitos e confiemos plenamente em Seu controle sobre os acontecimentos de nossa vida.

Por outro lado, nós geralmente não exercemos os direitos que nos foram dados. Como filhas de Deus, temos o incrível privilégio de abordá-lo a qualquer momento para pedir Sua ajuda. Ele nos dá o direito de exercer autoridade sobre nossa natureza pecaminosa e sobre as tentativas de Satanás de nos seduzir afastando-nos do nosso Pai eterno. Qualquer direito que exigimos se desvanecem em comparação ao privilégio de sermos chamadas de filhas de Deus.

*Mas, a todos quantos o receberam, deu-lhes o poder de serem feitos filhos de Deus...*
JOÃO 1:12

**26 DE JUNHO**

# Coerdeiras com Cristo

**FILHAS DE ZELOFEADE**
**NÚMEROS 27:5-11**

Quando as filhas de Zelofeade apresentaram sua petição para receberem uma porção de terra, Moisés não soube como lidar com a situação, então levou o caso das mulheres para o Senhor. Deus afirmou que a reivindicação das mulheres sobre a terra cananeia designada a seu pai e seus filhos era legítima. Deus também criou uma lei permanente em Israel que quando um pai morresse sem ter tido filhos, sua herança pertenceria às suas filhas.

Macla, Noa, Hogla, Milca e Tirza devem ter sido mulheres notáveis para pedir ousadamente algo que ia contra a lei escrita. Em vez de repreendê-las, Deus recompensou sua coragem. Estas irmãs desfrutaram do raro privilégio de serem as únicas mulheres com propriedade concedida na Terra Prometida. Pelo resto de suas vidas, elas provavelmente se sentiram gratas por não permitirem que as leis e os costumes que favoreciam homens, as intimidassem e as impedissem de se pronunciar. O caso das irmãs abriu precedente para todas as mulheres israelitas que viriam depois delas.

É difícil para nossa sensibilidade moderna compreender como esta decisão foi notável. Também é difícil compreendermos como nossa posição em Cristo é singular. Assim que Deus nos aceita como Suas filhas adotadas, nos tornamos Suas herdeiras. Nossa herança começa imediatamente, com tudo o que precisamos para viver uma vida piedosa e com as bênçãos espirituais, que vêm do fato de estarmos em um relacionamento de amor com nosso Pai. Isto se estende ao nosso futuro como coerdeiras com Jesus Cristo, autorizadas a compartilhar das riquezas do reino de Deus pela eternidade.

Nossa herança também inclui o preço de seguir Jesus num mundo que se opõe a Ele. Somos chamadas para suportar sofrimento em certo grau, assim como Ele suportou perseguição, humilhação e morte em uma cruz. Mesmo quando nossa posição como herdeiras de Deus nos faz sofrer, podemos ser gratas porque Sua herança é dividida igualmente entre filhas e filhos.

*Ora, se somos filhos, somos também herdeiros, herdeiros de Deus e coerdeiros com Cristo; se com ele sofremos, também com ele seremos glorificados.* ROMANOS 8:17

27 DE JUNHO

# Promessas vazias

TAMAR
GÊNESIS 38:1-11

Prometo que envio um cheque até o fim do mês. As palavras de Colin ecoaram na mente de Bonnie enquanto ela mexia na pilha de contas em sua mesa. Certamente não era a primeira vez que ela ouvia estas palavras — seu ex-marido tinha um estoque pronto de desculpas para não fazer os pagamentos das pensões de seus filhos. Bonnie, no começo, havia compreendido os problemas de Colin, mas agora ela estava cansada de suas racionalizações. Afinal de contas, promessas vazias não pagariam as contas.

Tamar sabia como era esperar uma promessa ser cumprida. Quando seu marido morreu, a lei exigia que o filho seguinte da família se casasse com ela e gerasse uma descendência para preservar o nome de seu irmão. A lei do levirato (DEUTERONÔMIO 25:5-10) parece estranha para nós, mas protegia viúvas sem filhos provendo-os para receberem a herança do marido falecido e continuar a linhagem da família. Depois que o segundo marido de Tamar morreu, seu sogro prometeu que seu filho mais novo, Selá, se casaria com ela quando chegasse à idade adequada. Tamar viveu na casa de seu pai em um estado de limbo, vendo os anos se passarem sem sinal algum de que Judá cumpriria sua promessa.

Vivemos em um mundo onde promessas são facilmente feitas, mas frequentemente quebradas. Muitas pessoas dão sua palavra com relação a algo e então abandonam o compromisso. O efeito em nossa vida pode variar de inconveniência à profunda dor e decepção. Felizmente, nós nunca precisaremos nos perguntar se Deus cumprirá Suas promessas. Não faz parte de Seu caráter voltar atrás em Sua Palavra. Para aquelas que creem em Seu filho, o Senhor promete perdão dos pecados, força e consolo em momentos difíceis, liderança em horas de confusão e gloriosa vida eterna com Ele após a morte. A Palavra de Deus está repleta de Suas promessas; e elas nunca são vazias.

*...a palavra do SENHOR é provada...*
2 SAMUEL 22:31

## 28 DE JUNHO

# Padrões duplos

**TAMAR**
**GÊNESIS 38:12-24**

Independentemente do que a carta dizia, Carla sabia qual era o verdadeiro motivo para ter sido dispensada. Ela já esperava por isso desde seu último aniversário. Era a velha parcialidade — Carla estava agora "madura" demais para sua posição de âncora do jornal, enquanto seu colega com seu cabelo grisalho e suas entradas o tornavam mais "distinto" e lhe davam "mais credibilidade".

A mulher na passagem de hoje passou uma situação de vida e morte em que a parcialidade fora aplicada. Tamar eventualmente percebeu que Judá não tinha intenções de preparar seu filho mais novo para casar-se com ela, então elaborou um plano para conseguir ter um filho. Quando seu sogro viúvo foi até o vilarejo onde ela morava, ela se cobriu com um véu e sentou-se na estrada. Judá a confundiu com uma prostituta e fez sexo com ela. Alguns meses depois, quando alguém contou a Judá que Tamar estava grávida, ele ordenou que ela fosse queimada viva.

Tamar deve ter se sentindo furiosa, sabendo que Judá a tinha condenado quando ele também havia pecado. Como sua culpa permanecia secreta, ele não hesitou em exigir a punição mais severa para ela. Ainda assim, Tamar tinha uma medida de segurança porque levava alguns artigos pessoais de Judá consigo que provavam seu envolvimento com ela.

As pessoas tendem a impor um julgamento mais rígido sobre o comportamento de alguém, do que sobre o seu próprio. Jesus disse que essa atitude hipócrita é como preocupar-se com uma farpa no olho de um amigo tendo uma trave no próprio olho (MATEUS 7:3). Deus nunca impõe padrões duplos; Seu requisito de perfeição é o mesmo para todos. Como nenhum de nós pode declarar ser perfeito, estamos todos no mesmo barco. Felizmente, Deus proveu uma forma de sermos livres da condenação de nosso pecado. A oportunidade de crer no sacrifício de Jesus Cristo também é a mesma para todos. Podemos impor padrões duplos, mas Deus acredita em oportunidades iguais para todos.

*…pois todos pecaram e carecem da glória de Deus.*
ROMANOS 3:23

29 DE JUNHO

# Compensando uma situação ruim

**TAMAR**
GÊNESIS 38:25-30

Maya pensou no problema que estava enfrentando enquanto esperava o início do culto. Após se formar em enfermagem, ela se mudou para perto de uma cidade grande para assumir um cargo no hospital. Infelizmente, problemas no orçamento do hospital acabaram com o seu emprego antes mesmo que ela começasse. A mulher ao seu lado interrompeu seus pensamentos ao se apresentar. Ela era a esposa de um médico da clínica local. Duas semanas depois, Maya começou em seu novo emprego a alguns quilômetros de seu apartamento, com benefícios e horas de trabalho melhores do que aquela primeira opção.

É difícil imaginarmos o que motivou Tamar a seduzir Judá para cometer um ato tão imoral. Estaria cansada de viver como viúva na casa de seu pai, sem poder se casar novamente porque Judá impedia o casamento? Como a sociedade considerava a maternidade como o papel primário de uma mulher, Tamar poderia estar determinada a ter um filho a qualquer custo? Será que ela partilhava da compreensão dos hebreus da importância de continuar a linhagem da família?

Qualquer que fosse sua argumentação, Deus não poderia tolerar o uso de trapaça feito por Tamar, sua união incestuosa com seu sogro ou o fato de Judá se permitir usar uma prostituta. No entanto, o Senhor permitiu que Tamar concebesse filhos gêmeos e por meio de um deles continuou a linhagem familiar de Judá que levou ao nascimento de Jesus. Apesar do passado cananeu de Tamar e do modo moralmente repreensível pelo qual se tornou mãe, Deus a incluiu, e um de seus filhos, na genealogia do Salvador do mundo.

A Bíblia registra muitos exemplos de que Deus redime uma situação da falta de bom senso de uma pessoa. Ele faz o mesmo em nossa vida, ainda que geralmente não percebamos. Apesar de nossos erros, falhas e escolhas erradas, Deus continua a trabalhar em Seu plano. Jesus morreu para nos redimir de nosso pecado e Deus redime toda circunstância negativa em nosso viver e as usa para o bem.

*...livra-me e tem compaixão de mim.*
SALMO 26:11

## 30 DE JUNHO

# Oferta sacrificial

### A MULHER QUE OFERTOU DUAS PEQUENAS MOEDAS
### MARCOS 12:41-44

Darlene lutou contra as lágrimas ao assistir às imagens da cidade destruída pelo furacão. Então pensou no cheque que havia feito mais cedo naquele mesmo dia. Um colega de trabalho estava angariando dinheiro para encher um caminhão com suprimentos básicos que ele planejava distribuir. Como mãe solteira, Darlene mal conseguia pagar as contas, mas estava determinada a ajudar. Com a ajuda de seus três filhos, ela listou maneiras da família cortar despesas. Agora, enquanto assistia ao noticiário, Darlene teve dúvidas. As necessidades eram tão grandes — sua pequena contribuição faria alguma diferença?

A viúva em Marcos 12 fez o que parecia ser uma contribuição desprezível. Suas duas moedas de cobre eram as menores moedas judaicas, cada uma valia em torno um oitavo de centavo em nosso dinheiro. Ela sabia que a quantia não iria muito longe na manutenção do Templo, mas encontrou alegria no ato de dar. Enquanto muitas das pessoas ricas garantiam que outros vissem suas ofertas altas, essa viúva que sofria com a pobreza tentou colocar suas moedas sem que ninguém percebesse, confiando que Deus aceitaria sua oferta mesmo que outros não a valorizassem. Jesus viu seu sacrifício e disse que valia mais do que o sacrifício de qualquer outro. Esta mulher deu tudo o que tinha, enquanto os ricos deram apenas porções pequenas do que lhes sobrou.

Deus está mais interessado em nossa atitude com relação ao ofertar do que na quantia. Ele não se impressiona se dermos uma pequena porcentagem de nossa riqueza e guardarmos a maioria para satisfazer nossos prazeres. Também não significa nada se dermos simplesmente pelo senso de obrigação. Quando damos parte de nossos recursos por amor e gratidão, Ele pode multiplicar qualquer quantia para cumprir Seus propósitos — mesmo que valha menos de um centavo aos olhos do mundo.

*Cada um contribua segundo tiver proposto no coração, não com tristeza ou por necessidade; porque Deus ama a quem dá com alegria.* 2 CORÍNTIOS 9:7

1.º DE JULHO

# Uma herança divina

**EUNICE E LOIDE**
**2 TIMÓTEO 1:5; 3:14,15**

Elise enrolou bem a carta e a empurrou para dentro de seu buquê. Sua mãe não poderia ir ao casamento, mas a moça carregaria suas palavras próximas ao seu coração. Depois, a carta seria colocada em uma caixa de cetim rosa junto a outras cartas escritas em outros marcos de sua vida — aniversários, primeiro dia de aula, o início do Ensino Médio, primeiro encontro amoroso, formatura da universidade. O primeiro ano de vida de Elise foi o último de sua mãe. O ano que ela investiu registrando suas esperanças, sonhos e orações para o futuro de sua filha. Sem memórias de sua mãe, Elise se apegava ainda mais à sua herança, expressa nestas preciosas cartas.

A Bíblia menciona Eunice e Loide pelo nome apenas uma vez, mas estas mulheres também deixaram um poderoso legado que perdurou muito tempo após morrerem. Esta mãe e esta avó se dedicaram a ensinar as Escrituras a Timóteo, desde sua infância. Suas vidas diárias também demonstravam fé e ação. Como resultado de sua herança piedosa, Timóteo se tornou um líder evangelista cujo ministério levou o conhecimento de Jesus como Messias a incontáveis pessoas. Eunice e Loide não tinham ideia do papel que seu filho e neto exerceria no cristianismo primitivo, mas seu legado está vivo até o dia de hoje.

Algum tipo de herança foi passado para cada uma de nós, quer seja piedosa ou não. Nós não a escolhemos, mas decidimos como respondemos a esse legado. Assim como os americanos escolhem rejeitar a herança de sua nação de um governo fundamentado em princípios piedosos, indivíduos escolhem seguir ou não o que lhes foi ensinado. Cada uma de nós também deixará um legado àqueles que vierem depois de nós, um legado moldado pelo modo como levamos nossa vida. O melhor tipo de herança a ser passado é amor por Deus e o compromisso de segui-lo.

*Os teus testemunhos, recebi-os por legado perpétuo, porque me constituem o prazer do coração.*
SALMO 119:111

2 DE JULHO

# Vivendo conforme as regras

"MULHER ESCRAVA"
GÁLATAS 4:21-30

Nora tentou esconder sua surpresa enquanto sua amiga falava sobre seus planos de jogar cartas com suas irmãs após o culto. *Ela definitivamente tem um histórico diferente do meu,* pensou. A família de Nora tinha uma longa lista de coisas que não se podia fazer no domingo. Filmes eram sempre um tabu e mulheres e moças não podiam usar calças. Apesar de amar sua igreja e a paixão do povo por Deus, Nora ainda lutava com suas atitudes enraizadas. Algumas vezes se sentia confusa com vontade de gritar: "Afinal de contas, quais *são* as regras?"

Essa mulher assemelha-se à "escrava" da metáfora de Paulo em Gálatas 4. Esta passagem ilustra a nova vida em Cristo ao contrastar duas mulheres do Antigo Testamento: Agar e Sara. Como escrava, Agar representa a antiga aliança, sob a qual as pessoas tentavam agradar a Deus seguindo regras e regulamentações. Sua ama, Sara, representa a nova aliança, uma vida de graça em que os cristãos confiam no Espírito de Deus e não em leis, para guiá-los no viver santo.

Regras são geralmente necessárias, mas na vida espiritual não há adesão a leis e rituais que nos ajude a merecer o amor de Deus. Tornamo-nos aceitáveis a Deus ao crermos em Jesus, sendo perdoados por nosso pecado e recebendo o dom da vida. A morte sacrificial de Jesus executou o que a antiga aliança não pôde fazer: nos capacita para o viver santo por meio da obediência ao Espírito Santo que vive em nós. Se formos legalistas quando nos aproximamos de Deus, perdemos a vida de graça que Ele planejou. O Senhor nos dá uma escolha: viveremos como escravas ou mulheres livres?

> *...mas agora que conheceis a Deus ou, antes, sendo conhecidos por Deus, como estais voltando, outra vez, aos rudimentos fracos e pobres, aos quais, de novo, quereis ainda escravizar-vos?*
>
> GÁLATAS 4:9

3 DE JULHO

# Verdadeira liberdade

"MULHER LIVRE"
GÁLATAS 4:31–5:16

Escondendo-se na esquina, Jasmine esperou até o corredor estar vazio. Ela evitava aquelas duas colegas de trabalho sempre que possível. Elas viraram duas "doidas" desde que começaram a frequentar aquela reunião cristã no ano passado. Agora se vestiam, falavam e agiam de modo diferente e, para Jasmine, ficar perto delas era claramente desconfortável. Elas podiam mudar se quisessem, mas ela não tinha intenção alguma de abrir mão de suas festas. Queria desfrutar da vida, não se preocupar com uma penca de regras entediantes. *O que posso fazer se gosto de viver intensamente?*, Jasmine afirmava para si mesma.

Como é uma pessoa que "gosta de viver intensamente"? A passagem em Gálatas explica que a fé em Jesus Cristo nos liberta de duas maneiras: primeiro, somos libertas de tentativa de merecer o favor de Deus por seguir regras e regulamentações. Antes, somos compelidas à lei de amar a Deus com todo o nosso coração e amar outros como a nós mesmas. Segundo, já não somos escravas do pecado. O Espírito de Deus vive em nós e nos dá o poder para resistir aos nossos desejos pecaminosos. Ainda temos uma natureza pecaminosa, mas já não precisamos ser controladas por ela.

Algumas pessoas veem a vida cristã como seguir um grupo de regras rígidas que reprimem nossa personalidade e suprimem nosso desejo de diversão. Mas a fé em Cristo, na verdade, nos liberta para nos tornarmos as pessoas que Deus nos criou para ser. Isto nos permite desfrutar da vida plenamente. Conforme Seu Espírito nos transforma interiormente, qualquer mudança que façamos em nossa vestimenta, nosso falar, nosso comportamento ou estilo de vida deveria ser expressão de nosso amor por Ele. Conforme nosso desejo de sermos mais semelhantes a Jesus cresce, descobrimos que a vida de graça verdadeiramente liberta nosso espírito e vivemos intensamente.

*Para a liberdade foi que Cristo nos libertou.*
GÁLATAS 5:1

## 4 DE JULHO

# *Mulheres patriotas*

### AS FILHAS DE SALUM
### NEEMIAS 3:1-12

Na época de Neemias, o muro ao redor de Jerusalém era uma desgraça que ameaçava a segurança da cidade. Como Salum não tinha nenhum filho homem, suas filhas trabalhavam com ele para restaurar a porção do muro que fora designada à sua família. Como responsável por metade do distrito de Jerusalém, Salum podia facilmente reunir trabalhadores para o ajudar, então talvez suas filhas tenham insistido em fazer parte do trabalho. Enquanto trabalhavam ao lado dos homens, sua alegria em contribuir com a segurança de sua nação provavelmente ofuscava sua fadiga e desconforto devido ao duro trabalho físico. Estas jovens mulheres sabiam que estavam investindo seu tempo e energia no futuro de Israel.

O evento histórico da reconstrução da muralha de Jerusalém inspirou o nome de uma organização chamada *WallBuilders* (Construtores de Muralha). Fundada por um educador e ex-diretor de escolas chamado David Barton, a organização se dedica a "apresentar heróis e a história esquecida da América, com ênfase na fundação moral, religiosa e constitucional sobre a qual os Estados Unidos foram construídos — uma fundação que em anos recentes tem sido seriamente atacada e solapada". A organização educa e encoraja americanos a exercerem um papel em reconstruir as fundações originais do país.

Quando temos uma vida confortável, é tentador focar exclusivamente em nossos interesses pessoais, mas Deus também nos chama para nos responsabilizarmos pelo bem-estar de nosso país. Algumas de nós podem se envolver com a política em nível local ou nacional. Algumas servem em conselhos municipais ou diretorias de escolas, enquanto outras representam Cristo em suas vizinhanças. Todas nós somos chamadas para interceder por nossa nação e seus líderes. Se cada uma de nós trabalhar na área que nos foi designada, assim como as filhas de Salum fizeram, podemos reconstruir a muralha de nossa nação e investir em seu futuro.

> *...se o meu povo, que se chama pelo meu nome, se humilhar, e orar, e me buscar, e se converter dos seus maus caminhos, então, eu ouvirei dos céus, perdoarei os seus pecados e sararei a sua terra.*
>
> 2 CRÔNICAS 7:14

**5 DE JULHO**

# Vivendo em uma sociedade hostil

**MULHERES HEBREIAS NO EGITO**
**ÊXODO 1:1-10**

Christie instintivamente afastou-se da beirada de sua sacada ao assistir à passeata na rua abaixo. Os manifestantes irados despejavam palavras que ela mal conseguia entender apesar de ter estudado o idioma por muitos anos. Um pouco antes, testemunhara um evento em que a bandeira americana fora queimada. Quando Christie chegou para seu ano de intercâmbio, as pessoas a receberam de braços abertos, mas ultimamente havia notado uma mudança no clima político e nas atitudes com relação a ela. Nem todos haviam mudado, claro, mas quando ela caminhava pela rua, recebia olhares hostis suficientes para a inquietarem. *Talvez isso signifique que meu tempo aqui esteja acabando*, pensou.

As mulheres na passagem de hoje sabiam o que era viver como estrangeiras em um país hostil. Quando a família de Jacó chegou ao Egito, o faraó os tratou com honra e respeito. Mas após muitos anos, a história de como José tinha salvado o país da fome apagou-se da memória e os egípcios começaram a se sentir ameaçados pelos descendentes de Jacó. Apesar de os israelitas viverem em uma parte separada do país, eles devem ter sentido a pressão por estarem cercados por pessoas que os consideravam com desconfiança, suspeita e até mesmo desprezo.

Hoje, os seguidores de Cristo são os que muito frequentemente vivenciam hostilidade social. Os padrões e propósitos do mundo opõem-se diretamente àqueles expressos por Deus em Sua Palavra. Quando nos posicionamos pela verdade do Senhor, podemos esperar que aqueles que não o conhecem nos ameacem com desconfiança, suspeita e desprezo. Ninguém se agrada com este tipo de tratamento, mas se queremos ser fiéis a Deus seremos inimigas do mundo. Isso é melhor do que a situação oposta.

> *...não compreendeis que a amizade do mundo é inimiga de Deus?* TIAGO 4:4

6 DE JULHO

# Vivendo na escravidão

**MULHERES HEBREIAS**
ÊXODO 1:11-14

Quando os egípcios se alarmaram ao perceberem quão numerosos os israelitas se tornaram, eles os escravizaram. Os governantes designaram feitores para deixá-los exaustos forçando-os a fazer tijolos, construir cidades e trabalhar nos campos. Como sofriam os corações das mulheres escravizadas por feitores que tratavam com crueldade a elas e seus entes queridos. Enquanto viam seus filhos crescerem, será que ousavam ter esperança de um futuro que reservasse algo melhor para eles do que esta amarga vida de escravidão?

Temos a tendência de pensar em escravidão como algo de um passado distante, mas a detestável prática ainda prospera hoje. Um artigo no *site* da *National Geographic* estima que 27 milhões de homens, mulheres e crianças ao redor do mundo são escravizados atualmente — "confinados ou encarcerados fisicamente e forçados a trabalhar, controlados por violência ou de alguma forma tratados como propriedade". A escravidão moderna toma várias formas diferentes e afeta todas as idades e raças. Com frequência, pessoas são presas em trabalhos obrigatórios após serem enganadas e caírem em dívidas que jamais poderão pagar. Estas circunstâncias podem ser passadas de uma geração a outra.

Em um sentido espiritual, todas as pessoas nasceram na escravidão. A Bíblia ensina que qualquer um que peca é escravo do pecado. Quando Adão e Eva desobedeceram a Deus no Jardim do Éden, o pecado escravizou o mundo até que Jesus fosse crucificado. Agora temos uma escolha: viver na escravidão do pecado ou caminhar livres. Quando nos identificamos com a morte e a ressurreição de Jesus, podemos ser libertos do controle do pecado sobre nós. O pecado é um feitor brutal, mas graças à misericórdia de Deus, podemos ter uma vida melhor.

*Replicou-lhes Jesus: Em verdade, em verdade vos digo: todo o que comete pecado é escravo do pecado.*
JOÃO 8:34

**7 DE JULHO**

# *Escarnecendo*

**PENINA**
**1 SAMUEL 1:6**

Liz sentou-se no sofá de sua mãe, mexendo em seus longos brincos de ouro. Foi divertido se preparar para o reencontro de dez anos de sua turma de Ensino Médio: comprar um vestido novo, fazer as unhas e arrumar os cabelos além de reservar o voo para sua cidade natal. Seria ótimo ver a turma toda novamente… mas e se *ela* fosse? Liz ficou com o rosto corado e olhou para o teto. *Como eu pude ser tão má naquela época?* Não foi Liz quem começou, mas com certeza entrou na brincadeira "Capitão Gancho" — que na época pareceu tão engraçado. *Eu nunca nem me preocupei em saber o que havia de errado com a mão dela.*

A pressão de grupo nunca justifica zombar de alguém e nem mesmo o ciúme. Apesar de Penina ser a esposa que tinha muitos filhos, seu marido tratava sua esposa estéril com muita ternura. Penina expressava seu desgosto insultando Ana por sua esterilidade. Ana nunca revidou e isto provocava Penina ainda mais. Cada vez que se exaltava diante de Ana por ser a esposa com filhos, Penina se esquecia que Deus os havia dado a ela. Em vez de se compadecer da desilusão de Ana, Penina usava sua própria bênção para magoá-la.

Muitos adolescentes escondem sua insegurança zombando de outros. Conforme envelhecemos, espera-se que aprendamos a nos compadecer dos sentimentos dos outros e perceber que todos temos falhas que poderiam ser alvo de ridicularização. Mas muito do humor na televisão gira em torno do ato de zombar de alguém. Ainda que evitemos xingamentos evidentes, uma atitude debochada pode se infiltrar até em nossos pensamentos enquanto fazemos brincadeiras com o peso de alguém, seu sotaque, falta de habilidade ou qualquer outro entre os milhões de motivos. Vale a pena nos esforçarmos para manter nossas conversas livres de zombaria de modo que nunca tenhamos que nos preocupar caso precisemos reencontrar alguém pessoalmente, como aconteceu com Liz.

> *Bem-aventurado o homem que não anda no conselho dos ímpios, não se detém no caminho dos pecadores, nem se assenta na roda dos escarnecedores.*
>
> SALMO 1:1

8 DE JULHO

## As ridicularizadas

ANA
1 SAMUEL 1:7

Enquanto brincava com os botões de seu vestido, Nancy se perguntou pela centésima vez: *Eu realmente quero ir nesse negócio?* A reunião significava uma chance de ver amigos que se mudaram depois da formatura do Ensino Médio, mas também trazia o risco de encontrar pessoas que ela preferiria evitar. Muitos colegas haviam zombado de Nancy por causa de sua mão esquerda, retorcida e enrijecida devido à falta de oxigênio em seu cérebro durante o parto. Ninguém fora tão cruel quanto Liz, a monitora da turma. E se *ela* voltar à cidade para a reunião?

Além de lidar com sua profunda decepção por não ter filhos, Ana precisava suportar os cruéis insultos de Penina. Viver na mesma casa e compartilhar o mesmo marido tornava impossível escapar de sua atormentadora. O sarcasmo de Penina sobre a esterilidade de Ana a feria tão profundamente quanto qualquer faca. Penina não conseguia ver como Ana já estava machucada? Por que ela precisava repetir que ela tinha dado muitos filhos a Elcana? Os insultos devem ter aumentado em festas que a família celebrava junta. Ana era reduzida a lágrimas e não tinha desejo de comer. Como ela poderia suportar essa dor por mais tempo?

Muitas de nós temos memórias de sermos ridicularizadas, e para algumas, as feridas nunca se curaram. Talvez outros zombassem de nossa aparência, ou pobreza, ou falta de habilidade nos estudos ou nos esportes, ou porque nós simplesmente não nos encaixávamos. Muitas pessoas ainda têm diferenças que as deixam constrangidas. A única maneira de lidar com tal dor é seguir o exemplo de Ana — derramar-se diante de Deus, aquele que sabe muito bem o que é ser escarnecido. O próprio povo de Jesus zombou dele, muitos líderes religiosos o trataram com sarcasmo e os soldados romanos o insultaram cruelmente. Quando alguém debocha de nós, podemos conversar com Aquele que suportou algo muito pior em nosso favor.

*...pois será ele entregue aos gentios, escarnecido, ultrajado e cuspido.* LUCAS 18:32

9 DE JULHO

# Agir sem pensar

**RODE**
**ATOS 12:1-14**

Enquanto eu esfregava a pia do banheiro, percebi que havia poeira na lâmpada. Peguei um pano, molhei-o e comecei a limpar a lâmpada. No momento em que o pano tocou a lâmpada ouvi um estalido. Eu tinha deixado meu delírio por limpeza passar por cima de meu bom senso. *Onde eu estava com a cabeça?*, pensei, enquanto lidava com os pedaços vidro estourados. Por sorte não levei um choque!

A passagem de hoje fala de uma jovem que agiu sem pensar. Quando Deus miraculosamente libertou Pedro da prisão e da morte certa, ele foi à casa onde os cristãos perseguidos em Jerusalém estavam se reunindo. Ao bater à porta, Rode, uma serva, atendeu. Ela reconheceu a voz de Pedro, mas em vez de abrir a porta efetivamente, correu para contar a novidade ao grupo que orava fervorosamente pela libertação de Pedro. A mente de Rode se encheu de alegria ao saber que seu amado líder espiritual fora solto. Ela não parou para pensar que colocou a vida de Pedro em risco novamente ao deixá-lo parado do lado de fora da casa.

Muitas de nós poderiam contar histórias de quando agimos sem pensar. Durante uma decisão urgente ou uma crise, é difícil lembrar que, normalmente, a primeira coisa que vem à nossa mente não é necessariamente o melhor a se fazer. Quando reagimos emocionalmente, as consequências podem variar da vergonha ao perigo. Deus nos deu Seu Espírito, Sua palavra e a oração para nos ajudar a viver de modo sábio. Rode agiu tolamente ao não deixar Pedro entrar; nós seríamos tolas se não abríssemos a Palavra de Deus e não aceitássemos Sua liderança em nossa vida.

*Todo prudente procede com conhecimento...*
PROVÉRBIOS 13:16

## 10 DE JULHO

## Chamada de mentirosa

**RODE**
ATO 12:15

Eileen desligou o telefone e correu para fora procurar seu marido. Eles esperavam que as irmãs de Carl chegassem no dia seguinte, mas elas já estavam entrando na cidade. Eileen encontrou Carl na garagem coberto de cera. "Muito engraçado", ele riu, "quase tão engraçado quanto a brincadeira que fiz com você ontem." Eileen tentou convencê-lo de que era verdade, mas ele simplesmente riu mais uma vez e saiu com o cortador de grama.

A mulher na passagem de hoje também não foi levada a sério quando contou as novidades. Ao Rode reconhecer a voz de Pedro do lado de fora, ela não conseguiu esperar e foi contar a maravilhosa notícia de que ele havia sido solto da prisão. Mas os cristãos receberam sua euforia com escárnio, dizendo-lhe que ela deveria estar louca. Rode sabia que era apenas uma serva e seria sua palavra contra a de um grande grupo de pessoas, mas também conhecia a voz que ouvira. Rode não deixou que os outros a intimidassem e não mudou sua história. Por ter insistido que Pedro havia batido à porta, o grupo decidiu que poderia ser um anjo que havia tomado a forma de Pedro.

Não sabemos como alguém reagirá ao falarmos sobre Deus, seja compartilhando um versículo, um princípio bíblico ou nosso testemunho pessoal daquilo que Deus fez. Dependendo da condição do coração da pessoa, ela poderá reagir com interesse, indiferença, gratidão, hostilidade ou sarcasmo. É difícil nos posicionarmos por nossas convicções quando não sabemos como seremos tratadas. Apesar de sermos responsáveis por compartilhar a verdade de Deus em espírito de amor, não somos responsáveis pelo modo como as pessoas reagem. Não podemos correr o risco de deixar o medo da rejeição nos silenciar. Se agirmos assim, podemos perder a oportunidade de compartilhar a novidade que alguém tem esperado ouvir.

*...Se vos digo a verdade, por que razão não me credes?*
JOÃO 8:46

## 11 DE JULHO

# Bom demais para ser verdade?

**SANTOS SURPRESOS**
**ATOS 12:16-19**

Greta saiu do escritório de seu chefe chocada. Ela realmente tinha recebido uma promoção? Ainda que tivesse se candidatado para todos os cargos de gerente sênior que apareciam, Greta não conseguia acreditar que finalmente fora aceita em um deles. Parecia bom demais para ser verdade.

Os cristãos na passagem de hoje não conseguiram acreditar quando receberam exatamente o que esperavam. Na época da prisão de Pedro, Herodes vinha perseguindo os cristãos em Jerusalém. Ele já havia executado Tiago, e Pedro parecia ser o próximo da fila. Sabendo que seu líder corria grande perigo, os cristãos se reuniram para orar durante toda a noite pela segurança de Pedro; contudo, quando Deus respondeu suas orações eles não conseguiram acreditar. Como um homem altamente vigiado na prisão de Herodes, poderia ter escapado? Em seu choque e descrença, o grupo deixou o pobre Pedro parado do lado de fora.

Em um mundo repleto de embustes, engano e vigaristas é válido ser cético de vez em quando. Com o passar dos anos, aprendi a duvidar de todos estes anúncios informando que ganhei uma viagem para a Flórida ou "um destes valiosos prêmios abaixo". Meu marido gosta de me lembrar que "se parece bom demais para ser verdade, provavelmente é mentira"!

Não deveríamos seguir essa regra em nossa vida espiritual. Como sabemos que nada é impossível para Deus, por que nos surpreendemos quando Ele faz milagres? Por que nos chocamos quando o médico diz que o tumor desapareceu, quando um casamento acabado é restaurado ou uma vida é transformada? Apesar de nem sempre recebermos o que queremos, a Bíblia nos estimula a crer no poder de Deus e esperar que Ele aja quando oramos. Dessa forma, não seremos como os cristãos em Jerusalém que nem mesmo reconheceram o momento em que Deus lhes deu exatamente o que eles estavam pedindo.

*...Eu creio! Ajuda-me na minha falta de fé!*
MARCOS 9:24

12 DE JULHO

# Construindo um santuário

**MARIA, MÃE DE MARCOS**
ATOS 12:12

Como muitas outras mulheres na Bíblia, somente um versículo menciona esta Maria pelo nome, mas estas poucas palavras nos dão um vislumbre de sua vida. Sabemos que seu filho Marcos escreveu o segundo evangelho. Sabemos também que Maria tinha uma serva e uma casa espaçosa o suficiente para prover um local de reunião para os cristãos primitivos em Jerusalém. Maria expressava sua devoção a Deus em seu viver oferecendo sua casa para os Seus propósitos. Quando um anjo libertou Pedro da prisão, ele imediatamente foi à casa de Maria.

As pessoas estão construindo casas cada vez maiores e gastando mais dinheiro para mobiliá-las. Com a crescente popularidade de programas de televisão e revistas sobre decoração, a insatisfação com nossas casas pode nos impedir de convidar amigos para uma visita. O que as pessoas mais se lembrarão depois de nos visitar, será da atmosfera, não da mobília, pintura ou das paredes. Se o nosso objetivo é alcançar outros carinhosamente como Jesus o fez, não ficaremos obcecadas com projetos de decoração. Iremos nos concentrar em fazer nossas casas santuários, onde pessoas possam ter refrigério e compreensão do amor de Deus.

A atitude de nosso coração determina a atmosfera em nossas casas. Assim como esperamos que a presença de Deus possa ser sentida nos prédios de nossas igrejas e em nossas casas, da mesma forma sabemos que o Espírito de Deus vive em cada cristão. Pedro se referiu aos cristãos como "pedras vivas" que o Senhor usa para construir Seu templo espiritual. Conforme permitimos que Deus nos molde à imagem de Cristo, Ele nos torna parte deste santuário. Se o nosso objetivo for adoração e obediência, teremos escolhido um "projeto de decoração" que as pessoas não terão como deixar de notar.

*...vós mesmos, como pedras que vivem,*
*sois edificados casa espiritual...*
1 PEDRO 2:5

13 DE JULHO

# Seguindo instruções

## RAABE E A PRIMEIRA PÁSCOA
JOSUÉ 2:17-20

O noticiário estava surpreendentemente triste naquela noite. Dois acidentes fatais aconteceram com poucas horas de diferença entre si. Uma adolescente perdeu a vida ao passar um sinal vermelho. Em outra parte da cidade, uma mulher colidiu com um caminhão ao dirigir na contramão da rodovia. Ambas as mortes foram resultado de negligenciarem a sinalização de trânsito.

Quando Deus se preparou para julgar os egípcios por seu pecado, Ele instruiu todas as famílias israelitas a matar um cordeiro e passar seu sangue nas portas de suas casas. Se seguissem estas instruções, o anjo da morte passaria por suas casas e seus primogênitos não seriam mortos. Quando os israelitas estavam prestes a destruir Jericó, a vida de Raabe também dependia de seguir as instruções que os espias israelitas lhe haviam dado. Em troca da ajuda de Raabe, eles concordaram em poupar sua família caso ela deixasse uma corda escarlate pendurada em sua janela.

Faz parte de nossa natureza humana querermos fazer as coisas de nosso jeito, mas em situações de vida ou morte não devemos ser teimosas. Se estamos paradas na saída de emergência de um prédio em chamas, não é uma boa ideia sair procurando por outra forma de deixar o local. Raabe e os israelitas no Egito foram protegidos porque seguiram as instruções que receberam.

Muitas pessoas creem que há vários diferentes caminhos para Deus, mas a Bíblia não ensina isso. Jesus afirmou ser o único caminho para Deus, o Pai. Somente a confiança na morte e na ressurreição de Jesus nos salvará da destruição que virá a todos os que se opõem a Deus. Há somente um caminho que garante a salvação eterna, e a Bíblia nos dá as instruções claras de que precisamos. É nossa escolha segui-las ou ignorá-las.

> *Respondeu-lhe Jesus: Eu sou o caminho, e a verdade, e a vida; ninguém vem ao Pai senão por mim.*
> JOÃO 14:6

## 14 DE JULHO

# Julgando certo e errado

**DÉBORA**
**JUÍZES 4:1-5**

Um professor de uma prestigiada universidade advoga em prol da escolha de matar crianças em seus primeiros anos de vida caso tenham incapacidades severas. Um artigo na internet questiona porque o governo não desenvolve "drogas antifeto" para remover o que são considerados organismos que invadem o corpo da mulher — bebês que ainda não nasceram. Alguns estudantes universitários cursando a disciplina de ética acham que é incorreto afirmar, inequivocamente, que o massacre dos nazistas aos judeus foi errado. Pesquisas nacionais mostram que a maioria dos americanos acredita que a verdade é relativa e que a moralidade é uma questão de opinião pessoal.

O coração de Débora certamente se despedaçou porque sua nação, Israel, tinha em sua maioria abandonado padrões absolutos de certo e errado. Ela tem um lugar singular na história bíblica como a única mulher que governou a nação durante o período em que Israel não teve rei. Débora se sentava sob uma palmeira próxima de sua casa, os israelitas pediam seu conselho e ela apaziguava suas contendas. Como juíza e profeta, ela compartilhava da sabedoria e instrução de Deus em um momento em que todos faziam o que lhes parecia certo. Débora não buscava poder ou autoridade para ganho próprio; seu desejo fervoroso era de que sua nação se voltasse para Deus novamente, afastando-se da idolatria.

Vivemos em uma época semelhante à dela. As pessoas definem "certo" como aquilo que se encaixa na situação ou até mesmo como aquilo que desejam. Qualquer um que se posicione por princípios objetivos de moralidade é rotulado de crítico ou intolerante. De fato, cada um de nós é um juiz. Decidimos como trataremos outras pessoas e como viveremos. Para julgarmos corretamente, precisamos fundamentar nossas decisões nos padrões de certo e errado que Deus estabeleceu em Sua Palavra. Afinal de contas haverá um dia em que Ele julgará todos nós.

*Naqueles dias, não havia rei em Israel; cada um fazia o que achava mais reto.* JUÍZES 21:25

15 DE JULHO

# Precisa-se de guerreiros

**DÉBORA**
**JUÍZES 4:6-10**

A jovem acenou na janela do ônibus ao olhar uma última vez. Muito tempo se passaria antes que ela visse sua família e amigos novamente. Seu estômago revirou quando o ônibus parou. Olhando ao redor, ela se perguntou se os outros se sentiam da mesma forma. Ela não tinha ideia de como seria o treinamento básico — será que conseguiria? De repente, ela se lembrou do pacote que seus pais lhe deram. Rasgando o papel, ela viu um belo livro sobre a história dos Fuzileiros Navais. As passar os dedos sobre o emblema com a águia, o globo e a âncora seu coração encheu-se de orgulho.

O cargo singular de Débora na história de Israel incluía um aspecto militar. Quando convocou Baraque para reunir as tropas do exército, Débora estava falando dos mandamentos de Deus como Sua profeta. Mas será que ficou intimidada quando o general respondeu que ele só iria se ela fosse também? Independentemente de seus sentimentos, Débora foi com Baraque. A recompensa por sua disposição de acompanhá-lo foi ver as forças de Israel se preparando para a batalha. Seu coração deve ter se enchido de alegria e gratidão, sabendo que Deus lhes havia prometido vitória contra o maior e mais poderoso inimigo.

Quer tenhamos conhecimento ou não, estamos todas envolvidas numa batalha espiritual. Satanás e suas forças do mal lutam constantemente contra Deus, tentando impedir que as pessoas conheçam a Cristo. Se pertencemos a Deus, Satanás nos ataca para enfraquecer nossa fé e testemunho e tornar nosso serviço ineficaz. Suas armas são medo, dúvida, ganância, materialismo e todo um arsenal de tentações. Nossas armas são a oração, a Palavra de Deus e o suporte do Espírito Santo e de outros cristãos. Deus está procurando mulheres guerreiras que estejam dispostas a se posicionar contra o mal e a opressão. Não importa quão poderoso nosso inimigo pareça, podemos confiantemente enfrentar a batalha sabendo que Deus nos prometeu vitória.

*...porque todo o que é nascido de Deus vence o mundo;*
*e esta é a vitória que vence o mundo: a nossa fé.*
1 JOÃO 5:4

## 16 DE JULHO

## *Torcida espiritual*

**DÉBORA**
**JUÍZES 4:12-16**

Despenquei sobre meu computador, lutando contra o pânico que brotava dentro de mim. Onde eu estava com a cabeça — *eu*, escrever um livro? Onde encontraria ideias suficientes para todo um ano de devocionais? Como o terminaria em seis meses, com tudo o que estava acontecendo? Quem achou que eu escrevia bem o suficiente para — bem nesse momento, o telefone tocou. Contei à minha amiga tudo sobre o projeto, incluindo minhas dúvidas. "Dianne", Julie afirmou firmemente, "eu não acredito que Deus daria essa bênção incrível a você só para deixá-la falhar."

Todos precisam de um pouco de encorajamento algumas vezes e Baraque não foi exceção. Apesar de suas dúvidas, Débora queria vê-lo realizar com sucesso a tarefa que Deus lhe havia designado. Enquanto Baraque e suas forças enfrentavam os 900 carros de ferro do inimigo, Débora o estimulou ao ataque: "…este é o dia em que o Senhor entregou a Sísera nas tuas mãos; porventura, o Senhor não saiu adiante de ti?…". Com sua fé firme e suas palavras encorajadoras, Débora atiçou o ânimo de Baraque e o encheu com a coragem para liderar seu exército à vitória.

Todas nós precisamos algumas vezes de torcida espiritual. Quando enfrentamos um desafio terrível, nossa fé pode ficar trêmula. Aos nossos olhos, parecemos pequenas, fracas e impotentes. Nestas horas, precisamos de alguém que nos lembre da bondade de Deus e de Sua promessa de nos conceder o poder de que precisamos para cumprir qualquer tarefa que Ele tenha no designado. Quando os ventos parecem estar contra nós, o encorajamento certo pode fazer toda a diferença em nossa perspectiva. Quando entrei em pânico ao pensar em escrever um livro, as palavras de minha amiga imediatamente me animaram e permaneceram em minha mente nos seis meses seguintes. Seu encorajamento me ajudou a ter a vitória contra a minha insegurança.

*Consolai-vos, pois, uns aos outros e edificai-vos reciprocamente, como também estais fazendo.*
1 TESSALONICENSES 5:11

17 DE JULHO

## Bom conselho

**DÉBORA**
**JUÍZES 5:31**

Brooke desejou ter escolhido outro lugar para sentar-se no restaurante. Não conseguiu evitar ouvir a conversa ao seu lado. Uma jovem que mal tinha saído da adolescência estava contando a uma amiga sobre seus problemas com o namorado com quem morava. Ele perdia um emprego após o outro por causa do uso de drogas e algumas vezes desaparecia por dias, sem qualquer explicação. O tom de desespero na voz da moça tocou Brooke quando a jovem perguntou à sua amiga: "O que você acha que eu deveria fazer?"

Brooke precisou controlar sua boca quando a amiga respondeu: "Faça o que seu coração disser".

Quando Débora foi juíza em Israel, ela aconselhou pessoas a seguirem Deus e não seu coração, o qual a Bíblia diz ser enganoso (JEREMIAS 17:9). Essa juíza levava seu papel de líder dessa nação muito seriamente e se dedicou a instruir o povo nas leis de Deus. Ao buscar o auxílio de Deus para cumprir seu papel, Ele lhe concedeu sabedoria e discernimento para serem compartilhados com aqueles que buscavam seu conselho. Por Débora depender de Deus para ter entendimento em todas as questões e por compartilhar Sua Palavra e não as suas próprias opiniões, a nação de Israel desfrutou de 40 anos de paz sob sua liderança.

Temos inúmeras fontes de conselho nos dias de hoje: colunas de jornais, programas de rádio ao vivo e programas de entrevistas na televisão. Infelizmente, a maioria destas fontes não dão conselhos que se alinham aos pensamentos de Deus. Quer recebamos conselhos de um amigo ou de conselheiro profissional, precisamos ter certeza de que estes não entrem em conflito com a Palavra de Deus. Quando nossos amigos vêm até nós buscando conselho, precisamos lhes dizer algo mais significativo do que " faça o que o seu coração disser". Se nos devotarmos ao estudo da Bíblia com oração, estaremos equipadas para compartilhar conselho — quer seja sentada sob uma palmeira, como Débora, ou em uma mesa de restaurante.

*O justo serve de guia para o seu companheiro...*
PROVÉRBIOS 12:26

18 DE JULHO

## Sem misericórdia

**JAEL**
**JUÍZES 4:17-24**

Kara queria desligar a televisão, mas não o fez. Seu professor de história tinha dado uma tarefa à sua turma: assistir um filme sobre o Holocausto. Ela esperava ver algum tipo de violência, mas não estava preparada para as imagens perturbadoras. Em alguns momentos, ela precisou cobrir o rosto durante cenas de judeus sendo barbaramente torturados ou assassinados nos campos de concentração. Kara se perguntou como os guardas conseguiam ser tão frios e impiedosos com seus prisioneiros.

Também é difícil ler sobre o ato de crueldade de Jael. Considerando que ela não era israelita, não teve problema algum em persuadir Sísera a esconder-se em sua tenda quando ele fugiu da batalha com os israelitas. Depois que ele adormeceu, Jael cravou uma estaca da tenda a marteladas atravessando a cabeça de Sísera. Neste homicídio, Jael usou de engano e infringiu o antigo código de hospitalidade que coloca a vida do convidado acima da vida do anfitrião. A passagem bíblica não dá sugestão alguma de nenhuma emoção por parte de Jael ao matar Sísera, mas sabemos que Sísera era um comandante do exército que havia oprimido cruelmente Israel por 20 anos, então podemos concluir que ele era um inimigo sendo agora julgado por Deus.

Podemos ter certa dificuldade de tentar assimilar o modo como Jael matou Sísera, mas todas somos chamadas para sermos decididas, quando se trata de nos opormos ao pecado. Já não fomos todas tentadas a negligenciar pequenos descuidos que parecem secretos ou inofensivos? Mas o pecado é maligno, e acordar com o mau é sempre perigoso. Pequenos hábitos desenvolvem-se em atitudes enraizadas que moldam nosso comportamento. O que parecer ser inofensivo pode explodir em consequências desastrosas. Não podemos nos dar o luxo de abrigar pensamentos e atitudes que são contrários aos princípios de Deus. O pecado é a área em que Deus não tem disposição de demonstrar misericórdia.

*Porque, se viverdes segundo a carne, caminhais para a morte; mas, se, pelo Espírito, mortificardes os feitos do corpo, certamente, vivereis.*
ROMANOS 8:13

19 DE JULHO

# Humildade

DÉBORA
JUÍZES 5:1-27

Enquanto seus colegas de trabalho faziam a inscrição para entrar na sala de conferência, Angie se remexia em sua cadeira. *Não vejo a hora de assistir à apresentação de Bev,* pensou. Apesar de já trabalhar há quase dois anos para a agência de publicidade, ela nunca havia se envolvido com uma conta tão grande. Seu chefe tinha adotado muitas de suas ideias e permitiu-lhe fazer toda a pesquisa. Agora todas aquelas noites com poucas horas de sono e as horas extra nos fins de semana iriam valer a pena. Conforme os folhetos passavam pela mesa, Angie abriu um exemplar e ficou pálida. Havia somente um nome escrito no topo do relatório: o nome do seu chefe.

Quando Débora governava Israel, seu estilo de liderança era oposto ao estilo do chefe de Angie. Débora exercera um papel providencial na vitória militar contra o rei Jabim. Ela havia convocado o comandante do exército israelita, deu-lhe instruções e o acompanhou ao campo de batalha por insistência dele. Contudo, em sua canção de vitória, Débora não reivindicou crédito algum. Ela deu a glória a Deus e mencionou todos que tiveram parte no sucesso do dia. Ela honrou os líderes de Israel e aqueles que se voluntariaram para a guerra, listando cada tribo pelo nome. Ela louvou Jael e detalhou o evento em que ela matara o comandante do exército inimigo. Débora minimizou seu papel e referiu-se a si mesma simplesmente como "uma mãe de Israel."

Nada mais natural do que querer o crédito que nos é devido, mas quando nos concentramos no fato de outros reconhecerem ou não nossos esforços, perdemos a oportunidade de sermos usadas por Deus. Quando abrimos mão de nosso desejo por glória, podemos encorajar outros e honrar o Senhor. Mesmo que não reconheçam nossas contribuições, Deus as vê e nos recompensará. Ele está procurando líderes *e* seguidores com espírito humilde — e Ele honrará aqueles que não honram a si mesmos.

*Humilhai-vos na presença do Senhor, e ele vos exaltará.*
TIAGO 4:10

## 20 DE JULHO

## *Triste pelas razões erradas*

**MULHERES LAMENTANDO POR TAMUZ**
**EZEQUIEL 8:13,14**

Lakisha pegou mais um lenço. Ela não conseguia imaginar como uma mulher podia suportar tanta dor e sofrimento. Seu coração se compadecia de Alana todas as tardes, entre as 13 e 14 horas. *Talvez eu devesse parar de assistir a novelas*, Lakisha pensou. Ela sempre chorava com facilidade, mas ultimamente suas lágrimas pareciam estar fora de controle. Na noite anterior, ela havia tido problemas para dormir depois de chorar assistindo a *Flores de Aço*, apesar de já ter assistido ao filme oito vezes.

As mulheres na passagem de hoje também se sentaram e choraram pelo motivo errado. Quando Deus quis mostrar a Ezequiel a extensão da idolatria e perversidade do povo, Ele mostrou ao profeta uma série de cenas em uma visão. Em certo ponto, Ezequiel viu um grupo de mulheres à entrada do lado norte do Templo chorando por Tamuz. Quando a vegetação morria durante os meses quentes e secos de verão, adoradores deste deus pagão criam que isto ocorria porque o deus morria e descia ao submundo. Seus seguidores choravam e lamentavam sua morte e então celebravam seu retorno na primavera com rituais de fertilidade. Em lugar de chorar por sua nação ter rejeitado Deus, algumas israelitas estavam derramando lágrimas por um falso deus.

Nós não deveríamos ter vergonha de termos um coração sensível que facilmente nos leva às lágrimas. Lembro-me de ouvir um pastor dizer: "Se seus olhos escoarem lágrimas, sua cabeça não ficará inchada". Deus quer que sejamos compassivas e choremos quando é adequado, mesmo durante filmes tristes. Mas Ele não quer que desperdicemos nossas lágrimas em questões triviais se permanecemos indiferentes a questões realmente dignas de pesar. Se permitirmos nosso coração endureça para o pecado em nossa vida, podemos chorar por qualquer outra coisa exceto por nossa necessidade de arrependimento e mudança. Vale a pena derramar lágrimas por qualquer coisa que entristeça a Deus.

> *Afligi-vos, lamentai e chorai. Converta-se o vosso riso em pranto, e a vossa alegria, em tristeza.*
> TIAGO 4:9

## 21 DE JULHO

# *Expectadores inocentes*

**AS CONCUBINAS DO REI DAVI**
**2 SAMUEL 15:13-16; 16:20-22**

"Eu fui levada pelos agressores; todos eles usavam uniformes. Eles levaram muitas outras meninas e nos fizeram caminhar por três horas. Durante o dia, éramos espancadas... à noite éramos estupradas, muitas vezes". Esta citação é de um de centenas de relatórios semelhantes de mulheres sudanesas coletados em 2004 pela Anistia Internacional. Ninguém consegue estimar o número de mulheres que sofreram atrocidades semelhantes em países dilacerados pela guerra, quando o estupro em massa é usado como arma de guerra.

As mulheres na passagem de hoje também foram vitimizadas por causa da guerra. Quando Davi fugiu de Jerusalém devido à conspiração contra ele, deixou dez concubinas para cuidarem do palácio. Um dos primeiros atos de Absalão, assim que entrou em Jerusalém, foi estuprar as concubinas de seu pai como sinal de que ele agora reivindicava o trono e tudo o que pertencia a Davi. O ato desumano ocorreu em uma tenda no terraço do palácio para que todos pudessem ver a humilhação das mulheres. Elas ficaram no palácio em obediência ao rei, então sofreram injustamente quando Absalão as usou como arma contra seu pai.

Na vida diária, as mulheres algumas vezes sofrem por causa do pecado de alguém ou porque estão no lugar errado na hora errada. Algumas pessoas veem o mal e a injustiça no mundo como prova de que Deus não existe e não como prova da realidade do pecado que infecta o mundo. Quando Deus veio à Terra como homem, Ele sofreu injustamente para que um dia pudéssemos ser livres dos efeitos do pecado. Mas Jesus não foi vitimizado; Ele escolheu colocar-se à mercê de Seus agressores em nosso favor. Quando somos feridas e tratadas injustamente fica difícil ver a bondade de Deus, mas ela é maior que todo o mal do mundo.

> *Mas ele foi traspassado pelas nossas transgressões*
> *e moído pelas nossas iniquidades...*
> ISAÍAS 53:5

22 DE JULHO

## *Precisando de consolo*

**AS CONCUBINAS DO REI DAVI**
**2 SAMUEL 20:3**

"Cinco ou seis homens nos estupraram, um após o outro, por mais de seis dias, todas as noites. Meu marido não conseguiu me perdoar depois disto; ele me rejeitou." Esta jovem de Darfur no Sudão se tornou uma vítima inocente quando homens de milícia apoiados pelo governo atacaram seu vilarejo em retaliação contra grupos insurgentes na área. Além dos efeitos devastadores comuns da violência sexual, ela teve que lidar com a rejeição de seu marido. Ela está diante de um futuro austero em uma sociedade em que as mulheres dependem dos homens para sobreviver.

A sociedade israelita via as dez concubinas estupradas por Absalão como desonradas. Quando o rei Davi retornou a Jerusalém e ao seu trono, ele colocou estas mulheres em reclusão estrita, onde permaneceram até morrerem. Ele provia suas necessidades, mas não teve relações com elas. Além da memória do abuso cometido, estas mulheres tiveram que viver com a vergonha de serem tratadas como viúvas apesar de seu marido estar vivo. Sem culpa alguma, elas carregaram as consequências do pecado de outra pessoa pelo resto de suas vidas.

Na verdade, cada uma de nós é desonrada no nascimento por causa da natureza pecaminosa que nos é peculiar. Assim que aceitamos o perdão de Deus por meio do sacrifício de Cristo, ninguém pode fazer nada para nos desonrar ou nos tornar indignas aos olhos de Deus. Apesar do que outros pensam sobre nós, Ele quer nos ajudar a reconstruir nossa vida. Infelizmente, um profundo senso de vergonha e culpa pode nos fazer afastar todos, inclusive Deus. Ele anseia por nos consolar e restaurar nossa alegria, mas nós precisamos receber Seu consolo investindo tempo em Sua Palavra e em oração. Não importa o que nos aconteça, Deus promete nos dar o consolo que ninguém mais pode dar, se quisermos recebê-lo.

*...tornarei o seu pranto em júbilo e os consolarei; transformarei em regozijo a sua tristeza.*
JEREMIAS 31:13

## 23 DE JULHO

# Olhando para frente

### UMA MULHER ENFERMA É CURADA POR JESUS
### LUCAS 13:10-17

A nova vizinha de Amy estava lhe contando quem eram as pessoas que moravam em sua região.

"O que você acha daquela senhora mais velha que sai para caminhar todos os dias — aquela que sempre olha para o chão? Eu tento cumprimentá-la mas ela nunca olha para frente."

"Ah! Essa é a Shirley — você não vai conseguir muita coisa com ela. Ela era muito extrovertida, mas seu marido cometeu suicídio depois de perder seu negócio. Uma das filhas foi morta por um motorista bêbado; a outra se mudou e nunca a visita. Agora Shirley se fechou em si mesma."

"Puxa! Não é de surpreender que ela aparente estar carregando o mundo nas costas."

Lucas, o médico que escreveu o evangelho que leva seu nome, nos conta sobre uma mulher que foi forçada a manter-se cabisbaixa. Por 18 longos anos, esta mulher sofreu de uma condição que mantinha seu corpo curvado. Além da dor física e do desconforto, ela precisava suportar a piedade que outras pessoas tinham por ela ou a aversão, como reação à sua deficiência. Felizmente, isto não a impediu de ir à casa de adoração no sábado. Quando Jesus a tocou, a mulher imediatamente levantou-se ereta e louvou a Deus.

Algumas vezes a vida nos golpeia tanto que mal podemos permanecer de pé. Necessidades financeiras, problemas de relacionamento, doença, decepções e perdas podem distribuir golpes mutiladores. Quando somos oprimidas por problemas, é difícil enxergar algo além de nossas situações terrenas. Se escolhermos adorar a Deus apesar de tudo isso, em pouco tempo ergueremos os olhos para o céu. Médicos podem curar nosso corpo, mas somente Jesus pode curar aqueles oprimidos e curvados pelas aflições da vida. Os líderes religiosos reprovaram Jesus por curar a mulher no sábado, mas qualquer dia é um bom dia para receber um toque de Jesus. Depois disso, nós certamente caminharemos olhando para frente.

> *...e, impondo-lhe as mãos, ela imediatamente se endireitou...* LUCAS 13:13

**24 DE JULHO**

# O que há em um Nome?

**JEZABEL**
**1 REIS 21:1-16**

"Todos trazem alegria a este escritório — alguns quando entram e outros quando saem." Sorri ao ler a placa na parede, mas depois, pensei seriamente sobre a categoria em que me encaixo. *Como as pessoas se sentem quando me veem chegando — contentes ou diminuídas?*, pensei. *Será que me associam com alegria e risadas? Conversas agradáveis e amizade afetuosa? Ou pensam em murmuração, amargura ou egoísmo quando ouvem o meu nome?*

Até mesmo pessoas que não estudaram a Bíblia sabem que uma "Jezabel" é perversa, insensível e maquiavélica. Apesar do nome originalmente significar "casta", nem mesmo o dicionário contém adjetivos suficientes para descrever o mau que Jezabel perpetrou.

Esta mulher cometia traição e homicídio por extravagância. Ela arrastou o país de Israel à degradação estabelecendo sua seita nativa de adoração a Baal com todas as suas práticas desprezíveis, incluindo automutilação, imoralidade sexual e sacrifício humano. Abençoada com inteligência e poder, a rainha Jezabel usou todos os seus recursos para lutar contra o Deus verdadeiro. Sua maldade infectou seu marido, seus filhos e toda uma nação.

Nosso nome pode não estar em alguma lista importante, mas todas temos uma reputação, de algum tipo, fundamentada no caráter que exibimos. Quando as pessoas ouvem nossos nomes, elas automaticamente pensam em… algo. A melhor maneira de garantir que nossos nomes tenham conotações positivas é viver de acordo com a sabedoria encontrada na Palavra de Deus. Se padronizarmos nossa vida segundo o exemplo de Cristo e tratarmos outros do modo que Ele nos tratou, não seremos conhecidas como Jezabel, mas como seguidoras de Jesus. Essa é a melhor reputação que alguém poderia desejar.

*Mais vale o bom nome do que as muitas riquezas;*
*e o ser estimado é melhor do que a prata e o ouro.*
PROVÉRBIOS 22:1

**25 DE JULHO**

# Momento decisivo

**JEZABEL**
**1 REIS 21:17-29**

Jezabel planejou que falsas testemunhas acusassem Nabote de blasfêmia para que ele e seus filhos fossem legalmente apedrejados até a morte, segundo as leis dos próprios israelitas. A rainha então, presunçosamente, disse a seu marido que ela tinha conseguido a vinha que ele queria. No entanto, quando Acabe apressou-se para inspecionar sua nova propriedade, trouxe de volta o relatório de um encontro terrível. Talvez Jezabel tivesse ouvido Acabe relatar a profecia de Elias de terríveis mortes para Acabe, seus descendentes e Jezabel. Ela viu Acabe se humilhar diante de Deus em arrependimento e ouviu como Deus mitigou Seu julgamento. Isto levou Jezabel a um momento decisivo em sua vida. Será que ela também encararia seriamente as palavras do profeta e se afastaria de seus falsos deuses? Será que buscaria misericórdia e perdão do Deus verdadeiro?

Estamos cercadas de avisos todos os dias, exibidos praticamente em todos os prédios em que entramos e em todos os produtos que manuseamos. Quando estamos familiarizadas com certas palavras ou frases, fica fácil ignorá-las. Alguns avisos são particularmente perigosos de se ignorar, tal como um alerta de que uma ponte pode conter gelo ou um aviso climático de que um tornado passará na cidade. Ainda que o alerta seja projetado para garantir nossa segurança e bem-estar, nós escolhemos se reagiremos ou não de maneira adequada.

É extremamente perigoso tornar-se complacente com os alertas de Deus para nós. A Bíblia está repleta de instruções sobre o viver piedoso. Ela nos fala das bênçãos que acompanham a obediência, e nos alerta sobre as consequências de rejeitarmos os caminhos do Senhor. A vida de muitas pessoas no Antigo Testamento ilustra o custo da desobediência. Todas as vezes que lemos uma passagem das Escrituras que nos alerta sobre o julgamento do Senhor para o pecado, temos uma escolha a fazer. Encararemos com seriedade a Palavra de Deus e abandonaremos nossos hábitos e comportamentos que o desagradam? Ou ignoraremos Seus alertas e continuaremos a viver da maneira que nos agrada?

*Qual alerta de Deus você tem ignorado?*

**26 DE JULHO**

# Tempo de justiça

**JEZABEL**
2 REIS 9:30-37

Assim que Bobbie viu o carro de polícia, ela arrancou o pé do acelerador. Quando já tinha ultrapassado a viatura, respirou aliviada. *Graças a Deus tenho olhos afiados e reflexos rápidos.* Ela sorriu. *Eu sempre os vejo a tempo de... ah, não!* E percebeu luzes girando ao olhar em seu retrovisor. Ao parar no acostamento, Bobbie sabia que não podia alegar desconhecimento das placas iluminadas e das barreiras laranja pelas quais passou. Ela pagaria muito caro por acelerar em uma zona de trabalho.

A rainha Jezabel também não conseguiu escapar das consequências. O profeta Elias profetizou que Deus mataria a família da rainha por seu reinado cruel e Jezabel teria um fim especialmente aterrorizante. Quando seu marido morreu exatamente do modo profetizado, seu coração ficou tão endurecido que em vez de se arrepender, ela continuou sua tirania sobre Israel. Dez anos depois, conforme seu fim se aproximava, ainda não demonstrava nenhum remorso. Ao contrário, ela maquiou o rosto e despejou sarcasmo sobre a pessoa que Deus havia enviado para julgá-la. Apesar de seu poder e de sua personalidade tirânica, Jezabel foi comida por cachorros, como profetizado.

Algumas vezes nos convencemos de que vamos nos livrar da punição por algo, quando na verdade é apenas uma questão de tempo e receberemos o que está preparado para nós. Quanto mais tempo permanecemos sem punição, mais impertinentes ficamos em nosso mau procedimento. Da mesma forma, muitas de nós ignoram Deus. Conforme o tempo passa, nosso coração se endurece e nós não pensamos no que está adiante. A Bíblia diz que cada uma de nós enfrentará julgamento após a morte. Aqueles que conhecem Cristo receberão a vida eterna e suas recompensas; aqueles que o rejeitaram receberão punição eterna. Agora é o momento de escolhermos que tipo de consequências preferimos.

> *E, assim como aos homens está ordenado morrerem uma só vez, vindo, depois disto, o juízo.*
> HEBREUS 9:27

27 DE JULHO

# Uma vida desperdiçada

**JEZABEL**
**1 REIS 16:30,31**

Chegando tarde em casa, Casey caiu no sofá, exausta. Ela sabia que não deveria ter sido desta forma — trabalhar em um emprego que odiava enquanto estudava à noite. Ela crescera em uma família amorosa e encorajadora. Depois do Ensino Médio, ela começou a faculdade com bolsa integral. Olhando para trás, Casey acreditava que enlouquecera naquele primeiro semestre. Ela desistiu da faculdade, passou por uma série de relacionamentos imprestáveis e até morou um ano na rua. Agora, ela desejava recuperar metade das oportunidades que havia jogado fora.

Jezabel também desperdiçou oportunidades. Como princesa dos sidônios, ela desfrutava de riqueza, poder, educação e inteligência aguçada. Mais importante: Jezabel teve a chance de ir além de sua educação pagã quando se casou com o rei de Israel. Ainda que Acabe não fosse um homem piedoso, Jezabel teve acesso aos profetas israelitas; então ouviu sobre os milagres de Deus — na verdade, testemunhou pelo menos um. Entretanto, escolheu direcionar suas energias e recursos para uma luta contra o Senhor. Jezabel ordenou a morte de muitos profetas e pressionou inúmeros israelitas a adotar a adoração de ídolos. No fim das contas, ela foi traída por um servo; nada que viesse dela restou exceto alguns ossos espalhados em um campo e o ciclo contínuo de depravação que eventualmente eliminou sua linhagem familiar.

Cada uma de nós representa uma combinação singular de histórico familiar, habilidades naturais, educação e experiências de vida. Podemos nos sentir ressentidas quando olhamos para alguém que parece ter recebido mais oportunidades que nós, mas o que determina a direção de nossa vida é a nossa resposta à oportunidade de conhecer e seguir Deus. Mesmo que derramemos nossas energias e recursos em alguma causa nobre, no fim das contas nada de valor eterno permanecerá se negligenciarmos nosso relacionamento com o Senhor. Por mais que aparentemos ser bem-sucedidas aos olhos do mundo, nossa vida terá sido desperdiçada.

*Sim, deveras considero tudo como perda, por causa da sublimidade do conhecimento de Cristo Jesus, meu Senhor...* FILIPENSES 3:8

**28 DE JULHO**

## A única coisa que importa

**FEBE**
**ROMANOS 16:1,2**

A Bíblia não nos dá nenhum detalhe sobre Febe, mas as três sentenças nestes versículos resumem sua vida como bem vivida. Aparentemente, ela servia em sua igreja em um cargo oficial. Paulo deu a Febe grande responsabilidade e honra quando lhe confiou a tarefa de levar sua carta aos cristãos em Roma. Ela deve ter sido uma mulher dona de bens e com proeminência, considerando que fez esta longa jornada em uma época em que poucas mulheres viajavam. O que realmente importava na vida de Febe era que ela amava Deus e servia Seu povo. Ela tinha uma reputação de sempre estar pronta para ajudar cristãos que tinham carências.

Poucas pessoas conhecem os detalhes do histórico e da infância de Madre Teresa, mas todas nós sabemos que sua vida era centrada em servir a Deus ajudando outras pessoas. Madre Teresa expressou seu amor por Deus ministrando aos necessitados, rejeitados, a pessoas em agonia e moribundas da sociedade. Quando ouvimos o nome de Madre Teresa, provavelmente não pensamos em seu histórico familiar, sua educação ou qualquer honra que ela recebeu. A única coisa de que nos lembramos é a paixão por ministrar aos carentes, cujo combustível era seu amor por Deus.

É fácil nos sentirmos sobrecarregadas nos detalhes do dia a dia. Pensamos que poderíamos desfrutar de uma vida mais plena se tivéssemos um histórico familiar diferente, alguns grandes talentos, uma carreira diferente ou outra entre milhares de possibilidades. O mundo pode julgar o valor de uma vida por riqueza, prestígios, educação ou realizações no mundo, mas essas coisas não têm valor eterno. Ao fim de nossos dias, tudo o que importará será nosso relacionamento com Deus e como expressamos essa fé amando outros. Essa é a definição de uma vida bem vivida.

*...a fé que atua pelo amor.*
GÁLATAS 5:6

29 DE JULHO

# Envelhecer não é um problema

**SARA, MIRIÃ, ISABEL, ANA**

Ao ouvir minha amiga alguns anos mais nova que eu, reclamar de seu aniversário que se aproximava, recusei-me a fazer as contas. Eu havia chegado ao ponto em que todo ano havia uma nova surpresa — consultas com um quiroprata para dores nas costas, óculos multifocais e palmilhas especiais para problemas no calcanhar. O que viria a seguir? Fita adesiva para juntar as partes do meu corpo? Eu finalmente havia aceitado uma clara diminuição de energia e um óbvio aumento de peso; e em alguns momentos tinha dificuldades para encontrar todas as palavras em uma conversa. *Acho que devia contar minhas bênçãos, tal como luzes com tons de loiro em vez de fios grisalhos*, ri comigo mesma.

Nós não ansiamos pela velhice, mas Deus algumas vezes reserva acontecimentos muito especiais para os anos tardios de uma mulher. Aos 90 anos, Sara deu à luz a Isaque, cuja descendência foi o povo judeu. Miriã tinha em torno de 90 anos quando ajudou seus irmãos mais novos, Moisés e Arão, a guiar a vasta multidão de israelitas à Terra Prometida. Isabel tinha idade avançada quando engravidou de João Batista, que teve a missão de preparar as pessoas para a vinda de Jesus. Ana provavelmente tinha 100 anos ou mais quando teve o privilégio de ver o Messias prometido após Seu nascimento.

Em nossa cultura obcecada por juventude, é fácil esquecer que o envelhecer tem conotação positiva na Bíblia. Se pertencemos a Deus, cada ano nos oferece uma oportunidade de crescer em sabedoria e de nos tornarmos mais semelhantes a Cristo. O que há no envelhecimento que tanto nos assusta? Perda da atratividade? Potenciais problemas de saúde? A possibilidade de nos sentirmos sozinhas e inúteis? Estas preocupações podem ser válidas, mas as promessas de Deus superam todas as nossas preocupações. Ele promete cuidar de nós durante toda a nossa vida e depois dela, quando estivermos com Ele. Quem sabe quais são os eventos empolgantes que Ele planejou para nós em nossos anos tardios?

*Na velhice darão ainda frutos, serão cheios de seiva e de verdor...* SALMO 92:14

30 DE JULHO

# Boas intenções

## MULHERES QUE PROMETEM OBEDECER À LEI
ÊXODO 19:7,8; 24:3,7

Jenna foi até a geladeira e pegou o pote de sorvete. Ela provavelmente nem deveria ter este tipo de coisa em casa. Com colesterol elevado, pressão alta e histórico familiar de diabetes, seu médico havia ressaltando a necessidade de perder os 25 quilos extra. Jenna havia prometido que faria grandes mudanças em sua dieta. Bem, ela só comeria umas colheradas enquanto lia o jornal. Quinze minutos depois, o pote vazio de sorvete era mais deprimente que a primeira página do jornal. *E minhas intenções eram tão boas!*

As mulheres israelitas que prometeram obedecer a tudo o que Deus ordenou também tinham boas intenções. O Senhor os havia libertado da escravidão e demonstrado Seu poder de formas miraculosas. Quando Deus entregou Suas leis escritas a Israel, o povo, cheio de entusiasmo, prometeu fazer tudo o que Deus ordenasse. Os israelitas sinceramente queriam honrar Aquele que os havia reivindicado como Seu povo. Neste dia promissor na história desta nação, estas mulheres criam plenamente que podiam cumprir sua promessa a Deus. Elas não tinham ideia de quão cedo se afastariam dele e fariam exatamente as coisas contra as quais Ele as havia alertado.

Até mesmo as melhores intenções não são boas o suficiente para nos ajudar a evitar as investidas do pecado. Independentemente do quanto tentamos, jamais teremos força suficiente para vivermos vidas piedosas por nós mesmas. Frequentemente nos encontramos arrependidas de um pecado e simplesmente cometemos o mesmo erro vez após vez. A Bíblia nos alerta de que quando pensamos que estamos enfrentando a tentação, estamos provavelmente indo em direção à queda. Quando entendemos nossas fraquezas, podemos depender do poder de Deus. O Senhor não quer que façamos promessas que não podemos cumprir; Ele quer que confiemos nas promessas que Ele fez para nós.

*Aquele, pois, que pensa estar em pé veja que não caia.*
1 CORÍNTIOS 10:12

31 DE JULHO

# Um último olhar

**A ESPOSA DE LÓ**
**GÊNESIS 19:15-26**

Depois que os anjos tiraram a família de Ló da cidade, eles os ordenaram correr para salvar suas vidas e não olhar para trás. Conforme a família se aproximava do vilarejo de Zoar, o Senhor fez chover fogo e enxofre para eliminar as cidades de Sodoma e Gomorra. A esposa de Ló desobedeceu aos anjos e olhou para trás.

Será que ela estava curiosa e quis saber o que estava acontecendo, ou não acreditou que Deus faria o que prometeu fazer? Seu coração estaria apegado à cidade e por isso olhou para trás com arrependimento por ter abandonado tudo? A Bíblia só nos fornece uma frase sobre sua reação, incluindo sua punição por desobedecer: "...converteu-se numa estátua de sal".

Quando alguém nos diz para não olharmos para algo, nossa resposta natural é um desejo fervoroso de virar a cabeça. Algumas vezes é difícil não olharmos para aquilo que deixamos para trás, antes de nos tornarmos cristãs. Antigos hábitos pecaminosos, nossa velha vida de escravidão passar a parecer mais agradável do que nossa situação atual (ÊXODO 16:3). Mas é geralmente a culpa e o arrependimento com relação a nosso passado, que atraem nossos olhos para o passado.

Jesus disse: "...Ninguém que, tendo posto a mão no arado, olha para trás é apto para o reino de Deus" (LUCAS 9:62). Deus quer que aprendamos com o nosso passado, mas Ele também quer que mantenhamos nossos olhos fixos no destino para o qual caminhamos. Focarmo-nos em relacionamentos falidos, oportunidades perdidas ou escolhas erradas, nos paralisa e retarda nosso crescimento espiritual. Quando aceitamos a graça de Deus, Ele perdoa nosso passado e nos promete um futuro maravilhoso. Por que olharíamos para trás quando temos tanto pelo que esperar adiante?

> *...mas uma coisa faço: esquecendo-me das coisas que para trás ficam e avançando para as que diante de mim estão, prossigo para o alvo...* FILIPENSES 3:13,14

1.º DE AGOSTO

## Serva fiel

**DÉBORA**
**GÊNESIS 35:1-8**

Fui até a cozinha da igreja, temendo as próximas duas horas. O banquete da noite anterior fora um sucesso, mas havia terminado relativamente tarde. Como presidente do comitê de comunhão, eu era responsável por terminar as tarefas de limpeza. Ao abrir a porta, fiquei maravilhada ao ver o ambiente impecável. A louça estava toda lavada e guardada, inclusive as tigelas grandes de ponche. Os balcões brilhantes, o chão varrido e as latas de lixo estavam vazias. Imediatamente soube quem esteve ali. Kayla não tinha nenhum título oficial, mas estava sempre trabalhando nos bastidores, fazendo silenciosamente qualquer coisa que precisasse ser feita.

A passagem de hoje se refere a outra mulher que serviu fielmente nos bastidores. Apesar de não nos ser dito quando Rebeca morreu, as Escrituras registram os detalhes da morte de sua ama. Débora tinha acompanhado Rebeca quando a moça saiu de casa para ser a noiva de Isaque. Depois de ajudar no cuidado de Esaú e Jacó, talvez tenha se tornado parte do crescente grupo que formava a casa de Jacó. Débora morreu logo após Jacó retornar a Canaã. Ela foi honrada pela família a quem serviu por duas gerações. Jacó a enterrou sob um carvalho que mais tarde ficou conhecido como "o carvalho da lamentação."

Nada sabemos sobre a vida desta mulher, exceto o modo como sua vida terminou e que ela serviu fielmente. Quando nossa vida chegar ao fim, tudo o que realmente importará é o quão bem teremos servido a Deus. Qualquer título, honras ou prêmios terrenos serão insignificantes. Quando Deus recompensar Seus servos, Ele olhará para o quão devotamente executaram o trabalho que Ele lhes designou e se o serviram de boa vontade como fruto de amor e gratidão. Apesar de ter sido uma serva, Deus honrou Débora ao colocar os detalhes de sua morte em Sua Palavra. Chegará o dia em que Ele honrará todos os Seus servos fiéis, incluindo os silenciosos como Kayla e Débora.

*...Muito bem, servo bom e fiel...*
MATEUS 25:21

## 2 DE AGOSTO

# Pensamento distorcido

**A MÃE DE MICA**
**JUÍZES 17:1-6**

Certa noite, enquanto lia a sessão editorial do jornal, uma carta aqueceu meu coração e outra me deu arrepios. A primeira escritora elogiou o jornal por um artigo recente sobre resgate de cães apresentando uma "ferrovia subterrânea" para resgatar cachorros indesejados e encontrar lares de amor para cada um. Ela disse que o artigo era oportuno considerando que fora publicado em uma época em que grupos de resgate estavam lidando com bichos de estimação ganhos no Natal e que depois eram rejeitados. A segunda carta louvava os direitos de aborto, demonstrando total desconsideração pela vida dos milhares de bebês mortos todos os anos antes mesmo de nascer. Quando vi essas cartas lado a lado, fiquei chocada com a moralidade confusa e distorcida do meu país.

A mãe de Mica foi afetada pelo pensamento confuso predominante em Israel durante o período dos juízes. Quando seu filho devolveu o dinheiro que tinha roubado dela, ela dedicou a quantia a Deus. E então deu 200 moedas para um artesão que fez uma imagem de um ídolo para a casa de Mica. No que esta mulher estava pensando? Ela parecia desejar honestamente honrar Deus, mas seu método quebrou o primeiro mandamento do Senhor. Sua motivação era boa, mas sua falta de entendimento sobre a verdadeira adoração a Deus encorajou a idolatria de sua família e acabou em desastre.

Algumas pessoas declaram que aquilo em que se crê não é importante desde que se creia com sinceridade. Alguns ensinam que há muitos caminhos diferentes para se encontrar a Deus e considerando que Ele vê o nosso coração, nossos estilos de vida não são tão importantes. Tais ideias contradizem diretamente o que a Bíblia ensina. Deus examina nossas motivações assim como nossas ações; e boas intenções e sentimentos afetuosos não são o suficiente. Somos responsáveis por aprender como viver de modo que agrade a Deus. Sem uma fundação sólida de conhecimento bíblico, nosso modo de pensar pode facilmente se tornar tão deturpado como o da mãe de Mica.

*O meu povo está sendo destruído,*
*porque lhe falta o conhecimento...*
OSEIAS 4:6

3 DE AGOSTO

# Nunca será boa o suficiente

**MULHERES QUEIXOSAS**
**NÚMEROS 11:1-10**

Joan suprimiu o impulso de sair do escritório de seu supervisor fazendo cambalhotas ao pensar em mudar-se para um departamento diferente. Durante seis anos, ela trabalhou no atendimento ao consumidor — e por seis anos ouviu pessoas reclamarem, queixarem-se e murmurarem por questões relevantes, irrelevantes e tudo o mais dentro deste intervalo. Não tinha sido uma carreira de contos de fadas, mas em alguns dias se sentiu presa em um conto de fadas — este mingau está quente demais, frio demais; esta cadeira é grande demais, pequena demais; esta cama é muito rígida, muito macia. Os clientes podiam realmente ser como leões.

Desde a criação, Deus tem ouvido lamúrias, reclamações e murmurações da raça humana. Após ter libertado miraculosamente os israelitas da escravidão, eles lamuriaram por acreditar que Ele estava tentando matá-los de fome. Quando Deus lhes enviou o maná, eles reclamaram pedindo carne. Deus demonstrou paciência divina e supriu as necessidades do povo, mas depois reagiu às suas contínuas murmurações destruindo alguns deles, com fogo do céu e alguns com uma praga severa. Certamente, ver a severa punição deve ter ajudado alguns dos israelitas a romper o hábito de murmurar quando as circunstâncias não lhes eram adequadas. Entretanto, alguns continuaram a reclamar de Moisés e de Deus durante sua jornada.

Murmurar é algo natural para todas nós. Geralmente, é nossa primeira reação sempre que ficamos decepcionadas ou não recebemos o que queremos. Deus é quem planeja os detalhes da nossa vida. Quando ficamos descontentes com quem somos ou reclamamos de nossas circunstâncias, estamos reclamando de Sua provisão. O Senhor quer que confiemos que Ele sabe o que é melhor para nós e agirá em nosso favor. A murmuração é contagiosa num grupo e nos aprisiona a um modo de pensar negativo. Melhor é usarmos nossa boca para oração e louvor em vez de murmurar. Então, como na história de *Cachinhos Dourados*, poderemos finalmente concluir que nossa vida é "exatamente como deveria ser".

*Fazei tudo sem murmurações nem contendas.* FILIPENSES 2:14

4 DE AGOSTO

# Respostas prontas

## HULDA
2 CRÔNICAS 34:14-22

Ouvi enquanto a jovem atrás do balcão explicava como este novo produto para a pele iria estimular, firmar, esticar, suavizar, iluminar e transformar minha aparência. Quando lhe perguntei quais ingredientes ativos a loção continha, ela não soube responder. Perguntei o que fazia este produto ser melhor do que a descoberta miraculosa apresentada pela mesma empresa há muitos meses. Ela não tinha certeza. Enquanto conversávamos, descobri que a mulher que estava usando um jaleco de laboratório não sabia muito sobre cuidados com a pele, menos ainda sobre os produtos que vendia.

Hulda tinha respostas prontas quando lhe perguntavam sobre a Palavra de Deus. Quando trabalhadores encontraram um rolo escondido no Templo, o rei Josias enviou o sumo sacerdote e outros representantes até Hulda, uma mulher conhecida por seu discernimento espiritual. Apesar dos membros da família dessa mulher serem responsáveis pelo guarda-roupa real, ela cumpriu seu papel de profetiza com alegria quando a oportunidade surgiu. Hulda ficou muito feliz pelo fato de que após muitos anos, Judá tinha novamente um rei que desejava seguir a Deus. Mas ela pode ter se surpreendido quando o rei a procurou antes de procurar os profetas, Jeremias e Sofonias. Intrepidamente, Hulda respondeu às perguntas dos homens.

Quando defendemos algo, precisamos estar preparadas para responder às perguntas. Se alegamos seguir Deus, outras pessoas deveriam notar algo diferente em nós e em nosso estilos de vida. Cedo ou tarde, alguém nos perguntará sobre nossas crenças. Não precisamos ser teólogas ou estudiosas da Bíblia para que pessoas decidam nos procurar com perguntas sobre fé. Mesmo que nosso trabalho seja cuidar do guarda-roupa de alguém, deveríamos ser capazes de responder a perguntas sobre Deus de modo que desperte interesse das pessoas sobre Ele e Sua Palavra.

*…Estejam sempre preparados para responder a qualquer pessoa que lhes pedir a razão da esperança que há em vocês.*
1 PEDRO 3:15 (NVI)

5 DE AGOSTO

## *Valemos dois centavos*

**HULDA**
**2 CRÔNICAS 34:23-28**

Enquanto Tamara pegava o telefone, ela se lembrou de que precisava deste emprego, apesar de odiar algumas coisas relacionadas a ele. Neste momento, por exemplo, ela tinha a desagradável tarefa de telefonar a um bom homem e informá-lo que seu pedido de empréstimo para um pequeno negócio fora rejeitado. Ela tinha certeza de que ele iria deixar de jantar como resultado da notícia. Saber que a decisão fora tomada pela diretoria e que os problemas desse homem se originaram em suas decisões insensatas, não facilitava a entrega da mensagem.

Hulda também tinha uma mensagem severa para entregar, mas ela não hesitou. Primeiro, confirmou que o rolo recém-descoberto era, de fato, o Livro da Lei. Então Hulda disse aos mensageiros do rei que Deus havia planejado julgar Israel por sua adoração a ídolos e enviaria o povo ao exílio. Profetizar a queda de sua nação não era fácil, mas Hulda deixou claro que ela não estava dando uma opinião pessoal. Quatro vezes ela repetiu: "Assim diz o Senhor", ou uma frase semelhante. Hulda sabia que falar a verdade de Deus dava credibilidade às suas palavras independentemente da reação de seus ouvintes.

É natural temermos perguntas sobre nossa opinião pessoal com relação a questões controversas tais como homossexualidade, aborto ou casamento gay. Considerando que nossa cultura valoriza mais a tolerância do que a verdade, corremos o risco de ser rotuladas como não amorosas, intolerantes ou tacanhas, caso expressemos nossas visões bíblicas. Mas o que é importante é a opinião de Deus, não a nossa. Ele criou o mundo e tudo o que há nele e Ele é a autoridade máxima, mesmo que as pessoas não o reconheçam. Segui-lo geralmente exige nos posicionarmos de modo impopular para o resto do mundo. Se conhecermos bem a Palavra de Deus, podemos lidar com uma questão difícil ao dizer honestamente: "O Senhor diz o seguinte…".

*…a palavra do Senhor, porém, permanece eternamente…*
1 PEDRO 1:25

# 6 DE AGOSTO

## O poder da verdade

**HULDA**
**2 CRÔNICAS 34:29-33**

Sentada de frente para Jason e Trista no restaurante, Gail mal podia acreditar que eles eram realmente seus cunhados. Em vez de duas pessoas iradas discutindo e se amaldiçoando, ela viu um casal amoroso tratando-se com respeito. Quando Gail lhes indicou um conselheiro cristão, não esperava tão incrível transformação, mas se alegrou ao ver a mudança. Após apenas oito meses, Jason e Trista já faziam parte de uma igreja e de um grupo de estudo bíblico, ajeitaram seu modo de vida e reavivaram o casamento.

Hulda também se alegrou ao ver as pessoas reagindo à verdade de Deus. Sua mensagem sobre o julgamento de Deus sobre a adoração a ídolos de Israel, iniciou um avivamento nacional. Guiado pelo rei Josias, o povo abandonou seus ídolos, renovou sua aliança com Deus e prometeu obedecê-lo. O julgamento de Israel não poderia ser evitado após tantos anos rejeitando o chamado de Deus ao arrependimento, mas o Senhor o adiou devido à obediência de Josias. Como Hulda deve ter louvado a Deus ao ver os corações de seus companheiros israelitas voltados a Deus.

É maravilhoso ver como a verdade de Deus pode transformar pessoas. Sua Palavra tem a habilidade de renovar relacionamentos, amolecer corações e reavivar nosso gosto por viver. Conforme nossas atitudes e desejos mudam, a transformação interior afeta nosso comportamento e estilo de vida. Mas para que sejamos transformadas pela Palavra, precisamos fazer mais do que carregar uma Bíblia até a igreja nos domingos. Deus quer que estudemos as Escrituras para o conhecermos mais intimamente, para que possamos discernir Sua vontade e a apliquemos ao nosso modo de viver. Ao respondermos àquilo que Ele nos mostra, descobrimos o incrível poder de Sua verdade para transformar nossa vida. E Ele se alegra com nossa transformação.

*Porque a palavra de Deus é viva, e eficaz, e mais cortante do que qualquer espada de dois gumes, e penetra até ao ponto de dividir alma e espírito, juntas e medulas, e é apta para discernir os pensamentos e propósitos do coração.*
HEBREUS 4:12

## 7 DE AGOSTO

# Falso sentimento de segurança

**FALSOS PROFETAS**
**EZEQUIEL 13:17-23**

Deus levou Ezequiel a denunciar os falsos profetas em Israel que vinham desviando o povo do caminho. Estes falsos profetas vendiam amuletos mágicos que supostamente protegiam quem os usasse de doenças e prejuízos. Seus clientes ingênuos nunca suspeitaram que estes amuletos os estavam atraindo à idolatria. Os profetas também divulgavam suas opiniões pessoais como revelações de Deus e profetizavam paz para o povo de Jerusalém. Deus previu julgamento para os profetas que encorajavam os perversos a continuar em seu pecado prometendo-lhes que tudo se resolveria.

Hoje, parece haver uma variedade mais ampla de falsos profetas do que existia antes. Muitas pessoas imaginam algo e o promovem como uma revelação de Deus. Mestres e religiosos que se concentram no amor e na graça de Deus enquanto negam Seu julgamento do pecado que já foi prometido, estão crescendo em popularidade. A ideia de que Deus nunca permitiria que alguém fosse para o inferno engana muitos que acabam pensando que seu destino eterno está garantido, muito semelhante às pessoas ingênuas mencionadas em Ezequiel. Algumas pessoas afirmam que aquilo que creem com relação a Deus não tem tanta importância desde que reconheçam a existência de um "Poder Elevado".

Considerando que nossa cultura é obcecada por tolerância, muitas pessoas acreditam que um sistema de crenças é tão bom quanto qualquer outro. Caso questionemos o que alguém ensina, podemos ser acusadas de atacar a liberdade religiosa desta pessoa. Mas Deus ensina que o *único* modo de nos aproximarmos dele é por meio da fé em Jesus Cristo, como o Salvador que morreu por nossos pecados. Devemos ter certeza de que somos dependentes da verdade de Deus, e não de alguma filosofia criada por homens, que nos dê um falso senso de segurança. Então nunca precisaremos nos preocupar em ouvir estas terríveis palavras nos Dia do Julgamento: "...nunca vos conheci. Apartai-vos de mim..." (MATEUS 7:23).

> *Curam superficialmente a ferida do meu povo, dizendo: Paz, paz; quando não há paz.*
> JEREMIAS 6:14

8 DE AGOSTO

# Profetizas genuínas

**AS FILHAS DE FILIPE**
**ATOS 21:8,9**

Após desfrutar de um enorme sucesso como estrela de cinema quando criança, Shirley Temple Black trabalhou por 20 anos no Departamento do Estado do EUA. Sua carreira incluía atribuições como embaixadora dos Estados Unidos em Gana em 1974 e embaixadora dos Estados Unidos na Tchecoslováquia em 1989 e 1992. Como embaixadora, ela representava o governo americano nestes outros países e era responsável por defender a honra de seu país.

Na Bíblia, os profetas eram representantes de Deus na Terra, compartilhando mensagens e revelações vindas dele. O Antigo Testamento menciona Miriã, Débora e Hulda como exemplos de profetizas autênticas. Elas compartilhavam fielmente a Palavra de Deus com sua nação, independentemente da popularidade da mensagem ou da atmosfera política. O Novo Testamento indica que o dom da profecia também era evidente na igreja primitiva. Um evangelista chamado Filipe tinha filhas solteiras que eram profetizas. Provavelmente, era muito incomum ter tantas pessoas em uma única casa com este chamado.

Considerando que nos foi dada a Palavra de Deus escrita por completo e que o Espírito Santo guia cada cristão, há diferenças de opinião sobre o dom de profecia e seu lugar na igreja moderna. Embora haja este debate, todo cristão é chamado para representar Jesus Cristo na Terra, assim como Jesus representou o Pai durante Sua vida terrena.

Nossa tarefa é falar em Seu nome, independentemente da situação política, compartilhando as boas-novas de reconciliação com Deus por meio de Cristo. Faz parte do nosso dever proteger a honra daquele que nos enviou. Nossas palavras e ações ajudam a moldar o que outros pensam sobre Deus. Não há honra maior do que ser um embaixador que representa Cristo num mundo perdido.

*De sorte que somos embaixadores em nome de Cristo, como se Deus exortasse por nosso intermédio...*
2 CORÍNTIOS 5:20

## 9 DE AGOSTO

# Sem desistir

### A VIÚVA PERSISTENTE
### LUCAS 18:1-8

Até que enfim! Pensei enquanto lia a carta. Quatro meses antes, eu tinha notado um erro em nossa conta. Expliquei a situação a alguém no departamento financeiro da clínica, e essa pessoa garantiu que a situação seria resolvida. Fiz a mesma coisa no mês seguinte. E no mês subsequente, gastei uma hora no telefone enquanto nossa companhia de seguros encaminhava minha ligação para várias pessoas diferentes. No fim das contas, escrevi uma carta à clínica e incluí cópias das contas e todos os documentos relacionados que consegui encontrar. Finalmente, minha persistência teve resultado.

Jesus contou uma parábola sobre uma viúva persistente que se recusou a desistir de sua busca por justiça. De tempos em tempos, a mulher ia até o juiz para pedir uma solução em seu caso contra um inimigo. Todas as vezes, o juiz indiferente ignorava seu pedido. Será que ela, com frequência, não se sentia tentada a desistir de sua esperança de encontrar justiça? Mas ela continuava levando seu caso ao juiz apesar de sua decepção até que finalmente ela o exauriu. Consequentemente, o juiz solucionou seu caso apenas para que ela deixasse de importuná-lo.

A história da viúva nos encoraja a perseverar em oração mesmo quando sentimos vontade de desistir. Diferentemente do juiz insensível, Deus nos ama profundamente. Quando parece que Ele está ignorando nossos pedidos, Ele tem um motivo para agir dessa forma. Deus promete responder nossas orações em Seu tempo e de Sua maneira, desde que estejamos em um relacionamento correto com Ele, que nossos pedidos se alinhem à Sua vontade e que creiamos que Ele responderá quando orarmos. Há momentos em que persevero mais em problemas mundanos, como um erro de cobrança, do que persevero em oração. A história da viúva persistente me lembra de que o Senhor sempre recebe orações oferecidas por Seus filhos em fé e Ele se deleita em respondê-las da melhor maneira possível.

*Pedi, e dar-se-vos-á; buscai e achareis; batei, e abrir-se-vos-á.* MATEUS 7:7

10 DE AGOSTO

# Um encontro divino

## A MULHER NO POÇO
## JOÃO 4:1-6

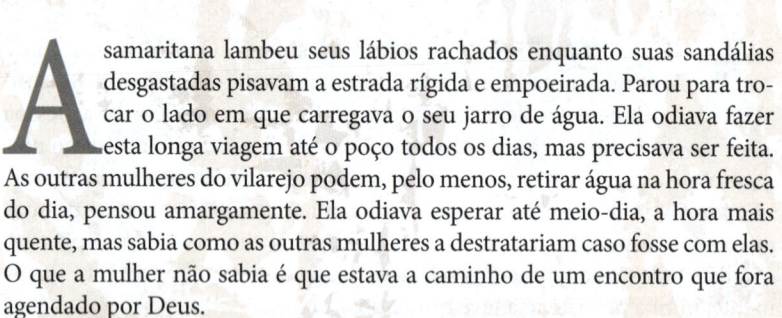

A samaritana lambeu seus lábios rachados enquanto suas sandálias desgastadas pisavam a estrada rígida e empoeirada. Parou para trocar o lado em que carregava o seu jarro de água. Ela odiava fazer esta longa viagem até o poço todos os dias, mas precisava ser feita. *As outras mulheres do vilarejo podem, pelo menos, retirar água na hora fresca do dia*, pensou amargamente. Ela odiava esperar até meio-dia, a hora mais quente, mas sabia como as outras mulheres a destratariam caso fosse com elas. O que a mulher não sabia é que estava a caminho de um encontro que fora agendado por Deus.

Quando Jesus e Seus discípulos saíram da Judeia para voltar à Galileia, Ele não escolheu a rota usual. Os judeus há muito tempo odiavam os samaritanos, que eram fruto da miscigenação de raças, e suas tentativas de combinar o judaísmo com elementos de uma religião pagã. Os viajantes judeus faziam um longo desvio para evitar Samaria, mas o amor compeliu Jesus a passar diretamente pela cidade. Enquanto os discípulos se dispersavam para comprar comida no vilarejo e Jesus sentou-se para esperar, Ele tinha algo mais em mente do que descansar. Sabia que uma mulher com o coração abatido em breve viria ao poço — uma mulher que precisava conversar com Ele para que sua vida mudasse para sempre.

Todos os dias, nosso Pai celestial espera que nos aproximemos dele para conversar. Ele quer nos consolar quando sofremos, nos encorajar quando nos sentimos abatidas, guiar nossas decisões e nos fortalecer para as provas e dificuldades que o dia a dia possa nos trazer. Infelizmente, com nossas rotinas tão ocupadas, é fácil demais apressarmo-nos para realizar as tarefas do dia sem termos investido tempo com Ele. Que privilégio incrível deixamos de lado quando abrimos mão de nosso encontro com o divino!

*Ao meu coração me ocorre: Buscai a minha presença; buscarei, pois, Senhor, a tua presença.* SALMO 27:8

## 11 DE AGOSTO

# Chocada pela graça

**A MULHER NO POÇO**
**JOÃO 4:7-10**

Shauntelle permaneceu em silêncio enquanto ele se afastava. Ela mal podia acreditar que tinha conversado com ele nos últimos dez minutos. Ele foi tão educado e demonstrou tanto interesse, perguntou sobre seu trabalho, sua família, seus planos para o futuro. Na verdade, ela já o havia visto — mas fora apenas um vislumbre ocasional; e ele ocasionalmente ficava hospedado em seu escritório na cobertura. Shauntelle nunca esperou que o presidente de uma corporação tão grande descesse até a sala de correspondências, muito menos que tivesse uma conversa amigável com ela.

Quando a samaritana se aproximou do poço e viu um homem sentado ali, não esperava que houvesse uma conversa. O pedido de Jesus por um gole de água chocou-a por várias razões. Homens e mulheres não conversavam em público, especialmente se não se conhecessem. Devido à sua má reputação, a mulher havia se acostumado com o tratamento silencioso de seu próprio povo. Além disso, judeus e samaritanos não se relacionavam. Por que então, este homem lhe pediria um gole de água? Ele não sabia que um judeu que bebesse água do jarro dela seria considerado impuro?

O fato de ser mulher, samaritana e com má reputação — esta mulher tinha três fatores contra si, mas não estava além do alcance de Deus. Jesus tinha ido a Samaria especificamente com o propósito de compartilhar o amor e o perdão de Deus com esta mulher solitária cuja sociedade a considerava indigna.

Da mesma forma, Deus sai de Sua rota para nos procurar e nos atrair para Ele. Jesus não morreu por nós porque merecíamos ou porque tínhamos algo para lhe oferecer. Ele se sacrificou para que pudéssemos ser perdoadas e aceitas por Deus independentemente do que fizermos. Não importa quantos fatores tenhamos contra nós, não estamos jamais fora do alcance da comovente graça de Deus.

> *Mas Deus prova o seu próprio amor para conosco pelo fato de ter Cristo morrido por nós, sendo nós ainda pecadores.*
> ROMANOS 5:8

## 12 DE AGOSTO

## Sede da verdade

### A MULHER NO POÇO
### JOÃO 4:11-15

Todas as vezes que eu leio um artigo sobre bons hábitos de saúde, tomo a decisão de beber mais água. Certos dias, minha única ingestão de fluido é uma xícara de café no café da manhã e alguns refrigerantes ao longo do dia. Especialistas em saúde salientam que beber água e abundância é essencial para boa saúde física e mental. Até mesmo uma desidratação leve pode causar dores de cabeça, fadiga, fraqueza muscular, concentração debilitada e outros sintomas. A sede é geralmente um indicador acurado da necessidade de líquidos, mas não o é sempre. Em alguns casos, nossos corpos podem estar clamando por água sem percebermos.

Quando uma samaritana foi retirar água do poço de Jacó, Jesus fez um comentário misterioso sobre água e sede para atraí-la para a discussão espiritual. Ela tinha que fazer viagens diárias até o poço, carregando seu pesado jarro de barro. Jesus lhe disse que pessoas que bebessem da água que Ele tinha jamais teriam sede novamente. A mulher ficou confusa, mas intrigada. Como sua vida seria mais fácil se ela não precisasse buscar água! Mas como este homem podia fazer uma oferta tão incrível? A samaritana começou a entender que Jesus estava falando de algo mais profundo do que a sede física.

Nós podemos não perceber, mas nossa alma tem sede e fome do Deus que nos criou. Nunca seremos satisfeitas até que satisfaçamos a necessidade de estar em um relacionamento pessoal com Ele. Até mesmo os cristãos podem ficar espiritualmente desidratados sem o perceber. Podemos nos esquecer de nos colocarmos diante da presença de Deus e de Sua Palavra diariamente, o que resulta em fraqueza espiritual e muitas dores de cabeça em nosso viver. O Homem que se sentou ao lado de um poço em um vilarejo samaritano ainda é a única Fonte de água viva. Se o conhecermos, jamais precisaremos ter sede espiritual novamente.

*...a minha alma tem sede de ti; meu corpo te almeja, como terra árida, exausta, sem água.* SALMO 63:1

## 13 DE AGOSTO

# Sem segredos

### A MULHER NO POÇO
### JOÃO 4:16-18

"Que bom que o rapaz na mesa 13 está pedindo a conta", Louanne disse à sua colega de trabalho. Ele estava começando a assustá-la. No começo, ela pensou que ele estava fazendo perguntas apenas para ser amigável e, afinal de contas, esta era uma cidade pequena. Mas em pouco tempo ela percebeu que ele sabia detalhes de sua vida que um estranho não deveria saber e ela certamente não o reconheceu. Louanne foi até a mesa e alguns minutos depois deu boas risadas com seu primo que crescera numa base militar na Alemanha.

A mulher no poço também estava em uma situação em que conversava com um estranho que sabia muito sobre ela. Cheia de curiosidade, ela pediu ao homem que lhe desse a água que impedia que as pessoas tivessem sede novamente. Surpreendentemente, Ele respondeu dizendo-lhe que fosse buscar seu marido. A mulher provavelmente se constrangeu. Ela não queria que esse mestre judeu soubesse a verdade sobre ela. "...Não tenho marido...", ela respondeu. E para sua surpresa, a resposta de Jesus mostrou que Ele já conhecia os detalhes sórdidos de sua vida — que teve cinco maridos e vivia atualmente com um homem com quem não era casada.

Podemos conseguir esconder de outras pessoas alguns detalhes de nossa vida, mas não de Deus. Ele conhece cada uma de nós tão intimamente que pode dizer o número de cabelos em nossa cabeça. Deus consegue ver nossos pensamentos, sentimentos e atitudes. Pode ser assustador estar tão exposta, até entendermos que Aquele que nos conhece melhor nos ama apesar dos detalhes sórdidos do nosso viver. Uma vez que aceitamos Seu perdão, encontramos a liberdade para sermos abertas e honestas com Ele. Podemos ir à Sua presença sem segredos e sem medo.

*...até os cabelos todos da cabeça estão contados.*
MATEUS 10:30

## 14 DE AGOSTO

# Momento decisivo

**A MULHER NO POÇO
JOÃO 4:17,18**

A mulher no poço não gostou da direção que a conversa tomou. Ela se surpreendeu com o fato de que um judeu estava conversando com ela e até lhe pediu água. Sua conversa sobre "água viva" e o modo como Ele falava com tamanha autoridade havia despertado seu interesse. Mas o fato de que este estranho conhecia os detalhes íntimos de sua vida pessoal provavelmente a aterrorizaram. Como Ele poderia saber que ela estava em um relacionamento pecaminoso? O que Ele fazia, afinal de contas? Como ela deveria reagir ao ser confrontada com sua culpa por um completo estranho? A samaritana estava face a face com um momento decisivo. Sua resposta determinaria se sua vida continuaria como de costume ou se mudaria drasticamente.

Quando alguém expõe nossa culpa, temos muitas escolhas relacionadas ao modo como reagiremos. Se nosso chefe descobre que usamos horas de trabalho para assuntos pessoais, ficaremos indignadas com a intrusão ou nos desculparemos e deixaremos de agir desta forma? Quando um amigo nos confronta sobre não conseguirmos cumprir uma promessa, damos desculpas ou nos esforçamos para manter futuros compromissos? Todas as vezes que enfrentamos fracasso ou injustiça, temos uma oportunidade de fortalecer nosso caráter e fazer mudanças positivas em nossa vida. Ou podemos culpar outros, racionalizar nosso comportamento e nos irarmos com quem nos confronta.

Ainda que Deus saiba quando estamos prontas para lidar com uma área de pecado em nossa vida, nós decidimos como reagir quando Ele nos revela isto. Ignoraremos a convicção de pecado que sentimos por meio de Seu Espírito Santo ou confessaremos honestamente e decidiremos passar por mudança? Quando enfrentamos um momento decisivo como a samaritana, nossa reação determina se nossa vida continuará como de costume ou se serão drasticamente transformadas para refletir a presença de Deus.

*Como você reage quando é convencida por Deus de algum comportamento pecaminoso?*

## 15 DE AGOSTO

# *Encontrando respostas*

## A MULHER NO POÇO
## JOÃO 4:17-26

Quando Jesus revelou que conhecia os detalhes de seu estilo de vida pecaminoso, a samaritana não negou os fatos nem fugiu. Ao continuar a conversa, admitiu a verdade nas palavras de Jesus, embora ela tenha dirigido a conversa para longe de sua vida pessoal. Este estranho sabia tudo sobre ela, contudo se dirigia a ela com respeito e ofereceu-lhe a "água viva". Ele devia ser profeta. Talvez Ele soubesse a resposta para o debate entre judeus e samaritanos sobre o lugar adequado para adorar a Deus: Jerusalém ou Monte Gerizim.

Jesus respondeu não só suas perguntas proferidas verbalmente, como as que fez em silêncio. Ele disse à mulher abruptamente que ela tinha crescido com uma religião falsa e não conhecia tanto sobre Deus quanto acreditava. Ele explicou que como Deus é Espírito, a atitude de um adorador importa mais do que o local de adoração. E então Jesus pasmou a samaritana. Pela primeira vez em Seu ministério, Ele revelou abertamente Sua identidade de Messias. A mulher deve ter ficado boquiaberta — ela tinha recebido mais do que uma resposta a uma discussão teológica; havia descoberto Aquele que é a Resposta a todas as questões da vida.

Todas nós temos perguntas, mas algumas vezes não encontramos respostas porque, obstinadamente, nos recusamos a admitir nossa necessidade. Se estamos dirigindo procurando um local, não conseguiremos orientações até admitirmos que estamos perdidas. Quando temos um problema de saúde, não encontramos conselho até procurarmos o médico e admitirmos que estamos doentes. Da mesma forma, não podemos receber o perdão de Deus até admitirmos que somos pecadoras. O Messias ainda se revela àqueles que admitem a necessidade que têm do Salvador. Assim, solucionamos algo mais importante do que qualquer debate teológico — nós encontramos a resposta para nossas necessidades mais profundas.

> *Disse-lhe Jesus: Eu o sou, eu que falo contigo.*
> JOÃO 4:26

**16 DE AGOSTO**

# Aliviando a carga

**A MULHER NO POÇO**
**JOÃO 4:27-38**

Enquanto Heidi saía pela porta da clínica, ela percebeu que teria que se acostumar a andar normalmente outra vez. Desde o acidente que sofrera praticando esqui aquático, sua perna direita ficou revestida em um espesso gesso que cobria seu tornozelo e subia até sua coxa. Ela tinha finalmente se acostumado com a sensação de arrastar um bloco de concreto; e agora com o gesso removido sua perna parecia fraca, mas ela sentia que poderia voar até o carro.

A samaritana deixou mais do que seu jarro de água no poço. Quando Jesus se revelou como o Messias, ela compreendeu que Ele estava oferecendo perdão em vez de condenação por seu passado pecaminoso. Ela imediatamente correu para compartilhar as novas com outros, deixando para trás seu fardo de culpa, vergonha e humilhação. Ela deixou para trás sua velha identidade de mulher imoral vista como pária pela sociedade e começou a nova vida como uma mulher justa aceita por Deus, como filha amada. A mesma mulher cujos pesados passos tinham marcado o caminho até o poço agora corria com pés leves por uma estrada diferente.

Todas nós carregamos fardos — um passado conturbado, problemas atuais ou preocupações com o futuro. Algumas vezes sentimos que nosso espírito, talvez até nossas costas, sucumbirão. Deus nunca quis que Seus filhos arrastassem tais fardos pesados. Mas como podemos abrir mão de nossos fardos quando temos preocupações legítimas? É uma lição difícil de aprender, mas o Senhor quer nos ensinar. Quanto mais o conhecemos por meio da oração de Sua Palavra, mais aprendemos que podemos confiar nele para controlar as circunstâncias de nossa vida. Quando compartilhamos honestamente nossos fardos com nosso Pai celestial, nossas cargas ficam mais leves e podemos caminhar pela vida com passos mais suaves.

*Confia os teus cuidados ao Senhor, e ele te susterá...*
SALMO 55:22

## 17 DE AGOSTO

# *Compartilhando nossos passados*

**A MULHER NO POÇO**
**JOÃO 4:39-42**

Tentei não parecer chocada enquanto a mulher falava sobre sua vida. Após frequentar a igreja com ela por alguns anos, eu tinha decidido que ela definitivamente vinha de uma família com um histórico perfeito e desfrutava de uma vida sem problema algum. Caso contrário, como ela poderia aparentar sempre tanta doçura e serenidade? Agora, ela estava contando sobre a violência em sua família, em sua infância e como ela ainda lutava com os efeitos subsequentes.

A samaritana foi ao poço no meio do dia para evitar outras pessoas, mas após uma conversa com Jesus, ela correu até o vilarejo para contar a todos que havia encontrado o Messias. Já não se preocupava com o que outros pensariam dela ou como a tratariam. Tinha um desejo ardente — compartilhar o que tinha aprendido sobre Deus. As pessoas conheciam sua reputação, mas agora viam algo diferente nela.

Como resultado de seu testemunho, as pessoas ouviram a mensagem de Jesus e muitos creram nele como o Salvador do mundo. Devido a seu passado obscuro, a mulher se tornou uma testemunha poderosa de Jesus e de Sua habilidade de transformar vidas.

Quando nos tornamos cristãs, algumas vezes tentamos demonstrar que nossa vida é perfeita. Mas todas nós temos uma bagagem do passado. Deus pode nos libertar instantaneamente de parte dessa bagagem, enquanto permite que trabalhemos em outras partes durante toda a vida. Quando compartilhamos nossas lutas e problemas com outros, nos tornamos testemunhas da graça e do poder de Deus. Considerando que Ele nos ama e nos aceita, somos livres para sermos honestas com outras pessoas. Podemos admitir que apesar de nossa vida ter mudado, podemos ainda ter bagagem, mas agora nosso destino é diferente.

> *Agora vocês podem tomar parte comigo na luta. Como vocês sabem, a luta que vocês viram que tive no passado é a mesma que ainda continua.*
> FILIPENSES 1:30 (NTLH)

**18 DE AGOSTO**

# Aprendizes por toda a vida

**MULHERES ENSINADAS POR JESUS**
**LUCAS 8:1-3**

Contei 20 pastas duplas de arquivos e certifiquei-me de que tinha uma seleção de cores. Participar da equipe do estoque da escola para crianças especiais me dá a oportunidade de fazer compras nas liquidações de volta às aulas. Eu amo mergulhar na atmosfera das lojas — traz memórias de quando meus filhos voltavam às aulas. O aroma dos fichários me leva de volta aos meus dias de escola — a empolgação de escolher o caderno certo e a expectativa de um novo ano escolar com uma nova professora e novos assuntos para aprender.

Nos dias bíblicos, somente os meninos frequentavam a escola, enquanto as meninas ficavam em casa para se preparar para seu papel doméstico de esposas e mães. Mulheres não tinham permissão para serem ensinadas por rabinos, que consideravam as mulheres incapazes de compreender seus ensinos. Jesus quebrou esta convenção ao ensinar mulheres, da mesma forma como ensinava homens. As mulheres que viajavam com Jesus e ministravam a Ele e os doze discípulos, devem ter absorvido avidamente cada uma de Suas palavras, profundamente cientes desse privilégio. Elas compreendiam que, para Ele, eram tão importantes quanto os homens e tinham a mesma capacidade de aprender.

Quando as pessoas acreditam em nossa capacidade de aprender, somos motivadas a trabalhar duro e atingir suas expectativas. Deus espera que Seus filhos sejam bons estudantes de Sua Palavra. Muitas passagens nas Escrituras são de difícil compreensão para nós, especialmente quando estudiosos da Bíblia discordam em suas interpretações. Mas Deus nos deu os "materiais escolares" de que precisamos. Conforme estudamos a Bíblia guiadas pela oração, confiamos no Espírito Santo para nos mostrar o significado e obedecemos àquilo que já aprendemos, Deus nos ensinará tudo o que precisamos saber para termos uma vida piedosa. Mesmo sendo estudantes vitalícias da Palavra de Deus, podemos sempre esperar aprender algo novo.

*Meditarei nos teus preceitos e às tuas veredas terei respeito.*
SALMO 119:15

**19 DE AGOSTO**

# Aprendendo um novo idioma

## MULHERES EM BABEL
## GÊNESIS 11:1-9

Quando Eric, meu filho mais velho, decidiu aprender uma língua estrangeira no Ensino Médio, eu o encorajei a tentar o francês e prometi ajudá-lo com sua lição de casa. Considerando que amava minhas aulas de francês no Ensino Médio e faculdade, estava ansiosa para trabalhar o idioma novamente. No início foi divertido, mas em pouco tempo minha confiança ruiu quando as palavras e regras gramaticais já não eram mais familiares. Eu não tinha percebido o quanto do idioma eu havia perdido por não praticá-lo.

As mulheres na passagem bíblica de hoje aprenderam um novo idioma instantaneamente e perderam seu idioma nativo ao mesmo tempo. Em vez de obedecer à ordenança de Deus para espalhar-se e preencher a Terra, o povo permaneceu junto. E em seu orgulho, decidiram construir uma torre que alcançaria o céu. Porque a raça humana estava se rebelando contra Deus, Ele lhes deu idiomas diferentes para forçar-lhes a se separar em grupos. É difícil imaginar a confusão e o pânico que surgiram. Repentinamente, a amiga de uma mulher não conseguia entender o que ela dizia e ela parecia estar pronunciando palavras sem nexo. O que havia acontecido com o mundo?

Assim que nos tornamos filhas de Deus, temos um novo idioma para aprender, mas diferentemente do que aconteceu na torre de Babel, isto não acontece instantaneamente. A Bíblia é nosso livro didático. Dois dos Dez Mandamentos nos proíbem de pronunciar o nome de Deus em vão e mentir sobre outras pessoas. Muitas passagens nos instruem a nos guardarmos do uso de nossa boca para a fofoca, a difamação, discussão inútil, obscenidades ou palavras em excesso. Deus também nos dá uma imagem clara de como nossas palavras *deveriam* ser. Nós devemos expressar louvor e ação de graças a Deus e encorajar e edificar outras pessoas. Ainda que nossa cultura admire humor obsceno e humilhações sarcásticas, Deus nos chama para um uso mais elevado do discurso. Mas precisamos fazer nossa lição de casa e praticar, usando nosso novo idioma.

> *A vossa palavra seja sempre agradável, temperada com sal, para saberdes como deveis responder a cada um.* COLOSSENSES 4:6

20 DE AGOSTO

# O Único

ADA E ZILÁ
GÊNESIS 4:19-24

Eu não conseguia acreditar nas palavras na tela. Enquanto pesquisava a poligamia para escrever um artigo, tropecei em um *site* elencando os benefícios da prática e incluindo artigos com a intenção de demonstrar a prática como algo comum. O objetivo declarado do *site* era "prover recursos para pessoas que desejavam mover-se além da monogamia dos dias atuais e promover o casamento plural encorajando indivíduos honráveis que desejam buscar a poligamia como a estrutura matrimonial para sua família e auxiliar aqueles que vivem o casamento plural com integridade". Tentei imaginar como me sentiria se meu marido decidisse acrescentar outra esposa.

O primeiro relacionamento polígamo registrado na Bíblia surgiu apenas seis gerações após Adão. Lameque foi contra o plano original de Deus ao casar-se com duas mulheres. Como Ada e Zilá se sentiam por serem as primeiras mulheres a compartilhar um marido? Talvez brigassem e sofressem surtos de ciúme ao tentar cumprir seus papéis de esposa. Ou talvez cada uma secretamente ansiava estar em um casamento monogâmico onde teriam a atenção e afeição do marido completamente para si. Ada e Zilá não tinham ideia de que seu relacionamento iniciaria uma tendência que levaria um rei de Israel a ter mil esposas.

Nenhuma mulher em sã consciência quer compartilhar seu marido com qualquer pessoa. E nem Deus quer *nos* compartilhar com ninguém mais. Ele nos projetou para relacionamentos significativos e amorosos com família e amigos, mas ninguém mais deveria tomar Seu lugar de direito em nosso coração. Nem sempre é óbvio quando uma pessoa é espiritualmente polígama, mas nossos estilos de vida revelam se Deus está ou não no centro de nossas afeições e de nossa lealdade. Não desfrutaremos de intimidade real com nosso Pai celestial até que entreguemos a Ele a prioridade em nosso ser. Nosso Criador nos quer por completo para si e Ele admite abertamente que é zeloso com nossas emoções.

> ...não as adorarás, nem lhes darás culto;
> porque eu, o SENHOR, teu Deus, sou Deus zeloso...
> DEUTERONÔMIO 5:9

## 21 DE AGOSTO

# "Amada"

## LO-RUAMA
### OSEIAS 1:2-6

Esta passagem do livro de Oseias é difícil de ser interpretada. Deus ordenou a Oseias que se casasse com uma mulher promíscua que lhe seria infiel. Seu casamento deveria simbolizar a infidelidade de Israel a Deus quando os israelitas se afastaram dele para adorar a falsos deuses. Quando Gômer teve uma filha, o Senhor escolheu seu nome — Lo-Ruama, que significava "desfavorecida." O nome da menina representava o momento na história, em que Deus removeria Sua misericórdia e permitiria que os israelitas fossem punidos por seus pecados. Em uma sociedade que concedia grande importância ao nome de uma pessoa, esta menininha tinha o fardo de um nome que carregava a mensagem do vindouro julgamento de Deus.

O livro *Dóris, a menina rejeitada* (Ed. Vida, 1980) conta a história verdadeira de alguém que vivenciou o significado do nome de Lo-Ruama. Dóris foi abandonada em um orfanato quando pequena após ser rejeitada por sua mãe. Ela nunca fora abraçada ou segurada. No orfanato, Dóris experimentou ainda mais rejeição e apanhava todas as noites. Abuso físico, emocional e sexual contínuos em uma série de lares adotivos. Finalmente, Dóris encontrou o lar pelo qual sempre ansiou quando se casou com um homem piedoso e teve dois filhos. Hoje, Dorie Van Stone viaja pelo mundo, oferecendo esperança e compartilhando a mensagem do amor e da graça de Deus.

Independentemente de como o mundo se sente em relação a nós, Deus nos vê como alguém por quem vale a pena morrer. Diferentemente do Lo-Ruama, vivemos em um período de graça, em que o sacrifício de Jesus torna possível um relacionamento permanente com Deus. Se aceitamos o dom de salvação e nos tornamos filhas de Deus, Ele faz uma aliança indestrutível conosco. Haverá momentos em que Ele nos disciplinará e ocasiões em que precisaremos viver as consequências de nosso pecado. Mas Deus jamais removerá Seu amor e Sua compaixão de sobre nós. Assim que nos tornamos Suas filhas, recebemos o nome de "Amada".

*...mas com misericórdia eterna me compadeço de ti, diz o SENHOR, o teu Redentor.* ISAÍAS 54:8

## 22 DE AGOSTO

# Mulheres dispendiosas

**GÔMER**
**OSEIAS 3:1-3**

Glória olhou para o medalhão dentro da embalagem de vidro. Sim, esse era o medalhão que fora personalizado para sua mãe e depois lhe fora dado. *Como ele pôde...* Glória começou a pensar que havia perdido o precioso presente, até que seu marido admitiu tê-lo penhorado. Ele sabia o quanto este medalhão de prata significava para ela, mas fazer apostas aparentemente tinham mais importância para ele. Agora Glória estava prestes a comprar de volta algo que já era seu por direito.

O marido do Gômer comprou-a de volta apesar de ela estar legalmente casada com ele. Quando Gômer abandonou Oseias, ela se tornou propriedade legal de outra pessoa, talvez como prostituta. Apesar de sua infidelidade, Oseias ainda amava sua esposa. Ele a comprou de volta com prata e bens equivalentes a 15 siclos, o preço típico de um escravo. Então Oseias disse a sua esposa que seu antigo estilo de vida de adultério havia acabado. Gômer deve ter sentido profunda gratidão a Oseias por redimi-la apesar do modo como ela o havia magoado e enganado.

Deus nos criou, mas Ele precisou nos comprar de volta porque éramos pecadoras. Desde que o pecado passou a fazer parte do mundo desde o Jardim do Éden, cada um de nós nasceu escravo do pecado. Deus nos redimiu da tirania do pecado pagando um preço altíssimo — o inestimável sangue de Jesus Cristo. Assim que aceitamos a transação feita em nosso favor, Deus nos diz que nosso antigo estilo de vida chegou ao fim. Nós já não precisamos obedecer à nossa natureza pecaminosa. Como podemos não sentir profunda gratidão e amor por Aquele que deu Seu próprio sangue para nos comprar e tirar da escravidão? Nunca subestimaremos nossa salvação se nos lembrarmos do quanto Ele pagou para nos redimir.

*...sabendo que não foi mediante coisas corruptíveis, como prata ou ouro, que fostes resgatados do vosso fútil procedimento que vossos pais vos legaram, mas pelo precioso sangue, como de cordeiro sem defeito e sem mácula, o sangue de Cristo.* 1 PEDRO 1:18,19

## 23 DE AGOSTO

# Coberta de amor

**A MULHER EM BAURIM**
**2 SAMUEL 17:15-22**

Durante a Segunda Guerra Mundial, Corrie ten Boom e sua família usaram sua casa como esconderijo para judeus e outras pessoas alvo do regime nazista. As atividades secretas da família ten Boom e de seus amigos salvaram vidas de aproximadamente 800 judeus e muitos trabalhadores da Resistência Holandesa. Quando os nazistas prenderam a família em 1944, eles suspeitaram que os judeus estavam escondidos na casa, mas não conseguiram encontrá-los. Quarenta e sete horas depois, trabalhadores da Resistência resgataram seis pessoas que estavam escondidas atrás de uma parede falsa no quarto de Corrie.

Uma mulher em Baurim salvou a vida do rei Davi ao esconder dois homens que levavam uma mensagem crucial a ele. Jônatas e Aimaás foram enviados para alertar Davi que seu filho Absalão planejava atacá-lo. Quando um menino os viu, os dois mensageiros escaparam para o vilarejo de Baurim, onde um homem os escondeu em um poço. A esposa do homem cobriu o topo do poço com um pano e espalhou grãos sobre o tecido para secarem no sol de modo que o local não fosse considerado um possível esconderijo. Devido a seu pensar ágil e sua disposição de ajudar, Davi escapou para o deserto.

A maioria de nós estaria disposta a esconder um inocente do perigo se tivéssemos condição de fazê-lo. Entretanto, geralmente achamos difícil fazer algo extremamente simples: desconsiderar as falhas de outra pessoa. A Bíblia exorta os cristãos a tratarem-se com respeito e amor e, assim, perdoar os pecados uns dos outros. Ainda que o pecado em certos momentos deva ser exposto e tratado, muitos problemas são causados por nossa simples falta de paciência uns com os outros. Em vez de nos apegarmos a contrariedades insignificantes, Deus quer que amemos de tal forma que perdoemos os erros dos outros. E cobrir as falhas de outra pessoa com nosso amor é um verdadeiro ato heroico.

*Acima de tudo, porém, tende amor intenso uns para com os outros, porque o amor cobre multidão de pecados.*
1 PEDRO 4:8

## 24 DE AGOSTO

# Assinatura com aroma

**MARIA DE BETÂNIA**
**JOÃO 12:1-8**

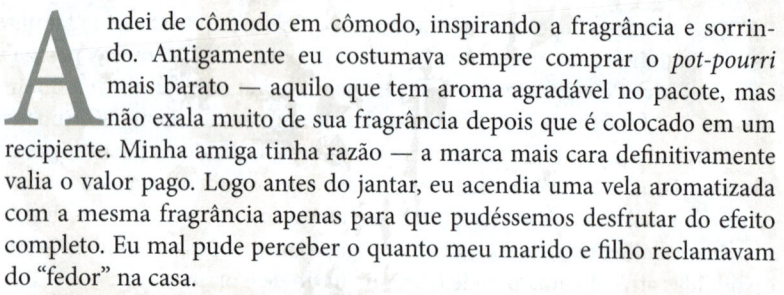

Andei de cômodo em cômodo, inspirando a fragrância e sorrindo. Antigamente eu costumava sempre comprar o *pot-pourri* mais barato — aquilo que tem aroma agradável no pacote, mas não exala muito de sua fragrância depois que é colocado em um recipiente. Minha amiga tinha razão — a marca mais cara definitivamente valia o valor pago. Logo antes do jantar, eu acendia uma vela aromatizada com a mesma fragrância apenas para que pudéssemos desfrutar do efeito completo. Eu mal pude perceber o quanto meu marido e filho reclamavam do "fedor" na casa.

Maria de Betânia também recebeu reações variadas a um aroma. Maria ansiava expressar seu amor e sua gratidão a Jesus, especialmente depois de Ele ter ressuscitado seu irmão, Lázaro. Durante um jantar, ela entrou silenciosamente com um jarro que continha quase meio litro de puro nardo, óleo de uma planta rara na Índia. Enquanto Maria derramava o perfume nos pés de Jesus, o forte aroma preencheu toda a casa e chamou a atenção de todos. Alguns discípulos a repreenderam por desperdiçar o equivalente a um ano de salário de um trabalhador, mas Jesus defendeu seu ato de adoração e disse que Maria havia feito algo bom.

Se somos filhas de Deus, temos um aroma característico ao qual as pessoas reagem de modos diferentes. Conforme nossa vida testifica do amor e perdão de Deus, Ele nos usa para difundir o conhecimento de Cristo em todos os lugares aonde vamos, como um seleto perfume (2 CORÍNTIOS 2:14). As pessoas reagirão de uma ou outra forma: aqueles que rejeitam o Evangelho perceberão o aroma repulsivo da morte; aqueles que escolhem crer em Cristo e recebê-lo sentirão o aroma de "um perfume que concede vida" (2 CORÍNTIOS 2:16). Nosso trabalho mais importante é difundir a doce fragrância de Cristo aonde quer que formos, ainda que algumas pessoas pensem que nossa fé cheire mal.

*Porque nós somos para com Deus o bom perfume de Cristo, tanto nos que são salvos como nos que se perdem.*
2 CORÍNTIOS 2:15

25 DE AGOSTO

# Fazendo papel de tola

A ESPOSA DE NOÉ
GÊNESIS 6:9-22

Pam sorriu ao assistir quando o sol desapareceu atrás das macieiras. Seus amigos pensaram que ela e Russell tinham perdido a cabeça ao comprarem aquela fazenda de plantação com uma casa em ruínas. Todos eles tinham certeza de que o casal enlouquecera quando ambos abandonaram seus empregos para trabalhar na propriedade em tempo integral. Dezesseis anos depois, trabalho duro e sonhos transformaram a casa em um confortável lar e o celeiro caindo aos pedaços em uma loja de antiguidades. Pomares em que clientes colhiam suas próprias frutas cresceram onde antes apenas arbustos cresciam. Esses mesmos amigos que os chamaram de loucos agora corriam quando recebiam um convite para passar um fim de semana na área rural.

A esposa de Noé sabia como era ser ridicularizada enquanto se trabalha por um projeto que parece tolo para todos. Noé e seus filhos precisaram de anos para construir a arca e depois armazenar nela todo o necessário para os animais. Neste período, com que frequência amigos diziam à esposa de Noé que seu marido era um lunático por construir um enorme barco e alertá-los de uma enchente, sendo que nunca antes houve chuva na Terra? As risadas e o escárnio devem ter se tornado tão exaustivos conforme os anos se passavam, mas ela e sua família fielmente seguiram às instruções de Deus. Finalmente, aqueles que haviam zombado deles dariam tudo por um assento na arca.

Algumas vezes, quando buscamos um sonho, parecemos tolas para outras pessoas. Se elas não têm a visão que temos para o que esperamos alcançar, nossos esforços parecem ser um desperdício de tempo. Até mesmo quando fazemos a obra de Deus, não há garantia de que nossos amigos compreenderão. É necessário confiar no Senhor e comprometermo-nos com Sua vontade para permanecer na rota quando outros nos ridicularizam, mas sempre vale a pena. Afinal de contas, não seria bom que a opinião de outros nos fizesse perder nosso lugar na arca.

*Certamente, a palavra da cruz é loucura para os que se perdem...* 1 CORÍNTIOS 1:18

**26 DE AGOSTO**

# *Vivendo em um zoológico*

**A ESPOSA DE NOÉ**
**GÊNESIS 7:1-10**

Olhando para o relógio, Tracey suspirou. Ainda faltava meia-hora até Dustin chegar do trabalho. Ela terminou de cortar o frango espantou Robbie e seu amigo para o quintal dos fundos, longe do pote de biscoitos. Sentada para amamentar o bebê, Tracey percebeu que o cachorro estava arranhando a porta pedindo para sair e o gato estava se esfregando em seus tornozelos implorando o jantar. "Vocês dois vão ter que esperar sua vez", ela lhes disse. Neste exato momento o telefone tocou, a água das batatas fervendo começou a vazar e o bebê começou a chorar. Tracey olhou para o alto. *Minha vida é um zoológico!*

A esposa de Noé conhecia essa sensação. Durante um ano, ela viveu em um enorme barco cheio de milhares de animais e todos os seus suprimentos básicos. A hora das refeições ganhou todo um novo significado para a esposa de Noé e suas três noras, mas isto provavelmente era um pequeno detalhe em comparação com as outras tarefas. Como estas mulheres suportavam tal sistema, mês após mês? Elas devem ter se perguntado se sua provação algum dia acabaria, se algum dia pisariam em terra firme e sentiriam o ar fresco novamente.

Algumas vezes, como donas de casa, nossa vida se assemelha a um zoológico, especialmente na hora das refeições. Parece que a única tarefa que temos é alimentar pessoas e limpar a bagunça que deixam. Podemos começar a nos perguntar por quanto tempo mais precisaremos suportar esta situação. A situação mudará? A resposta para nossa situação é a mesma dada à esposa de Noé. Deus está conosco em todas as circunstâncias e em todos os momentos. Ele nos concederá a força que precisamos para permanecer realizando nossas tarefas mesmo quando elas parecerem enfadonhas. Mais do que isso, Ele usará esses momentos para colaborar no crescimento de nossa fé conforme encontramos bênçãos entre as confusões. Mais tarde, olharemos para trás e saberemos que Ele foi quem nos manteve flutuando.

*Nas tuas mãos, estão os meus dias...*
SALMO 31:15

**27 DE AGOSTO**

## Um novo mundo

**A ESPOSA E AS NORAS DE NOÉ**
**GÊNESIS 8:1-19**

Ainda que a organização missionária tivesse tentado prepará-los para suas novas vidas, a mãe perplexa e seus filhos não conseguiram desgrudar os rostos das janelas do carro durante a longa viagem do aeroporto até sua nova casa. Vistas tão maravilhosas — a série de casas pintadas, o parque com uma vastidão de flores coloridas e árvores de todos os tamanhos e formas. Mas os prédios altos e a amplitude do lugar também eram assustadores. A família se sentia a mundos de distância de seu pequeno vilarejo de choupanas de sapê.

A família de Noé provavelmente sentiu como se estivesse pisando em um novo mundo ao saírem da arca após viver dentro dela por quase um ano. Deve ter sido um grande alívio pisar em terra firme novamente e contemplar espaços abertos; mas ainda assim, levemente assustador também. Este era o mesmo mundo que conheciam antes, mas estava diferente. O dilúvio tinha levado todos os traços dos antigos habitantes e sua perversidade, deixando a terra limpa e revigorada, mas também estranhamente silenciosa. Considerando que não era um mundo perfeito como o Jardim do Éden, continuava decaindo e o pecado logo o poluiria novamente. Mas a família de Noé agradeceu a Deus pela oportunidade de começar uma nova vida.

Quando nos tornamos filhas de Deus, adentramos um novo mundo desconhecido pelos olhos humanos. Vivemos nos mesmos corpos físicos que passam pelo processo de envelhecimento, mas Cristo nos lavou do nosso pecado, nos deixando limpas e revigoradas. Ainda existimos na mesma Terra, mas espiritualmente pertencemos a um novo Reino com valores que são opostos aos do mundo. Nosso desafio é viver sem nos conformar com suas atitudes. Por meio da oração, do estudo da Bíblia e comunhão com outros cristãos, Deus pode transformar nosso modo de pensar para que possamos refletir Seus valores. Então poderemos olhar ao redor e enxergar o mesmo velho mundo, mas tendo uma nova vida.

*E não vos conformeis com este século,*
*mas transformai-vos pela renovação da vossa mente...*
ROMANOS 12:2

## 28 DE AGOSTO

# O primeiro arco-íris

**A ESPOSA E AS NORAS DE NOÉ**
**GÊNESIS 9:1-17**

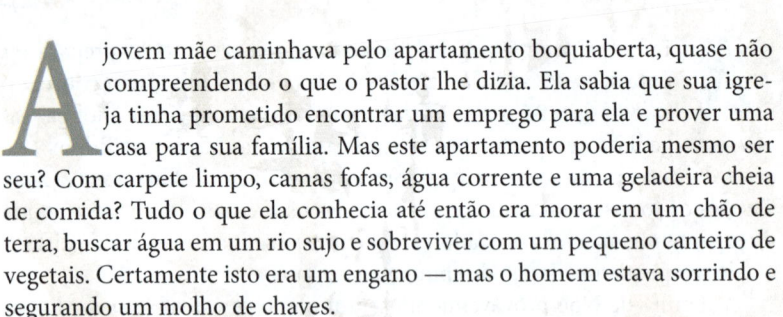

A jovem mãe caminhava pelo apartamento boquiaberta, quase não compreendendo o que o pastor lhe dizia. Ela sabia que sua igreja tinha prometido encontrar um emprego para ela e prover uma casa para sua família. Mas este apartamento poderia mesmo ser seu? Com carpete limpo, camas fofas, água corrente e uma geladeira cheia de comida? Tudo o que ela conhecia até então era morar em um chão de terra, buscar água em um rio sujo e sobreviver com um pequeno canteiro de vegetais. Certamente isto era um engano — mas o homem estava sorrindo e segurando um molho de chaves.

Após o dilúvio, a esposa de Noé e sua família podem ter se perguntado se sua casa estava agora segura ou se Deus repetiria o dilúvio no futuro. O Senhor lhes garantiu que jamais enviaria dilúvios para destruir toda forma de vida novamente. Como sinal de Sua promessa, Ele colocou o primeiro arco-íris no céu. De que maneira a esposa e as noras de Noé se sentiram ao contemplar o primeiro arco-íris? Cores tão brilhantes em uma linha curva atravessando o céu, colocadas ali apenas para lhes garantir que sua casa estava livre da destruição. Todas as vezes que um arco-íris aparecia, seus corações se enchiam de uma renovada admiração pela bondade e provisão de Deus.

O Senhor nos deu uma promessa ainda maior do que a garantia do arco-íris. Jesus prometeu que chegará o dia em que aqueles que creem nele irão para um lar eterno, livre da ruína, tristeza, aflição e morte. Nosso novo lar será tão maravilhoso que, neste momento, não conseguimos sequer idealizá-lo, mas será perfeitamente adequado para nós. E, melhor de tudo: Deus viverá conosco. Viver em Sua gloriosa presença fará a mais rica mansão aqui parecer uma choupana com chão de terra.

*…Nem olhos viram, nem ouvidos ouviram,*
*nem jamais penetrou em coração humano o que*
*Deus tem preparado para aqueles que o amam.*
1 CORÍNTIOS 2:9

**29 DE AGOSTO**

# *Uma razão para continuar*

**A ESPOSA DE JÓ**
JÓ 1:13-19; 2:7-10

Tudo parecia tão irreal. A mulher parada ao lado da pilha de escombros que um dia tinha sido sua casa. Enquanto olhava para todos os lados da rua, sentiu estar sonhando — ou na verdade, tendo um pesadelo. Sua vizinhança fora demolida pelo furacão e pela enchente que o seguiu. Casas, lojas, a escola e sua igreja — tudo se foi. O pior de tudo é que seu marido havia falecido devido a um ataque cardíaco durante a tempestade. Ainda que equipes de emergência e voluntários a cercassem, ela ignorava suas ofertas de ajuda. A mulher não via esperança em reconstruir uma casa sem seguro e nenhum motivo para reconstruir sua vida.

A esposa de Jó também sabia como era perder tudo repentinamente. Quando Satanás afirmou que Jó adorava a Deus somente porque o Senhor o fez prosperar, Deus deu permissão a Satanás para testar Jó com adversidade. Em um dia, este homem e sua esposa perderam seu gado, seus servos e seus dez filhos. Depois, o corpo de Jó foi coberto de feridas dolorosas. A tristeza por perder seus filhos e ver seu marido sofrer fez a esposa de Jó perder toda a esperança. Sua vida como antes conhecera parecia ter acabado. Ela não via motivo para continuar. Em seu desespero, ela deixou escapar a sugestão de que Jó amaldiçoasse Deus e morresse. A morte parecia preferível a tal dor insuportável.

Quando o desastre inesperado nos assola, podemos lidar com medos semelhantes. Partindo de uma perspectiva humana, pode parecer que não temos motivo para continuar. Por que se importar e tentar reconstruir nossa vida quando já não temos mais nada? Mesmo em meio à confusão e sofrimento pelos quais Deus permitiu que passássemos, podemos nos apegar à verdade de que Ele também é responsável por todo o bem em nosso viver. Tudo o que Ele permite que nos toque é para um propósito e Ele promete estar conosco até o final. Isto é motivo suficiente para continuar.

*Eu é que sei que pensamentos tenho a vosso respeito, diz o S*ENHOR*; pensamentos de paz e não de mal, para vos dar o fim que desejais.* JEREMIAS 29:11

30 DE AGOSTO

## Nova visão

### A ESPOSA DE JÓ
JÓ 42:7-17

A Bíblia não nos diz nada sobre a esposa de Jó exceto seu comentário em Jó 2:9, mas no final do livro, vemos que sua vida mudou para melhor. Após o tempo de provação, Deus deu a ele e a sua esposa o dobro das riquezas de antes. Seus parentes e amigos os banharam de amor e consolo. Segundo Jó 42:13, presumimos que a sua esposa deu à luz outros dez filhos. A memória de seu terrível sofrimento e dor provavelmente foi mitigada com o passar dos anos conforme descobria nova alegria nas abundantes bênçãos de Deus.

Ao fim de suas aflições, Jó tinha adquirido uma nova visão de Deus. Ainda que antes ele *soubesse quem* Deus era, ele agora sentia que conhecia Deus em um nível mais pessoal. Será que a esposa também ganhou um entendimento mais profundo de Deus por meio de seu sofrimento? Será que aprendeu a confiar que Ele caminharia com ela nos momentos difíceis da vida? Será que se sentia mais próxima do Deus que perdoou suas palavras anteriormente pronunciadas em amargura e tristeza? Talvez a esposa de Jó tenha passado a conhecer Deus mais intimamente após a tragédia que arrancou tudo o que tinha, exceto a Sua divina presença de sua vida.

Há momentos em que sofremos como consequências de nossas escolhas pecaminosas; em outros momentos, o sofrimento é simplesmente resultado de uma vida num mundo pecaminoso. Deus, algumas vezes, usa as aflições para testar e fortalecer nossa fé, para nos dar um poderoso testemunho ao mundo, ou para nos ajudar a nos tornarmos mais semelhantes a Cristo. Podemos não compreender o Seu propósito em permitir momentos difíceis, mas podemos contar com Sua ajuda para suportá-los. Assim que a prova acabar, descobriremos que conhecemos Deus melhor que antes. Quando estamos sofrendo, só conseguimos pensar no que perdemos. Mas se nos apegarmos à nossa confiança em Deus, descobriremos que teremos ganhado nossa visão dele e discernimento espiritual mais profundo.

*Eu te conhecia só de ouvir,*
*mas agora os meus olhos te veem.*
JÓ 42:5

31 DE AGOSTO

# Abrigo temporário

## MULHERES VIVENDO EM TENDAS
## LEVÍTICO 23:33-43

Linda rangeu os dentes ao puxar com toda a força o prego da barraca. Como ir para casa era sua parte favorita do acampamento, ela estava feliz em ficar para desmontar a barraca enquanto Paulo e as crianças faziam a última caminhada. Linda tentava ser uma boa companheira de acampamento, mas não entendia porque as pessoas escolheriam passar uma semana em uma abóbada de tecido fino quando poderiam estar em uma casa feita de paredes sólidas — e um banheiro. Ela também não compreendia como esta grande pilha de tecido e estacas de metal poderia caber em uma pequena bolsa.

Muitas mulheres da Bíblia conheceram a experiência de viver em tendas, algumas delas por quase toda a vida. Uma das práticas anuais celebradas pelos israelitas era a Festa das Tendas, também conhecida como Festa dos Tabernáculos. Durante sete dias, as pessoas viviam em pequenos abrigos temporários, ou barracas, como lembrança de que seus ancestrais viveram em tendas depois que Deus os resgatou do Egito. Algumas das mulheres em gerações posteriores podem não ter se agradado da inconveniência de gastar uma semana num abrigo externo tendo suas casas, mas Deus conhecia a importância das práticas especiais que os ajudariam a lembrar-se do que Ele tinha feito por todos.

Passagens no Novo Testamento comparam nosso corpo terrestre a tendas. Que perfeita imagem para nos lembrar de que nossa vida aqui é temporária! Não importa o tipo de casa em que vivemos, habitamos corpos que são frágeis e suscetíveis a doenças, envelhecimento e morte. Chegará o dia em que será o momento de desmontar nossas tendas terrenas para nos mudarmos para nossos lares permanentes. Deus promete nos dar corpos renovados livres dos defeitos de nossos antigos corpos. Será uma grande alegria abandonar nossas frágeis tendas e nos mudarmos para um abrigo permanente.

> *Sabemos que, se a nossa casa terrestre deste tabernáculo se desfizer, temos da parte de Deus um edifício, casa não feita por mãos, eterna, nos céus.* 2 CORÍNTIOS 5:1

1.º DE SETEMBRO

# Renovando nosso amor por Cristo

## MULHERES EM ÉFESO
## APOCALIPSE 2:1-7

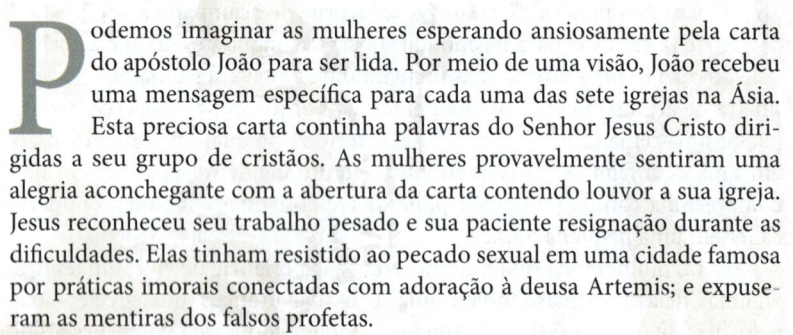

Podemos imaginar as mulheres esperando ansiosamente pela carta do apóstolo João para ser lida. Por meio de uma visão, João recebeu uma mensagem específica para cada uma das sete igrejas na Ásia. Esta preciosa carta continha palavras do Senhor Jesus Cristo dirigidas a seu grupo de cristãos. As mulheres provavelmente sentiram uma alegria aconchegante com a abertura da carta contendo louvor a sua igreja. Jesus reconheceu seu trabalho pesado e sua paciente resignação durante as dificuldades. Elas tinham resistido ao pecado sexual em uma cidade famosa por práticas imorais conectadas com adoração à deusa Artemis; e expuseram as mentiras dos falsos profetas.

No começo parecia que a igreja de Éfeso estava fazendo tudo certo. Mas então Jesus expôs sua grave falha — "Tenho, porém, contra ti que abandonaste o teu primeiro amor" (APOCALIPSE 2:4). Os cristãos efésios ficaram tão envolvidos em fazer o que era certo que sua paixão por Cristo havia esfriado. Eles eram motivados por uma sensação de obrigação em lugar de ardente devoção a Cristo. Ele os incitou a lembrarem-se de como se sentiram quando o conheceram e a recobrar o entusiasmo que tinham na época.

O alerta à igreja de Éfeso toca no cerne do verdadeiro cristianismo. Muitas religiões enfatizam obras, mas o cristianismo é fundamentado em um relacionamento de amor com Deus por meio de Jesus Cristo. A sã doutrina e o serviço para Deus são vitais, mas podemos ficar tão envolvidas com o conhecimento da Bíblia e atividades que uma atitude legalista substitui nosso desejo de simplesmente estar com Ele. Algumas vezes, precisamos parar e nos lembrar de porquê amamos Deus e de como nos sentimos quando passamos a compreender Seu sacrifício. Quando viveu na Terra, as mais duras crítica feitas a Jesus vinham de pessoas religiosas, mas que não amavam Deus. Se abandonamos nosso primeiro amor, precisamos fazer todo o possível para voltar a ele.

*Tenho, porém, contra ti que abandonaste o teu primeiro amor.* APOCALIPSE 2:4

2 DE SETEMBRO

## Um fim à vista

MULHERES EM ESMIRNA
APOCALIPSE 2:8-11

Conforme eu andava pela pequena fazenda de meus pais, um pensamento continuava a surgir em minha mente: *Só por pouco tempo.* Eu vi o lugar em que, quando criança, ficava por horas, sentada em raízes de árvore que ficam na superfície da lagoa e fingia estar numa ilha. Tudo o que restou foi um vale seco no solo. Caminhei, então, pelo que costumava ser o campo de algodão, onde minha família trabalhou por longos dias no sol quente durante todo o verão. Em minha infância, eu sentia que a poeira, as bolhas e dores nas costas permaneceriam para sempre. Partindo da perspectiva de minha idade atual, esses dias parecem ter durado por um curto período.

As mulheres em Esmirna precisavam de um lembrete de que toda nossa experiência terrena é temporária. Estas cristãs suportaram pobreza extrema e perseguição intensa de gentios e judeus que eram hostis ao cristianismo. Jesus as alertou que mais sofrimento viria: Satanás colocaria alguns cristãos na prisão. Outros enfrentariam a morte. Mas Jesus os incitou a não ter medo do sofrimento considerando que não teria continuidade. As palavras "dez dias" indicam um período de tempo limitado. O sofrimento dos cristãos teria um fim definido e determinado por Deus.

Podemos nem sempre compreender o motivo de nossos sofrimentos, mas podemos ter certeza de que o sofrimento virá e de que terá um fim. Ainda que passemos por experiências dolorosas, elas empalidecem se comparadas à futura glória de estar na presença de Jesus, livres do pecado e da tristeza. Jesus sabia que enfrentaria uma morte excruciante por crucificação, mas também sabia que a dor seria temporária. Ele olhou adiante para Sua ressurreição e gloriosa ascensão ao céu. Partindo de uma perspectiva eterna, qualquer dor que soframos é breve e nos prepara para a eterna alegria do céu.

*Porque a nossa leve e momentânea tribulação produz para nós eterno peso de glória, acima de toda comparação.*
2 CORÍNTIOS 4:17

3 DE SETEMBRO

## *Fé negligenciada*

### MULHERES EM SARDES
### APOCALIPSE 3:1-6

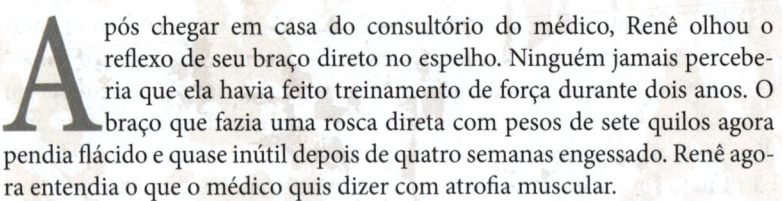

Após chegar em casa do consultório do médico, Renê olhou o reflexo de seu braço direto no espelho. Ninguém jamais perceberia que ela havia feito treinamento de força durante dois anos. O braço que fazia uma rosca direta com pesos de sete quilos agora pendia flácido e quase inútil depois de quatro semanas engessado. Renê agora entendia o que o médico quis dizer com atrofia muscular.

A mensagem de Jesus à igreja de Sardes acusava esses cristãos de serem inertes como um músculo atrofiado. Ele reconheceu que tinham uma reputação de serem ativos e eficientes, então aqueles que ouviram a carta provavelmente ficaram chocados com a avaliação de Jesus: "…estás morto". Esses cristãos não exercitaram seus músculos espirituais por meio do desenvolvimento das disciplinas da vida cristã ou lutando contra o pecado. Como resultado, estavam contaminados com o mal, com exceção de um pequeno grupo, cujas vidas agradavam a Deus. Jesus enviou aos cristãos desta igreja um alerta, dizendo-lhes que fortalecessem sua fé lembrando-se das verdades básicas do evangelho e as obedecendo.

Se não nutrirmos nossa fé, ela não permanece a mesma — enfraquece, deixando-nos vulneráveis à influência do pecado. Para que cresçamos espiritualmente, precisamos desenvolver hábitos de oração, adoração, estudo da Bíblia e obediência. O Espírito Santo de Deus trabalha com nossa disciplina pessoal para nos ajudar a fazer escolhas piedosas. Conforme obedecemos aos mandamentos de Deus, nos tornamos mais semelhantes a Cristo. Mas se passamos pela vida cristã negligenciando o aprofundamento de nosso relacionamento com Deus, esse relacionamento se deteriorará. Podemos ter boa aparência externa, como a igreja de Sardes, mas isso não engana Deus. Cedo ou tarde, Ele nos enviará um alerta.

*Sê vigilante e consolida o resto que estava para morrer…*
APOCALIPSE 3:2

**4 DE SETEMBRO**

# Sem exigência de teste

**JOVENS MULHERES NA PÉRSIA**
**ESTER 2:1-4,12,13**

A jovem lutou contra as lágrimas enquanto respondia às perguntas do entrevistador. Por toda sua vida ela sonhou em ser uma artista com um álbum gravado. Agora havia pedido demissão de seu emprego e feito um empréstimo em dinheiro para uma longa viagem de ônibus; tudo pela chance de um teste na nova temporada de *American Idol*. Atrás dessa jovem, estavam centenas de jovens, homens e mulheres, tentando não aparentar nervosismo enquanto esperavam que seu nome fosse chamado. Seus planos futuros repousavam nas opiniões dos três juízes na sala ao lado e no que aconteceria durante seus breves momentos atrás das portas fechadas.

As jovens mulheres na passagem de hoje provavelmente lutaram com sentimentos semelhantes. Quando o rei Assuero quis uma nova rainha, seus oficiais procuraram uma bela jovem em todo o império. Após receber tratamentos de beleza por um ano, cada mulher passava uma noite com o rei. Seu futuro dependia de conseguir ou não impressionar o rei de modo que ele a escolhesse dentre toda a multidão de mulheres para ser sua nova rainha. Após o fim dos meses de preparação, cada mulher aguardava ansiosa sua vez para descobrir se seria bem-sucedida em sua noite a portas fechadas.

Como somos abençoadas por nosso Deus não ser como um tirano persa ou um juiz de um programa de televisão. Não temos que passar por um teste para descobrirmos se somos boas o suficiente para nos tornarmos Suas filhas. Ele nos aceita exatamente como somos, com todas as falhas. E não nos oferece apenas uma chance para conhecê-lo. Por Seu grande amor por nós, Deus continuamente coloca pessoas e circunstâncias em nossa vida para nos atrair a um relacionamento com Ele. Mesmo que o rejeitemos, Ele continua nos persuadindo e procurando. Como podemos *não* responder a tão grande amor?

> *...ele é paciente com vocês, não querendo que ninguém pereça, mas que todos cheguem ao arrependimento.*
> 2 PEDRO 3:9

## 5 DE SETEMBRO

# Perdedoras

### JOVENS MULHERES NA PÉRSIA
### ESTER 2:12-14

Quando olhou seu reflexo no espelho, ela mal reconheceu seu rosto. Os cantos de sua boca caídos, seus olhos eram mais vermelhos que brancos e os escuros círculos sob seus olhos testificavam mais uma noite sem dormir. Ela viu o olhar zangado revelador do marido e sabia o que esperar. Sempre que ele tinha um dia ruim no trabalho, descontava nela. Ah! Ele nunca havia batido nela, mas ela sentia como se tivesse apanhado. "Por que me casei com uma perdedora como você? Você não faz nada direito!" Suas palavras ecoavam em sua cabeça e a faziam questionar por que ela tinha que ter nascido.

Muitas mulheres na antiga Pérsia provavelmente se sentiram como perdedoras. Após cada uma das mulheres na passagem de hoje (exceto Ester) ter a chance de impressionar o rei, elas se mudavam para o segundo harém, onde todas as esposas e concubinas do rei viviam. Nenhuma delas nunca mais voltava à presença do rei novamente a não ser que ele se lembrasse de alguma delas e a solicitasse pelo nome. Estas mulheres nunca tiveram a chance de desfrutar da vida como esposas verdadeiras com suas próprias famílias. É difícil imaginar como se sentiam por estarem confinadas no harém do rei pelo resto de suas vidas, apenas mais um rosto em uma enorme multidão de mulheres rejeitadas pelo rei.

As mulheres se sentem perdedoras por várias razões. Podem sofrer abuso verbal ou físico, estar acima do peso, ter uma deficiência física, passar por um divórcio, lidar com crianças problemáticas, serem pobres ou sem teto. A notícia ruim é que somos todas perdedoras — motivo pelo qual necessitamos de um Salvador. Jesus deu Sua vida para vencer uma batalha por nossas almas de modo que pudéssemos ser aceitas pelo Rei e não vivermos como rejeitadas. O antídoto para o sentimento de que somos perdedoras é nos focar no que Deus diz sobre nós. Quando nos perdemos em Seu amor, sabemos que somos vencedoras.

*...minha salvação e a minha glória; estão em Deus...*
SALMO 62:7

## 6 DE SETEMBRO

## De ninguém para alguém

### MULHERES QUE SE LEVANTARAM DA ESCURIDÃO

Deus se deleita em tomar "ninguéns" e transformá-los em "alguéns" especiais. Ele tomou uma jovem órfã de uma raça vencida e a tornou rainha do monarca mais poderoso do mundo. Devido à fé de Ester em Deus e à sua humilde obediência a seu pai adotivo, Mordecai, Deus a usou para salvar a raça judia da aniquilação.

Raabe era uma prostituta em uma cidade pagã marcada para julgamento. Quando decidiu confiar no Deus de Israel, ela salvou sua vida e dos membros de sua família e mais tarde se tornou esposa de um proeminente líder israelita. Abigail era casada com um homem desprezado por outros por ser um tolo bêbado e estúpido. Após arriscar sua vida para salvar seu marido e outros, ela se tornou a esposa do homem que se tornaria um dos grandes reis de Israel.

Estas e outras mulheres na Bíblia se levantaram da escuridão para exercerem papéis proeminentes na história. Elas não alcançaram posições mais elevadas na vida porque buscavam riquezas, fama ou popularidade. Deus as ergueu devido à sua humildade e disposição de seguir Sua liderança. Em vez de buscarem holofotes para sua própria glória, elas deliberadamente colocaram como primeira prioridade o honrar e obedecer a Deus.

Nossa sociedade nos fornece uma fórmula para o sucesso diferente daquela proposta por Deus. Livros e aulas nos ensinam como influenciar pessoas, nos vender e elevarmos nossa posição no mundo, mas o Senhor diz que para ser alguém grande precisamos buscá-lo acima de tudo. Chegará o dia em que Deus julgará todos os corações e recompensará aqueles que o servem, muitos que na Terra aparentavam estar escondidos e serem rebaixados, serão exaltados. Por enquanto, mesmo que o mundo nos veja como ninguém, quando fazemos nosso melhor para seguir a vontade de Deus, podemos saber que Ele está nos transformando em alguém muito especial.

*Derribou do seu trono os poderosos e exaltou os humildes.* LUCAS 1:52

7 DE SETEMBRO

# Mãe protetora

**JOQUEBEDE**
**ÊXODO 2:1-10**

No século 21, as mães com frequência temem pela segurança de seus filhos. Tiroteios em escolas como a tragédia há algum tempo na Virgínia, que deixou 32 pessoas mortas tornou até mesmo as salas de aula perigosas. Muitas de nós têm medo de deixar nossos filhos brincar nos parques ou pátios da vizinhança devido ao sequestro de crianças que vemos no noticiário. Enquanto lutamos com medo e incerteza, a morte era certa se os egípcios descobrissem o filho de Joquebede.

O faraó tinha ordenado a seu povo: "…A todos os filhos que nascerem aos hebreus lançareis no Nilo…" (ÊXODO 1:22). Joquebede conseguiu esconder Moisés dos guardas egípcios por três meses, temendo o dia em que isso se tornaria impossível. Quando já não podia mais escondê-lo, ela impermeabilizou um cesto onde colocou seu filho e o deixou entre os juncos no Nilo onde a filha do faraó e suas servas geralmente iam para banhar-se.

Joquebede não teve escolha a não ser confiar a vida de seu bebê a Deus. Apesar de seu povo ser escravo, ela sabia que Javé estava no controle da sorte de sua família. Contudo, ela fez mais do que orar e esperar — ela agiu. Joquebede usou seu senso comum e recursos para proteger seu filho.

Não há nada mais importante que possamos fazer por nossos filhos do que os cobrir de oração. Podemos dar passos básicos para garantir sua segurança checando o ambiente em que convivem e seus amigos, revisando regras de segurança com eles e nos envolvendo em suas atividades. Após termos feito tudo o que é humanamente possível, precisamos confiar nossos filhos às mãos de Deus — o mesmo Deus em quem Joquebede confiou para cuidar de seu bebê enquanto ele flutuava em um cesto no rio Nilo.

*…porque tu os defendes…* SALMO 5:11

**8 DE SETEMBRO**

# Compaixão Internacional

## A FILHA DE FARAÓ
## ÊXODO 2:5-10

Courtney sorriu ao abrir o envelope e analisava os desenhos de giz de cera. Em alguns anos, Pedro conseguirá escrever cartas que serão traduzidas e enviadas a ela. Até então, ela recebia informações da agência sobre a vida do menino. Enquanto colocava o desenho na porta da geladeira, Courtney olhou para os grandes olhos castanhos do rostinho todo pintado que despertou sua compaixão à primeira vista. Como ela desejava poder apadrinhar todas as crianças do *site* da Compaixão Internacional. Mas pelo menos ela sabia que seus 32 dólares por mês faziam uma enorme diferença na vida de uma criança.

A princesa egípcia em Êxodo 2 também demonstrou compaixão por uma criança de outra raça. Certo dia, quando foi se banhar no rio Nilo como sempre fazia, ela encontrou um pequeno cesto flutuando entre os juncos. Imagine sua surpresa quando ela abriu o cesto e encontrou um bebê. A princesa soube instintivamente que o bebê era hebreu e marcado por seu pai para a destruição. O choro daquele menino condenado moveu seu coração. Ela desafiou o decreto do faraó e amorosamente o adotou como seu filho.

A Bíblia diz que Deus é "...bom para todos..." (SALMO 145:9). Essa compaixão o moveu a entregar Sua vida por um mundo pecaminoso. Cristãos são agora chamados para entregar suas vidas em amor e serviço a outros. A vida cristã exige mais que expressões de simpatia e promessas de oração; exige compaixão em ação. Se vemos pessoas em necessidade e temos os meios para ajudá-las, Deus espera que demonstremos nosso amor por meio de algo mais do que palavras. Não podemos ajudar todas as pessoas carentes no mundo, mas podemos demonstrar compaixão por qualquer um que Deus colocar no rio de nossa vida.

> *Ora, aquele que possuir recursos deste mundo, e vir a seu irmão padecer necessidade, e fechar-lhe o seu coração, como pode permanecer nele o amor de Deus?* 1 JOÃO 3:17

9 DE SETEMBRO

# Quando a oportunidade bate à porta

MIRIÃ
ÊXODO 2:4,7,8

Era uma vez um homem que subiu em seu telhado para escapar das águas da enchente que subiam e orou para que Deus o resgatasse. Em pouco tempo, certo homem passou em um barco a remo e tentou resgatá-lo. O homem no telhado rejeitou, crendo que Deus o resgataria. Mais tarde, um helicóptero passou logo acima dele e lançou uma corda. O homem rejeitou preferindo esperar a ajuda de Deus. Finalmente, o homem se afogou e no céu perguntou por que Deus não respondeu sua oração. "Como assim?", Deus falou. "Eu enviei um barco a remo e um helicóptero. O que mais você queria?"

A irmã de Moisés demonstrou mais inteligência do que o homem nesta piada. Quando a princesa egípcia encontrou o cesto, Miriã ousadamente se ofereceu para encontrar uma hebreia para amamentar o bebê. Só podemos imaginar como esta pequena menina de 10 anos ou menos se sentiu ao abordar a filha do cruel faraó que odiava seu povo e ordenou o assassinato de seus meninos recém-nascidos. Devido à sua devoção ao irmão, Miriã não permitiu que a situação a intimidasse. Ela aproveitou a oportunidade e como resultado de sua atenção e rapidez em agir, Moisés passou os primeiros anos de sua vida com sua própria família.

Com que frequência perdemos as respostas de Deus a nossas orações porque não tinham a forma que esperávamos? Algumas vezes deixamos de ser libertas de situações difíceis porque não ficamos alertas às oportunidades que Ele envia. Após termos orado a Deus pedindo ajuda, o passo seguinte é demonstrar nossa confiança esperando que Ele aja. Ao ficarmos alertas e aproveitarmos Sua provisão, mesmo quando esta vem de maneiras inesperadas, nos tornaremos mais semelhantes a Miriã e menos parecidas com o homem no telhado.

*...remindo o tempo, porque os dias são maus.*
EFÉSIOS 5:16

## 10 DE SETEMBRO

## *Protegidas pelo sangue*

MULHERES NA PRIMEIRA PÁSCOA
ÊXODO 12:1-13

A jovem olhou firmemente para o documento em suas mãos. Há apenas dez meses, ela acreditava ter encontrado o namorado perfeito. Isso foi antes de descobrir como ele era violento ao beber. Depois de perder seu emprego, seu humor sofreu uma explosão de violência como nunca. Ela ainda tinha uma lesão da última vez que mencionou a possibilidade de abandoná-lo. Mas foi a forma como ele explodiu quando seu filho pequeno entrou na sala que finalmente a fez decidir pedir uma ordem judicial para sua proteção. Agora, ela questionava se um pedaço de papel poderia realmente proteger tanto ela quanto seu filho.

As hebreias que celebraram a primeira Páscoa não teriam questionado se elas e suas famílias estariam realmente protegidas? Deus tinha dito a todas as famílias hebreias que matassem um cordeiro sem mácula e passassem o sangue na soleira de suas portas. Mais tarde, naquela noite, Ele julgou o Egito matando todos os primogênitos. Mas quando o anjo da morte viu o sangue nas portas dos israelitas, ele passou por suas casas. Deus aceitou a substituição dos cordeiros no lugar de seus primogênitos. Apesar de Moisés ter transmitido as palavras de Deus, muitas mães provavelmente vigiaram seus filhos ansiosamente naquela longa noite, especialmente conforme os lamentos surgiam das mães egípcias atingidas pela tristeza.

Ordens judiciais são geralmente eficazes, mas, infelizmente, não podem garantir segurança. Deus é o Único que verdadeiramente pode nos proteger. Sermos Suas filhas não significa que nada de ruim jamais acontecerá conosco, mas significa que Ele está no controle da nossa vida até mesmo quando enfrentarmos situações perigosas. Significa também que somos protegidos do julgamento eterno pelo pecado. Se aceitamos a Cristo como nosso Cordeiro pascal imaculado, temos então a promessa de Deus de proteção eterna para nossa alma — e essa promessa está escrita com o sangue de Seu Filho.

*Logo, muito mais agora, sendo justificados pelo seu sangue, seremos por ele salvos da ira.* ROMANOS 5:9

## 11 DE SETEMBRO

# Vendo a presença de Deus

**MULHERES EM ÊXODO**
**ÊXODO 13:17-22**

Conforme o sol começava a se pôr, meu espírito se desanimava. Eu tinha decidido tentar uma rota diferente nesta viagem considerando que as direções impressas pareciam muito fáceis. Repentinamente, a estrada se dividiu e eu percebi que havia escolhido o lado errado. Após parar duas vezes para pedir orientações e dirigir em círculos por 25 minutos, eu ainda não tinha encontrado a estrada que precisava. Agora, sentada em meu carro eu tentava não chorar como um bebê. Não fazia ideia de que direção tomar.

As hebreias que saíram do Egito não precisaram se perguntar sobre o caminho para o qual voltar. Deus as guiou por uma coluna de nuvens durante o dia e uma coluna de fogo à noite. Tudo o que estas mulheres conheciam até então era escravidão e opressão; agora, elas tinham o Deus Todo-Poderoso do Universo garantindo-lhes visivelmente que Sua Presença, amor e liderança estavam com elas. Conforme viajavam pelo deserto a caminho da Terra Prometida, bastava olhar para a nuvem ou para a coluna de fogo adiante delas para confirmar a direção que deveriam tomar.

Nós não temos estes sinais visíveis de Deus, mas temos duas bênçãos que as hebreias não tinham. Temos o Espírito de Deus vivendo em nós permanentemente, o que se tornou possível depois da morte e ressurreição de Jesus. O Espírito de Deus confirma que pertencemos a Ele e nos direciona a escolhas piedosas quando permanecemos sensíveis à Sua orientação. A segunda bênção é a Bíblia, que nos dá garantia do amor de Deus e também oferece orientação divina. Quando temos escolhas difíceis a fazer, podemos desejar que Deus escreva direções em bilhetes e os cole em nossa geladeira. Mas Ele *já prometeu* nos guiar nas jornadas de nossa vida por sinais que imprimirá em nosso interior.

*Reconhece-o em todos os teus caminhos,*
*e ele endireitará as tuas veredas.*
PROVÉRBIOS 3:6

## 12 DE SETEMBRO

# *Encurralada, sem escapatória!*

**MULHERES EM ÊXODO**
**ÊXODO 14:5-14**

As hebreias que deixaram o Egito sabiam o que é uma montanha-russa de emoções. Elas devem ter ficado empolgadas quando Deus enviou Moisés para libertá-las da escravidão. Embora tenha enviado pragas sobre os egípcios, Deus claramente demonstrou que os israelitas eram Seu povo escolhido. Os israelitas não sofreram com enxames de moscas, granizo ou com a morte de seu gado. Quando os egípcios suportaram três dias de escuridão em sua terra, a parte do Egito onde os israelitas viviam permaneceu iluminada como sempre. Quando Deus devastou os egípcios matando seus primogênitos do sexo masculino de todas as famílias, os israelitas foram protegidos.

Finalmente, o dia de sua libertação tinha chegado. Os israelitas saíram do Egito como um povo livre — e com riquezas. Deus fez os egípcios os cobrirem com vestimentas finas, prata e ouro. Então Ele proveu sinais visíveis de Sua presença para guiar Seu povo a uma maravilhosa terra nova, que seria sua. Repentinamente, seu humor de celebração mudou quando alguém viu o exército egípcio perseguindo-os avidamente. Os israelitas estavam encurralados, com o mar Vermelho à sua frente e centenas de carruagens e tropas vindo atrás. Conforme as imensas forças de faraó se aproximavam, os hebreus reagiram da maneira normal: entraram em pânico. Parecia que sua gloriosa fuga do Egito acabaria em morte.

Todas nós nos sentimos encurraladas em alguns momentos, cercadas de problemas, fracassos, medo do que pode acontecer ou fantasmas do passado. Há momentos em que parece não haver saída para nossos apuros. Nesses momentos, é melhor ignorar o ditado: "Faça *algo* — mesmo que seja errado!" Deus pode nos mostrar como solucionar uma situação impossível ou Suas instruções podem ser as mesmas de Moisés — permanecermos calmas e contemplar Deus vindo nos resgatar. Nesta hora, teremos uma ideia de como as hebreias se sentiram há tanto tempo.

*...aquietai-vos e vede o livramento do S*ENHOR *que, hoje, vos fará...* ÊXODO 14:13

**13 DE SETEMBRO**

# Como consegui passar por isso?

## MULHERES ATRAVESSANDO O MAR VERMELHO
ÊXODO 14:15-31

Shannon despencou na poltrona e revisou os acontecimentos da semana que passou. Segunda de manhã começou como qualquer dia normal — até receber a ligação informando-a sobre o derrame cerebral de sua mãe. Cerca de uma hora mais tarde, Shannon tinha orientado um colega de trabalho sobre a grande apresentação do dia, encontrado alguém para cuidar das crianças depois da escola, feito as malas e iniciado a viagem de quase 150 quilômetros para sua cidade natal. O resto da semana girou em torno de conversas com médico, visitas à sua mãe no hospital e cuidados com seu pai que estava em casa com pneumonia. *Como consegui passar por isso?*, ela se perguntou.

As mulheres em Êxodo 14 provavelmente se perguntaram a mesma coisa. Quando os egípcios perseguiram e encurralaram os israelitas, Deus enviou um poderoso vento para abrir um caminho no meio do mar Vermelho. As mulheres provavelmente assistiram nervosamente às paredes de água se formarem e se perguntaram se não seriam esmagadas por elas. Talvez algumas delas mantiveram os olhos fixos adiante. Após os dois milhões de pessoas e seu gado terminarem a travessia, elas certamente olharam para trás maravilhadas com o que haviam acabado de fazer.

Quando Deus dividiu o mar para os israelitas, Ele demonstrou Seu poder e Sua proteção para Seu povo. Ele faz o mesmo hoje. Todas nós vivenciamos momentos difíceis que geralmente surgem inesperadamente. Deus promete nos dar a força e a sabedoria de que precisamos quando nos voltamos a Ele em uma crise e pedimos Sua ajuda em vez de tentar lidar com a situação com nossa própria força. Mesmo quando nos sentimos encurraladas em uma situação, sem conseguirmos ver alguma saída, Deus pode abrir um caminho. Mais tarde, quando olharmos para trás e contemplarmos a situação pela qual passamos, entenderemos que não se trata de como conseguimos, mas de quem nos ajudou a passar por isso.

> *Quando passares pelas águas, eu serei contigo; quando, pelos rios, eles não te submergirão...*
> ISAÍAS 43:2

**14 DE SETEMBRO**

# Um plano, muitos papéis

## MULHERES NA VIDA DE MOISÉS

Deus permitiu que Moisés realizasse coisas incríveis quando confrontou o poderoso faraó do Egito e então liderou aproximadamente dois milhões de pessoas e seu gado em uma jornada pelo deserto. Ainda que Moisés fosse o guia, juiz principal e líder espiritual de Israel, Deus designou papéis cruciais a várias mulheres enquanto executava Seu plano para libertar Seu povo da escravidão.

Quando o Faraó ordenou a morte de todos os meninos hebreus recém-nascidos, as parteiras hebreias se recusaram a obedecê-lo. Joquebede, a mãe de Moisés, traçou um plano para salvar seu filho. A filha de Faraó resistiu ao decreto de seu pai quando sua compaixão foi despertada pelo bebê flutuando no Nilo. Graças à coragem de Miriã e sua rapidez em agir, a própria mãe de Moisés foi escolhida para amamentá-lo. Isto lhe deu a oportunidade de influenciar seu filho durante seus primeiros anos de vida antes que ele fosse viver no palácio com a filha de faraó, onde ele recebeu a melhor educação disponível.

Cada uma destas mulheres exerceu um importante papel no processo que preparou Moisés para ser o libertador de Israel. Provavelmente nenhuma delas percebeu que suas ações estavam colaborando com a execução do plano que mudaria a história do mundo. Mais tarde, quando os eventos dramáticos se desdobraram, será que elas olharam para trás maravilhadas ao ver como Deus as tinha envolvido em Sua obra?

Em certos momentos pode não parecer que temos um papel importante entre os seguidores de Cristo, mas não há tarefas insignificantes na obra de Deus. Quando somos fiéis em executar as tarefas que Ele nos dá, exercemos papel-chave no desenvolvimento de Seu plano mesmo que nossa parte seja imperceptível ao mundo. Não importa se nosso papel é principal ou coadjuvante, contanto que ajamos conforme o Senhor nos dirigir.

*Ora, vós sois corpo de Cristo; e, individualmente, membros desse corpo.* 1 CORÍNTIOS 12:27

**15 DE SETEMBRO**

# Dando o melhor a Deus

**MIRIÃ**
**ÊXODO 15:20,21**

Ao olhar o relatório de progresso de minha filha na primeira série da escola, fiquei radiante de orgulho. Ela se destacou em todas as áreas acadêmicas e teve notas altas em habilidades sociais. Mas o bilhete escrito à mão no fim da página me lembrou de uma de suas qualidades mais amáveis: seu entusiasmo. Ao lado de um rostinho sorridente, sua professora escreveu: *Em qualquer atividade que fazemos em aula, Holly dá 110% de si.*

Miriã dá um exemplo bíblico de uma mulher que se entregou a Deus, 100%. Como a primeira mulher profetiza na Bíblia, Deus lhe confiou a tarefa de compartilhar Sua sabedoria com o povo. Miriã também demonstrou outros dons após a miraculosa travessia no mar Vermelho. Ainda que provavelmente já estivesse com 90 anos, Miriã pegou um tamborim e continuou a canção de louvor que Moisés havia iniciado, liderando as mulheres enquanto dançavam ao Senhor. Seja usando seus dons como profetiza, líder, cantora ou talvez como poetiza, Miriã serviu a Deus com entusiasmo e alegria.

Se formos honestas, precisamos admitir que nem sempre damos nosso melhor a Deus. É tentador nos lançarmos ao trabalho, nas questões de família, *hobbies* ou na busca de prazer e negligenciar questões espirituais. Podemos investir horas desenvolvendo uma apresentação ou escrevendo uma carta de negócios, mas oferecemos a Deus apenas rápidas orações do tipo: "abençoe-me" ou algumas falas memorizadas antes das refeições. Podemos fazer um curso para aperfeiçoar nossas habilidades de liderança, mas abrimos nosso coração à Palavra de Deus apenas nas manhãs de domingo. Ainda que seja recomendável buscar excelência profissional e pessoal, somente nosso relacionamento com Deus e nosso serviço a Ele têm valor eterno. Qualquer coisa que façamos para Ele merece 100% de nosso esforço e entusiasmo — ou até mesmo 110%.

*Tudo quanto te vier à mão para fazer, faze-o conforme as tuas forças...*
ECLESIASTES 9:10

## 16 DE SETEMBRO

# O monstro de olhos verdes

**MIRIÃ**
**NÚMEROS 12:1-15**

Miriã deve ter sido uma mulher forte e inteligente, considerando que tinha uma posição de influência incomum: era profetiza e líder entre os israelitas. Deus, mais tarde incluiu seu nome quando declarou, por meio de Miqueias, que enviou "…Moisés, Arão e Miriã" para tirar Seu povo da escravidão (MIQUEIAS 6:4). Contudo, mesmo enquanto Miriã trabalhava fielmente ao lado de Moisés, algo mortal começou a se desenvolver em seu caráter. Miriã e Arão usaram o fato de que o viúvo Moisés havia se casado com uma cuxita para criticá-lo. Mas suas palavras revelaram seu motivo oculto: "…Porventura, tem falado o Senhor somente por Moisés? Não tem falado também por nós?…".

A inveja que ambos tinham da influência e do poder de Moisés provavelmente vinha crescendo há algum tempo; agora tinha explodido em rebelião aberta contra sua autoridade. Afinal de contas, Miriã havia trabalhado incansavelmente ajudando a liderar o povo pelo deserto. Talvez ela tenha ministrado entre eles durante os anos em que Moisés viveu no palácio de faraó e nos 40 anos que ele investiu como pastor em Midiã. Ela não merecia tanto reconhecimento quanto ele?

A inveja que Miriã tinha de seu irmão prejudicou os relacionamentos de sua família e ameaçou a união de sua nação. Deus fez Miriã ser tomada pela lepra por haver instigado a rebelião, mas graciosamente removeu a punição após sete dias. Seu julgamento pronto mostra como a inveja pode ser uma questão extremamente séria.

É natural desejarmos ser estimadas e reconhecidas por nossos esforços, mas quando esse desejo progride para a inveja, os resultados podem ser desastrosos. Invejar outros é um perigo em nossos relacionamentos com a família e os amigos, em ambientes de trabalho e em nosso serviço a Deus. Infelizmente nós, quase nunca, temos consciência de que estamos sentindo inveja até que ela se revele em rebelião ou em críticas a outros. As únicas proteções contra a inveja são o autoexame honesto de nossas atitudes e em seguida pedir a Deus que remova qualquer traço de ressentimento antes que se torne algo letal.

*Cruel é o furor, e impetuosa, a ira,*
*mas quem pode resistir à inveja?*
PROVÉRBIOS 27:4

**17 DE SETEMBRO**

# Vendo o invisível

## MULHERES E O BEZERRO DE OURO
## ÊXODO 32:1-5

Jéssica estava desfrutando de sua caminhada e do belo dia até que virou a esquina. Ela sempre temia passar pela casa do vizinho que tinha os dois *pit-bulls* no jardim. Jéssica sabia que uma cerca invisível rodeava o jardim, mas não podia evitar sentir-se aflita ao passar pela casa. Assim que ela ouvia os cachorros latirem enlouquecidamente, seus ombros automaticamente se tencionavam.

Os israelitas também achavam difícil confiar em algo que não conseguiam ver. Ainda que Deus tivesse demonstrado Seu poder diante deles de formas surpreendentes, eles se cansaram de adorar um Deus invisível. Quando Moisés não retornou do Monte Sinai imediatamente, o povo decidiu que ele não voltaria mais. Queriam deuses que pudessem ver. Isto pode ter lhes parecido natural, considerando que vieram de um país que adorava ídolos. Eles podem ter se sentido consolados por ter um objeto tangível para adorar, mas quando Arão derreteu seus brincos e moldou um bezerro de ouro, os israelitas infringiram o segundo mandamento que Deus havia lhes dado.

Nem sempre é fácil confiar em Alguém que é invisível. Nós podemos ter testemunhado o poder de Deus em nossa vida de formas incríveis, mas algumas vezes isso não parece ser suficiente. Quando somos confrontadas com circunstâncias que nos enchem de medo, podemos acabar procurando algo tangível para nos consolar. O Senhor nos deu uma imagem visível de si mesmo por meio da vida de Jesus Cristo, como está registrado na Bíblia. Jesus revelou o amor de Deus quando curou uma mulher paralítica, Sua misericórdia quando perdoou uma mulher pega em adultério e Sua ira com o pecado quando expulsou do Templo aqueles que tiravam vantagem dos adoradores. Quando lemos sobre Jesus, estamos lendo sobre Deus; quando adoramos Jesus, estamos adorando nosso Pai invisível.

*Este é a imagem do Deus invisível...*
COLOSSENSES 1:15

**18 DE SETEMBRO**

# Uma bebida amarga

MULHERES E O BEZERRO DE OURO
ÊXODO 32:1-20

Nicole pingou uma gota do medicamento em sua língua e imediatamente sentiu náusea. Como ela engoliria essa coisa amarga? Ela sempre teve dificuldades para engolir medicamentos, mas precisava de algo para atenuar seus sintomas. Então Nicole se lembrou de uma canção do filme Mary Poppins, que dizia que uma colher cheia de açúcar ajuda a engolir o remédio. Nicole dormiu melhor naquela noite depois de aprender o truque engolir o medicamento com uma colher de mel.

As mulheres na passagem bíblica de hoje tinham que engolir uma bebida amarga sem nada mais para ajudá-las. Depois que Arão criou o bezerro de ouro, ele anunciou que o dia seguinte seria uma "festa ao Senhor". Talvez os israelitas tenham pensado que estavam adorando a Deus enquanto sacrificavam ofertas, mas sua festa logo se desfez em ostensiva imoralidade.

Quando o Senhor enviou Moisés de volta para lidar com a situação, Moisés iradamente quebrou as tábuas de pedra em que Deus havia escrito Seus mandamentos. Ele então queimou o bezerro, reduziu-o a pó, colocou na água e forçou o povo a beber o líquido. Conforme as mulheres engoliam com dificuldade o líquido, será que sentiram profundo arrependimento diante deste lembrete de que precisavam carregar as consequências de seu pecado?

Assim como o mundo natural opera segundo leis como a da gravidade, há leis espirituais que também carregam consequências quando são infringidas. Viver a vida de modo hedonista, sem pensar em momento algum em Deus, resultará em uma eternidade de arrependimento e separadas dele. Misturar nossa fé com adoração de outras coisas também é perigoso. Quando escolhemos fazer as coisas de nosso jeito e não da maneira de Deus, cedo ou tarde carregaremos as consequências de nossa tolice. Independentemente de quão agradável pareça o pecado no início, no fim das contas se torna uma bebida amarga que não engolimos com facilidade.

*Portanto, comerão do fruto do seu procedimento
e dos seus próprios conselhos se fartarão.*
PROVÉRBIOS 1:31

**19 DE SETEMBRO**

# Andando em círculos

**MULHERES VAGANDO PELO DESERTO
NÚMEROS 14:26-35**

*Finalmente!*, Alisa pensou. *Finalmente estou chegando a algum lugar.* Ela finalmente compreendeu por que o guarda florestal a havia desencorajado a caminhar sozinha nesta trilha específica. Em um certo ponto, ela abandonou a trilha, já tinha usado quase toda a sua água e sua energia, mas pelo menos conseguiu voltar para o caminho certo. De repente, Alisa se sentiu nauseada ao reconhecer o mesmo ponto em que havia parado duas horas antes.

As mulheres israelitas conheciam a sensação de andar em círculos. Deus havia trazido o povo de Israel à rica terra que prometera lhes dar, mas eles permitiram que o medo e a descrença os impedissem de entrar nesta terra. Ainda que Deus tivesse revelado Seu poder e Sua presença a eles de inúmeras formas, o povo se recusou a confiar em Suas promessas. Deus julgou sua desobediência dando-lhes outra rota para seguir que os forçou a vagar no deserto por 40 anos.

Como estas mulheres devem ter se desesperado enquanto os anos se passavam, repletos de viagens intermináveis e o conhecimento de que sua própria falta de fé as havia condenado a este estilo de vida. Elas provavelmente gastaram muito tempo imaginando como suas vidas teriam sido se elas simplesmente tivessem entrado na Terra Prometida, em fé (NÚMEROS 13:25-33).

Não é agradável saber que simplesmente desperdiçamos nosso tempo e esforço ao passar pelo mesmo local em vez de nos aproximarmos de nosso destino. O mesmo pode acontecer em nossa vida espiritual, ainda que não seja óbvio para nós. Deus nos deu Sua Palavra para no guiar em nossas jornadas em busca de nos tornarmos mais semelhantes a Ele. Quando nos recusamos a seguir Suas instruções para um viver piedoso, acabamos vagando incertamente pela vida em vez de desfrutar das bênçãos da obediência. Se sentimos que nossa vida está se movendo em círculos, não precisamos nos perguntar o porquê — significa que nos afastamos dele.

*Antes de ser afligido, andava errado,
mas agora guardo a tua palavra.*
SALMO 119:67

## 20 DE SETEMBRO

# Mal compreendida

**ANA**
**1 SAMUEL 1:9-14**

Enquanto se preparava para a visita de seus pais, Ella se sentiu dividia ao meio. Amava sua família, mas desejava que apenas compreendessem seu novo amor por Jesus. Durante os devocionais em família ou orações antes das refeições, seus pais olhavam para a filha e seu marido como se fossem fanáticos. Seu pai os questionou sobre o dinheiro que davam à igreja, citando outros usos "mais sensatos" para as finanças. *Gostaria que eles pudessem entender que não fazemos parte de uma seita*, Ella pensou.

Ana também foi mal compreendida. Ela ansiava com todas as forças de seu ser poder se tornar mãe. Sabendo que somente Deus poderia conceder seu desejo, ela derramava sua angústia sobre Ele. Enquanto chorava e orava silenciosamente a Deus pedindo um filho, o sacerdote no Tabernáculo a repreendeu furiosamente por achar que estava bêbada. Sua acusação provavelmente fortificou Ana, que fez seu melhor para viver uma vida piedosa. Eli aceitou sua explicação, mas Ana sabia que Deus compreendia seu coração mesmo que ninguém a compreendesse.

Como seguidoras de Cristo, seremos mal compreendidas. Assim como as pessoas interpretaram mal Jesus e Sua missão, sempre haverá alguém que questionará nossas razões, sinceridade e talvez inclusive nossa sanidade. Os cristãos primitivos chamavam suas reuniões semanais de "banquetes do amor", e algumas pessoas pensavam que eram orgias de imoralidade e luxúria. Como os cristãos celebravam a Ceia do Senhor com pão que representava o corpo de Jesus, alguns os acusavam de ser canibais.

O mundo não é capaz de compreender mulheres que devotam suas vidas a amar a Deus e fazer dele sua prioridade. Quando vivemos conforme Suas diretrizes em lugar dos padrões do mundo, alguns nos verão como fanáticas, esquisitas ou pior. Como é consolador o fato de que o Senhor nos conhece ainda melhor do que nós mesmas. Independentemente do que o mundo pense de nós, nunca precisamos nos preocupar com a possiblidade de Deus não nos compreender.

*...ele, que forma o coração de todos eles, que contempla todas as suas obras.* SALMO 33:15

**21 DE SETEMBRO**

# Cura final

## TESTEMUNHAS OCULARES DO PODER CURADOR DE JESUS
## MATEUS 15:29-31

As mulheres presentes na passagem bíblica de hoje desfrutaram de uma celebração como nenhuma outra antes. Quando Jesus se sentou em uma colina perto do mar da Galileia, uma imensa multidão se reuniu ao redor dele. As pessoas trouxeram seus parentes, amigos e vizinhos doentes para que Jesus os curasse. Nos três dias seguintes, Jesus curou todas as pessoas que precisavam de Seu toque. Mulheres na multidão estavam repletas de alegria por terem sido curadas ou por ver seus entes queridos com a saúde restaurada — pessoas cegas enxergavam, pessoas surdas ouviam, paralíticos andavam, pessoas fracas e sofridas agora fortes e saudáveis. A multidão louvou a Deus por estes milagres.

Quando alguém a quem amamos enfrenta uma doença grave, nós sofremos também. Ansiamos desesperadamente pelo toque curador de Deus. Apesar de Tiago 5:16 nos instruir a orar uns pelos outros por cura, Deus não nos dá garantias. Em certos momentos, Ele miraculosamente cura o doente, enquanto que em outras situações Ele escolhe não o fazer. Ainda que Ele sempre tenha um motivo para Suas ações, não podemos evitar perguntar "por que" quando Deus não nos cura ou a alguém a quem amamos. O Senhor quer saber se continuaremos confiando nele quando nossas orações não forem respondidas da forma como queremos. Nós o amamos por Seus poderes miraculosos ou por quem Ele é?

Independentemente de Deus conceder cura física, Ele já proveu cura espiritual para todos os que o aceitarem. Todas nós nascemos sofrendo da doença mortal chamada pecado. Jesus morreu para que possamos escapar da punição eterna e da separação de Deus. Em vez de separação, Deus nos dá a oportunidade de passar a eternidade com Ele, desfrutando de corpos perfeitos livres de dores, sofrimento e doenças. Enquanto isso, mesmo que a doença destrua nosso corpo, o pecado já perdeu seu poder de destruir a nossa alma.

> *...os largaram junto aos pés de Jesus; e ele os curou.* MATEUS 15:30

## 22 DE SETEMBRO

# Apenas duas escolhas

### DUAS MULHERES NO MOINHO
### MATEUS 24:37-44

Marilyn sentou-se na cafeteria e impacientemente mexia no diamante de meio quilate em sua mão esquerda. *Onde foi que me meti?* Ela se perguntou. Certamente, Rick era um excelente homem e juntos eles se divertiram muito no ano anterior. Ele queria se estabelecer e começar uma família. Mas agora que o casamento surgia como um vulto há dois meses de distância, Marilyn estava tendo dúvidas. Ela sempre desfrutou da liberdade de sair com muitos homens diferentes. *Estou pronta para abrir mão disso? Como posso dizer "sim" quando parte de mim grita "não"?*

Um pedido de casamento exige uma resposta "sim ou não". Nós também precisamos dar uma resposta a Deus. Em Mateus 24, Jesus contou várias histórias para demonstrar como é importante que todas as pessoas façam uma escolha em relação a segui-lo. Quando Jesus retornar à Terra, pessoas estarão executando suas atividades comuns, como as duas mulheres no moinho moendo farinha. Repentinamente uma mulher será levada e a outra permanecerá. A separação daqueles que conhecem Deus, daqueles que o rejeitaram será imediata. Nesse ponto, não haverá segundas chances.

Nos dias de hoje, admiramos pessoas com mentes abertas, que aceitam todos os pontos de vista e exploram todas as suas opções. Muitas pessoas tentam adotar uma postura de meio-termo com relação a Jesus, mas Ele ensinou que só temos duas escolhas: recebê-lo como nosso Salvador e segui-lo como nosso Senhor, ou rejeitá-lo e sermos inimigas de Deus. Procurar uma escolha alternativa é perigoso. Chegará o dia em que nosso tempo acabará e será tarde demais para dúvidas. Sempre que não dissermos "sim" para Deus, teremos dito "não" para Ele, ainda que não pronunciemos palavra.

*Quem não é por mim é contra mim...*
MATEUS 12:30

**23 DE SETEMBRO**

# No melhor e no pior

**MICAL**
**1 SAMUEL 19:1-17**

Natalie limpou o cereal do queixo de seu marido e se perguntou se hoje ele a reconheceria. Havia momentos em que sentia que o Alzheimer tinha roubado seu marido e sua própria vida. Quando foi a última vez em que ela conseguiu dormir à noite toda e passar um dia com as amigas ou…? Enquanto ajudava seu marido a sentar-se na poltrona, seus olhos encontraram a foto de casamento, tirada há 36 anos. *Agora lembro porque estou fazendo isto.*

Os sentimentos de Mical por Davi no fim das contas eram mais superficiais que o amor autossacrificial de Natalie. Quando Saul enviou homens para matar Davi, Mical o ajudou a escapar por uma janela e disse aos soldados que ele estava na cama doente. Quando Saul descobriu que ela os havia enganado, ela afirmou que Davi a forçou a ajudá-lo ameaçando matá-la. Em vez de lembrar a seu pai que Davi era inocente, como seu irmão Jônatas havia feito, a mentira de Mical foi combustível para o fogo da ira invejosa de Saul. Imediatamente após salvar a vida de Davi, Mical colocou-a em risco novamente. O modo como ela lidou com a situação foi pensando em seu próprio bem, não no bem de Davi.

Algumas de nós poderiam ter dúvidas sobre o casamento, se pudéssemos contemplar o futuro. Estaríamos dispostas a aceitar nosso marido em todos os momentos, "nos melhores e nos piores" se soubéssemos quão terrível seria? Nossas circunstâncias mudam e pessoas mudam, nem sempre para melhor. É nesse momento que enfrentamos o verdadeiro teste do amor. Conseguiremos nos manter em nosso comprometimento com nossos cônjuges, sempre buscando seu bem acima do nosso próprio bem-estar?

Quando Deus nos aceita como Suas filhas, Ele vê o futuro. Sabe que em certos momentos nossa devoção a Ele esfriará e voltaremos a servir nossos próprios interesses em vez dos interesses dele. Ele sabe que nosso comportamento algumas vezes o decepcionará. Em contraste, Seu amor por nós nunca vacila. Deus demonstra o que há de maior, em termos de amor autossacrificial.

*O amor […] não procura os seus interesses…*
1 CORÍNTIOS 13:4,5

24 DE SETEMBRO

## Palavras mortais

**MICAL**
**2 SAMUEL 6:9-23**

Mical deve ter se sentido como uma bola de pingue-pongue. Quando Davi fugiu para salvar sua vida, Saul maliciosamente entregou Mical para ser esposa de outro homem (1 SAMUEL 25:44). Anos depois, Davi se tornou rei de Israel e mandou buscar Mical. Seu segundo marido, Paltiel, a acompanhou caminhando e chorando (2 SAMUEL 3:14-16). Considerando a atitude concernente às mulheres naquela época, é impossível dizer se Davi queria Mical de volta porque a amava ou porque a via como posse que, por direito, lhe pertencia.

Davi e Mical dificilmente poderiam retornar ao relacionamento que tiveram quando jovens recém-casados. Há muitos anos estavam separados. Mical fora esposa de um homem que aparentemente a amava e Davi tinha outras esposas. Ainda assim, Mical era a primeira esposa de Davi. Infelizmente, a atitude de Mical com seu marido e com Deus acabou com a possibilidade de moldar um novo relacionamento.

Quando Davi levou a Arca da Aliança à cidade de Jerusalém, as pessoas rapidamente foram às ruas. Davi se uniu à marcha, não como rei, mas como servo de Deus. Repleto de alegria e gratidão, ele dançou pelas ruas para expressar seus sentimentos ao Senhor. Enquanto Mical olhava pela janela, ela desprezou seu marido pelo que considerou como perda de dignidade. Mical não tentou compreender a motivação de Davi. Ela foi até ele com sarcasmo agudo. Suas observações provavelmente magoaram o rei e causaram uma separação permanente entre eles.

Mesmo quando outra pessoa controla as circunstâncias de nossa vida, somos nós quem controlamos nossas atitudes e palavras. Podemos despejar nossas críticas ou comentários sarcásticos que vêm à nossa mente, ou podemos tentar entender a motivação e as emoções de outras pessoas. Quando sentimos desprezo por alguém, podemos pedir a Deus que nos ajude a mudar nossa atitude. Dessa forma, não seremos culpadas de matar com palavras.

*A morte e a vida estão no poder da língua...*
PROVÉRBIOS 18:21

**25 DE SETEMBRO**

# Conferindo nossos guarda-roupas

## MULHERES SEDUTORAS
### PROVÉRBIOS 7:4-21

Esta passagem de Provérbios descreve um tipo de mulher que, segundo o alerta dado, deve ser evitada pelos homens. Apesar de fingir ser religiosa, seu comportamento traía livremente a moral. A mulher se vestia de tal modo a atrair a atenção dos homens. Seus movimentos eram sensuais e sua conversa sedutora. Ela não tinha interesse em atividades domésticas, preferindo estar na cidade procurando um homem a quem pudesse seduzir. Em vez de desenvolver qualidades piedosas, esta mulher se concentrava em se tornar atraente para os homens. Ela despertava a admiração e o desejos destes por ela.

A famosa "disfunção de guarda-roupa" de Janet Jackson, quando Justin Timberlake agarrou seu corpete e expôs seu seio chocou a maioria das pessoas que assistiam ao jogo do *Super Bowl* em 2004. Se nossa percepção não tivesse se tornado tão embotada, ficaríamos chocadas todas as vezes que ligássemos a televisão ou entrássemos numa loja. As roupas femininas estão encurtando, ficando mais transparentes e justas e decotes caindo, não sobra muito para a imaginação. Muitas roupas para meninas, inclusive, parecem feitas para parecerem sedutoras. Muitos programas de televisão e revistas promovem tudo, desde uma lipoaspiração a aumento de seios, ao transmitir a mensagem de que precisamos fazer qualquer coisa, para sermos sensuais.

É triste ver que muitas mulheres cristãs estão acreditando na mentira de que precisamos ser sedutoras para os homens. Sejamos solteiras ou casadas, precisamos ser muito cuidadosas em nossos relacionamentos com o sexo oposto. Quando influências culturais se infiltram em nosso pensamento, nossos movimentos ou palavras podem ser sedutores sem que percebamos. A Palavra de Deus pode nos ajudar a guardar nossas atitudes de modo que nos vistamos e nos comportemos de uma maneira que agrada a Deus. Não há nada de errado em ser atraente, mas Deus quer que Suas filhas se vistam modestamente, não com roupas que despertem luxúria nos homens. Quando nos vestimos para impressionar o sexo oposto, passamos a impressão errada de nosso Pai.

> *Da mesma forma, quero que as mulheres se vistam modestamente, com decência e discrição...* 1 TIMÓTEO 2:9 (NVI)

## 26 DE SETEMBRO

# Construindo um lar

**A MULHER SÁBIA**
**PROVÉRBIOS 14:1**

Andei pela casa, maravilhada com o que minha amiga tinha realizado. Quando seus dois filhos começaram o Ensino Fundamental, ela também voltou a estudar — uma formação em gerenciamento de construção. Esta casa era o auge de seu programa de estudos. É claro que parte do trabalho fora feito por empreiteiros, mas minha amiga planejou e supervisionou o projeto e fez muito do trabalho com suas próprias mãos. O resultado de seu trabalho foi uma casa de dois andares que era linda e exibia uma construção de qualidade.

Em qualquer estágio da vida, toda mulher está no processo de construir uma "casa". Se queremos ser como a mulher sábia de Provérbios, construiremos nossos lares conforme a planta de Deus. A fundação da nossa vida será o evangelho de Jesus Cristo, a única fundação que certamente dura por toda eternidade. Colocaremos espessos muros de oração ao redor do nosso viver, como proteção. Estudar a Palavra de Deus proverá um telhado sobre nossas cabeças quando as tempestades da vida nos atingirem. Precisamos mobiliar nossas "casas" com características piedosas tais como amor, alegria, autocontrole, paz e paciência.

Inspeções regulares em casa e as faxinas também são importante. Os áticos de nossa mente estão desordenados? Nossos telhados estão com infiltrações? Será que nossas chaminés precisam de uma limpeza de modo que possamos, com segurança, expulsar a fumaça das pressões da vida? Precisamos sacudir o tapete na porta da frente e receber amigos em nosso coração com mais frequência? Construir e manter nossas "casas" exige muito trabalho pesado, mas o esforço terá valor quando o tempo revelar que construímos vidas que são belas aos olhos de Deus e exibem construção de qualidade.

*A mulher sábia edifica sua casa...*
PROVÉRBIOS 14:1

## 27 DE SETEMBRO

# Destruindo um lar

**A MULHER INSENSATA**
**PROVÉRBIOS 14:1**

Myra olhou para a lata de lixo vazia e engoliu a seco. *Não era para acabar assim.* No dia anterior, ela e Anthony tiveram sua primeira briga como recém-casados. Quando Anthony se calou, Myra rapidamente foi para o quarto fervendo de indignação e frustração. Seus olhos encontraram a aliança de casamento de Anthony, sobre a cômoda, como sempre, em vez de estar em seu dedo. Ela teve um impulso repentino de deixar a aliança cair no lixo. *Quando ele vir, perceberá como estou magoada e conversaremos sobre o assunto.* Infelizmente, Myra não considerou a possibilidade de que Anthony pudesse resolver esvaziar o lixo. A aliança se perdeu.

Algumas vezes podemos agir como a mulher insensata de Provérbios que destruiu sua casa com as próprias mãos. Escolhas destrutivas como um caso extraconjugal podem ser a bomba que danifica permanentemente nossa vida. Mais frequentemente, nossos hábitos e atitudes causam males menos óbvios com o passar do tempo. Atitudes autocentradas, de inveja e crítica podem devastar relacionamentos familiares e entre amigos. Se negligenciamos o investimento de um relacionamento diário com Deus, todas as áreas do nosso viver começarão a desgastar.

Ao preenchermos nosso ser com a sabedoria de Deus e buscando-o para obtermos direção, perceberemos quando estivermos fazendo algo tolo e destrutivo. Talvez precisemos de alguns reparos, tal como pedir perdão ou abandonar hábitos perniciosos. Talvez precisaremos fazer uma reforma séria. Felizmente, Deus oferece ajuda quando precisamos reconstruir nossa vida. E caso você esteja se perguntando, Myra e Anthony ainda estão casados. Na verdade, ela deu a ele de presente de dia dos namorados um anel de casamento. Sei disso porque me chamo Myra e sou casada com Richard Anthony Matthews.

> *...a insensata, com as próprias mãos, a derriba.*
> PROVÉRBIOS 14:1

**28 DE SETEMBRO**

## Lugares secretos

**MARIA MADALENA**
**MARCOS 16:9; LUCAS 8:1-3**

Ainda que muito tenha sido escrito sobre Maria Madalena, pouco é fundamentado em fatos. Algumas tradições identificam Maria como a "mulher pecadora" de Lucas 7, ainda que o autor a conhecesse pessoalmente e se referisse a ela pelo nome no capítulo seguinte. Muitas pessoas acreditam que Maria fora prostituta, ainda que a Bíblia não dê indicação disso. Muitas lendas sobre Maria Madalena são fundamentadas somente na imaginação ou em documentos antigos questionáveis. As 14 vezes em que a Bíblia menciona Maria nos informam o que precisamos saber.

A única pista que a Bíblia dá com relação à vida prévia de Maria é que Jesus expulsou sete demônios dela. Algumas pessoas interpretam isto como se significasse que Maria fosse completamente possessa por demônios; outras pensam que é uma referência literal a sete espíritos maus. Só podemos imaginar como Maria era e agia antes que Jesus a libertasse da escravidão demoníaca. Será que ela era parecida com os homens possessos por demônios em Mateus 8 que viviam em um cemitério? Será que estava desgrenhada, com olhos revoltos? Independentemente de como a possessão se manifestasse, o poder de Jesus transformou Maria em uma mulher forte, lúcida, que se tornou Sua seguidora devota.

Até mesmo cristãos, seguidores de Cristo podem sofrer influência de Satanás. Todas nós ficamos chocadas quando uma mãe, aparentemente exemplar, repentinamente mata seus filhos, ou quando uma mulher que aparentemente está desfrutando da vida comete suicídio. A maioria de nós tem "demônios" internos que nos atormentam — acessos de raiva, experiências passadas dolorosas, pensamentos recorrentes de culpa e indignidade. Podemos conseguir esconder coisas de outras pessoas, mas Deus quer que abramos estas áreas para Ele, para que Ele possa nos libertar da escravidão. Maria de Magdala foi transformada de mulher possessa por demônios para a primeira pessoa privilegiada a ver Jesus depois de Sua ressurreição. Não podemos ter a vida transformada que Deus planejou para até que possamos lhe dar acesso aos nossos lugares secretos.

*Ocultar-se-ia alguém em esconderijos, de modo que eu não o veja? — diz o Senhor; porventura, não encho eu os céus e a terra? — diz o Senhor.* JEREMIAS 23:24

## 29 DE SETEMBRO

## Pedir não ofende

**ACSA**
**JOSUÉ 15:13-19**

Sherri rangeu os dentes ao começar a subir as escadas para colocar seus filhos na cama. A mesma rotina todas as noites — fazer o jantar, limpar a cozinha, colocar roupa para lavar, ajudar seu filho com a lição de casa, dar banho no menino mais novo, ler uma história para dormir e de volta para a cozinha separar o almoço de cada um para o dia seguinte. *É muito absurdo esperar uma pequena ajuda de alguém por aqui?*, pensava enquanto passava pela dispensa indignada. Tom deitado dormindo no sofá, com o jornal caído sobre seu peito e a televisão ligada.

Acsa não hesitou ao pedir o que precisava. Ela já tinha um marido corajoso que ganhou sua mão em casamento por ter conquistado uma cidade, e um generoso dote de terra de seu pai. Mas como a terra era árida, Acsa impeliu seu marido a pedir mais terra com fontes para irrigação. Otniel parecia relutante em pedir algo mais, mas como filha única de um pai amoroso, Acsa sentia-se confortável fazendo o pedido. Quando ela encontrou seu pai, Calebe, ela desceu do jumento como sinal de respeito. "Dá-me um presente", ela pediu ousadamente. "Por favor, dá-me também fontes de água". Seu pai lhe concedeu seu pedido sem hesitar.

A maioria das mulheres acha difícil pedir ajuda. Geralmente, pensamos que nossos maridos e famílias deveriam saber o que precisamos sem que digamos algo. Infelizmente as pessoas (especialmente homens) não conseguem ler nossa mente. Com que frequência tornamos nossa vida mais difíceis por não pedirmos algo? Por que escolhemos nutrir ressentimentos em vez de fazer pedidos?

Nós também algumas vezes hesitamos em pedir coisas a Deus, ainda que Ele nos incite a levar nossos pedidos a Ele. Como Acsa, temos um Pai amoroso que deseja que nos sintamos confortáveis pedindo-lhe o que precisamos. Se nossos pedidos forem legítimos, nunca estaremos pedindo demais a Ele.

*…Nada tendes, porque não pedis.*
TIAGO 4:2

## 30 DE SETEMBRO

# Mulheres desesperadas

**MULHERES DURANTE A FOME**
**2 REIS 6:24-30**

Todas nós já fomos assombradas por imagens na televisão ou nos jornais, de pessoas que sofrem de inanição. As fotos de bebês e crianças pequenas com olhos enormes e barrigas inchadas são especialmente devastadoras. Algumas vezes estão recostadas em suas mães, fracas e letárgicas demais para erguer a mão ou espantar as moscas em seus rostos. Os olhos dos pais sempre parecem vazios e sem esperança.

As mulheres na passagem de hoje conheceram os horrores da inanição. Quando Samaria sofreu fome severa devido a um cerco, o povo ficou tão desesperado por alimento que alguns usaram como recurso matar e comer seus próprios filhos. Uma mulher persuadiu uma mãe a matar seu filho para que pudessem comê-lo e prometeu que no dia seguinte ela mesma mataria seu próprio filho para comerem. Quando a mulher que fez a promessa decidiu esconder seu filho, a mãe que matou a primeira criança apelou ao rei. Nesse momento, tudo o que esta mãe podia pensar era na promessa de uma segunda refeição que não foi cumprida. Como podemos imaginar os sentimentos desta mulher após o fim da fome quando o horror de sua atitude finalmente a atingiu?

Mesmo que não vivamos em uma área afetada pela fome, pessoas ao nosso redor estão desesperadas por alimento espiritual. Todos anseiam por respostas aos problemas de suas vidas e muitas estão procurando algo que dê significado ao viver. Muitas pessoas rejeitaram a Palavra de Deus como fonte da verdade e procuram outras maneiras de alimentar suas almas. Quando Israel começou a ignorar a Palavra de Deus, o Senhor os alertou que se eles não se arrependessem, logo não teriam mais proximidade alguma com Ele. Como filhas de Deus, precisamos direcionar as pessoas à Sua Palavra, onde encontrarão o que procuram, antes de sofrerem o pior tipo de fome.

*Eis que vêm dias, diz o Senhor Deus, em que enviarei fome sobre a terra, não de pão, nem sede de água, mas de ouvir as palavras do Senhor.* AMÓS 8:11

1.º DE OUTUBRO

# Escolha-me, escolha-me!

"SENHORA ELEITA"
2 JOÃO 1:1-3

Educação Física nunca foi minha disciplina favorita e eu temia em especial os dias em que éramos divididas em times. Duas meninas eram designadas as capitãs dos times e cada uma escolhia as que participariam de suas equipes, começando pelas mais atléticas, e eu não era uma delas. Eu ficava em uma fila com o resto da turma, alternando as pernas. Tentávamos aparentar desinteresse enquanto cada uma esperava desesperadamente não ser a última a ser escolhida.

A antiga carta de 2 João é destinada à "…senhora eleita e aos seus filhos…". Estudiosos já debateram o significado desta frase. Alguns acreditam que o termo se refere a uma mulher específica numa congregação local. Outros especulam que João escreveu a uma mulher cujo nome era semelhante às palavras gregas para "eleita" ou "senhora". Muitas pessoas acreditam que a frase se refere à igreja local e seus membros.

Quer João se referisse a uma mulher ou a todos os cristãos, a palavra "eleita" provavelmente soou muito bem às mulheres que ouviram a leitura da carta, enquanto ela circulava pelas igrejas. Elas sabiam que em certo ponto somente a nação de Israel poderia alegar ser o povo escolhido de Deus. Agora, Jesus Cristo tinha aberto o caminho para que todas as pessoas fossem ao Senhor fundamentadas somente na fé. Estas mulheres sabiam que, independentemente do que o mundo pensasse delas, eram as eleitas de Deus.

Nenhuma de nós quer ser escolhida por último. Isto nos faz sentir desvalorizadas. Felizmente, Deus não é um capitão de um time na Terra. Ele não escolhe as mais atléticas ou mais populares. Quando aceitamos a verdade de Deus, nos tornamos suas mulheres eleitas. Não é uma questão do tempo que esperaremos até que nossos nomes sejam chamados, mas de quanto tempo esperaremos para chamarmos Seu nome.

*Mas vocês são a raça escolhida…*
1 PEDRO 2:9 (NTLH)

## 2 DE OUTUBRO

# Adoração mal aplicada

**RAINHA DOS CÉUS**
**JEREMIAS 7:16-20; 44:15-17**

Eu, na verdade, senti muito quando o sinal abriu, pois não tinha terminado de ler todos os adesivos no para-choque do carro à minha frente. *Na Deusa confiamos. Pagão nascido de novo. A Deusa está viva e a magia nos cerca!* O último adesivo me levou a fazer uma pequena pesquisa *on-line*. Descobri que em 1975, a Aliança da Deusa foi incorporada como uma organização religiosa sem fins lucrativos. Desde então, algumas fontes alegam que o neopaganismo se tornou uma das religiões com mais rápido crescimento. A palavra deusa é usada casualmente na mídia e publicidade, mas a verdadeira adoração a deusas é relativamente comum hoje em dia.

Quando Jeremias era profeta de Deus, as pessoas em Judá tinham adotado a adoração a deusas. O planeta Vênus representava *Ishtar*, a deusa babilônica do amor e da fertilidade. As mulheres faziam bolos, derramavam ofertas de bebida e queimavam incenso à "rainha dos céus". Em vez de adorar o Criador, adoravam o sol, a lua, os planetas e as constelações. Ainda que Deus as tivesse alertado sobre Seu julgamento, a idolatria havia confundido o modo de pensar dessas mulheres. Elas criam que seus problemas eram causados por sua acomodação em seus rituais de culto e não por haverem se afastado de Deus.

Desde o início dos tempos, as pessoas tentam algo além de Deus. O Senhor exorta que isto nos degrada. Hoje, muitas pessoas distorcem a responsabilidade de cuidado com a criação de Deus e a transformam em adoração à natureza. Algumas pessoas, inclusive, veem seres humanos como os inimigos da Terra. Outras pessoas substituem a verdade do Senhor por astrologia. Ler horóscopos diários pode parecer inofensivo, mas tais atividades podem afetar nosso pensamento. Deus é o Único com poder para controlar nossa vida e somente Ele merece ser adorado.

*...pois eles mudaram a verdade de Deus em mentira, adorando e servindo a criatura em lugar do Criador, o qual é bendito eternamente. Amém!* ROMANOS 1:25

**3 DE OUTUBRO**

# Aproximando-se de Deus

## A MULHER QUE TOCOU O MANTO DE JESUS
## MARCOS 5:24-34

Darla espiou sua amiga Jan, que estava orando antes do almoço. Todas as vezes que ela orava, parecia estar falando com um amigo muito próximo, Darla pensava maravilhada. Darla era cristã, mas nunca sentiu estar realmente na presença de Jesus, com Jan parecia estar. Ela queria isso mais do que qualquer outra coisa, mas como poderia se sentir próxima de Deus se tinha tantos hábitos sujos dos quais precisava ser limpa?

A mulher em Marcos 5 também tinha dificuldade para se aproximar de Jesus. Uma condição de saúde a fazia sangrar constantemente há 12 anos. Após gastar todo o seu dinheiro com médicos, ela provavelmente ansiava desesperadamente por desfrutar uma vida normal. Então, ela ouviu sobre os milagres e as curas de Jesus. Finalmente, sentiu uma ponta de esperança mais uma vez. Mas conforme a lei judaica, sua condição fazia dela uma pessoa impura e qualquer pessoa a quem ela tocasse também se tornaria impura.

Conforme se misturava na multidão, a mulher deslizou até chegar atrás de Jesus e tocar Seu manto. Seu sangramento parou imediatamente, mas sua emoção se tornou em terror quando Jesus quis saber quem o havia tocado. A mulher trêmula caiu aos Seus pés e confessou que fora ela. Jesus dirigiu-se a ela com uma expressão de ternura, garantindo-lhe que seu sofrimento acabara porque sua fé a havia curado.

A mulher queria tocar o manto de Jesus e sumir, mas Ele queria um relacionamento pessoal com ela. Ele queria expressar Seu amor e consolá-la face a face. Ele deseja o mesmo para nós. Se confiamos em Jesus Cristo como nosso Salvador, estamos sempre convidadas a nos encontrarmos face a face com nosso Pai celestial. Podemos confessar nossos pecados; segregar nossas preocupações e encontrar misericórdia, consolo e cura. Independentemente do quão impuras ou sujas nos sintamos, não precisamos tocar sorrateiramente o manto de nosso Salvador — podemos correr diretamente para Seus braços.

*…Cristo Jesus, nosso Senhor, pelo qual temos ousadia e acesso com confiança, mediante a fé nele.*
EFÉSIOS 3:11,12

## 4 DE OUTUBRO

## Você pode voltar para casa

**NOEMI**
RUTE 1:1-7

Brandy conferiu o velocímetro e alongou o pescoço — ainda precisava percorrer 320 quilômetros. *Minha vida poderia ser uma música country,* ela pensou. Enquanto o carro acelerava entrando na rodovia, sua mente acelerava voltando aos últimos oito anos. Ela tinha se mudado para Nova Iorque assim que terminou o Ensino Médio, com o sonho ardente de desenvolver a carreira de bailarina. Agora, depois de muitos testes fracassados, preocupações financeiras e noites solitárias, Brandy havia acabado com os sonhos e voltava à sua cidade natal. Ela não sabia o que o futuro lhe reservava, mas pelo menos estaria em um lugar em que as pessoas sabiam seu nome.

A mulher na passagem bíblica de hoje tomou as mesmas decisões de Brandy. Quando uma fome severa afetou Israel, Noemi e seu marido se mudaram para Moabe, provavelmente com o plano de ficar apenas por algum tempo. Dez anos depois, o marido de Noemi e seus dois filhos morreram, deixando-a como viúva desamparada sem meios de sustento e proteção. Noemi provavelmente arrependeu-se da decisão de mudar-se para uma cultura repleta de práticas pagãs detestáveis como a adoração a ídolos. Será que Deus a abençoaria novamente? Quando ouviu que em Israel a fome havia acabado, ela soube o que fazer: tomaria a estrada de volta para casa.

Há momentos em que nossas decisões não têm o resultado planejado, ainda que pareçam a melhor atitude a ser tomada no momento. Acordamos um dia e percebemos que nos afastamos de Deus e de Seus caminhos. Mesmo que nossa esperança tenha se esvaído, Deus espera que nos arrependamos de nossos caminhos rebeldes e nos coloquemos sob Sua autoridade novamente. Então Ele nos restaurará e nos dará novos sonhos. Quando parece ser o fim da estrada para nós, é hora de fazer a volta e tomar o caminho de casa. Há Alguém lá nos esperando e Ele sabe nosso nome.

*Portanto, assim diz o SENHOR: Se tu te arrependeres, eu te farei voltar e estarás diante de mim...* JEREMIAS 15:19

5 DE OUTUBRO

# Cuidando de outros

**NOEMI**
RUTE 1:8-13

A jovem mãe calculou o custo das fraldas e da comida em seu carrinho para garantir que tinha dinheiro suficiente. Ela notou a mulher mais velha à sua frente olhar mais uma vez para ela. *Sim, eu sei que pareço estar numa situação medonha*, a jovem pensou. Ou o seu bebê irrequieto com uma infecção de ouvido estaria incomodando essa senhora? Alguns minutos depois, ela saiu da loja desejando poder agradecer à senhora que pagou suas compras.

Noemi também se importava profundamente com o bem-estar de outros. Se Noemi não amasse suas noras como suas próprias filhas, Orfa e Rute não teriam decidido voltar a Israel com ela. Contudo, no caminho, Noemi começou a repensar. Seria o melhor para as moças mudarem-se para um país onde moabitas eram desprezados? Um novo casamento era sua única chance de segurança futura e as oportunidades de que isso fosse acontecer em Israel seriam muito pequenas. Apesar do consolo que sentia com a presença das moças, Noemi incitou Orfa e Rute a retornarem à segurança do que lhes era familiar. Ela faria a longa e perigosa jornada sozinha para protegê-las.

Esta atitude altruísta parece ser rara em nosso mundo tomado por uma cultura focada na busca do primeiro lugar, do sucesso às custas de outros. Nossa mentalidade de "eu primeiro" fica exposta pelo choque que se tem quando alguém devolve uma quantia de dinheiro que encontrou ou se recusa a receber dinheiro por um carona oferecida a alguém abandonado na estrada. Deus quer que tenhamos uma atitude mais elevada do que o egocentrismo para que façamos o que é melhor para outros. Isto geralmente exige sacrifício de nossa parte. Cristo foi o exemplo supremo deste tipo de atitude ao morrer na cruz, porque estava pensando em nosso bem e não em si mesmo. A não ser que abramos mão de nossos desejos, tempo ou bens materiais, jamais chegaremos perto daquilo que Cristo abandonou por nós.

> *Não tenha cada um em vista o que é propriamente seu, senão também cada qual o que é dos outros.* FILIPENSES 2:4

**6 DE OUTUBRO**

# Momento decisivo

**ORFA E RUTE**
**RUTE 1:8**

Enquanto viajam pela estrada que levava a Judá, Orfa e Rute chegaram a uma encruzilhada em suas vidas. Noemi começou a ter ressalvas em levar estas jovens moabitas para viver em Israel com ela. Talvez não fosse justo afastá-las de suas famílias e da oportunidade de um novo casamento com alguém de seu próprio povo. Mesmo depois de Orfa e Rute insistirem aos prantos para ir com Noemi, ela as instigou a voltar, explicando porque seria melhor que ficassem em Moabe. Enquanto as três mulheres permaneciam ali chorando, Orfa e Rute enfrentavam um momento decisivo em suas vidas.

A estrada adiante estendia-se a um destino distante e desconhecido. Elas não sabiam como a vida seria em Israel. Olhando para a estrada atrás delas, as mulheres ainda viam sua terra natal. Mas Noemi e seus filhos lhes haviam mostrado algo melhor do que conheciam antes. Noemi adorava um Deus de amor e compaixão, completamente diferente dos deuses dos moabitas. Todavia, a escolha mais fácil seria retornar à segurança da vida que lhes era familiar. A estrada que Orfa e Rute escolhessem determinaria a direção de suas vidas.

Todas nós chegamos a encruzilhadas em diferentes momentos da nossa vida. Deus nos leva a novas direções, mas Ele sempre nos permite escolher se iremos segui-lo ou não. Ficamos presas entre a força do conhecido e o ímpeto de avançar em direção ao desconhecido. Deveríamos mesmo pedir demissão para trabalhar exclusivamente no ministério? Conseguiríamos encontrar a coragem necessária para acabar com um relacionamento de abuso? Se compartilharmos nossa fé com um vizinho, isto destruiria nosso relacionamento? Nossa disposição de seguir Deus em uma estrada estranha em direção a um destino que não se pode ver, revela nosso nível de confiança nele.

*Que nova direção Deus tem em mente para você?*

# 7 DE OUTUBRO

## Permanecendo em nossas zonas de conforto

**ORFA**
**RUTE 1:6-14**

Mais uma vez peguei o livreto da conferência. Durante toda a minha vida tive a fantasia de ser escritora, mas não tinha ideia de por que isto havia chegado pelos correios. Eu oscilava entre empolgação e medo. Ir à conferência significaria dirigir sozinha por mais de 160 quilômetros até uma área desconhecida; algo que eu nunca havia feito antes. E se eu me perdesse? No *workshop* eu me tornaria uma amostra escrita a ser avaliada. E se me dissessem que eu sou uma péssima escritora? Nesse caso, nem meu sonho eu teria mais. Respirei fundo e percebi que o prazo ia até o dia seguinte. Hora de tomar uma decisão.

Orfa também sabia como era se sentir dividida entre ficar com a segurança do familiar ou explorar um novo território. Quando Noemi estava pronta para voltar a seu país, ela instigou suas duas noras a retornarem às suas famílias. Orfa amava profundamente sua sogra e insistiu em ir com ela. Mas quando Noemi a persuadiu novamente, ela cedeu e, com lágrimas, beijou Noemi dando-lhe adeus. A decisão de Orfa aparentava ser racional, considerando que parecia ser a única forma de poder casar novamente e ter uma família; mas nos anos seguintes, não teria ela se perguntado como sua outra vida poderia ter sido?

Deus frequentemente nos chama para deixarmos nossas zonas de conforto para servi-lo de alguma nova forma. Então precisamos decidir se permitiremos que nossa timidez, falta de confiança em nossas habilidades ou medo do desconhecido nos impedirão de fazê-lo. Quando Deus nos guia a um novo território, podemos ter certeza de que uma grande aventura está adiante de nós. Se eu não tivesse dado um passo apesar de meus medos de ir à minha primeira conferência de escritores, eu teria perdido as bênçãos de um novo ministério. E você não estaria segurando este livro em suas mãos.

*Porque Deus não nos tem dado espírito de covardia, mas de poder, de amor e de moderação.*
2 TIMÓTEO 1:7

## 8 DE OUTUBRO

# Lealdade resoluta

RUTE
RUTE 1:1-18

Nos dias de hoje, as pessoas geralmente desistem quando a caminhada fica árdua. Se um emprego é exigente demais, desistimos. Quando uma amiga está passando por um momento terrível, podemos nos sentir tentadas a "desaparecer" por um tempo. Se um casamento se torna difícil, sempre há a opção do divórcio. Se criar um filho for inconveniente demais, o mundo oferece a opção do aborto. Bebês, crianças pequenas e os anciãos, algumas vezes são abandonados.

Durante séculos, a história de Rute é admirada por muitas pessoas, em parte devido à bela expressão do comprometimento resoluto de Rute à sua sogra viúva. Quando Noemi se preparava para retornar a seu país, implorou à nora que voltasse para sua família. Rute escolheu se juntar à sua sogra necessitada. Mal conseguimos imaginar a ansiedade que ela sentiu ao enfrentar um futuro de pobreza entre um povo que desprezava sua terra natal. Precisamos admirar o grande amor por Noemi que superou todos os medos de Rute.

Há momentos em que seguir a Deus parece difícil demais. Ele pede que desistamos de nossa antiga vida para nos conformarmos à imagem de Jesus Cristo. Podemos, às vezes, ser tentadas a voltar aos velhos hábitos, aos relacionamentos confortáveis e aos antigos prazeres que entram em conflito com nossa nova vida. Mas se amamos a Deus, deliberadamente nos uniremos a Ele; e sem caminho de volta.

Por seu amor a Noemi, Rute não escolheu o caminho fácil decidindo retornar a Moabe. O amor de Deus por nós nos dá, também, coragem para escolher o que parece ser a estrada mais difícil. Podemos não ver claramente aonde Ele está nos levando, mas podemos ter certeza de que é a algum lugar onde desejaremos estar. Como Rute, teremos uma recompensa que vai além de tudo o que podemos imaginar.

*Disse, porém, Rute: [...] aonde quer que fores, irei eu...*
RUTE 1:16

9 DE OUTUBRO

# Companheiras de viagem

**NOEMI E RUTE**
**ECLESIASTES 4:9-12**

"Esqueça, não vou aceitar um 'não' como resposta. Eu vou levá-la a todas as suas sessões de quimioterapia."

"Mas é um percurso de 130 quilômetros. E o seu emprego?"

"Eu já resolvi com meu chefe. Vou compensar as horas trabalhando em casa."

"E seus filhos?"

"Tudo resolvido. Minha vizinha Francine ficará com eles sempre que eu precisar. Meredith, eu já decidi — eu vou fazer essa jornada com você."

Meredith abriu a boca, mas nenhuma palavra foi pronunciada.

Quando Noemi viu que Rute estava determinada a ir acompanhá-la, ela não disse nada mais (RUTE 1:18). Há momentos em que é difícil falar quando nosso coração se enche de satisfação. Noemi aconselhou Rute a voltar para seu próprio povo porque pensava que isto seria o melhor para sua nora. Como ela deve ter ficado contente quando Rute prometeu ir aonde quer que Noemi fosse. A estrada de volta a Judá era longa e difícil, mas que consolo estar viajando com uma amiga. Rute também aceitou o Deus de Noemi como o seu próprio Deus. Ainda que o futuro de ambas fosse incerto, elas o enfrentariam juntas, cuidando uma da outra assim como esperavam que Deus cuidasse delas com Sua liderança.

Mulheres ocupadas podem negligenciar o cultivo de suas amizades com outras mulheres, especialmente quando precisam cuidar de crianças pequenas. Mas quando os momentos difíceis chegam, precisamos de uma amiga com quem possamos passar por tudo isso. Precisamos de alguém que nos ajude a carregar nossos fardos quando ficam pesados demais e não conseguimos administrá-los sozinhas. Uma irmã em Cristo pode orar por nós e nos ajudar a manter nossos olhos em Deus. Quando o seguimos juntas, podemos nos ajudar a nos tornarmos as pessoas que Deus nos criou para ser. Que alívio é termos companheiras de viagem com quem compartilhar nossos fardos conforme percorremos nossa jornada na vida!

*Levai as cargas uns dos outros e, assim, cumprireis a lei de Cristo.*
GÁLATAS 6:2

## 10 DE OUTUBRO

# Chamem-me de amarga

**NOEMI**
RUTE 1:19,20

Um dos ditados de que menos gosto é baseado na citação de Nietzsche: "O que não me destrói, me fortalece." Há outras reações à adversidade além de morrer ou se fortalecer. Umas das opções mais populares é a amargura.

Profissionais médicos reconhecem que há um espírito amargo na raiz de muitos problemas físicos e emocionais. Uma atitude cínica é ruim para nossa saúde, nociva para nossos relacionamentos e um obstáculo em nossa vida espiritual.

A vida de Noemi se tornou tão amarga que ela pediu às pessoas que a chamassem de Mara ("amarga") em vez de Noemi ("agradável"). Noemi e seu marido eram cidadãos proeminentes, bem respeitados de Belém, mas agora ela estava voltando à sua cidade natal como uma pobre viúva. Ela expressou seu luto e ressentimento pelas trágicas mortes de seu marido e filhos, mesmo sabendo que Deus estava no controle de sua vida. Noemi via apenas um futuro desolador de pobreza à sua frente. Em seu luto, ela não pôde apreciar por completo a bênção de uma nora que estava disposta a abrir mão de tudo por ela. Noemi também não sabia que Deus em breve restauraria sua alegria e seu gosto pela vida.

É natural lutarmos com o desencorajamento ao passarmos por uma luta ou perda. O processo de luto leva tempo, mas eventualmente precisamos ir adiante de nossa dor e aceitar a cura do Único que pode concedê-la. Não precisamos nos envergonhar de sermos honestas com Deus quando nos sentimos ressentidas com circunstâncias, com pessoas ou com Ele. Quanto mais tempo permitimos que a amargura cresça, mais difícil ficará de nos livrarmos dela. Se aceitamos a liderança de Deus em nossa vida e pedimos Sua ajuda, não precisamos viver com os efeitos mutiladores da amargura. E não sentiremos necessidade de mudar nossos nomes.

*...nem haja alguma raiz de amargura que, brotando, vos perturbe, e, por meio dela, muitos sejam contaminados.*
HEBREUS 12:15

**11 DE OUTUBRO**

# Respigando

RUTE
RUTE 2:1-3

Assim como havia feito todas as manhãs por duas semanas, Jana sentou-se à mesa da cozinha para ler os classificados segurando uma caneta marca-texto e um olhar determinado em seu rosto. O fechamento inesperado da fábrica afetou muitas pessoas em sua cidade. Com filho em idade escolar, Jana não podia desperdiçar tempo e precisava encontrar outro emprego. Ela não tinha formação superior, mas era jovem, saudável e estava disposta a trabalhar duro. Jana aceitou com gratidão ajuda do governo no ano seguinte ao nascimento de seu filho, mas agora estava decidida a aceitar qualquer emprego que sustentasse ambos.

Como viúva sem meios de sustento, Rute tirou vantagem de uma forma como os israelitas proviam para os pobres. Conforme as leis estabelecidas por Deus, os donos de terra não colhiam os cereais de seus campos, e os ceifeiros não recolhiam do chão todos os grãos que derrubassem. Rute imediatamente foi procurar um campo de cevada onde pudesse trabalhar como respigadora, seguindo os ceifeiros e ajuntando grãos com outras pessoas pobres. Apesar de ser pária em uma terra estrangeira, Rute encontrou alívio no trabalho pesado e consolo em saber que havia encontrado uma forma de ajudar sua sogra.

Muitas pessoas creem erroneamente que a Bíblia diz que "Deus ajuda a quem se ajuda." Deus deixa claro que a salvação é um dom, não é algo que mereçamos (EFÉSIOS 2:8,9). Contudo, quando se trata de nosso crescimento espiritual, temos trabalho a fazer. Não podemos simplesmente nos sentar e esperar que nos tornemos semelhantes a Cristo; somos responsáveis por nos alimentarmos com a Palavra de Deus, buscando-o em oração, disciplinando nossa vontade para obedecê-lo e servindo outros. Se parecemos não estar crescendo, talvez precisemos nos levantar e trabalhar.

*...desenvolvei a vossa salvação com temor e tremor.*
FILIPENSES 2:12

## 12 DE OUTUBRO

# O campo certo

RUTE
RUTE 2:3-18

*Ajude-me Senhor!* Farrah orou silenciosamente ao embarcar no avião. Ela acabara de perceber que tinha deixado seus documentos no táxi e precisava desesperadamente do endereço de seu novo apartamento além do nome e telefone da pessoa de sua nova empresa. Três horas depois, no avião, Farrah fez amizade com uma secretária de sua nova empresa, que morava no prédio em que ela iria morar. Farrah sabia que não fora por coincidência que haviam colocado a moça naquele assento específico do avião.

Também não foi uma coincidência que levou Rute a um dos campos de Boaz. Como parente próximo de Elimeleque, Boaz valorizou a lealdade de Rute a Noemi e admirou sua disposição de trabalhar pesado. Boaz saudou Rute calorosamente e a convidou para trabalhar com suas servas durante toda a época de colheita. Ela não precisaria esperar até que um campo tivesse sido ceifado para então entrar como as outras respigadoras faziam e não precisaria buscar sua própria água. Boaz inclusive instruiu seus homens a serem respeitosos com ela. Tal tratamento especial provavelmente surpreendeu Rute.

Não existem coincidências para os filhos de Deus. Ainda que Ele nos permita escolher, controla todas as áreas da nossa vida. O Senhor nos coloca exatamente nas circunstâncias e lugares certos que nos ajudarão a nos tornarmos mais semelhantes a Cristo e a abençoarmos outras pessoas por nossa fé. Algumas vezes Ele nos direciona ao versículo exato da Bíblia, do qual precisamos para nossa situação. Em outros momentos, Ele nos guia até a pessoa ou recurso perfeito que irá ao encontro de nossa necessidade.

Se nos afastarmos da liderança de Deus, nos desviaremos de Seus planos para o nosso viver. Mas quando fazemos o nosso melhor para obedecer Suas ordenanças e seguir a liderança de Seu espírito, Ele nos levará de volta ao lugar onde precisamos estar. Não queremos que o pecado nos guie até o campo abandonado; queremos ser como Rute e permanecer no campo certo.

*O Senhor firma os passos do homem bom e no seu caminho se compraz.* SALMO 37:23

13 DE OUTUBRO

# Ajudando outros

**NOEMI**
RUTE 2:19–3:4

Enquanto Kathleen estacionava, ela mais uma vez agradeceu sua amiga por se intrometer em sua vida. Quando seu marido morreu repentinamente de um ataque cardíaco, Kathleen sentiu que algo dentro dela também tinha morrido. Por dois longos anos, ela viveu cercada por muros de escuridão e dor, sentindo-se desconectada da vida. Eventualmente, ela pesquisou o programa de voluntariado de alfabetização apenas para que Alice deixasse de perturbá-la. Agora Kathleen não conseguia imaginar deixar de investir suas horas no centro ajudando uma senhora de 60 anos a aprender a ler. Kathleen ainda sentia falta de seu marido, mas este trabalho trouxe-lhe nova alegria.

Noemi retornou a Belém como uma mulher desamparada, atingida pelo luto por ter perdido seu marido e ambos os filhos. Seu espírito avivou-se quando Rute trouxe para casa muito mais grãos do que uma respigadora normalmente ajuntaria em um dia. Sua depressão diminuiu ainda mais quando descobriu que Deus havia guiado Rute ao campo de Boaz, um parente próximo de seu marido, que demonstrou bondade incomum a Rute. Mas Noemi realmente recobrou-se quando decidiu exercer o papel de casamenteira. Boaz claramente precisava de um empurrão para cumprir o papel de remidor da família e casar-se com Rute. Com um objetivo em mente, Noemi agora tinha planos a cumprir. Ao ajudar Rute a encontrar uma vida melhor, seus pensamentos não se focaram mais em sua própria tristeza.

Provações severas e perdas podem nos tornar pensativas e repletas de preocupações, incapazes de nos focar em algo que não seja nossa dor. Podemos sentir que jamais seremos capazes de desfrutar da vida novamente. Ao passarmos pelo processo comum do luto, uma das melhores formas de nos ajudar é alcançar outros em necessidade. Ajudar as pessoas tira nossa atenção de nossos próprios problemas e descobrimos a alegria que vem de suprirmos as necessidades de outros, seja trabalhando como voluntária em alfabetização ou exercendo o papel de casamenteira.

*...Mais bem-aventurado é dar que receber...*
ATOS 20:35

## 14 DE OUTUBRO

## Confie e obedeça

**RUTE**
**RUTE 3**

Em 1996, a trapezista e acrobata Montana Miller aceitou um raro convite: tornar-se uma das cinco primeiras mulheres a participar do campeonato mundial de salto de penhasco. A competição aconteceu em Acapulco, México, onde um grupo seleto de mergulhadores de penhasco profissionais já tinha deslumbrado turistas por muitas décadas. Os mergulhadores saltam de penhascos com mais de 30 metros de altura para mergulharem numa passagem estreita no oceano Pacífico; e o tempo é crucial. Eles devem iniciar a queda antes que as ondas venham, para que haja água no momento em que executam o mergulho. Se eu estivesse aprendendo a saltar de penhascos, provavelmente duvidaria do meu instrutor quando ele me dissesse para mergulhar no momento em que não houvesse água na passagem.

Quando Noemi decidiu garantir que Boaz se tornasse marido de Rute, suas instruções provavelmente não fizeram muito sentido para sua nora. Como estrangeira, Rute não estava acostumada à lei hebraica que exigia que um parente próximo se casasse com a viúva de um homem falecido para que seu nome e direitos de propriedade permanecessem. Ela sabia que sua sogra era fiel e tinha o seu bem em mente. Sua fé no caráter de Noemi superou qualquer confusão que possa ter sentido e ela deliberadamente concordou em seguir as instruções de Noemi. Rute sentiu-se segura nas mãos de sua sogra, mesmo quando não compreendeu porque Noemi quis que ela agisse de forma que lhe parecia estranha.

Podemos nem sempre compreender algo para o qual Deus nos chama. Amar nossos inimigos e dar a outra face soam estranho para nós porque vão contra nosso modo humano de pensar. O reino de Deus age com todo um conjunto diferente de leis e princípios, do que o do mundo em que vivemos. Se confiamos no caráter de Deus e nos sentimos seguras em Suas mãos, podemos então seguir Sua liderança mesmo que não faça sentido para nós. A obediência não necessariamente exige compreensão; exige, contudo, confiança.

*Porque os meus pensamentos não são os vossos pensamentos, nem os vossos caminhos, os meus caminhos, diz o Senhor.*

ISAÍAS 55:8

15 DE OUTUBRO

# Resgatada

RUTE
RUTE 4:1-12

Noemi provavelmente suspeitou que Boaz admirou Rute desde o primeiro momento em que a viu, mas aparentemente ele precisava de ajuda para tomar uma atitude. Talvez ele tenha hesitado porque era muito mais velho que Rute. *Não importa*, Noemi deve ter pensado. *Eu sei como fazê-lo tomar sua responsabilidade. Além do mais, isto trará felicidade tanto para Rute quanto para Boaz.* Então ela instruiu Rute em como sugerir a ele o casamento. Boaz aceitou a sugestão, foi como se tivesse dito um sim. Ele explicou que havia um parente mais próximo que tinha o direito de ser resgatador da família de Rute. Mas Boaz garantiu-lhe que se o outro homem não tivesse interesse, ele certamente tinha.

Quando Rute retornou cedo para casa, na manhã seguinte, ela encontrou Noemi ansiosa para ouvir os detalhes. Noemi jubilosamente previu que Boaz resolveria a questão naquele mesmo dia. Será que o tempo se arrastou enquanto as duas mulheres esperavam para ouvir o resultado? Nesse ínterim, o parente mais próximo exaltou-se com a chance de comprar de volta terras que antes pertenciam a Elimeleque. Sem herdeiros vivos, a terra seria permanentemente sua. Mas quando descobriu que também lhe seria exigido casar-se com Rute e ter um filho que herdasse a terra, o homem perdeu o interesse. Então Boaz estava livre para se casar com Rute.

Conforme os anos se passaram, a gratidão e o amor de Rute por Boaz provavelmente aumentaram quando seu entendimento sobre o papel do parente resgatador aprofundou. Boaz se tornou seu protetor e provedor. Ela encontrou nova vida como esposa e mãe; e tudo começou quando ela pediu a Boaz que estendesse sua capa sobre ela.

Deus veio à Terra como Jesus Cristo para se tornar nosso parente resgatador. Por meio de Sua morte, Ele nos comprou do pecado e nos reivindicou como Suas. Ele deliberadamente cumpre o papel de protetor e provedor e possibilita que tenhamos vida nova. E tudo começa quando lhe pedimos que estenda Sua capa sobre nós.

*...estende a tua capa sobre a tua serva, porque tu és resgatador.* RUTE 3:9

## 16 DE OUTUBRO

## Restaurada

NOEMI
RUTE 4:13-22

Olivia desligou a luminária da Sininho e saiu do quarto nas pontas dos pés. Inclinando-se para pegar o elefante de pelúcia, ela sorriu ao lembrar-se da empolgação de Grace no zoológico naquela tarde. *Eu nunca sonhei que poderia me sentir feliz assim novamente.* Quando seu filho e sua nora morreram num acidente de carro, Olivia sentiu-se morta por dentro. Enquanto lidava com a organização do funeral, médicos trabalhavam para salvar sua neta recém-nascida. Contrariando todos os prognósticos, a pequena agarrou-se ferozmente à vida. Finalmente, Grace foi para casa, e quando chegou, ela gradualmente restaurou em Olivia o gosto pela vida.

Quando Noemi retornou à sua cidade natal, ela provavelmente se sentiu morta por dentro. Ela tinha perdido seu marido e os dois filhos e, além disso, seus meios de sustento e seu papel na sociedade. Mas Noemi nunca perdeu sua fé em Deus, mesmo quando aparentemente Ele tinha se voltado contra ela. Noemi reconheceu Sua mão no encontro entre Rute e Boaz. Quando Boaz casou-se com Rute e resgatou a família de Elimeleque, Noemi já não precisava mais se preocupar com solidão ou pobreza.

Depois que Rute deu à luz um filho, ela permitiu que Noemi fosse sua ama e cuidasse do menino. As mulheres da cidade se alegraram com Noemi por Deus haver restaurado sua vida por meio do amor de uma nora, de um parente resgatador e do nascimento de um neto. Noemi teria se alegrado ainda mais se soubesse do resto da história: o pequeno Obede seria o avô do grande rei Davi, de cuja linhagem viria o Messias.

A tragédia pode sugar toda a vida que há em nós. Não acreditamos que jamais teremos razão para sorrir novamente. Mas nós não conhecemos o restante da história. Se não nos voltarmos contra Deus, Ele trará grandes bênçãos ainda que seja como resultado de tragédia ou sofrimento. Podemos não entender por que Ele permite que soframos, mas podemos confiar que Ele proverá graça para restaurar nossa vida novamente.

*Tu, que me tens feito ver muitas angústias e males, me restaurarás ainda a vida e de novo me tirarás dos abismos da terra. Aumenta a minha grandeza, conforta-me novamente.*
SALMO 71:20,21

**17 DE OUTUBRO**

# Um ingrediente poderoso

## UMA MULHER FAZENDO PÃO
## LUCAS 13:20,21

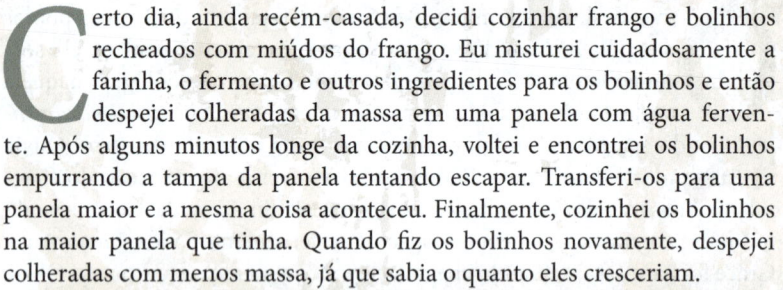

Certo dia, ainda recém-casada, decidi cozinhar frango e bolinhos recheados com miúdos do frango. Eu misturei cuidadosamente a farinha, o fermento e outros ingredientes para os bolinhos e então despejei colheradas da massa em uma panela com água fervente. Após alguns minutos longe da cozinha, voltei e encontrei os bolinhos empurrando a tampa da panela tentando escapar. Transferi-os para uma panela maior e a mesma coisa aconteceu. Finalmente, cozinhei os bolinhos na maior panela que tinha. Quando fiz os bolinhos novamente, despejei colheradas com menos massa, já que sabia o quanto eles cresceriam.

Jesus contou uma parábola sobre o poder de levedura do fermento. Ele disse que o reino de Deus é como o fermento que uma mulher usou para fazer pão. Ela misturou apenas uma pequena quantidade de fermento em uma grande quantidade de farinha, mas o fermento impregnou todas as partes da massa e a fez expandir. Esta ilustração tem sido interpretada de formas diferentes. Considerando que a Bíblia geralmente usa o fermento como metáfora para o pecado, algumas pessoas acreditam que Jesus estava se referindo ao poder da influência maligna sobre qualquer coisa, que entre em contato com ela. Outros interpretam o fermento como o evangelho, silenciosamente espalhando-se pelo mundo e transformando vidas.

Se pensarmos no fermento como sendo o pecado, a parábola nos alerta a não tolerar e nem mesmo considerar um pecado como insignificante, pois pode espalhar-se e difundir-se em todo nosso viver. Se pensarmos no fermento como sendo o evangelho, a parábola nos lembra do poder que o evangelho tem de transformar nossa vida, em todos os aspectos. Nossa fé pode parecer pequena em alguns momentos, mas a presença de Deus nos inundará e transformará. Quando entendermos a diferença entre a verdade de Deus, tão bem sovada, e nossas ideias semi-cruas, passaremos a viver à altura dessa verdade.

> …Pois em verdade vos digo que, se tiverdes fé como um grão de mostarda, direis a este monte: Passa daqui para acolá, e ele passará…
> MATEUS 17:20

**18 DE OUTUBRO**

## Uma colheita generosa

**MULHERES COLHENDO**
**SALMO 126:5,6**

Durante todo o verão, olhei meu jardim dos fundos impacientemente. Devido ao clima chuvoso e obrigações familiares, meu marido e eu nos atrasamos para começar a plantação no jardim. Além disso, um verão surpreendentemente seco colaborou para um crescimento lento. Eu comprava vegetais frescos no mercado e na feira, mas não via a hora de colhê-los de nosso jardim. Finalmente os tomates ficaram vermelhos, a abóbora amarela e os pimentões ficaram grandes o suficiente para que fossem colhidos. Fora um período longo, mas a colheita fez a espera valer a pena.

A colheita devia ser um momento especial para as mulheres na época da Bíblia também. Elas não podiam simplesmente correr ao mercado e comprar algo para uma refeição. Como não tinham geladeiras ou congeladores, precisavam colher e preservar o máximo de alimento que pudessem durante a colheita. As mulheres trabalhavam no campo para colher cevada e trigo. Elas provavelmente ansiavam pela alegre celebração que acompanhava a colheita.

Há momentos em que ficamos cansadas de esperar uma colheita espiritual. Pedimos a Deus insistentemente que resolva uma situação difícil, mas nada parece acontecer. Fazemos nosso melhor para superar um hábito pecaminoso e ficamos desencorajadas quando tropeçamos novamente. Investimos anos tentando compartilhar nossa fé com o próximo, mas não recebemos resposta alguma. É difícil permanecer orando e mantendo uma vida piedosa, quando não vemos resultados. Mas Deus promete que se continuarmos confiando nele, Ele enviará uma colheita generosa no momento certo. Colheremos algumas bênçãos nesta vida, mas a colheita completa virá quando estivermos diante do trono do julgamento de Cristo, para recebermos nossas recompensas. Agora pode parecer um longo período de tempo, mas a colheita fará a espera ter valido a pena.

*E não nos cansemos de fazer o bem, porque a seu tempo ceifaremos, se não desfalecermos.* GÁLATAS 6:9

**19 DE OUTUBRO**

# Ódio mal direcionado

**HERODIAS**
**MARCOS 6:14-20**

Todas as vezes em que Herodias pensava em João Batista, ela fervia de ódio e desejo de vingança. Como ele pode ousar repreender a mim e a meu marido em público? Herodias provavelmente sabia que seu casamento com Herodes era ilícito; ambos haviam abandonado seus cônjuges. Mas como Herodes governava duas províncias em Israel, provavelmente ninguém chamou atenção para isso até que este profeta, muito direto, surgiu. Para piorar as coisas, Herodes tinha uma estranha fascinação por João. Ele na verdade gostava de ouvi-lo. Herodes finalmente tinha colocado João na prisão, mas ainda se recusava a executá-lo. Podemos imaginar Herodias rangendo os dentes e pensando: *A prisão não é suficiente para puni-lo pela vergonha que ele me fez passar.* Vou encontrar um jeito.

Em vez de odiar o pecado em sua vida, Herodias odiava aquele que lhe mostrou seu pecado. As palavras de João incomodaram o que restava de sua consciência. Em vez de enfrentar a verdade da admoestação de João, ela queria calá-lo. A disposição dele de ser ousado ao transmitir a mensagem de Deus sobre a vida de Herodias oferecia a ela a oportunidade de buscar o perdão do Senhor e corrigir seu comportamento. Mas ela direcionou toda sua atenção e energia para planejar um modo de se livrar do mensageiro.

Quando alguém critica nosso comportamento, geralmente reagimos defensivamente. Achamos ser mais fácil nos irar com a pessoa do que avaliar a mensagem, para considerarmos se é verdade. Podemos não perceber que nossa ira está meramente cobrindo nossas consciências culpadas. Em vez de reagirmos instantaneamente fundamentadas em nossas emoções, seria muito mais sábio examinar nossa vida em oração à luz da crítica. Deus algumas vezes usa outras pessoas para chamar nossa atenção e mostrar áreas em nosso viver que precisam de correção. Não queremos ser como Herodias e odiar aquilo que não deve ser odiado.

> *Os ouvidos que atendem à repreensão salutar*
> *no meio dos sábios têm a sua morada.*
> PROVÉRBIOS 15:31

**20 DE OUTUBRO**

# Uma vida melhor

**HERODIAS**
**MARCOS 6:21-24**

Nada havia preparado a jovem mãe para os sentimentos que fluíam nela, todas as vezes em que olhava para sua filha recém-nascida. Desejava de todo o coração ser uma boa mãe, mas será que conseguiria? Ela tinha fugido de casa aos 16 anos para escapar de um lar abusivo. Durante muitos anos, sobrevivera com nada além do mínimo necessário, orgulhosa de sua independência, mas nem sempre orgulhosa do que precisava fazer para viver. Agora, havia mais alguém em quem pensar. *Não sei como, mas prometo a você: vou criar uma vida melhor para nós*, ela jurou à bebê que dormia.

Aparentemente Herodias não abrigava tais pensamentos maternais por sua filha. Herodias vinha de uma família desestruturada. Herodes tinha se divorciado de sua primeira esposa para se casar com Herodias, a filha de seu meio-irmão Aristóbulo. Na época Herodias era casada com Felipe, o outro meio-irmão de Herodes, que também era meio-irmão do pai do Herodias. A família tinha uma reputação de crueldade e depravação. Em vez de desejar uma vida melhor para sua filha, Herodias usou-a para se vingar de João Batista. Quando ela enviou a adolescente para dançar diante de Herodes e os seus convidados bêbados em sua festa de aniversário, será que ela esperava que Herodes oferecesse uma recompensa a sua filha?

Bons pais deliberadamente fazem sacrifícios para que seus filhos tenham a melhor vida possível. Queremos que sejam bem alimentados, bem-educados e estejam confortáveis. Tentamos protegê-los de experiências dolorosas. Nosso Pai celestial também deseja que Seus filhos tenham a melhor vida possível. Podemos nos sentir como prisioneiras de nosso estilo de vida, incapazes de superar um hábito pecaminoso ou comportamento vicioso, como promiscuidade, drogas ou alcoolismo. Jesus se sacrificou para nos proteger dos dolorosos efeitos do pecado. Independentemente do que nos prende, Deus quer nos dar uma vida melhor.

*...estamos persuadidos das coisas*
*que são melhores e pertencentes à salvação...*
HEBREUS 6:9

**21 DE OUTUBRO**

# Um pedido

### A FILHA DE HERODIAS
### MARCOS 6:25

"Não se esqueça de fazer um pedido!"

*Por onde eu começo?*, pensou Chloe. *Será que escolho um novo carro para substituir minha lata velha, ou um homem novo para substituir o desajeitado do meu namorado?* Ela suspirou e respirou fundo. *Pena que este pedido de aniversário não funcione mesmo — se funcionasse, eu pediria um número menor de velas neste bolo que está iluminando toda a casa.*

A filha de Herodias teve a oportunidade de fazer um pedido que seria realizado. Ela sabia que a oferta de seu padrasto de lhe dar qualquer coisa, até mesmo a metade de seu reino, não era literal; Herodes quis dizer que poderia lhe dar qualquer coisa que ele tivesse o poder de lhe conceder. Ela também sabia que precisava dar uma resposta imediata a Herodes, enquanto ele estivesse no espírito da festa e desejasse impressionar seus convidados importantes. Quando correu para pedir conselho à sua mãe, obteve uma resposta pronta de Herodias. Ela instruiu sua filha a pedir aquilo que *ela* mais desejava — a morte de João Batista.

Se pudéssemos escolher um desejo que fosse concedido, nossa resposta revelaria muito sobre nós e nossos valores. Será que pensaríamos imediatamente em algo que precisamos como um carro novo? Ou pediríamos algo intangível como a restauração de um relacionamento? De todas as coisas que poderíamos escolher, nossa resposta revelaria o que mais desejamos naquele momento.

Todos os dias nossa mente é repleta de necessidades e desejos, algumas vezes a ponto de ocupar todo o espaço daquilo que deveríamos desejar, antes de qualquer outra coisa — um relacionamento íntimo com nosso Criador. Não podemos evitar a preocupação com nossas necessidades legítimas, mas quando investimos tempo em conhecer o Senhor por meio de Sua Palavra, nosso espírito começa a ansiar mais por Ele do que por qualquer outra coisa. Quanto mais compreendemos o caráter de Deus, mais vemos que Ele é o que realmente desejamos.

*Como suspira a corça pelas correntes das águas,
assim, por ti, ó Deus, suspira a minha alma.*
SALMO 42:1

## 22 DE OUTUBRO

# Queremos tudo do nosso jeito

**HERODIAS**
MARCOS 6:26-29

Quando a filha de Herodias seguiu o conselho de sua mãe e pediu a Herodes a cabeça de João, Herodias finalmente conseguiu que as coisas funcionassem do seu jeito. Herodes tinha se recusado a matar o profeta, mas agora Herodias o havia encurralado. Herodes não podia voltar atrás em sua promessa precipitada diante dos convidados de sua festa, então ele imediatamente enviou soldados até a prisão para decapitar João. Será que quando sua filha lhe entregou a bandeja com a cabeça de João, Herodias sentiu profunda satisfação ao ver a terrível imagem de seu inimigo vencido? Será que suspirou aliviada, pensando em como sua vida seria melhor, agora que tinha se livrado daquele que parecia se deleitar em apontar seu pecado?

Enquanto celebrava vitória, Herodias não tinha ideia do quanto havia perdido. Deus tinha enviado João para proclamar a verdade a Herodes e Herodias e persuadi-los a abandonar seu pecado. Quando, mais tarde, Jesus esteve diante de Herodes para o julgamento, Ele não lhe disse uma palavra. Seria porque Herodes e sua esposa tiveram uma chance de ouvir Deus por meio de João e a desperdiçaram?

Nossa natureza humana grita querendo as coisas do seu jeito. Achamos que sabemos o que precisamos e o que nos fará felizes, mas nossas mentes são facilmente enganadas e influenciadas pelo pensamento do mundo. Nossos desejos geralmente entram em conflito com o que Deus quer para nós. Há momentos em que Ele permite que consigamos o que queremos, sempre esperando que aprendamos que Ele sabe o que é melhor para nós. Todas as vezes em que "ganhamos", ao conseguir as coisas de nosso jeito, perdemos algo precioso — a oportunidade de seguir o plano perfeito de Deus para nós. Ao colocarmos, deliberadamente, nossa vontade sob Seu controle todos os dias, não seremos tão exigentes a ponto de querermos tudo da nossa maneira. Entenderemos que o jeito de Deus é sempre o melhor.

*Ensina-me, Senhor, o teu caminho, e andarei na tua verdade...* SALMO 86:11

**23 DE OUTUBRO**

# Missão de resgate

**AINOÃ E ABIGAIL
1 SAMUEL 30:1-18**

Enquanto o policial ajudava Crystal a entrar no carro de polícia, ela sentiu como se tivesse passado uma semana e não apenas 13 horas. Sua provação tinha começado naquela mesma manhã quando seu marido distante apareceu em seu escritório com uma arma. Após expulsar todos, se trancou com Crystal em uma sala. Crystal temeu por sua vida, e o humor de seu marido alternava entre pesaroso e repleto de remorso; e irado e ameaçador. Finalmente, quando seu marido exigiu algo para comer, um policial usou a oportunidade para dominá-lo. *Realmente acabou!* Ela percebeu, ao apoiar-se no ombro do policial.

Abigail e Ainoã, duas das esposas de Davi, sabiam o que significa ser capturada e resgatada. Quando as forças amalequitas invadiram suas cidades, elas foram carregadas com o restante das mulheres e crianças. Conforme os quilômetros passavam, os corações das mulheres provavelmente foram pesando ao pensarem no que o futuro reservava para elas. Certa noite, seus captores banquetearam-se e dançaram para celebrar o saque. Repentinamente, Davi e 400 de seus homens entraram rapidamente no campo. Os corações das mulheres certamente saltaram de alegria ao verem os resgatadores que vieram salvá-las.

Todas nós fomos capturadas, tendo consciência disso ou não. Deus nos criou para estar em um relacionamento com Ele, mas o pecado distorceu o perfeito relacionamento e permitiu que Satanás tivesse poder sobre nós. Satanás deseja desesperadamente que permaneçamos inconscientes da missão de resgate que Deus executou em nosso favor. Jesus Cristo morreu para libertar aqueles que estão no cativeiro sob o domínio do pecado. Quando cremos em Jesus, Deus nos liberta do reino de trevas de Satanás e nos transfere para nosso lugar de direito, o reino de Cristo. Quando lemos a história de nosso resgate na Bíblia, nossos corações deveriam saltar de alegria.

*Ele nos libertou do império das trevas e nos transportou para o reino do Filho do seu amor.* COLOSSENSES 1:13

**24 DE OUTUBRO**

# Limitando nossas bênçãos

### A VIÚVA E O PROFETA
### 2 REIS 4:1-7

Enquanto os créditos de abertura apareciam na tela, meus olhos miraram a tigela de pipoca de minha amiga. Eu nunca havia ido a uma destas sessões de cinema gratuitas no meio da tarde. Não era um lançamento, mas eu ainda não havia assistido a esse filme. Para completar, o cinema oferecia pipoca gratuitamente se levássemos nossas tigelas. Minha amiga levou uma tigela pelo menos duas vezes maior que a minha. Achei difícil me concentrar no filme — fiquei pensando em todas as tigelas enormes que tinha em casa e me perguntei por que havia me limitado tanto.

A mulher em 2 Reis provavelmente sentiu-se contente por não haver limitado suas bênçãos a uma pequena tigela. Quando seu marido morreu, seu credor ameaçou tomar seus dois filhos como pagamento pelas dívidas. Ela disse ao profeta Eliseu que tudo o que tinha era um pouco de azeite, provavelmente azeite de oliva que ela utilizava como combustível, para iluminação e para cozinhar. Eliseu a instruiu a emprestar muitos jarros vazios de seus vizinhos e derramar esse azeite nos jarros até que todos estivessem cheios. A mulher obedeceu e, assim que ela encheu o último jarro, o azeite parou de fluir. Como ela deve ter ficado alegre por ver que tinha agora azeite suficiente para vender e pagar suas dívidas e também sustentar sua família!

A viúva demonstrou sua fé pelo número de jarros que coletou e por sua disposição de seguir as instruções do profeta. Ainda que Deus tenha prometido suprir todas as nossas necessidades, Sua provisão funciona na mesma medida que nossa confiança e obediência funcionam. Com que frequência limitamos as bênçãos que recebemos por nossa falta de fé ou nossa recusa de seguir Suas instruções? Deus quer que sonhemos alto e esperemos coisas miraculosas vindas dele. Se estivermos abertas a tudo o que Ele tem armazenado para nós, não haverá uma tigela grande o suficiente para conter as bênçãos.

*Ora, àquele que é poderoso para fazer infinitamente mais do que tudo quanto pedimos ou pensamos, conforme o seu poder que opera em nós.* EFÉSIOS 3:20

25 DE OUTUBRO

# Sem timidez na hora de se pronunciar

## UMA JOVEM SERVA ISRAELITA
2 REIS 5:1-19

Arlene viu a ambulância parar à frente da casa de seus vizinhos. Será que algo havia acontecido com seu filho? Todos sabiam que o terrível menino estava sempre fazendo maluquices. Há apenas dois dias, Arlene o vira subindo no telhado de sua casa enquanto seus pais estavam trabalhando. Ela pensou em ligar para a mãe do menino, mas não o fez. Repentinamente, ela suspirou preocupada. *E se…* Arlene permaneceu com os olhos fixos na porta do vizinho.

A moça na passagem de hoje não tinha medo de se pronunciar. Ela havia sido levada de sua casa em Israel e entregue à esposa de Naamã, o comandante do exército do rei da Síria. Quando Naamã contraiu lepra, a menina lembrou-se do profeta Eliseu e dos milagres que ele havia realizado. Mas será que um poderoso capitão do exército ouviria a sugestão de uma jovem escrava? Além do mais Naamã adorava a outros deuses, não o Deus de Israel. O anseio da menina por ajudar seu senhor sobrepujou qualquer intimidação que pudesse sentir, e ela falou à sua senhora sobre Eliseu. Sua ousadia resultou na cura de Naamã que passou a crer em Deus. O evento provavelmente influenciou muitos outros conforme a história se espalhava por Israel e pela Síria.

É fácil nos sentirmos limitadas quando se trata de falar a outras pessoas sobre Deus porque não sabemos como elas reagirão. Ficarão ofendidas, zombarão de nós ou nos acusarão de tentar fazê-las engolir nossa religião? Se forem altamente educadas ou ocuparem cargos proeminentes podemos nos perguntar se simplesmente nos ouvirão. O mesmo ao Senhor que deu ousadia a uma jovem escrava israelita quer nos ajudar a vencer nossa timidez. Cada uma de nós está em contato com pessoas que precisam ouvir as boas-novas do amor e do perdão de Deus. Se pedirmos ao Senhor que nos dê as palavras certas, podemos nos surpreender com o que acontecerá quando nos pronunciarmos.

> *…e também por mim; para que me seja dada, no abrir da minha boca, a palavra, para, com intrepidez, fazer conhecido o mistério do evangelho.*
> EFÉSIOS 6:19

**26 DE OUTUBRO**

# Sem orgulho ao ouvir

### A ESPOSA DE NAAMÃ
### 2 REIS 5:1-19

A mãe se sentou na sala de espera, aguardando ansiosamente notícias sobre a cirurgia de seu filho. Ela não podia evitar sentir-se responsável pelo acidente. Há apenas um mês a babá do menino disse-lhe que Nathan estava fora de controle e precisava de ajuda profissional. A mãe encolheu-se envergonhada ao lembrar-se de sua reação. Ela não via o comportamento selvagem descrito pela moça e a ideia de receber conselhos maternais de uma adolescente deixou-a irada. Agora desejava ter ouvido a babá em vez de demiti-la.

A esposa de Naamã não foi orgulhosa a ponto de não ouvir a jovem escrava. Como esposa de um poderoso comandante do exército, ela desfrutava de uma posição de riqueza e proeminência. Sua serva vinha de uma cultura diferente, onde as pessoas adoravam um Deus que parecia estranho para ela. Muitas mulheres em sua situação teriam ignorado a opinião de uma serva. Mas porque a esposa de Naamã ansiava ver seu marido curado da lepra, ela comunicou ao marido o que sua serva falara. Sua disposição de ouvir alguém em uma posição rebaixada trouxe-lhe a recompensa: seu marido foi curado de uma grave doença.

Todas nós temos nossas próprias ideias sobre o modo correto de agir, mas algumas vezes o orgulho nos faz perder aquele que é o *melhor* modo de lidar com nossos problemas. Raramente hesitamos buscar conselho de profissionais ou especialistas nas áreas da saúde, finanças, tecnologia ou decoração. Mas na vida diária, podemos ignorar as sugestões de outros, especialmente se pensamos que não são qualificados para oferecer uma opinião. A Bíblia diz que pessoas sábias ouvem o conselho de outros. Ainda que a Palavra de Deus seja nossa melhor fonte de conselho, nunca saberemos se as ideias de alguém poderão nos beneficiar, ou até mesmo nos salvar de graves consequências — contanto que não sejamos orgulhosas para ouvir.

> *O caminho do insensato aos seus próprios olhos parece reto, mas o sábio dá ouvidos aos conselhos.*
> PROVÉRBIOS 12:15

27 DE OUTUBRO

# Novos começos

**PRISCILA**
ATOS 18:1-4,18-21

A vida com a qual Priscila estava familiarizada teve um fim brusco quando o Imperador Cláudio expulsou todos os judeus de Roma. Ela e seu marido enfrentaram um futuro incerto na cidade perversa de Corinto, mas ela não desperdiçou tempo apegada àquilo que deixou para trás. Priscila e Áquila iniciaram seu negócio de produção de tendas e quando encontraram o apóstolo Paulo, eles o convidaram para morar e trabalhar com eles. Não sabemos quando Priscila se tornou cristã, mas aproveitou o máximo a presença de Paulo e a oportunidade de aprender sobre Cristo com um professor tão primoroso.

Dezoito meses mais tarde, Priscila enfrentou outro novo começo quando ela e Áquila acompanharam Paulo a Éfeso. Apesar de ir embora logo após sua chegada, Paulo confiou ao casal a continuação da obra de difusão das boas-novas sobre Jesus Cristo. Priscila havia aproveitado o máximo de seu tempo sob o treinamento de Paulo. Ela e Áquila implantaram uma nova igreja em Éfeso e equiparam os novos cristãos até que Deus os levou de volta a Roma, após a morte de Cláudio. Depois de seu retorno a Roma, eles abriram sua casa e fizeram dela o lugar de reunião para os cristãos dali.

Todas nós enfrentamos momentos em que nossa vida sofre reviravolta inesperada. Mudanças de emprego nos forçam a nos mudarmos, relacionamentos acabam, melhores amigos se mudam ou nossa situação financeira muda drasticamente. Em momentos como estes, é difícil não ficarmos presas ao passado, lembrando-nos de como as coisas eram. A vida de Priscila nos encoraja a olhar ao redor e fazer o máximo em cada oportunidade enviada por Deus — novos amigos e relacionamentos, novos ministérios, novas oportunidades de aprendizado. Devido à sua atitude, a vida de Priscila influenciou inúmeras pessoas. Ela nos lembra de que sob a liderança de Deus, quando algo chega ao fim, podemos sempre esperar encontrar um novo começo.

*...aproveitai as oportunidades.*
COLOSSENSES 4:5

## 28 DE OUTUBRO

# Usando o discernimento

PRISCILA
ATOS 18:24-28

As amigas de Dora olhavam para o outro lado envergonhadas. Na maioria do tempo elas desfrutavam de sua companhia, mas sempre hesitavam convidá-la para jantares. Todos percebiam que Dora era altamente inteligente e com uma formação excepcional, mas não se agradavam quando ela ostentava seu conhecimento. Ela nunca hesitava corrigir alguém e o fazia imediatamente e em voz alta. Nesta noite, seu marido foi sua vítima e Dora parecia alheia ao olhar ofendido em seu rosto.

A mulher na passagem bíblica de hoje tinha mais discernimento que Dora. Como o nome de Priscila algumas vezes é colocado antes do nome de seu marido, muitos acreditam que ela tinha uma formação melhor ou uma personalidade mais forte que Áquila. De qualquer forma, Priscila tinha tato e era ponderada quando ministrava com seu marido. Quando o pregador famoso e talentoso foi a Éfeso, Priscila e Áquila foram ouvi-lo. Ainda que Apolo pregasse acuradamente sobre Jesus, ele não conhecia toda a história. Em lugar de corrigi-lo em público, o casal o convidou à sua casa e compartilhou com ele as novas da morte, sepultamento e ressurreição de Jesus, o que tornou a salvação possível. Eles queriam compartilhar seu conhecimento, e não o expor diante dos outros.

Há momentos em que somos tão levadas pelo desejo de compartilhar informação que nos esquecemos de ser sensíveis aos sentimentos de outras pessoas. Se precisamos corrigir alguém, é sempre melhor fazê-lo em particular. Também precisamos vigiar nosso tom e nossas palavras. As pessoas não apreciam a exposição que lhes faz sentir tolas. É especialmente importante sermos cuidadosas ao compartilhar a verdade sobre Deus. Simplesmente porque somos cristãs há um longo período de tempo ou estudamos a Bíblia há anos não significa que sabemos tudo. Jesus nunca fez ninguém se sentir tolo e nós somos responsáveis pelo modo como falamos sobre Ele. Se não estamos interessadas nos sentimentos de outras pessoas, elas não estarão interessadas em ouvir o que sabemos.

*...O saber ensoberbece, mas o amor edifica.*
1 CORÍNTIOS 8:1

**29 DE OUTUBRO**

# Obedecendo à Lei

## MULHERES QUE OUVIRAM A CARTA DE PAULO
### ROMANOS 13:1-5

Tara arrancou a multa da mão do policial e colocou-a no porta-luvas. Qual era o problema de não ter parado completamente? Ela saiu dirigindo irritada. Ninguém vinha de ambos os lados, e que lugar tolo era aquele para colocar uma placa de pare. Parecia injusto ela receber esta multa tão pouco tempo depois das outras duas multas por alta velocidade, no início do mês. Acalmando-se, ela estacionou em vaga para deficientes para ir rapidamente à farmácia. Ao passar pela traseira de seu carro, parou para limpar o símbolo de peixe colocado na lataria.

Se as mulheres que viveram na Roma do primeiro século sentiam que não fazia diferença obedecerem ou não à lei, a questão foi esclarecida quando receberam a carta de Paulo. Provavelmente foi difícil para elas ouvirem a instrução sobre submeter-se à autoridade do governo em uma época em que um louco como Nero, governava a cidade. Muitas dessas mulheres provavelmente tinham membros da família que foram torturados ou assassinados pelo cruel imperador. Como poderiam esperar que elas se submetessem a tal autoridade? Mas Paulo escreveu que quando se rebelavam contra o governo, estavam se rebelando contra Deus, que institui as autoridades.

Podemos pensar não ser relevante desconsiderar leis que parecem secundárias ou inconvenientes. Mas mesmo que os cristãos sejam cidadãos do reino de Cristo, espera-se que sejamos bons cidadãos na Terra também. Mesmo que não consigamos respeitar o caráter de uma pessoa num cargo de autoridade, podemos reconhecer que Deus permitiu que essa pessoa ocupasse tal cargo. Ainda que discordemos de uma lei específica, somos responsáveis por nos submeter a ela, contanto que não contradiga as leis de Deus. Pode ir contra nossa natureza, mas se as mulheres do primeiro século conseguiram reconhecer a autoridade de Nero, certamente nós podemos nos submeter a uma placa de pare.

*Todo homem esteja sujeito às autoridades superiores; porque não há autoridade que não proceda de Deus...*
ROMANOS 13:1

**30 DE OUTUBRO**

# Infringindo a Lei

**PUÁ E SIFRÁ**
**ÊXODO 1:11-21**

Denise agarrou o volante enquanto dirigia do trabalho para casa. Ser enfermeira foi um sonho desde a infância, mas agora tinha se tornado um pesadelo. Ela ficou arrasada ao descobrir que o hospital fazia aborto em períodos avançados da gravidez, deixando sozinhos na mesa os bebês que sobreviviam ao procedimento, até que eles morressem. Agora, uma mudança na política do hospital exigia que todas as enfermeiras auxiliassem os médicos nos abortos, independentemente de suas crenças. Denise enfrentava uma escolha difícil. Sua família precisava desesperadamente de sua renda e se ela se recusasse a obedecer à regra, certamente perderia seu emprego.

A passagem bíblica de hoje foca em duas mulheres que enfrentaram uma escolha difícil sobre obedecer à lei. Preocupado com o fato de que as escravas israelitas continuavam a ter filhos, o imperador egípcio ordenou que as duas principais parteiras hebreias matassem qualquer menino cujo parto elas realizassem. Puá e Sifrá sabiam que serem pegas desobedecendo a uma ordem do Faraó significaria morte; elas também sabiam que Deus proibia o assassinato. Sua decisão pode ter exigido uma sondagem de alma para chegarem ao ponto em que estivessem dispostas a arriscar suas vidas para seguir Deus. Ele protegeu Puá e Sifrá e as recompensou por sua escolha.

O Senhor nos instrui a respeitar o governo e obedecer às suas leis mesmo quando não concordamos com elas. Contudo, essa lealdade acaba quando a lei terrena exige que façamos algo contrário aos mandamentos de Deus. Nossa sujeição pertence antes de tudo a Ele. Puá e Sifrá talvez estivessem condenando suas vidas, mas reconheceram a autoridade de Deus acima da autoridade do poderoso tirano que governava seu povo. Se seguir Deus significa que precisamos desobedecer às autoridades humanas, devemos estar preparadas para aceitar as consequências dessa escolha e confiar nossa vida Àquele que protegeu duas parteiras hebreias há tanto tempo.

*Então, Pedro e os demais apóstolos afirmaram:*
*Antes, importa obedecer a Deus do que aos homens.*
ATOS 5:29

## 31 DE OUTUBRO

# Sentindo-se párias

**MULHERES COM LEPRA**
**LEVÍTICO 13:45,46**

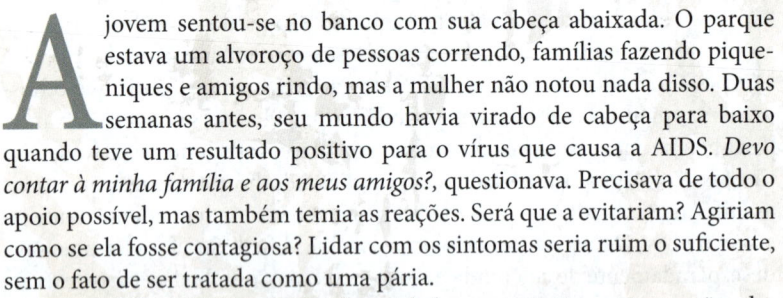

A jovem sentou-se no banco com sua cabeça abaixada. O parque estava um alvoroço de pessoas correndo, famílias fazendo piqueniques e amigos rindo, mas a mulher não notou nada disso. Duas semanas antes, seu mundo havia virado de cabeça para baixo quando teve um resultado positivo para o vírus que causa a AIDS. *Devo contar à minha família e aos meus amigos?*, questionava. Precisava de todo o apoio possível, mas também temia as reações. Será que a evitariam? Agiriam como se ela fosse contagiosa? Lidar com os sintomas seria ruim o suficiente, sem o fato de ser tratada como uma pária.

Nos dias da Bíblia, um diagnóstico de lepra atemorizava os corações das pessoas. Os leprosos sabiam que se tornariam párias. Na Bíblia, a lepra se refere a um número de doenças sérias de pele. Como algumas delas eram extremamente contagiosas, pessoas que exibiam tais sintomas tinham que ser isoladas do resto da população. Leprosos tinham que alertar qualquer pessoa que se aproximasse deles exclamando: "Impuro! Impuro!" Mulheres com lepra enfrentavam um futuro austero — conheceriam a angústia de serem separadas da família e amigos conforme a doença lentamente destruía seus corpos.

Desde que o pecado entrou no mundo no Jardim do Éden, todas nós nascemos párias. Nossa natureza pecaminosa inata, nos separa do Deus que nos criou para que tivéssemos um relacionamento íntimo com Ele. A morte de Jesus em nosso favor nos libertou do terrível diagnóstico e do futuro sombrio que Satanás planejou para nós. Quando aceitamos o dom de Deus da salvação, nada jamais pode nos tornar párias aos Seus olhos novamente. Nos dias da Bíblia, somente o sacerdote tinha autoridade para declarar a cura de uma pessoa, ou sua pureza. Da mesma forma, somente Deus tem a autoridade para declarar que alguém está purificado do pecado. Depois que Ele o faz, mesmo que o mundo nos trate como párias, nada jamais nos separará de Seu amor.

*...nem a morte, nem a vida, nem os anjos, nem os principados, nem as coisas do presente, nem do porvir, nem os poderes, nem a altura, nem a profundidade, nem qualquer outra criatura poderá separar-nos do amor de Deus...* ROMANOS 8:38

1.º DE NOVEMBRO

# Hora de festejar

**FESTAS ISRAELITAS**
**LEVÍTICO 23**

Lancei-me em uma cadeira na cozinha, com uma pilha de contas a pagar, uma lista crescente de coisas a fazer e a cabeça com um turbilhão de preocupações. Ao olhar distraidamente através da grande janela, algo chamou minha atenção. Uma pequena cambaxirra estava brincando na bica cheia de água. Dançando por todos os lados e balançando as asas, o pássaro parecia estar se divertindo como nunca, desfrutando dos raios de sol, que eu não havia percebido. Eu sorri, mas uma pontada de culpa me atravessou — aquela pequena ave estava usufruindo mais a vida do que eu ultimamente.

Este capítulo de Levítico resume as festas anuais que Deus planejou para os israelitas. Ainda que estas observâncias incluíssem tempos solenes de introspecção, em sua maioria eram ocasiões de exultação pela provisão e bondade de Deus. Gosto de imaginar como as mulheres se sentiam com as celebrações que compunham o calendário de sua nação. Estas pausas das obrigações de suas tarefas diárias lhes relembravam de que o Deus que adoravam queria que tivessem vidas repletas de alegria.

Usufruímos de certas comodidades com as quais as israelitas nem sonhavam, mas nossa vida é abarrotada de responsabilidades e distrações que podem roubar a alegria, se as deixarmos fazê-lo. Além de cuidarmos de nós mesmas, nossas famílias e nossos empregos, precisamos agendar momentos para celebrar as coisas boas da vida. Isso pode parecer autoindulgente, mas Deus nos pediu para agir de tal forma, contanto que mantenhamos um equilíbrio saudável.

Algumas pessoas agem como se fosse mais espiritual ser solene e melancólico o tempo todo, mas Deus ama ouvir Seus filhos gargalharem. Ele quer que tenhamos momentos de autoexame quando sofremos perdas ou nos entristecemos por nossa pecaminosidade, mas Ele também nos encoraja a expressar alegria. Quando refletimos sobre o quanto Deus nos ama, sempre temos motivo para celebrar.

*Tudo tem o seu tempo determinado,*
*e há tempo para todo propósito debaixo do céu.*
ECLESIASTES 3:1

2 DE NOVEMBRO

# *Jornada até a sabedoria*

RAINHA DE SABÁ
1 REIS 10:1-9

A rainha de Sabá tinha fome de sabedoria. Ela provavelmente ouviu dizer que Salomão era o homem mais sábio que existia. E provavelmente também ouviu dizer que este rei atribuía sua imensa sabedoria e riquezas a seu Deus, *Yahweh*. Ainda que fosse uma jornada longa e árdua, a rainha se determinou a verificar por si mesma se esses relatos eram verdadeiros. Durante as muitas semanas que esteve montada em um camelo, talvez a rainha de Sabá tenha preparado mentalmente as perguntas que faria ao rei Salomão. Sua sabedoria poderia ser tão grande como se dizia, ou as informações eram exageradas? Ela poderia ter esperado, mas em vez disso acreditou que se decepcionaria. De qualquer forma, ela descobriria.

Ao chegar em Jerusalém, a rainha abriu mão de conhecer o magnificente Templo e o palácio até que satisfizesse sua curiosidade a respeito de Salomão. Que conversa eles teriam tido! A rainha fez todas as perguntas que estavam em sua mente e Salomão respondeu a todas. Para sua surpresa, ela descobriu que nada era difícil demais para ele explicar. A rainha de Sabá percebeu que os relatos sobre Salomão haviam minimizado sua sabedoria em vez de exagerar sobre ela.

Séculos após essa notável visita, Jesus elogiou a rainha de Sabá por sua disposição em viajar para tão longe a fim de conhecer a sabedoria de Salomão (MATEUS 12:42). Ele a comparou aos fariseus e a outros judeus que, mesmo Ele estando ali com eles, se recusavam a ouvi-lo. Com muita frequência, saímos em busca de sabedoria em alguma outra fonte e não em Deus, ainda que tenhamos acesso à Sua Palavra escrita. O Senhor deseja que compartilhemos com Ele todos os nossos questionamentos e, então, em espírito de oração estudemos Sua Palavra para adquirir entendimento e discernimento. Podemos não encontrar imediatamente todas as respostas que queremos, mas a busca nos levará à sabedoria de que precisamos.

*Se, porém, algum de vós necessita de sabedoria, peça-a a Deus, que a todos dá liberalmente e nada lhes impropera; e ser-lhe-á concedida.* TIAGO 1:5

3 DE NOVEMBRO

# A maior oferta

**RAINHA DE SABÁ**
**1 REIS 10:10-13**

Patsy olhou para o enorme arranjo floral no vaso de cristal. *Eu facilmente trocaria isso por uma ligação de cinco minutos.* Todo o aniversário e a maioria dos feriados eram a mesma coisa — ela podia esperar flores, uma cesta de frutas e talvez um vale presente de uma loja cara, mas nenhum contato pessoal. Não era porque sua filha não podia gastar com uma passagem para lhe fazer uma visita; ela obviamente não queria se dar ao trabalho de fazê-lo. *Eu preferiria receber um pouco de atenção a ser banhada de presentes caros dos quais realmente não preciso*, Patsy pensou.

Ainda que a rainha de Sabá tenha visto que Salomão era o homem mais rico de sua época, ela o banhou de presentes de suas próprias reservas, incluindo quatro toneladas de ouro, enormes quantidades de especiarias e joias preciosas. A rainha seguiu o costume habitual ao oferecer tributos ao monarca de outro país; também quis honrar Salomão pela sabedoria que ele havia compartilhado com ela. O rei Salomão também concedeu preciosos presentes à sua convidada real e deu-lhe tudo o que ela pediu.

Muitas de nós desejam ter condições de gastar com presentes mais caros para as pessoas que amamos, mas a etiqueta de preço não é o mais importante. Um presente de aniversário caro não significa muito para uma esposa a quem o marido não demonstra afeição no restante do ano. Brinquedos elaborados não farão uma criança se sentir amada se seus pais não investirem tempo com ela. Gestos carinhosos e atos de bondade permanecem em nossa memória por muito tempo depois que as flores murcham, os cheques são descontados e o dinheiro gasto.

Semelhantemente, Deus está mais interessado em nossas atitudes do que na quantidade de nossas ofertas. Dar uma grande quantidade de dinheiro à Sua obra não significa nada se não investirmos tempo com Ele. Nós honramos o Senhor ao obedecer à Sua Palavra e ao servir os outros em amor. Não impressionaremos Deus com riqueza material, mas podemos cobri-lo com expressões de amor.

> *Pois misericórdia quero, e não sacrifício,*
> *e o conhecimento de Deus, mais do que holocaustos.*
> OSEIAS 6:6

4 DE NOVEMBRO

# O que ela encontrou?

**RAINHA DE SABÁ**
**1 REIS 10:8,9**

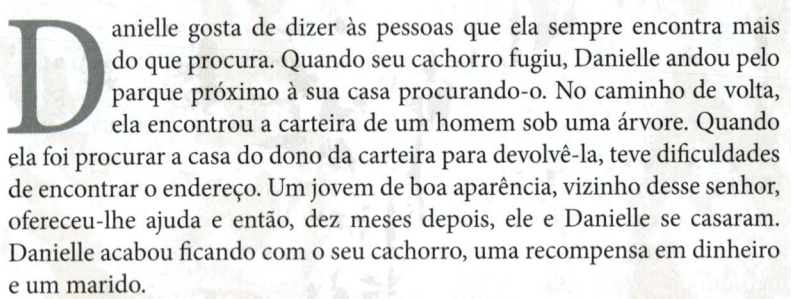

Danielle gosta de dizer às pessoas que ela sempre encontra mais do que procura. Quando seu cachorro fugiu, Danielle andou pelo parque próximo à sua casa procurando-o. No caminho de volta, ela encontrou a carteira de um homem sob uma árvore. Quando ela foi procurar a casa do dono da carteira para devolvê-la, teve dificuldades de encontrar o endereço. Um jovem de boa aparência, vizinho desse senhor, ofereceu-lhe ajuda e então, dez meses depois, ele e Danielle se casaram. Danielle acabou ficando com o seu cachorro, uma recompensa em dinheiro e um marido.

Será que a rainha de Sabá encontrou mais do que fora procurar? Ela retornou a seu país com sua missão concluída com sucesso. Havia visto o famoso rei Salomão com seus próprios olhos e descobriu que sua riqueza e sabedoria iam muito além dos relatos que ouvira. Durante sua visita, os dois também estabeleceram acordos de comércio entre seus países.

Mas será que a rainha foi para casa com algo mais valioso do que as riquezas que seus camelos carregavam e a satisfação de ter suas perguntas respondidas? Será que as conversas profundas com Salomão abriram seus olhos para a fonte da sabedoria deste homem? Na longa viagem de volta, será que a rainha meditou sobre Aquele que é o verdadeiro Deus do céu?

Muitas tradições e lendas enfatizam a visita da rainha de Sabá a Salomão, mas a Bíblia não nos dá muitos detalhes. Se a rainha retornou para casa somente com riqueza material e conhecimento intelectual, sua viagem foi um fracasso miserável. Da mesma forma, a jornada de nossa vida não é bem-sucedida se buscamos somente as riquezas e a sabedoria deste mundo. Ao final de nossa vida, a consideração mais importante será se tivemos ou não um relacionamento com Deus por meio de Jesus Cristo. Talvez a rainha de Sabá possa ter passado a crer em Deus. Se sim, ela encontrou muito mais do que estava procurando durante sua famosa visita.

*Que aproveita ao homem ganhar*
*o mundo inteiro e perder a sua alma?*
MARCOS 8:36

5 DE NOVEMBRO

## Indo além

**REBECA**
**GÊNESIS 24:1-27**

A jovem mãe solteira ouvia sua filha de sete anos tagarelar sobre seu dia. Como poderia ser a mesma criança mal-humorada daquela manhã? Darla compreendeu o desapontamento de Abigail, pois ela também estava chateada por perder o almoço especial para pais e filhos na escola. Mas como estava começando seu novo trabalho somente há alguns dias, ela não podia pedir dispensa àquela hora da tarde. Agora, Darla gostaria de poder abraçar a senhora que foi à escola com três pacotes de lanches; dois para ela e sua filha, e um extra para Abby.

Rebeca também foi além do que era esperado dela. Era costume que as mulheres retirassem água de um poço para oferecer a um viajante, mas Rebeca também ofereceu água aos camelos de Eliezer (GÊNESIS 24:19). Ela não tinha ideia de que acabara de agir conforme o sinal que Eliezer havia pedido de Deus em sua busca pela noiva de Isaque. Já era difícil retirar água para dez camelos sedentos, mas Rebeca agradou-se em servir alguém que precisava. Seu espírito bom e generoso lhe concedeu o privilégio de ser a avó de doze homens que se tornariam a nação de Israel.

Muitas pessoas se concentram em se livrar de um trabalho fazendo o mínimo necessário. Até mesmo aqueles que trabalham pesado geralmente perguntam: "O que eu ganho com isso?" Como é revigorante descobrirmos que alguém vai além do mínimo para realizar um serviço com excelência. Até mesmo quando seus esforços não são reconhecidos pelo mundo, Deus os vê. Esse tipo de coração de servo é exatamente aquele que o Senhor usa em Sua obra. Nunca saberemos que tipo de recompensa Deus tem reservado para nós quando vamos além do esperado para servir outros — não porque devemos, mas simplesmente porque assim o desejamos.

> *...tal como o Filho do Homem, que não veio para ser servido, mas para servir e dar a sua vida em resgate por muitos.* MATEUS 20:28

**6 DE NOVEMBRO**

# Momento decisivo

**REBECA**
**GÊNESIS 24:50-61**

Abraão e seu servo haviam orado pedindo a orientação de Deus para encontrar uma esposa para Isaque e o Senhor obviamente guiou o servo até Rebeca — a mulher escolhida. Labão, irmão de Sara, havia aprovado e tinha autoridade para negociar o contrato de casamento. Contudo, o plano não estava completo até que Rebeca respondesse à pergunta feita por sua família: "…queres ir com este homem?"

Este foi um momento decisivo na vida de Rebeca — uma decisão que determinaria seu futuro. Será que estava disposta a ir com este estranho a um país que nunca havia visto, para se casar com um homem de quem apenas ouvira falar? Será que parou para pensar que se fosse embora, provavelmente nunca mais veria seus parentes novamente? Rebeca não teve tempo para ponderar sua decisão, mas ela parecia não precisar disso. Apesar de não saber o que a esperava pela frente, Rebeca deve ter crido que esta oferta inesperada revelava o propósito de Deus para sua vida.

Cada uma de nós enfrenta uma escolha similar. Deus providenciou tudo para que nos tornássemos Suas filhas. Ele nos criou e enviou um Salvador para pagar o preço pelos nossos pecados de modo que sejamos livres de nossa velha natureza. Ainda que Ele tenha o direito de controlar nossa vida, Ele deixa a escolha para nós no momento em que Seu Espírito faz a seguinte pergunta: "Queres ir com este Homem?"

Nossa decisão determinará nosso futuro por toda a eternidade. Estamos dispostas a deixar para trás o mundo que conhecemos e nos aventurarmos em território desconhecido? Daremos um passo de fé e seguiremos a liderança de um Homem que nunca vimos? Nenhuma de nós sabe quanto tempo restante temos para ponderar nossa resposta, mas quando entendermos o quanto Deus nos ama, responderemos firmemente, como Rebeca o fez: "Sim, irei."

*Você irá aonde Jesus Cristo a guiar hoje?*

7 DE NOVEMBRO

## *Jogo de favoritismo*

**REBECA**
**GÊNESIS 25:19-28**

Maria olhou o cartão de aniversário colocado sobre a lareira de sua mãe. *Nenhuma supresa até aqui*, ela pensou. O cartão de Maria para sua mãe estava jogado na pilha de correspondências na mesa, enquanto que o cartão de seu irmão estava exposto com orgulho. As memórias de infância repentinamente voltaram como enxurrada — Maria sendo escarnecida por todo um grupo devido a seu antigo saxofone, enquanto seu irmão tinha um trompete novinho em folha; a decepção de Maria ao ouvir que sua família não podia pagar aulas de dança, ainda que tenha havido uma forma de pagar as aulas de *tae kwon do* de seu irmão; Maria atuando em uma peça de teatro enquanto seus pais torciam por seu irmão em um de seus muitos jogos de basquete. *Nada mudou*, Maria pensou. *Mamãe nem mesmo tenta esconder seu favoritismo.*

A família de Rebeca e Isaque ilustra os problemas e conflitos que surgem quando os pais são parciais com um dos filhos. Isaque preferia o robusto Esaú, homem do campo, enquanto Rebeca favorecia o quieto e caseiro Jacó. Não sabemos o quanto da preferência de Rebeca por Jacó era fundamentada em seu temperamento e o quanto era fundamentada na profecia de Deus antes do nascimento dos gêmeos dizendo que o mais velho serviria o mais novo.

Depois de 20 anos sem poder conceber, Rebeca deve ter se alegrado quando descobriu que estava grávida de gêmeos. A promessa divina de que seus filhos se tornariam duas grandes nações a emocionou e ela provavelmente nunca esqueceu Sua afirmação de que o filho mais novo se tornaria a nação mais forte. Seu amor ciumento por Jacó dominou seu afeto materno por Esaú.

Felizmente, Deus não joga o jogo do favoritismo com Seus filhos, ainda que, para nós, algumas vezes, possa parecer que sim. O favoritismo não faz parte de Seu caráter. Todo cristão recebeu dons espirituais e o poder do Espírito Santo para realizar grandes coisas para o Reino de Deus. Ainda que Ele planeje oferecer papéis diferentes para cada uma de nós, o Senhor deseja o mesmo para todas as pessoas — um relacionamento íntimo com Ele.

*Porque para com Deus não há acepção de pessoas.*
ROMANOS 2:11

## 8 DE NOVEMBRO

## Ensinando a enganar

**REBECA**
**GÊNESIS 27:1-29**

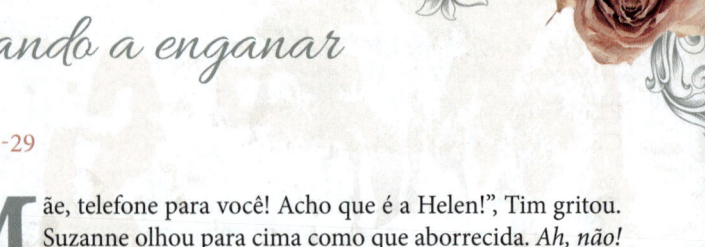

"Mãe, telefone para você! Acho que é a Helen!", Tim gritou. Suzanne olhou para cima como que aborrecida. *Ah, não! De novo não!* Helen era uma velha amiga, mas Suzanne temia suas ligações telefônicas. Elas geralmente aconteciam perto da hora do jantar e se arrastavam por muito tempo. Era difícil terminar a conversa de modo educado.

— Diga a ela que eu acabei de sair para ir ao mercado, Suzanne sussurrou.
— Mas, mãe...
— Faça e pronto!, Suzanne falou rispidamente. *É melhor assim, ela garantiu a si mesma. Pelo menos não vou precisar ser rude com ela.*

Suzanne não percebeu, mas ela estava treinando seu filho para mentir. Em Gênesis 27, vemos outra mãe ensinando, muito deliberadamente, seu filho a enganar. Deus já havia declarado que Jacó seria o líder da família em lugar de seu irmão mais velho, mas Rebeca decidiu ajudar Jacó a receber a bênção que Isaque acabara de prometer a Esaú. Usando as roupas de Esaú e cobrindo os lisos braços de Jacó com pele de cabritos, ela instruiu este filho a enganar seu pai, Isaque, fazendo-o pensar que falava com Esaú. Focada apenas em seu objetivo, Rebeca ignorou as possíveis consequências de suas ações ao executar o plano deste antigo caso de roubo de identidade.

Poucas de nós jamais delinearão um plano tão detalhado para enganar alguém, mas se examinarmos nosso comportamento, podemos encontrar hábitos sutis de engano — pequenas "mentiras justificadas" para evitar alguém que não queremos ver, ou criar desculpas para nos livrarmos de alguma atividade para qual não temos tempo. Podemos até camuflar os fatos apenas para melhorar nossa imagem. Estas coisas não parecem tão ruins até que nos lembremos de que outros estão observando nossas atitudes. Mais importante, Deus nos vê. Ele deseja que sejamos honestas e verdadeiras o tempo todo — e peles de cabrito não o enganam.

*Eis que te comprazes na verdade no íntimo...*
SALMO 51:6

9 DE NOVEMBRO

## Fiz do meu jeito

**REBECA**
**GÊNESIS 27:41–28:5**

Será que Rebeca se sentiu culpada por enganar o marido com quem havia vivido por tantos anos? Estaria envergonhada de se aproveitar da idade avançada e visão debilitada de Isaque? Ou justificou sua tática como meio para justificar um fim? Será que ela realmente acreditava que estava ajudando Deus a executar Seu plano no qual Jacó seria superior a seu irmão mais velho?

Quaisquer que fossem os sentimentos ou as intenções de Rebeca, ela conseguiu o que queria. Isaque concedeu a Jacó a bênção geralmente reservada ao primogênito. Rebeca "venceu" no sentido de que seu plano havia funcionado, mas em pouco tempo ela descobriria o quanto havia perdido. Quando Esaú ameaçou matar Jacó, ela precisou enviar Jacó para longe e esperar até que a ira enciumada de Esaú esfriasse.

Enquanto assistia ao seu filho favorito sair de casa, provavelmente com lágrimas aguilhoando seus olhos, teria ela pensado se algum dia o veria de novo? Quando Jacó retornou, 20 anos depois, Rebeca estava enterrada ao lado de sua sogra, Sara, que também sofreu por tentar resolver certa questão com suas próprias mãos em vez de esperar que Deus executasse Seu plano a Seu modo.

As pessoas hoje, não são nada diferentes daquilo que eram nos dias do Antigo Testamento. Como Rebeca, nós ainda lutamos com o desejo de fazer as coisas do nosso jeito, mesmo quando se trata da obra de Deus. Quando estamos envolvidas em um problema, tendemos a nos esquecer de buscar a vontade de Deus para a situação e a resolvê-la de qualquer forma que nos seja possível.

Deus não é diferente hoje daquilo que era na época de Rebeca. Suas intenções e Seus propósitos permanecem, com ou sem nossa cooperação e, geralmente, independentemente de nossa interferência. Mesmo quando parece que os planos de Deus precisam de nossa ajuda, é melhor nos concentrarmos em Sua vontade, não em nossas ideias sobre como as coisas precisam ser feitas. Nós vencemos somente quando as coisas são do jeito de Deus.

*O conselho do Senhor dura para sempre;*
*os desígnios do seu coração, por todas as gerações.*
SALMO 33:11

10 DE NOVEMBRO

# Permanecendo firme

## MULHERES PERSEGUIDAS
## 2 TESSALONICENSES 1:3-8

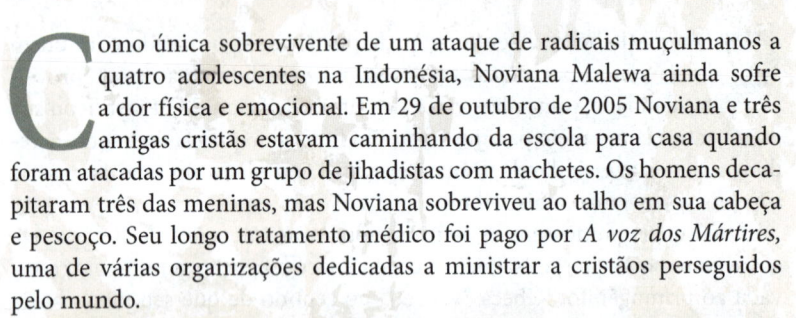

Como única sobrevivente de um ataque de radicais muçulmanos a quatro adolescentes na Indonésia, Noviana Malewa ainda sofre a dor física e emocional. Em 29 de outubro de 2005 Noviana e três amigas cristãs estavam caminhando da escola para casa quando foram atacadas por um grupo de jihadistas com machetes. Os homens decapitaram três das meninas, mas Noviana sobreviveu ao talho em sua cabeça e pescoço. Seu longo tratamento médico foi pago por *A voz dos Mártires*, uma de várias organizações dedicadas a ministrar a cristãos perseguidos pelo mundo.

As mulheres na igreja de Tessalônica também vivenciaram perseguição devido a suas crenças cristãs. Após aceitar o evangelho por meio da pregação do apóstolo Paulo, estas primeiras cristãs enfrentaram severa hostilidade por parte dos judeus e dos gentios. A Bíblia as elogia por sua reação. Em lugar de fugir da situação, elas aceitaram o sofrimento como algo que Deus havia permitido para o Seu propósito e glória. Elas decidiram conscientemente suportar a perseguição por meio da força de Deus. Em meio ao sofrimento, a fé floresceu e o amor delas umas pelas outras cresceu.

Quando enfrentamos hostilidade devido a nossas crenças cristãs, nosso impulso pode ser de evitá-la a todo custo. Podemos ser tentadas a atacar com ira a injustiça de nossa situação. Ainda que queiramos que todos gostem de nós, como seguidoras de Cristo podemos esperar sermos mal compreendidas, ridicularizadas, criticadas, discriminadas e até mesmo odiadas. Sempre que nos posicionamos por Ele, enfrentamos a possibilidade de perseguição em algum grau. A Bíblia nos alerta que isto ficará pior conforme nos aproximarmos do fim dos tempos. Deus promete nos dar a força de que precisamos para suportarmos. Enquanto isso, podemos esperar pelo dia em que Deus distribuirá justiça e acabará com toda perseguição a Seus filhos.

*Ora, todos quantos querem viver piedosamente em Cristo Jesus serão perseguidos.* 2 TIMÓTEO 3:12

## 11 DE NOVEMBRO

# Colocando-se na brecha

### MULHERES QUE INTERCEDEM POR OUTROS

Duas das mulheres mais admiráveis no Antigo Testamento intercederam por outros. Abigail interviu quando Nabal, seu marido, embriagado insultou Davi e seus guerreiros, após eles generosamente protegerem seu rebanho. Sabendo que Davi se vingaria por essa ofensa, Abigail foi encontrá-lo. Os alimentos que ela levou como presente e suas palavras suaves persuadiram Davi a abandonar sua ira. As sábias ações de Abigail salvou a vida de muitos e impediu que o futuro rei de Israel derramasse sangue desnecessariamente.

Quando um dos conselheiros do rei persa o convenceu a estabelecer uma data para o extermínio dos judeus em seu reino, a rainha Ester arriscou sua vida para interceder por seu povo. Ester esperou pacientemente pelo tempo de Deus para pleitear sua causa. Neste período, Deus orquestrou circunstâncias para flexibilizar o rei Xerxes e torná-lo favorável ao pedido de Ester. A coragem de Ester e sua dependência de Deus salvaram o povo judeu e destruíram o homem que tentou aniquilá-los.

Cristãos têm o grande privilégio e a responsabilidade de interceder uns pelos outros diante do trono de Deus. Ainda que sejamos abençoadas com a possibilidade de abordar o Senhor diretamente, Tiago 5:16 deixa claro que nós algumas vezes precisamos confessar nosso pecado a um companheiro cristão e pedir a essa pessoa que ore por nós. Podemos também pedir oração por outros, por suas necessidades materiais, seus problemas de relacionamento, cura ou crescimento espiritual. Além disso, temos o privilégio de orar por cristãos perseguidos no mundo.

Em nosso ministério de oração intercessória, é encorajador lembrar que Jesus faz o mesmo por nós. Ainda que estejamos libertas da condenação do pecado pelo fato de confiarmos na morte e ressurreição de Cristo, Satanás ainda é nosso acusador. Jesus é Aquele que ouve nossa oração intercessória por outros e também intercede por nós.

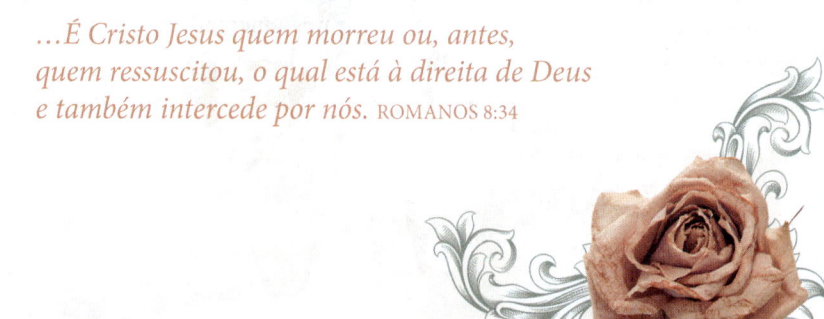

> *...É Cristo Jesus quem morreu ou, antes, quem ressuscitou, o qual está à direita de Deus e também intercede por nós.* ROMANOS 8:34

12 DE NOVEMBRO

# Lidando com o ressentimento

MARTA
LUCAS 10:38-40

Rute deitou-se na cama, olhando para o teto e ouvindo o ronco de seu marido. *Ah, que ótimo!*, pensou. *Já não é suficiente ele acabar com o meu dia, precisa acabar com a minha noite também!* Primeiro, ele se esquecera de comprar leite quando voltou do escritório para casa. Depois passara o resto da noite assistindo ao jogo de futebol com seu irmão quando sabia muito bem que Rute precisava de sua ajuda para pintar o quarto vago. Seus músculos se contraiam simplesmente em pensar no marido — e ele ainda estranhou quando ela não lhe disse boa noite.

Quando Jesus e Seus discípulos visitaram a casa de Marta, não sabemos o que ela estava cozinhando, mas sabemos que ela começou o guisado. Como uma anfitriã meticulosa, Marta queria que tudo estivesse perfeito para seus convidados. Não se importava em estar no comando, mas sua irmã iria simplesmente ficar sentada ali e deixar toda a preparação do jantar com ela? Não era justo. Todos estavam vendo como Marta estava ocupada. Por que Jesus não dizia algo a Maria para que ela a ajudasse? Minutos se arrastaram, a irritação de Marta cresceu até que decidiu dizer algo.

No momento em que Marta se pronunciou, seu ressentimento já havia crescido a ponto de não considerar os sentimentos de Maria quando a repreendeu na frente de todos. Em nosso desejo de agradar, geralmente reprimimos nossos sentimentos relacionados a situações que consideramos injustas. Conforme nosso ressentimento cresce e se transforma em ira, ele pode irromper em acessos repentinos de raiva, ou podemos introjetá-lo e nos deprimirmos. É mais saudável expressar nossos sentimentos com outros quando podemos fazê-lo equilibradamente. Deus também deseja que falemos com Ele abertamente sobre nossas frustrações. Ele não quer que reprimamos ou ignoremos sentimentos desagradáveis, e se dispõe a nos ajudar a lidar com eles. Deus sabe que se continuarmos aquecendo nossos sentimentos, eles ferverão até transbordar.

*Irai-vos e não pequeis; não se ponha o sol sobre a vossa ira.*
EFÉSIOS 4:26

## 13 DE NOVEMBRO

## Focada nos detalhes

**MARTA**
LUCAS 10:41,42

Donna caiu exausta na cama. *Que semana!*, queixou-se. Ensaios com sua turma da terceira série para a programação especial, reuniões de pais e professores depois da aula e projetos da feira de ciências dos gêmeos a quem ela estava ajudando — além de sua correria cotidiana. Se amanhã trabalhasse o dia todo conseguiria terminar os preparativos para a festa de aniversário de casamento de seus sogros no domingo. Conforme se apagava no sono, Donna teve a vaga sensação de que havia esquecido algo.

Marta estava focada em servir uma maravilhosa refeição para Jesus, mas não tinha ideia de que havia esquecido o ingrediente principal. Ao pedir a Jesus que fizesse Maria ajudá-la com o trabalho, Marta nunca poderia sonhar ser a pessoa errada nesta situação. Jesus gentilmente admoestou Marta por estar tão apreensiva com todos os detalhes do jantar. Ele disse que Maria havia escolhido a coisa mais importante — ouvi-lo. As palavras de Jesus devem ter ido diretamente ao coração de Marta quando ela percebeu que havia deixado seu serviço impedi-la de simplesmente amar Jesus.

Na contemporaneidade, temos mais facilidades do que Marta tinha, mas ainda estamos ocupadas. À medida que os papéis das mulheres se expandiram, expandiu-se também nosso nível de estresse. É fácil nos envolvermos tanto nos detalhes do cuidado com nossas casas, nossas famílias ou com o avanço de nossas carreiras que chegamos a deixar Deus fora de nossa vida. O trabalho que estamos fazendo pode satisfazer as necessidades de outros, mas pagamos um preço alto quando negligenciamos nosso bem-estar espiritual. Algumas vezes parece ser suficiente dedicarmos alguns minutos à oração ou a leitura bíblica, mas a afirmação de Jesus ainda é verdadeira hoje. Talvez precisemos abrir mão de alguns detalhes, mas encontraremos plenitude somente quando nosso foco for a única coisa que realmente importa.

*[Jesus disse:] Entretanto, pouco é necessário ou mesmo uma só coisa...*
LUCAS 10:42

**14 DE NOVEMBRO**

# Prestando atenção

**MARIA DE BETÂNIA**
**LUCAS 10:38-42**

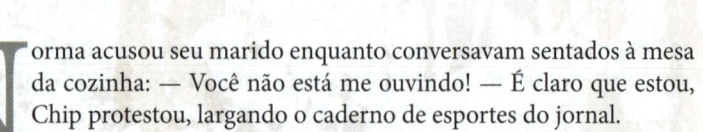

Norma acusou seu marido enquanto conversavam sentados à mesa da cozinha: — Você não está me ouvindo! — É claro que estou, Chip protestou, largando o caderno de esportes do jornal.

Norma continuou a contar seus planos para o dia seguinte, mas percebeu que os olhos do marido já haviam deslizado novamente na direção do jornal.

— Então, pensei em comprar uma peça de roupa de couro preta e cruzar o país com alguém em uma moto e depois participar do circo. Você acha uma boa ideia?

— Acho ótimo, Chip resmungou.

Maria de Betânia sabia ouvir melhor que o marido de Norma. Ela sentou no chão, olhando para o rosto de Jesus e ouvindo-o falar. Como Maria deve ter amado estas agradáveis visitas em que ela e seus irmãos tinham Jesus em sua casa, distante das ruidosas multidões. As palavras de do Mestre mexiam com a pessoa dela e permaneciam em sua mente e em seu coração muito tempo depois do fim da conversa. Sempre que Maria se encharcava com cada uma das palavras de Jesus, não ouvia nada além da voz do Mestre. A repentina explosão de raiva de Marta, provavelmente, encheu Maria de culpa por não ter ajudado e de vergonha por ser exposta diante de seus convidados. Mas estes sentimentos rapidamente se dissiparam quando Jesus a defendeu dizendo que ela havia escolhido a coisa mais importante.

Infelizmente, nem sempre damos nossa total atenção a Deus. Quantas vezes planejamos mentalmente as atividades do dia ou as refeições durante o culto de domingo de manhã? Quantas de nós não lutamos com pensamentos sobre listas de coisas a fazer durante nosso momento diário de oração? É difícil dar a Deus nossa atenção exclusiva quando tantas preocupações bombardeiam nossa mente. Mas nada é mais importante para nosso crescimento espiritual do que desenvolver a disciplina de desligar-se do mundo e adorar a Deus com integral devoção. Desta forma escolheremos a coisa mais importante, como Maria o fez.

*…Maria, pois, escolheu a boa parte,*
*e esta não lhe será tirada.*
LUCAS 10:42

### 15 DE NOVEMBRO

## Todos são importantes

**MARTA E MARIA**
**1 CORÍNTIOS 12:12-21**

Enquanto Alison dirigia até sua casa, não via a hora de ligar para Kelli. O seminário sobre personalidades a ajudou a enxergar sua irmã sob nova perspectiva. Alison imediatamente identificou-se como uma colérica, líder nata, que estava sempre no comando, sempre conquistando algo. Ela também reconheceu Kelli, como uma introvertida analítica e quieta, na discussão sobre a personalidade melancólica. *Todos estes anos tenho criticado o que acreditava ser fraqueza — simplesmente porque ela não é como eu,* Alison pensou. *Devo desculpas à minha irmã por anos de crítica.*

Marta e Maria também vivenciaram conflitos devido a diferenças de personalidade. Marta tinha uma personalidade ativa, sempre ocupada e inquieta por causa dos detalhes. Maria era mais calma e contemplativa. Quando Jesus as visitou, Marta imergiu nas preparações para atender seu hóspede da melhor maneira possível. Maria concentrou sua total atenção no Mestre, bebendo de Suas palavras e otimizando a oportunidade de aprender com Ele. Ainda que as duas irmãs abordassem de modos diferentes a demonstração de sua devoção a Jesus, ambas o amavam profundamente. Jesus amava e estimava ambas as mulheres. Ele foi muito gentil ao repreender Marta quando ela transformou seu dom de serviço prático em um exagero, e isso o tornou em uma fraqueza em vez de um ponto forte.

O amor de Deus pela variedade pode ser visto em Sua criação, na vasta exibição de animais e flores, e no fato de que não há um floco de neve igual ao outro. Ele também concedeu a cada uma de nós uma personalidade exclusiva. Todas temos diferentes combinações de talentos, habilidades, traços de personalidade e dons espirituais. Ainda que estas diferenças algumas vezes causem conflitos entre os cristãos, Deus planejou essa diversidade para que dependêssemos uns dos outros e nos acrescentássemos mutuamente. Quando nos lembrarmos de que todas nós servimos ao Senhor Jesus, valorizaremos o modo como a personalidade de outros complementa a nossa, em lugar de tentar mudar as pessoas.

*…tendo, porém, diferentes dons segundo a graça que nos foi dada…*
ROMANOS 12:6

**16 DE NOVEMBRO**

# Administrando o tempo

**A MULHER IDEAL**
**PROVÉRBIOS 31:10-27**

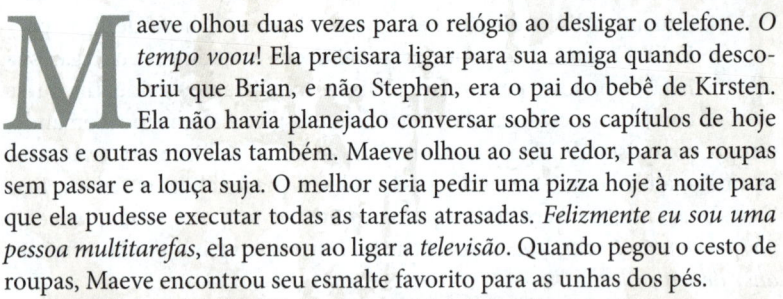

Maeve olhou duas vezes para o relógio ao desligar o telefone. *O tempo voou*! Ela precisara ligar para sua amiga quando descobriu que Brian, e não Stephen, era o pai do bebê de Kirsten. Ela não havia planejado conversar sobre os capítulos de hoje dessas e outras novelas também. Maeve olhou ao seu redor, para as roupas sem passar e a louça suja. O melhor seria pedir uma pizza hoje à noite para que ela pudesse executar todas as tarefas atrasadas. *Felizmente eu sou uma pessoa multitarefas*, ela pensou ao ligar a *televisão*. Quando pegou o cesto de roupas, Maeve encontrou seu esmalte favorito para as unhas dos pés.

A mulher ideal descrita em Provérbios 31 está no extremo oposto a Maeve. Ela trabalha desde o amanhecer até tarde da noite e suas realizações são extraordinárias. Não apenas supre as necessidades de sua família e conduz empreendimentos comercias proveitosos, mas esta "supermulher" também serve os necessitados em sua comunidade. Suas mãos estão sempre ocupadas, seja em casa ou no mundo de negócios. Fico cansada simplesmente ao ler sobre ela!

A maioria de nós fica em algum ponto entre Maeve e a mulher em Provérbios 31, e a maioria está buscando aperfeiçoamento. Seminários sobre como administrar o tempo prometem nos ajudar a realizar mais todos os dias. Lojas estão cheias de agendas e dispositivos eletrônicos, além de livros sobre o assunto. Algumas vezes exatamente aquilo que projetamos para poupar nosso tempo, tal como computadores, também nos encorajam a desperdiçá-lo.

Deus nos responsabiliza pela maneira como gastamos o tempo limitado que temos na Terra. O uso mais sábio de nosso tempo é executar o importante trabalho que Deus planejou para cada uma de nós. Se o deixarmos guiar nossas atividades diárias, faremos diferença na vida de outras pessoas — e nos assemelharemos mais à mulher descrita em Provérbios 31 do que a Maeve.

*É necessário que façamos*
*as obras daquele que me enviou,*
*enquanto é dia...* JOÃO 9:4

**17 DE NOVEMBRO**

# Alguém que planeja com sabedoria

**A MULHER IDEAL
PROVÉRBIOS 31:15**

A mulher em Provérbios 31 descobriu dois aspectos essenciais para aproveitar seu tempo ao máximo: planejamento e delegação. Apesar de levantar cedo para fazer o café da manhã, ela se permite investir tempo extra pela manhã no planejamento de suas atividades do dia. Em lugar de começar o dia agitada, ela programa um momento de quietude para refletir em oração sobre si mesma e sobre as necessidades de sua família e para estabelecer as prioridades do dia. Após determinar o que precisa ser feito, ela delega algumas tarefas a outras servas.

Muitas mulheres acreditam que acordar cedo e planejar o dia as ajuda a realizar muito mais. Se começarmos o dia em um ritmo agitado, ao fim dele poderemos nos sentir exaustas e nos perguntarmos por que não fizemos mais. Algumas vezes ficamos esgotadas porque tentamos fazer tudo sozinhas. Talvez precisemos praticar o delegar tarefas aos membros da família. Mesmo que não possamos contratar ajuda, todas nós temos certos "servos" em nossas casas — máquinas de lavar e secar roupas, máquinas de lavar louças e de fazer pão, panelas de pressão, processadores de alimentos e outros utensílios convenientes. Usufruímos o máximo destes auxiliares quando planejamos seu uso.

O planejamento é importante em nossa vida assim como o é no gerenciamento de nossa casa. Se não sabemos o que queremos fazer com nossa vida, nos esgotaremos por nada. Nosso objetivo como cristãs é honrar a Deus usando os dons, habilidades e recursos que Ele nos deu. Todas as nossas atividades podem ser avaliadas com base no seguinte fator: se cada uma delas colabora ou não para que cheguemos a esse objetivo. Podemos não gostar do período da manhã como a mulher em Provérbios 31, mas vale a pena ter, todos os dias, um tempo consistente de oração e de leitura bíblica para conversar com Ele sobre nossos planos e assim ouvir Sua voz. Quando todas as nossas atividades se alinharem com a agenda que Deus tem para nossa vida, teremos estabelecido um planejamento ideal e infalível.

*Confia ao Senhor as tuas obras,
e os teus desígnios serão estabelecidos.*
PROVÉRBIOS 16:3

18 DE NOVEMBRO

# Confiável

## A MULHER IDEAL
## PROVÉRBIOS 31:11,12

Mercedes batia o lápis no bloco. *Vejamos, que história eu posso usar dessa vez?* Ela não gostava de mentir para seu marido — havia apenas algumas coisas sobre as quais seria melhor ele permanecer ignorante, tal como o preço da nova roupa que ela comprou. Ao dizer que o reparo da máquina de lavar custou o dobro, ela conseguiu manter a paz em casa. "Estou indo cuidar dos filhos da Betty, enquanto ela vai à aula." Se Antônio soubesse que ela estava com seu amigo do ensino médio, ele exageraria do modo como exagera em tudo. Não se tratava de estar acontecendo algo entre ela e Alan, mas mesmo assim… era melhor continuar escondendo o fato de Antônio.

A mulher ideal descrita em Provérbios 31 é mais confiável do que Mercedes. Seu marido sabe que pode confiar nela para lidar com as finanças da família sem gastar em excesso ou desperdiçar dinheiro. Ela otimiza ao máximo os recursos, ainda que sua prioridade seja o bem-estar da família e não seus interesses egoístas. Ela nunca dá motivo para seu marido suspeitar de seu comportamento. Ele tem confiança total nela em qualquer situação. Por causa de seu estilo de vida fidedigno e honrável, ele sabe que seu coração e sua vida estão seguros nas mãos de sua esposa. A mulher ideal traz o bem para a vida de seu marido, não o prejuízo.

Será que os membros de nossa família, nossos amigos e vizinhos nos veem como uma fonte de bem em suas vidas? Será que podem confiar que seremos sinceras e que sempre faremos o que é melhor para eles? Ou estamos centradas em nossos desejos e procurando maneiras de esconder nossas segundas intenções daqueles a quem prejudicamos secretamente com nosso comportamento? Se queremos agradar a Deus, sempre manteremos um estilo de vida digno de confiança — da confiança de Deus e dos outros. Esse é o modo ideal de viver.

*O homem fiel será cumulado de bênçãos…*
PROVÉRBIOS 28:20

19 DE NOVEMBRO

# Investidora sábia

**A MULHER IDEAL**
PROVÉRBIOS 31:16-18,24

Quando Sabrina abriu a porta do armário, seus olhos encontraram uma estranha geringonça no fundo do armário. *O que é isso?*, pensou. *Ah, sim! Que desperdício de dinheiro!* Por aproximadamente R$ 300 além do frete, esta coisa deveria deixar seu abdome reto, afinar sua cintura, enrijecer seu bumbum e lhe tornear as pernas — usando-a apenas alguns minutos por dia. Sabrina não precisou de muito tempo para perceber que havia caído em outro truque de *marketing* inútil. "Não foi um de meus investimentos mais inteligentes," disse em voz alta.

A mulher ideal descrita em Provérbios 31 investe seu tempo e dinheiro de maneira sábia. Ela é uma excelente administradora da casa e uma mulher de negócios bem-sucedida. Compra e vende propriedades. Usa suas habilidades de costura para fazer roupas a mais para vender aos mercadores. Investe parte de seu ganho em uma vinha e começa um negócio paralelo. Seja buscando interesses do lar ou de negócios, esta mulher tenta garantir que tudo o que faz seja proveitoso. Em vez de desperdiçar seus recursos negligentemente, ela os investe com sabedoria, sempre esperando e conseguindo o retorno de seus esforços.

Nem todas nós podemos ingressar no mundo de negócios, mas fazemos investimentos diários de tempo, dinheiro, energia e habilidades. Podemos desperdiçar o que Deus nos deu se nos acomodarmos ou se uma atitude autocentrada nos levar a buscar objetivos que não tenham valores duradouros. Ao final de nossa vida, Deus espera que mostremos lucro no modo como gerenciamos os recursos que Ele nos deu. Investir na obra de Deus significa usar tudo que temos para estabelecer relacionamentos e criar oportunidades para compartilhar Seu amor e perdão. Esse é o modo ideal de investir nossa vida.

*Ela percebe que o seu ganho é bom...*
PROVÉRBIOS 31:18

**20 DE NOVEMBRO**

## A mão ajudadora

**A MULHER IDEAL**
**PROVÉRBIOS 31:20**

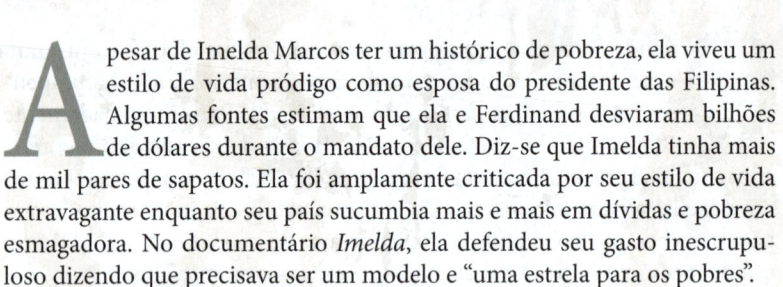

Apesar de Imelda Marcos ter um histórico de pobreza, ela viveu um estilo de vida pródigo como esposa do presidente das Filipinas. Algumas fontes estimam que ela e Ferdinand desviaram bilhões de dólares durante o mandato dele. Diz-se que Imelda tinha mais de mil pares de sapatos. Ela foi amplamente criticada por seu estilo de vida extravagante enquanto seu país sucumbia mais e mais em dívidas e pobreza esmagadora. No documentário *Imelda*, ela defendeu seu gasto inescrupuloso dizendo que precisava ser um modelo e "uma estrela para os pobres".

A mulher ideal descrita em Provérbios 31 trata os pobres de maneira oposta. Apesar de ter uma família da qual precisa cuidar, um lar para administrar e um negócio para gerenciar, esta mulher também se preocupa com os necessitados de sua comunidade. Ela não apenas envia um cheque para uma organização ou trata os carentes com gentileza quando passa por eles na rua, ela está ativamente envolvida em suprir suas necessidades. Talvez ela compartilhe alguns dos tecidos que tece, das roupas que costura ou do alimento que tão cuidadosamente prepara (PROVÉRBIOS 31:14,15). Antes de tratar os pobres como uma causa, ela "…abre a mão…" aos necessitados e se preocupa com eles como indivíduos.

Temos um número enorme de oportunidades para ajudar os necessitados. Deus pode estar nos chamando para nos envolvermos pessoalmente com alguém carente ou uma organização que auxilia aos pobres. Quando Ele nos chama para fazer doações financeiras, é difícil escolher quais organizações financiar. Também é difícil decidir quanto podemos separar se precisamos fazer uma poupança para o futuro. Mas Deus tem tanta compaixão pelos necessitados que quando os ajudamos, Ele considera como algo feito a Ele. Ele promete recompensar nossa generosidade — e essa é a poupança ideal.

> *Quem se compadece do pobre ao* SENHOR *empresta,*
> *e este lhe paga o seu benefício.* PROVÉRBIOS 19:17

## 21 DE NOVEMBRO

# Elegância no vestir-se

**A MULHER IDEAL
PROVÉRBIOS 31:22-26**

Sentada na sala de espera do médico, me senti uma relaxada. Em comparação à mulher sentada à minha frente, eu parecia ter rolado da cama direto para o carro. A mulher estava vestindo uma calça de lã com um belo casaco xadrez. Sua bolsa, seus sapatos, seu lenço e suas joias todas combinando com o padrão rosa escuro do casaco. Ao esticar o braço para pegar a revista, a manga do casaco se moveu revelando um relógio com uma pulseira no mesmo tom de rosa. Eu tinha certeza de que ela também estava usando roupas íntimas da mesma cor.

A mulher ideal em Provérbios 31 não é obcecada por roupas, mas também não negligencia sua aparência. Ela cuida de sua aparência da mesma forma que dá atenção à sua casa e ao bem-estar de sua família. Para representar a condição de sua família, ela usa vestidos de linho e coloridos com uma cara tintura roxa feita de mariscos. E o mais importante: ela garante que seu trato, sua conduta, suas palavras e seu comportamento projetem um ar de dignidade e autorrespeito. Sua aparência e comportamento digno contribuem para a reputação de seu marido — um respeitado líder da comunidade.

Mulheres cristãs geralmente se sentem impelidas em duas direções. Gostamos de roupas bonitas e queremos ter a melhor aparência possível, mas parece pouco piedoso se preocupar com a aparência exterior. A mulher de Provérbios 31 nos mostra que não há problemas em vestir-se bem. O modo como cuidamos de nós mesmas reflete a reputação de nosso Criador, assim como nossas palavras e nosso comportamento. Contanto que não extrapolemos, não temos que nos sentir culpadas por cuidarmos da nossa aparência. Porém, Deus não quer que esqueçamos de nos vestir com a dignidade que vem de saber que somos Suas filhas ternamente amadas. Esse é o guarda-roupa ideal que nos destacará em qualquer multidão.

*A força e a dignidade são os seus vestidos...*
PROVÉRBIOS 31:25

## 22 DE NOVEMBRO

## Senso de humor

**A MULHER IDEAL**
**PROVÉRBIOS 31:25**

Conforme lemos a descrição da mulher ideal em Provérbios 31, podemos imaginá-la como alguém solene e séria que sempre embarca em um projeto. Ela parece ir a uma dúzia de direções diferentes e trabalha dia e noite. Felizmente, Provérbios 31:25 nos revela que ela sorri. É bom saber que apesar de a mulher ideal ser diligente e aplicada, ela separa tempo para relaxar e desfrutar da vida. O versículo também nos diz porque esta mulher ri: ela não tem medo do futuro. Sabe que cumpriu com fidelidade e com o melhor de sua habilidade, os papéis que Deus lhe deu. Por ter feito sua parte e as demais coisas estarem nas mãos de Deus, ela pode olhar para o futuro com otimismo.

A Bíblia enfatiza a importância de trabalhar pesado, mas também reconhece nossa necessidade de otimismo e risos. Pesquisas científicas atuais confirmam que uma perspectiva alegre é um poderoso remédio (PROVÉRBIOS 17:22). O riso promove cura, alivia a dor, diminui a pressão sanguínea, impulsiona o funcionamento do sistema imunológico e promove a sensação de bem-estar geral. O senso de humor é importante para nossa saúde física e emocional, pois é um elemento importante nos relacionamentos.

Com nossas agendas lotadas, fica difícil ter tempo para relaxar, soltar-se e simplesmente rir; e com as reportagens da atualidade pode parecer impossível rir "sem temer pelo futuro". Como cristãs, temos mais razão para rir do que qualquer pessoa. Nosso passado foi perdoado e Deus nos prometeu um futuro glorioso. Somos amadas e protegidas por nosso Criador. Quando fazemos nosso melhor para cumprir os papéis que Deus nos dá, podemos deixar o restante nas mãos de Deus. Confiar nossa vida ao nosso Pai celestial nos deixa livres para usufruir de Suas bênçãos, rindo e olhando para o futuro sem medo. Essa é a atitude ideal.

*O coração alegre é bom remédio,*
*mas o espírito abatido faz secar os ossos.*
PROVÉRBIOS 17:22

## 23 DE NOVEMBRO

# *Valorizada ou não*

**A MULHER IDEAL**
**PROVÉRBIOS 31:28-30**

Keri permaneceu diante da pia da cozinha, analisando o estrago. *Por que eu ainda me incomodo?* Ela só queria que o feriado da escola fosse especial para os meninos. Cada um havia escolhido um amigo que convidaria para uma noite em sua casa, além de escolher um prato preferido para o jantar. Aquilo que ela havia planejado e em que trabalhara por dois dias havia desaparecido em minutos. Agora os meninos estavam no porão jogando *video game* e seu marido estava em seu escritório em casa, preenchendo relatórios. Keri fora deixada para lidar com a bagunça sozinha sem uma palavra de agradecimento.

A mulher ideal de Provérbios 31 recebe mais reconhecimento de sua família do que muitas esposas e mães. Seus filhos se levantam e a bendizem por seu trabalho pesado. Seu marido a louva e diz que ela excede a todas outras mulheres virtuosas e capazes. Esta mulher deve se sentir acolhida e honrada pelos elogios de sua família. O amor por sua família e um desejo de honrar a Deus são o que a motivam a ser o melhor que pode, mas ela deve se alegrar por seus esforços serem apreciados.

Poucas mulheres recebem tal reconhecimento. Em lugar de levantar-se e nos chamarem de benditas, nossos filhos podem simplesmente se sentar e perguntar sobre o jantar. Nosso marido geralmente desconhece tudo o que fizemos nos bastidores. Nossos empregados e colegas de trabalho podem não ter ideia de quanto esforço extra colocamos naquele último projeto. Mesmo quando outros não nos reconhecem, Deus vê tudo o que fazemos e, algum dia, reconhecerá nossos esforços. A situação ideal seria que outros nos agradecessem por nosso trabalho pesado, mas isso nem sempre acontecerá. Quando estamos nos sentindo desvalorizadas, podemos olhar adiante para as promessas de recompensa feitas por Deus.

> *...se fizer alguma coisa boa,*
> *receberá isso outra vez do Senhor...*
> EFÉSIOS 6:8

## 24 DE NOVEMBRO

# Ações falam mais alto que palavras

**A MULHER IDEAL**
**PROVÉRBIOS 31:31**

Taylor ouviu uma voz alta e olhou para o outro lado da sala lotada. *Ah, não! Eu esperava que ela não estivesse aqui!* Ela tinha que suportar a conversa dessa mulher no trabalho, mas ficar com ela em festas era demais. Não se tratava de sua colega não ter boas qualidades; ela seria uma ótima companhia se parasse de falar tanto sobre si mesma. A cada duas palavras uma era "eu" ou "mim". Todas as histórias que ela contava tinham uma propensão à vanglória até mesmo quando ela falava de seus problemas. Enquanto Taylor se arrastava até a porta, ouviu uma voz alta. "Oi! Aqui, Taylor!"

A mulher ideal de Provérbios 31 não precisava se vangloriar de seus feitos. Ela não planejava e trabalhava diligentemente para que pudesse se gabar de sua casa, família ou sucessos nos negócios. Ela agia a partir da motivação de honrar a Deus, e servir outros. Ninguém que observasse seu estilo de vida deixaria de reconhecer seu caráter piedoso. Ela vivia com a silenciosa confiança de que apesar do que os outros pensassem dela, suas ações falavam por si.

Algumas vezes nos fixamos às opiniões de outras pessoas. Se elas não notam nossas habilidades ou realizações, podemos sentir a necessidade de informá-las, especialmente se temos baixa autoestima. Um ar de vanglória pode contaminar nossas conversas sem que percebamos. É gratificante quando outros nos elogiam, mas não sentiremos necessidade desse elogio se nos lembrarmos que nossas ações falam por si. Quando nosso objetivo é honrar a Deus e servir outras pessoas em lugar de buscar nossa própria glória, nosso estilo de vida falará em alto volume a qualquer um que nos observe. Esse é o elogio ideal.

*...de público a louvarão as suas obras.*
PROVÉRBIOS 31:31

25 DE NOVEMBRO

# Seja agradecida

## MULHERES NA DEDICAÇÃO DOS MUROS
## NEEMIAS 12:27-43

Doreen fechou seu jornal e olhou para o relógio. Era difícil acreditar que em apenas 20 minutos seu humor havia se deslocado de um polo para o outro. Ela começou a manhã sentindo-se melancólica e amuada, sem nem perceber a bela luz do sol. Tentou deixar o mau humor de lado, mas não teve sorte. Finalmente, se lembrou de sua amiga lhe dizendo que sua atitude poderia melhorar se ela listasse 15 coisas pelas quais era grata. Apesar de todos os problemas com os quais Doreen estava lidando, ela conseguiu listar 22 bênçãos em sua vida. Olhando pela janela, se perguntou: *Mas por que eu não percebi esse céu maravilhoso antes?*

As mulheres na passagem de Neemias também vivenciaram a alegria de corações agradecidos. Quando as pessoas em Jerusalém terminaram de reconstruir os muros da cidade, todos se reuniram para uma cerimônia de dedicação. Neemias organizou dois grandes corais para marchar sobre os muros em direções opostas, cantado e louvando a Deus. Alguns sacerdotes tocavam trombetas e outros instrumentos musicais, enquanto o povo agradecia a Deus pela bênção de ter novamente um muro seguro ao redor de sua cidade. A alegria das pessoas era tão grande que o barulho que faziam podia ser ouvido a longa distância.

A instrução de Deus para sermos agradecidas em todas as circunstâncias nos soa estranha. Será que para nós isso significa sermos gratas somente quando está tudo bem? Pode parecer hipócrita agradecer a Deus quando temos uma postura negativa, mas em pouco tempo descobriremos os benefícios. De acordo com Filipenses 4:6,7, recebemos a paz de Deus quando lhe dizemos quais são nossas necessidades e o agradecemos pelo que Ele já fez por nós. Ser grata pelas bênçãos que recebemos muda o foco do que precisamos ou queremos e o coloca no amor e na bondade de Deus. E isso será sempre uma razão para agradecermos.

*Em tudo, dai graças, porque esta é a vontade de Deus em Cristo Jesus para convosco.*
1 TESSALONICENSES 5:18

## 26 DE NOVEMBRO

# Traída

**TAMAR**
**2 SAMUEL 13:1-14**

A jovem destrancou a porta de seu apartamento e se jogou no sofá. *Não acredito que fiz isso de novo*, pensou. Após vários encontros, eles já haviam descoberto muitos interesses em comum, e desfrutavam da companhia um do outro. Mas como sempre, quando um relacionamento começava a ficar sério, ela rompia. Não era culpa de Josh — ele sempre fora gentil e atencioso. Ah, como ela queria confiar nele! Mas ela não suportava ser tocada. Isso sempre trazia de volta as memórias de sua infância... aquelas noites em que sua mãe trabalhava no período da noite... os passos de seu padrasto em direção ao seu quarto...

Tamar também sabia como era ser traída. Quando seu meio-irmão Amnom se apaixonou cegamente por ela, ele fingiu estar doente para se aproximar dela. Ele, inclusive, envolveu seu pai Davi em seu plano. Por estar preocupada com Amnom, Tamar foi até a casa dele para cozinhar o prato favorito do rapaz. Amnom ordenou aos servos que saíssem e agarrou Tamar. Mesmo que Tamar tenha suplicado que ele não fizesse tal perversidade, Amnom a estuprou. Tamar, por consideração, foi à casa de Amnom para atender o irmão doente. Mas acabou sendo violada quando ele a usou para satisfazer sua luxúria.

Uma organização de auxílio às vítimas de estupro, abuso e incesto estima que uma em seis mulheres americanas foram vítimas de tentativa de estupro ou efetivamente estupradas. Muitas mulheres vivenciam o abuso pelas mesmas pessoas que deveriam protegê-las e preocupar-se com elas. Memórias de estupro ou abuso sexual geralmente impedem que as vítimas confiem em outras pessoas, o que dificulta o estabelecimento de relacionamentos saudáveis. Ainda que a ajuda profissional possa ser necessária, podemos encontrar consolo em sermos amadas pelo Deus que nunca trairá nossa confiança. Jesus Cristo vivenciou traição, tortura e uma terrível morte por amor a nós. Devido a esse amor, podemos sempre confiar nossa vida a Deus mesmo quando outros acabam sendo indignos de confiança.

> *Até o meu amigo íntimo, em quem eu confiava, que comia do meu pão, levantou contra mim o calcanhar.* SALMO 41:9

27 DE NOVEMBRO

# Culpa falsa

**TAMAR**
2 SAMUEL 13:15-22

Suas mãos tremiam quando derrubou o telefone no balcão. Ela não tinha a intenção de contar isto pelo telefone. Durante muitas semanas pensou em contar à sua mãe. Mas naquela noite sua mãe telefonou e a encheu de perguntas querendo saber por que ela não a visitava. De alguma forma, tudo veio como uma torrente. Ela não sabia que reação esperar, mas não entendeu por que a raiva de sua mãe fora direcionada a ela e não a seu padrasto. Será que a mãe realmente acreditava que a culpa era dela? A filha inclinou a cabeça e pensou: *Como uma menina de dez anos de idade poderia ter "pedido para isso acontecer"?*

Ao fim do estupro, a luxúria de Amnom se transformou em raiva e asco de Tamar. Ele ordenou a seus servos que a colocassem para fora da casa dele. Tamar rasgou suas vestes reais e colocou cinzas em sua cabeça em sinal da sua profunda tristeza pelo que havia sido feito a ela. Quando seu irmão Absalão descobriu o que havia acontecido, ele lhe disse que mantivesse segredo. Ainda que Absalão tenha nutrido o desejo de vingança e matado Amnom dois anos depois, no momento em que tudo aconteceu provavelmente Tamar tenha tido a impressão de que ele tratou o crime de forma superficial. Sua tristeza e confusão devem ter se intensificado quando o rei Davi, pai dos três, ouviu sobre a ofensa de Amnom e se recusou a agir.

Em casos de estupro ou abuso, as mulheres com frequência são feridas pela reação dos outros além da dor que já sentem por tal violação. Algumas pessoas se recusam a reconhecer o que ocorreu à vítima e ainda a acusam de inventar a história. Podem tratar a dor da mulher com descaso ou acusá-la de exagerar. Em alguns casos, a vítima se torna o alvo de ira, em vez do criminoso, e chega a sentir como se, de fato, a culpa fosse sua. Mesmo quando outros tentam colocar sobre nós o peso da culpa falsa, Deus conhece a verdade. Podemos confiar que Ele punirá os culpados e provará nossa inocência, em Seu tempo.

> *Também fui inculpável para com ele e me guardei da iniquidade.* 2 SAMUEL 22:24

**28 DE NOVEMBRO**

# Autodetenção

**TAMAR**
**2 SAMUEL 13:20**

A jovem hesitou e então assinou e selou a carta. Ao se dirigir até uma agência dos correios, se perguntou se algo mudaria. Sua conselheira a havia encorajado a escrever uma carta a seu padrasto, dizendo-lhe que o perdoava pelos anos de abuso. Isto realmente a ajudaria a continuar com sua vida? Ela esperava que sim, mas ainda não sentia nada diferente. Deixando a carta no correio, ela respirou fundo. Não sabia como seu padrasto reagiria às suas palavras, mas uma coisa era certa: ela estava cansada de ser prisioneira do seu passado.

Será que Tamar viveu como prisioneira de seu passado após ser estuprada por seu meio-irmão? Naquela cultura, a perda da virgindade era considerada uma desgraça. Tamar provavelmente já não era considerada ideal para o casamento. Para piorar as coisas, Deus proibia relacionamentos incestuosos (LEVÍTICO 20:17). A única informação que temos sobre os anos seguintes da vida de Tamar é que ela "...ficou vivendo triste e sozinha na casa de Absalão..." (2 SAMUEL 13:20 NTLH). Nós podemos apenas nos perguntar se Tamar algum dia perdoou seu irmão por violá-la tão cruelmente e seu pai por não punir o crime.

Tamar viveu sob a antiga lei "...olho por olho..." (LEVÍTICO 24:20), antes de Jesus ensinar que devemos perdoar qualquer pessoa que nos ferisse. Esse mandamento parece impossível quando alguém comete um crime abominável contra nós ou contra alguém que amamos. Ainda que seja impossível em nossa força humana, Deus nos dará poder para fazê-lo se fizermos a escolha de obedecê-lo nesta área. Recusar-se a perdoar alguém que nos prejudicou, nos machuca mais do que o mal que nos foi feito. Também cria obstáculos em nossas orações e impede nosso crescimento espiritual. Quando nos lembramos que Deus nos perdoa, seremos motivadas a pedir Sua ajuda para perdoar outros.

*...Assim como o Senhor vos perdoou,*
*assim também perdoai vós.* COLOSSENSES 3:13

## 29 DE NOVEMBRO

# Corações destruídos

### MULHERES EM SOFRIMENTO

A mulher sentou-se à mesa de sua cozinha, enfrentando o dia cinza de novembro e sentindo-se entorpecida. Esperava que a mudança para uma cidade pequena, depois do divórcio, pudesse ser um novo começo para ela e seus filhos. Mas exatamente quando pensou que seu filho parecia estar se ajustando, ele foi preso por vender drogas. Quando sua filha não apareceu em casa por duas noites seguidas, encontrou um bilhete em seu quarto; a adolescente de 15 anos havia abandonado a escola e fora morar com um homem mais velho. Os olhos da mãe fixaram-se nos galhos da árvore no quintal, quebrados e torcidos pela tempestade de granizo do ano anterior. *É exatamente assim que me sinto!*, ela pensou.

A Bíblia inclui muitas histórias de mulheres cujo o coração foi ferido. Tamar foi estuprada por seu meio-irmão. Após se mudar para um país estrangeiro, Noemi perdeu seu marido e ambos os filhos (RUTE 1:1-15). A mãe que em Mateus 15 assistiu à sua filha ser severamente atormentada por um demônio dia após dia. A esposa de Jó perdeu todos os seus dez filhos e suas posses em um dia.

Viver em um mundo deformado pelo pecado pode despedaçar nosso coração. Algumas vezes nos machucamos devido aos nossos próprios erros e outras vezes pelas atitudes de pessoas próximas a nós. Muitas mulheres portam feridas profundas por causa de abuso ou palavras perniciosas pronunciadas em sua infância. Quando a ferida parece difícil demais para ser suportada, a reação mais comum é se fechar emocionalmente. Esse entorpecimento no espírito nos faz questionar se esse coração algum dia será restaurado novamente.

Deus quer curar nosso coração ferido, se o deixarmos fazê-lo. Pode ser difícil enfrentar o que parece ser insuportável, mas precisamos ser completamente honestas com Ele. Tentar esconder nossa dor nos prejudica física, emocional e espiritualmente. Deus pode restaurar nossa vida e curar nosso coração ferido.

*Perto está o Senhor dos que têm o coração quebrantado e salva os de espírito oprimido.* SALMO 34:18

**30 DE NOVEMBRO**

# Consolando outros

**MULHERES COMPASSIVAS**
**2 CORÍNTIOS 1:3-7**

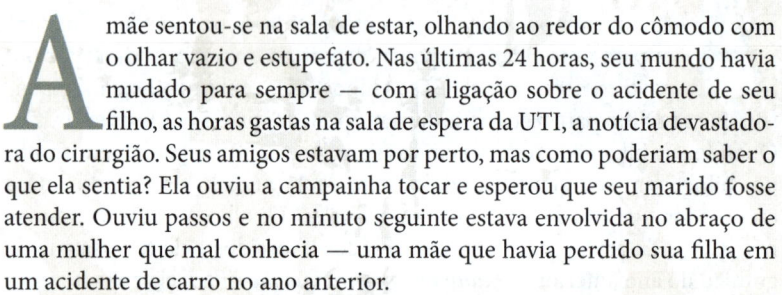

A mãe sentou-se na sala de estar, olhando ao redor do cômodo com o olhar vazio e estupefato. Nas últimas 24 horas, seu mundo havia mudado para sempre — com a ligação sobre o acidente de seu filho, as horas gastas na sala de espera da UTI, a notícia devastadora do cirurgião. Seus amigos estavam por perto, mas como poderiam saber o que ela sentia? Ela ouviu a campainha tocar e esperou que seu marido fosse atender. Ouviu passos e no minuto seguinte estava envolvida no abraço de uma mulher que mal conhecia — uma mãe que havia perdido sua filha em um acidente de carro no ano anterior.

Muitas mulheres que vivenciaram tragédias vão até outras em situações semelhantes por meio de organizações tais como grupos terapêuticos, aconselhamento a vítimas de estupro via telefone ou grupos de apoio a pessoas enlutadas. As mulheres nos tempos bíblicos não tinham estes recursos, mas muitas delas certamente ministravam a outras. Tamar provavelmente tinha o coração inclinado a outras mulheres que vivenciaram o terror do estupro. Talvez Noemi tenha se colocado à disposição de outras viúvas após retornar a Israel. A mãe em Mateus 15 poderia ter dado suporte a outras mães com filhos seriamente doentes. Talvez a esposa de Jó tivesse uma consideração especial por pessoas que sentiam ter sido abandonadas por Deus.

Um dos resultados do sofrimento é desenvolvermos uma nova consciência relacionada àqueles que estão sofrendo. Como Deus nos consolou e nos ajudou a suportar, nós somos capazes de alcançar outros e ministrar em situações semelhantes. Pessoas no meio de uma tragédia precisam de alguém que passou por uma experiência similar para caminhar com elas. Como mulheres que experimentamos a mesma situação, podemos nos identificar com os sentimentos delas e oferecer consolo de uma forma que ninguém mais poderia. Se aceitarmos o consolo que Deus nos oferece em situações dolorosas, a tragédia não nos deixará amargas; nos tornará mais compassivas.

> *É ele que nos conforta em toda a nossa tribulação, para podermos consolar os que estiverem em qualquer angústia, com a consolação com que nós mesmos somos contemplados por Deus.*
>
> 2 CORÍNTIOS 1:4

**1.º DE DEZEMBRO**

# Desventurada, mas não desprovida de graça

**A MÃE DE SANSÃO**
JUÍZES 13:2-5; 16:21

Não sabemos se a mãe de Sansão estava viva quando ele acabou moendo grãos em uma prisão filisteia. Se sim, ela deve ter ficado profundamente entristecida. Sua mente sem dúvida a levou a tempos passados, dias mais alegres. Como não podia ter filhos, ela provavelmente se encheu de felicidade quando um anjo anunciou que teria um menino. Ainda mais empolgante: seu filho seria separado para o serviço especial a Deus como um nazireu. O Senhor o havia designado para começar a libertação de Israel de seus opressores filisteus.

Conforme Sansão crescia, sua mãe deve tê-lo impressionado com os privilégios e responsabilidades de seu chamado especial. Todavia, apesar de sua força sobrenatural, Sansão agiu a partir de sua fraqueza. Sansão permitiu que seus desejos físicos e sentimentos o controlassem. Ele desonrou seu voto de nazireu, transgrediu a lei de Deus repetidamente e usou seus dons especiais para pregar peças e exigir vingança pessoal. O comportamento de Sansão provavelmente envergonhava sua mãe e fazia seu coração sofrer quando ela ponderava o potencial desperdiçado de seu filho.

Há momentos em que nos sentimos desventuradas pelo comportamento de alguém a quem amamos. Podemos considerar as ações pecaminosas dessa pessoa como resultado de uma falha de nossa parte. Talvez nos sintamos desonradas por causa de nossas próprias escolhas impiedosas e oportunidades desperdiçadas. Podemos questionar se algum dia teremos de volta o que perdemos.

Qualquer decepção que a mãe de Sansão tenha sentido teria se tornado em exaltação se ela soubesse que o nome de seu filho seria incluído na lista de heróis da fé em Hebreus 11. Apesar dos penosos erros de Sansão, Deus permitiu que ele cumprisse seu propósito de vida por meio de um último ato heroico antes de sua morte (JUÍZES 16:30). Deus pode trazer vitória mesmo em uma situação de fracasso em nossa vida também. Mesmo quando nos sentimos desventuradas, Ele ainda nos oferece Sua graça.

*Então, ele me disse: A minha graça te basta, porque o poder se aperfeiçoa na fraqueza...*
2 CORÍNTIOS 12:9

2 DE DEZEMBRO

# Procurando perfeição

EVA

Que presente perfeito para a Carolyn!, pensei enquanto pegava a impressão emoldurada do famoso poema sobre pegadas na areia. Enquanto esperava na fila para pagar, percebi um pequeno arranhão na moldura. A imperfeição era praticamente invisível a não ser que eu segurasse a moldura em um ângulo específico. Mas foi suficiente para me levar de volta à prateleira examinar outras impressões emolduradas até que encontrasse a mais perfeita.

Ainda que seja mais do que natural querer o melhor presente para alguém, esse incidente me fez pensar sobre meu anseio por perfeição, o que parece intensificar-se na época das festas. Eu quero a árvore de Natal perfeita para decorar e me despedaço para deixar minha casa perfeita como uma fotografia. Espero que todos os pratos do jantar de Natal sejam preparados perfeitamente. Minhas expectativas impraticáveis arruinaram mais de uma ocasião especial para mim e para outras pessoas.

Eva foi a única mulher que vivenciou a perfeição. Deus criou um ambiente perfeito no qual Adão e Eva poderiam viver. Eva representava a perfeição do caráter feminino e ela e Adão desfrutavam de um relacionamento ideal fundamentado em amor e respeito. Eva teve o privilégio e a alegria de ter um relacionamento íntimo com seu Criador. Ela viveu num mudo perfeito e ainda assim o arruinou por sua desobediência a um único mandamento de Deus.

Talvez nosso anseio por perfeição venha de um desejo intenso de voltar àquilo que foi perdido no Jardim do Éden. De qualquer forma, nunca conheceremos a perfeição em nosso ambiente e em nós mesmas enquanto vivermos na Terra. Mas conforme permitimos que o Espírito de Deus nos transforme e passemos a ser mais semelhantes a Cristo, nos aproximaremos daquele dia no céu em que todas as imperfeições desaparecerão. Enquanto isso, permaneço definitivamente imperfeita, mas com a ajuda de Deus, estou progredindo.

> Não que eu o tenha já recebido ou tenha já obtido a perfeição; mas prossigo para conquistar aquilo para o que também fui conquistado por Cristo Jesus.
> FILIPENSES 3:12

## 3 DE DEZEMBRO

# Reconhecendo a verdade

**DÂMARIS**
**ATOS 17:16-34**

Chloe olhou para o relógio, socou seu travesseiro algumas vezes e deitou-se de barriga para baixo. Ela queria ser uma boa cidadã, mas não esperava que seu primeiro turno no serviço de júri a mantivesse acordada durante a noite. O julgamento só estava no terceiro dia e já haviam ouvido relatos completamente diferentes do que havia acontecido. Todas as testemunhas pareciam convincentes para Chloe, mas era impossível que todas estivessem dando testemunho correto. *Como é que vamos resolver uma bagunça dessas?*, se perguntou. *Como esperam que decidamos quem está falando a verdade?*

Dâmaris pode ter tido sentimentos semelhantes em algum ponto de sua vida. Ela vivia na antiga Atenas, considerada a capital intelectual do mundo naquela época. As pessoas amavam discutir e debater todas as ideias mais recentes. O apóstolo Paulo aproveitou esta abertura para apresentar o evangelho ao proeminente conselho de filósofos da cidade. Quando Paulo terminou de falar, alguns riram dele, outros expressaram um interesse de posteriormente ouvir mais e alguns poucos creram em sua mensagem. Não sabemos o que atraiu Dâmaris às palavras de Paulo, mas sabemos que ela respondeu ao Espírito de Deus. Em uma cultura que se orgulhava de sua diversidade de crenças, Dâmaris reconheceu e abraçou a verdade do evangelho que transforma vidas.

Vivemos em uma atmosfera semelhante àquela em que Dâmaris vivia. Nossa cultura se orgulha de ser aberta a novas ideias e filosofias. Um conjunto de crenças é considerado tão bom quanto outro qualquer. Mas sem um conhecimento completo do que Deus diz em Sua Palavra, podemos facilmente ser enganadas. Paulo nos adverte para não sermos arrastadas para "…filosofia e vãs sutilezas, conforme a tradição dos homens…" (COLOSSENSES 2:8). Somente a Palavra de Deus e Seu Espírito nos ajudarão a reconhecer a verdade quando a ouvirmos.

*Santifica-os na verdade; a tua palavra é a verdade.*
JOÃO 17:17

**4 DE DEZEMBRO**

# Mulheres engenhosas

## COSTURANDO PARA O TABERNÁCULO
## ÊXODO 35:20-29

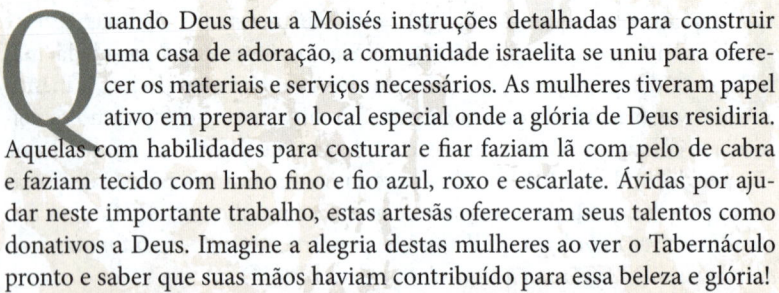

Quando Deus deu a Moisés instruções detalhadas para construir uma casa de adoração, a comunidade israelita se uniu para oferecer os materiais e serviços necessários. As mulheres tiveram papel ativo em preparar o local especial onde a glória de Deus residiria. Aquelas com habilidades para costurar e fiar faziam lã com pelo de cabra e faziam tecido com linho fino e fio azul, roxo e escarlate. Ávidas por ajudar neste importante trabalho, estas artesãs ofereceram seus talentos como donativos a Deus. Imagine a alegria destas mulheres ao ver o Tabernáculo pronto e saber que suas mãos haviam contribuído para essa beleza e glória!

As mulheres sempre usaram seu trabalho manual para tornar mais belos seus ambientes de trabalho, suas casas e igrejas. Até mesmo pioneiras que tinham poucos recursos encontravam maneiras de transformar artigos de necessidades básicas, como colchas e roupas, em itens ainda mais belos. Hoje, o interesse em tricô, tecelagem e fiadura têm sido reavivados. Muitas mulheres desfrutam de *hobbies* tais como roupas feitas à mão, bordado e a produção de bijuterias. Ainda que qualquer um destes itens possa facilmente ser comprado em lojas, as mulheres se agradam em produzi-los com suas próprias mãos. Outra arte popular de que as mulheres têm desfrutado é compilar lindos álbuns de recortes de fotos de família e lembranças para seus filhos.

Toda a beleza no mundo ao nosso redor é parte da obra das mãos de Deus, mas nossos próprios corpos exibem Sua arte mais incrível. Antes de nascermos, Deus "teceu" (literalmente "bordou, adornou") todas as partes complexas de nosso corpo. Mas mesmo tendo sido feitas à mão, ainda somos projetos inacabados. Deus está ocupado moldando nossas vidas para que se tornem reflexos de Sua glória ainda que as pontas soltas suspensas nem sempre nos deem indicação deste trabalho. Projetos manuais podem passar por um processo desordenado, mas quando Deus terminar Sua obra veremos que Suas mãos tornaram nossa vida bela.

*Pois tu formaste o meu interior, tu me teceste no seio de minha mãe.* SALMO 139:13

5 DE DEZEMBRO

# Proximidade

**NOEMI E RUTE, MARIA E ISABEL**
**ECLESIASTES 4:7-12**

Durante o momento mais sombrio de minha vida, uma amiga, de modo muito especial, saiu de sua rotina para estar ao meu lado. No inverno, eu acompanhei Kathy em uma viagem noturna para uma conferência de professores. Na primavera, ela inesperadamente recebeu dois ingressos para um concerto e me convidou para ir com ela. No verão, ela planejou um piquenique para nossas famílias. No outono, nós desfrutamos de nossa costumeira viagem para um festival. Minha amiga garantiu que em todas as estações eu tivesse alguns momentos bons durantes os tempos ruins.

Todas nós precisamos de uma amiga que esteja disposta a compartilhar de nossos bons momentos e de nossos maus momentos também. Quando Noemi perdeu seu marido e os dois filhos, a lealdade e amizade de sua nora lhe deram coragem e força para enfrentar um futuro incerto (RUTE 1). Em lugar de viajar sozinha pela estrada de volta à sua terra natal, Noemi teve a alegria e o consolo de uma companheira. Como Rute passou a crer em Deus, ela e Noemi eram muito próximas.

Alguns dias depois que o anjo anunciou a Maria que ela daria à luz o Messias, Maria foi visitar uma parente mais velha (LUCAS 1). Isabel também tinha concebido um bebê miraculosamente, bebê cujo nascimento fora anunciado por um anjo. Que consolo Maria e Isabel devem ter sido uma para a outra durante a visita de três meses, ao compartilharem sua alegria, suas esperanças e ansiedades.

Deus nos criou para desfrutar de relacionamentos que ofereçam ajuda mútua e encorajamento. Ter um amigo próximo com quem compartilhar os momentos de nossa vida alivia nossos fardos e aumenta nossas alegrias. Com nosso estilo de vida atual tão acelerado e geralmente transitório, pode ser difícil desenvolver amizades. Muitas pessoas vivem com sentimentos de alienação e solidão porque têm falta de companhia. Deus quer que descubramos a alegria de compartilhar a vida com quem temos mais proximidade.

> *Melhor é serem dois do que um...*
> ECLESIASTES 4:9

**6 DE DEZEMBRO**

# Uma dona de casa desesperada

## A ESPOSA DE POTIFAR
### GÊNESIS 39:6-12

A série de televisão *Desperate Housewives* (Donas de Casa Desesperadas) estreou em 2004. O *site* oficial descrevia o programa como uma "novela de horário nobre" que "tem um olhar cômico da classe média-alta, onde as vidas secretas de donas de casa não são sempre o que parecem." Segundo o programa, a vida secreta de uma dona de casa inclui sexo promíscuo. Infelizmente, esse seriado se tornou um sucesso imediato.

A esposa de Potifar teria se sentido muito confortável na vizinhança destas donas de casa. Esta era uma mulher com tempo de sobra em suas mãos. Casada com um homem rico e importante e possuindo muitos servos, ela não tinha nada melhor a fazer a não ser pensar em como seduzir o jovem e belo escravo recém-chegado. A Sra. Potifar teria agido melhor se tivesse investido seu tempo em limpar e não em desejar.

Talvez Potifar fosse tão ocupado e cheio de preocupações que sua esposa sentia desesperadamente a necessidade da atenção de um homem. Talvez ela estivesse em meio à crise de meia-idade e ansiava se sentir desejada novamente. Talvez lutasse com questões de infância ainda não resolvidas, necessidades não satisfeitas ou uma personalidade viciada. Independentemente do motivo que tivesse para tentar fazer José dormir com ela, não havia desculpa para seu comportamento.

Conforme nossa sociedade se aparta de padrões objetivos para o certo e o errado, o adultério começa a parecer aceitável. Revistas e jornais registram os casos de estrelas e outros famosos e o público devora os detalhes. Filmes e programas de televisão frequentemente retratam relacionamentos extraconjugais como algo belo. Eles quase nunca mostram a triste verdade.

Deus nos alerta contra o adultério por boas razões. Casos destroem o laço entre marido e mulher e destroem muitos dos casamentos e famílias em que tocam. Geralmente o cônjuge acaba se sentindo vazio e insatisfeito. Quando sentimos uma forte atração por um amigo, vizinho ou colega de trabalho, precisamos limitar nossa interação com ele. E precisamos dizer a Deus que precisamos desesperadamente de Sua ajuda.

*Atende o meu clamor, pois me vejo muito fraco...*
SALMO 142:6

## 7 DE DEZEMBRO

# Momento decisivo

**A ESPOSA DE POTIFAR**
**GÊNESIS 39:12**

A esposa de Potifar estava acostumada a ter o que queria, quando queria. Mas José se recusou a dormir com ela, ainda que dia após dia ela tentasse cansá-lo. Finalmente, conseguiu ficar sozinha com ele, agarrou seu manto e exigiu que ele dormisse com ela. José fugiu da casa, deixando-a atordoada e segurando seu manto. A esposa de Potifar enfrentava um momento decisivo em sua vida. Ela poderia admitir que José agiu corretamente diante de seu comportamento pecaminoso e mudar seus caminhos. Ou poderia fazer o que precisasse para sair dessa situação confusa, independentemente de quem fosse prejudicado no processo. Será que a esposa de Potifar escolheria a moral ou a vingança?

Quando as coisas acontecem como esperamos é fácil mantermos uma boa reputação. Quando não temos o que queremos, nosso verdadeiro caráter é revelado. Como reagimos quando nossos amigos rejeitam o restaurante que sugerimos, quando nossa família se recusa a aceitar nossa sugestão para um feriado ou quando não conseguimos os descontos que queríamos tanto? Todas as vezes que nossos desejos são frustrados temos a escolha de aceitar a situação graciosamente e aproveitar ao máximo ou, usar quaisquer meios que tenhamos para conseguir o que queremos.

Não conseguir as coisas de nosso jeito nos oferece uma oportunidade de examinar nosso comportamento e considerar se nossos desejos são razoáveis. Podemos descobrir uma atitude ou uma área de nossa vida que precisa de mudança. Estar frustrada também nos dá uma chance de amadurecer em nossos relacionamentos com outras pessoas e com Deus. Se confiamos nosso viver por completo a Ele, podemos crer que mesmo quando não temos o que queremos Ele garante que tenhamos o que realmente precisamos.

*Como você reage quando não consegue o que quer?*

8 DE DEZEMBRO

# *Falsas acusações*

## A ESPOSA DE POTIFAR
GÊNESIS 39:13-20

Ela rolou na cama e então sentou-se e suspirou. Este não era o seu apartamento — como assim? Repentinamente tudo veio à sua mente — a briga quando seu marido saiu para jogar pôquer, e ela então foi ao bar; o homem que continuava a pagar bebidas para ela e oferecendo um ouvido solidário. Ela estava indignada com Jim, mas certamente não pretendia deixar que as coisas fossem tão longe. *Se Jim descobrir, em um segundo ele me abandona*, constatou. Ela lamentou, mas seu pânico teve um alívio quando uma ideia surgiu em sua mente. Pegando o telefone, ela ligou para a emergência.

Quando José recusou as investidas sexuais, a esposa de Potifar provavelmente reagiu com raiva, humilhação e talvez um pouco de vergonha. A indignação porque um jovem hebreu tinha recusado suas investidas foi logo substituída por preocupação com o modo como seu marido reagiria se soubesse de sua conduta. Ela decidiu acusar José de tentativa de estupro para esconder seu próprio comportamento pecaminoso. Deixar o manto em sua pressa para fugir dela tornou a acusação mais fácil. Ela usou a prova de sua inocência para acusá-lo de um crime.

Quando corremos o perigo de que nosso erro seja exposto, podemos escolher como reagir. Podemos admitir nossa culpa, aceitar as consequências e aprender com este erro ou podemos tentar evitar sermos pegas. Infelizmente, algumas de nós usam falsas acusações contra outras pessoas para encobrir nossa própria vergonha. Agir assim aumenta nossa culpa e prejudica o inocente. Independentemente de sermos as acusadoras ou quem é erroneamente culpada, podemos ter certeza de que Deus vê a verdade. Ele julgará o culpado e vingará o inocente em Seu tempo.

*Não dirás falso testemunho contra o teu próximo.*
DEUTERONÔMIO 5:20

## 9 DE DEZEMBRO

# Palavras que alimentam

### MULHERES E A COMIDA

Ao terminar de limpar a cozinha, me perguntei por que me sentia tão cheia. Será que tinha realmente comido tanto assim no jantar? Então comecei a somar todos os pequenos extras — beliscar enquanto cozinhava, provar a comida antes de servir, raspar o creme delicioso da tigela da sobremesa e "limpar" os restos de meus filhos. Não é de surpreender que eu não perdia peso mesmo controlando as porções de minhas refeições.

A maioria das mulheres gasta muito tempo pensando em comida e lidando com ela. Planejamos refeições, compramos ingredientes, preparamos a comida e damos um jeito nos restos — de um jeito ou de outro. As mulheres nos tempos bíblicos também gastavam muito de seu tempo planejando e preparando refeições, particularmente durante festas e práticas especiais. Marta ficou muito consumida pela preparação do alimento quando Jesus visitou sua casa em Betânia (LUCAS 10:38-40).

Jesus parecia gostar de ir a jantares com Seus amigos, mas Ele disse a Seus discípulos que outro tipo de comida era mais importante para Ele. Certa vez, quando eles o incitaram a comer algo, Ele lhes disse: "...A minha comida consiste em fazer a vontade daquele que me enviou e realizar a sua obra" (JOÃO 4:34). Antes em Seu ministério, quando Satanás tentou Jesus a usar Seu poder para transformar pedras em pão, Cristo lhe disse que as pessoas não vivem somente de pão, mas das palavras que saem da boca de Deus (MATEUS 4:4).

Em alguns momentos, quando desejamos um petisco, não é a comida física que realmente queremos. Podemos estar com o coração faminto e não com o estômago vazio. Pode ser mais benéfico se investirmos tempo de quietude sozinhas com Deus ou abrindo a Bíblia e pedindo a Ele que fale conosco. As Palavras de Deus são livres de calorias, satisfazem nossa alma — e são muito mais nutritivas do que salgadinhos.

> *Achadas as tuas palavras, logo as comi; as tuas palavras me foram gozo e alegria para o coração...*
> JEREMIAS 15:16

**10 DE DEZEMBRO**

# Amor franco

## A MULHER QUE UNGIU OS PÉS DE JESUS
### LUCAS 7:36-39

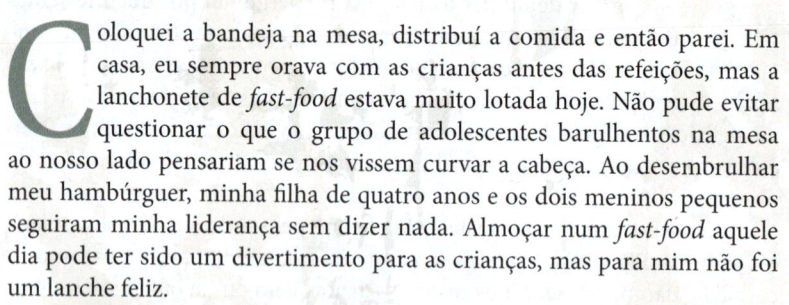

Coloquei a bandeja na mesa, distribuí a comida e então parei. Em casa, eu sempre orava com as crianças antes das refeições, mas a lanchonete de *fast-food* estava muito lotada hoje. Não pude evitar questionar o que o grupo de adolescentes barulhentos na mesa ao nosso lado pensariam se nos vissem curvar a cabeça. Ao desembrulhar meu hambúrguer, minha filha de quatro anos e os dois meninos pequenos seguiram minha liderança sem dizer nada. Almoçar num *fast-food* aquele dia pode ter sido um divertimento para as crianças, mas para mim não foi um lanche feliz.

A passagem bíblica de hoje fala de uma mulher que colocou o serviço a Jesus acima da opinião de outras pessoas. Quando Jesus era convidado para um jantar, pessoas que não haviam sido convidadas surgiam e ficavam ao lado, em pé, para ouvir a conversa, como era o costume. Pode ter sido difícil para esta mulher entrar na casa, sabendo que o anfitrião e os convidados a desprezavam por sua reputação imoral. Mas ao ver Jesus, ela imediatamente esqueceu seu constrangimento. Enquanto chorava sobre Seus pés e os secava com seu cabelo, ela estava alheia aos olhares indignados e murmúrios de outros. Sua mente estava centrada somente no Homem que ensinava sobre o amor e a misericórdia de Deus.

É fácil nos envolvermos com o que outras pessoas pensam e esquecermos que Deus é o Único a quem realmente queremos agradar. Mesmo quando temos medo de parecermos tolas, Ele merece ser honrado e adorado. O amor desta pecadora arrancou qualquer incômodo que pudesse sentir por ser o centro da atenção crítica das pessoas. Seu exemplo nos encoraja a não ter medo de expressar nossa fé, mesmo quando nos sentimos intimidadas em orar em público.

*Pois não me envergonho do evangelho...*
ROMANOS 1:16

11 DE DEZEMBRO

# *Perdoada*

## A MULHER QUE UNGIU OS PÉS DE JESUS
## LUCAS 7:40-50

Este vai ser um jantar de aniversário de casamento muito especial. Ela sorriu enquanto marinava os bifes. Preparou a torta favorita dele e comprou o pão de que ele tanto gosta. Difícil acreditar que há apenas um ano parecia que seu casamento tinha acabado. *Como eu pude ser tão egoísta e tola?*, pensou. Ainda que não esperasse que seu marido ficasse depois do que ela havia feito, ele concordou com o aconselhamento. Fora uma longa e dura estrada, mas ela nunca se esqueceria do dia em que ele segurou sua mão, olhou em seus olhos e disse: "Eu perdoo você."

A mulher imoral em Lucas 7 também conhecia a sensação de ser perdoada. Todos a desprezavam — especialmente os líderes religiosos. Ela não esperava que este novo Rabino fosse diferente, mas Ele era. Por meio de Seus ensinos, ela ouviu sobre o perdão e a misericórdia de Deus. Ao ver Jesus, suas lágrimas começaram a fluir e não conseguiu retê-las. Esbanjar beijos em Seus pés e ungi-los com perfume muito caro não parecia nada, comparado com o que Ele lhe havia dado. Ela estava grata pela oportunidade de expressar seu amor.

Jesus exaltou o comportamento da mulher, mas repreendeu seu anfitrião farisaico, que nem mesmo havia lhe oferecido as cortesias comuns a um convidado. Muitas de nós são como Simão — nos consideramos pessoas morais que amam a Deus. Mas não teremos um amor profundo por Ele até entendermos a profundidade de nosso pecado e como isto fere o Senhor. Assim que virmos o quanto Deus nos perdoou e o quão pouco merecemos este perdão, nenhuma expressão de amor por Ele será excessiva.

> *...vos deu vida juntamente com ele, perdoando todos os nossos delitos.* COLOSSENSES 2:13

**12 DE DEZEMBRO**

# Mulheres belas

## SARA, REBECA, ESTER E BATE-SEBA

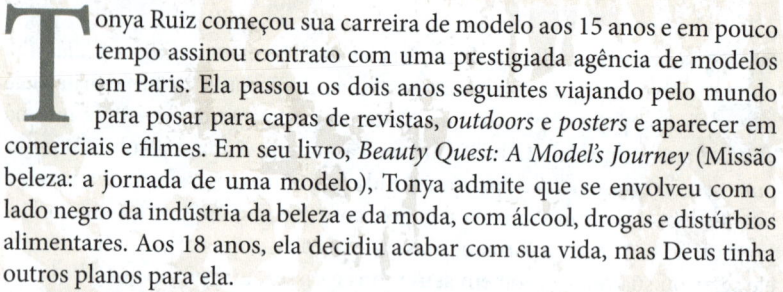

Tonya Ruiz começou sua carreira de modelo aos 15 anos e em pouco tempo assinou contrato com uma prestigiada agência de modelos em Paris. Ela passou os dois anos seguintes viajando pelo mundo para posar para capas de revistas, *outdoors* e *posters* e aparecer em comerciais e filmes. Em seu livro, *Beauty Quest: A Model's Journey* (Missão beleza: a jornada de uma modelo), Tonya admite que se envolveu com o lado negro da indústria da beleza e da moda, com álcool, drogas e distúrbios alimentares. Aos 18 anos, ela decidiu acabar com sua vida, mas Deus tinha outros planos para ela.

Ser bela não nos garante felicidade e a Bíblia contém história de mulheres para quem a beleza notável causou sérios problemas. Duas vezes, quando Sara e Abraão viajaram a um novo local, o patriarca temeu que alguém o matasse para ficar com sua bela esposa. Ele pediu a Sara que fingisse ser sua irmã, o que levava a dificuldades traiçoeiras. Isaque, filho de Abraão, agiu da mesma forma com sua esposa, Rebeca. A jovem judia Ester tinha uma beleza que chamou atenção dos oficiais persas que procuravam moças para o harém do governador. A bela Bate-Seba ao se banhar chamou a atenção do rei Davi que iniciou um caso de adultério, que causou muito sofrimento a ambos.

Nossa sociedade tenta convencer as mulheres de que teríamos vidas melhores se fôssemos belas, mas isso não é verdade. A Bíblia ensina que a verdadeira beleza vem de quem somos interiormente, não de uma preocupação excessiva com nossa aparência externa. Deus quer desenvolvamos um coração puro, uma atitude gentil e amorosa com outros e um espírito que confia calmamente nele em todo o tempo. Quando permitimos que o Espírito Santo nos controle, exibimos o tipo de beleza que chama a atenção de Deus. Por meio do relacionamento de Tonya com Cristo, ela descobriu a verdadeira beleza que nunca acaba e jamais causa problemas.

> *...seja, porém, o homem interior do coração, unido ao incorruptível trajo de um espírito manso e tranquilo, que é de grande valor diante de Deus.*
> 1 PEDRO 3:4

13 DE DEZEMBRO

# Aprisionada

## MULHERES NO EXÍLIO
## SALMO 137:1-4

Enquanto o guarda deslizava a porta de metal pesado para fechá-la, Jennifer sentiu como se estivesse trancada para fora do mundo, para sempre. Seus amigos a esqueceriam conforme continuassem vivendo? Será que o número em seu macacão a faria esquecer seu próprio nome? *A parte mais difícil é saber que eu escolhi isto,* ela pensou. Jennifer sabia que teve muitos alertas de seus amigos e sua família, e também dos juízes. Na primeira vez, ela ficou em liberdade condicional e na segunda vez ela prestou serviço comunitário. Agora Jennifer não podia negar o fato de que estava na prisão por causa de suas próprias escolhas ruins.

As pessoas descritas nesta passagem de Salmo também foram para o cativeiro devido às suas escolhas. Elas não podiam alegar o desconhecimento das leis de Deus. Enquanto se afastavam do Senhor para adorar ídolos e imitar as más práticas das nações ao seu redor, Deus repetidamente as chamava para voltarem a Ele. O Senhor lhes havia dado alertas escritos na Lei, e enviado profetas para lembrá-los da penalidade pela desobediência e idolatria. Quando o povo continuou a rejeitá-lo, Deus permitiu que fossem levados cativos. Enquanto eram levados para o exílio em uma terra estranha, as mulheres devem ter pensado que jamais sentiriam alegria novamente.

Quando nos afastamos de Deus, Ele nos chama de volta de todos os modos, mas nunca desonra nosso direito de escolha. Se continuarmos em pecado, eventualmente pagaremos o preço por ignorar Seus alertas. Às vezes, sofremos consequências temporárias e algumas vezes os efeitos do pecado são irreversíveis. Quando sentimos que estamos em uma prisão que nós mesmas construímos, Deus ainda espera que nos voltemos a Ele em arrependimento e promete estar conosco. Mesmo que estejamos separadas do resto do mundo, nunca estaremos separadas do amor de Deus.

*Perto está o Senhor de todos os que o invocam,*
*de todos os que o invocam em verdade.*
SALMO 145:18

14 DE DEZEMBRO

# *Libertas*

## MULHERES VOLTANDO DO EXÍLIO
## SALMO 126:1-3

Enquanto Jennifer entrava no carro, ela olhou para a prisão e sentiu como se estivesse em um maravilhoso sonho. Seu tempo ali não fora desperdiçado. Ela fez várias aulas de computação além de cursos práticos, como cálculo orçamentário e nutrição. Seus pais concordaram em deixá-la morar com eles novamente enquanto ela frequentava a faculdade e trabalhava meio período no emprego que a assistente social a ajudou a encontrar. Ela também começou a frequentar um estudo bíblico e agora estava ansiosa para se envolver na igreja. Jennifer não sentia estar voltando para sua antiga vida; ela tinha encontrado uma vida nova e melhor.

Quando o povo judeu mencionado no Salmo 126 voltou a Jerusalém, eles também sentiram estar num maravilhoso sonho. Eles gargalhavam e cantavam de alegria porque Deus os tinha levado de volta para casa. Os anos de cativeiro, como resultado do julgamento do Senhor por seu pecado, lhes havia dado uma nova apreciação pelo amor e misericórdia de Deus. Após se arrependerem de sua idolatria e rebelião, o Senhor eventualmente levou-os de volta à sua antiga terra. As mulheres devem ter tido a sensação de encontrar nova vida.

Mesmo quando Deus nos disciplina por rebelião e pecado, Ele anseia que retornemos a Sua presença para que Ele possa curar nossos corações geniosos (JEREMIAS 3:22). Se ignorarmos repetidamente Seus alertas, talvez tenhamos que "cumprir pena" e enfrentar as consequências de nossas escolhas impiedosas. Mas Deus não quer que este tempo seja desperdiçado. Ele quer que nos humilhemos diante dele, que examinemos nossa vida à luz de Sua Palavra e nos afastemos dos maus caminhos. Ao aceitarmos Sua disciplina, Ele nos levará cada vez mais a um relacionamento íntimo com Ele, até que tenhamos novo entendimento das coisas incríveis que Ele fez por nós.

*Com efeito, grandes coisas fez o SENHOR por nós; por isso, estamos alegres.* SALMO 126:3

## 15 DE DEZEMBRO

# Vida nova para os mortos

**A VIÚVA DE NAIM**
**LUCAS 7:11-17**

Joanne lutou contra as lágrimas ao desligar o telefone. Ela se lembrou de como o seu menininho costumava falar sobre amar a Jesus e o quanto ele gostava da Escola Dominical. Em sua adolescência, Justin simplesmente não queria nada com a igreja. Enquanto Joanne assistia seu filho se tornar mais hostil a discussões espirituais e se prendia a um estilo de vida impiedoso, ela sentia que seu coração iria se despedaçar. Mais uma vez, ela fechou os olhos para orar por Justin apesar de seus sentimentos de desespero. A fé que seu filho manifestava parecia estar morta.

A viúva de Naim também sofreu por seu filho. Seu único filho, e único meio de sustento e proteção, tinha morrido. Sem um parente do sexo masculino próximo a ela, provavelmente acabaria se tornando uma mendiga. Além do luto pela morte de seu amado filho, ela deve ter sentido como se sua própria vida tivesse acabado. Jesus viu a tristeza e a necessidade dessa mulher, e "...se compadeceu dela...".

Jesus tocou o caixão e ordenou ao jovem que se levantasse. O jovem sentou-se e começou a falar, e Jesus o entregou de volta à sua mãe cheia de alegria. A viúva provavelmente ficou maravilhada quando Jesus restaurou a vida onde havia apenas morte e substituiu o desespero por esperança. Ele fez isto por amor e misericórdia, sem que nada lhe fosse pedido.

Jesus sempre vê nossa tristeza, seja devido à morte de algum ente querido ou devido a uma condição espiritual. Podemos confiar que Ele trará esperança a situações de desespero. Jesus sempre falou diretamente à pessoa a quem ressuscitava e Ele pode falar diretamente aos corações endurecidos que resistem a Deus. O mesmo Salvador que deu nova vida ao filho morto de uma viúva pode certamente renovar a fé da mãe de um filho pródigo do século 21.

*"...Jovem, eu te mando: levanta-te!"*
LUCAS 7:14

**16 DE DEZEMBRO**

# Jugo desigual

**EUNICE**
**ATOS 16:1-3; 2 TIMÓTEO 1:5**

Enquanto Melody assistia a seus filhos cantarem na peça de Natal de domingo de manhã, ela desejou que seu marido estivesse sentado ao seu lado. Melody ansiava de todo o coração que ele partilhasse de sua fé em Cristo, mas ele deixou claro que não tinha interesse algum em algo espiritual. Ainda que ela tentasse não pregar para ele, algumas vezes suas frustrações tomavam conta dela, como na manhã de hoje. Melody não podia evitar pensar no efeito que a atitude do marido teria sobre as crianças. Será que imitariam seu pai e se recusariam a ir à igreja quando crescessem? Será que algum dia adorariam juntos como família?

As judias nos versículos de hoje provavelmente vivenciaram alguns dos mesmos sentimentos e questões que Melody. Eunice provavelmente se tornou cristã por meio da pregação do apóstolo Paulo. Ainda que seu marido fosse grego e aparentemente não fosse cristão, Eunice, com a ajuda de sua mãe, treinou seu jovem filho nas Escrituras. Como resultado de sua fidelidade, Timóteo se tornou um homem piedoso muito admirado por seu estilo de vida exemplar. Ele se tornou o protegido de Paulo e, depois, seu colega de trabalho de confiança. Eunice teve a alegria de ver Deus usar seu filho de maneiras poderosas que influenciaram incontáveis vidas.

Mulheres cristãs que são casadas com incrédulos lutam com questões, problemas e ansiedades específicas. Além das pressões típicas do casamento, elas não podem compartilhar a coisa mais importante de suas vidas com os cônjuges. Algumas mulheres se tornam opressoras ou moralistas por causa do desejo de encorajar o interesse espiritual em seus maridos. A Bíblia encoraja as mulheres cristãs que são casadas com incrédulos, a concentrarem-se em ser esposas amáveis e piedosas. A vida pura assim, será a testemunha mais poderosas do que qualquer palavra pronunciada e muito provavelmente influenciará mais a maridos e filhos incrédulos.

> *Mulheres, sede vós, igualmente, submissas a vosso próprio marido, para que, se ele ainda não obedece à palavra, seja ganho, sem palavra alguma…*
> 1 PEDRO 3:1

## 17 DE DEZEMBRO

# *Estrelas brilhantes*

### ESTER, DÉBORA, RUTE, ANA

Ao sentir o frio e cortante ar da noite, meus olhos imediatamente foram atraídos para o alto. Na zona rural, longe das luzes da cidade, o céu parecia envolver a terra em escuridão infindável. Até mesmo a lua minguante estava escondida atrás de uma nuvem. Então eu vi uma única estrela. Como parecia pequena de minha perspectiva, entretanto em contraste com a escuridão ao seu redor, a estrela brilhou com tanto esplendor que ninguém poderia deixar de notá-la.

A Bíblia dá muitos exemplos de mulheres cujas vidas brilharam como luzes esplendorosas em um mundo de escuridão. Ester, cujo nome significa "estrela", se tornou esposa de um monarca pagão, contudo manteve sua fé em Deus. Sua humildade e espírito gentil atraíam a atenção daqueles ao seu redor e possibilitaram que o povo judeu fosse salvo da aniquilação.

Débora, Rute e Ana viveram num período de escuridão na história de Israel quando a nação abandonara os caminhos de Deus. Débora serviu fielmente seu país como profetiza e juíza. Rute deixou Moabe para cuidar de sua sogra desamparada e seguir o Deus de Israel. Após anos de oração por um filho, Ana entregou seu menininho a Deus para o serviço em tempo integral. Apesar da corrupção ao seu redor, estas mulheres tiveram vidas morais e piedosas. Por meio dos relatos bíblicos, sua luz ainda brilha para nós hoje.

Vivemos num mundo que fica cada vez mais escuro conforme as pessoas se afastam da verdade e rejeitam os padrões de Deus para o certo e o errado. Deus chama Seus filhos para brilhar como estrelas em tal ambiente. O poder do evangelho deveria iluminar nossa vida de modo que outros pudessem ver o amor e a verdade de Deus. Nossa vida transformada deveria chamar a atenção para Ele, não para nós. Podemos não ser estrelas no sentido que o mundo atribui a essa palavra, mas por meio do poder de Deus, podemos ser luzes na escuridão.

> *...filhos de Deus inculpáveis no meio de uma geração pervertida e corrupta, na qual resplandeceis como luzeiros no mundo.* FILIPENSES 2:15

18 DE DEZEMBRO

# Oposição

NOADIA
NEEMIAS 6:14

Ao sair da reunião, Marta pensou sobre a difícil decisão que enfrentou. Muitas mulheres tinham praticamente lhe implorado que liderasse o comitê por mais um ano, mas ela simplesmente não tinha certeza se deveria. Marta não se importava com as horas extras, mas havia um problema — e ele geralmente se sentava do outro lado da mesa. Dee era barulhenta e impetuosa. Ela expressava oposição a todo projeto que alguém sugeria e fazia observações críticas após as reuniões. Ela parecia estar mais interessada em forçar seus planos do que em trabalhar em equipe. Marta não tinha certeza de que conseguiria suportar por mais um ano a intimidação de Dee.

Apenas um versículo da Bíblia menciona Noadia, mas a identifica como uma mulher que tentou intimidar Neemias, o homem que supervisionava um projeto para Deus. Quando os israelitas retornaram a Jerusalém, após 70 anos no cativeiro da Babilônia, o Senhor designou Neemias para supervisionar a reconstrução das muralhas da cidade. Neemias enfrentou forte oposição dos inimigos de Israel e de alguns em seu próprio povo. De todos os falsos profetas que ameaçaram e planejaram impedir a reconstrução, somente Noadia é citada especificamente pelo nome. Ela provavelmente era barulhenta, impetuosa e ousada em seu antagonismo a Neemias, mas seus esforços não foram bem-sucedidos contra a obra ordenada por Deus.

Podemos nos sentir intimidadas quando temos que interagir com pessoas barulhentas e agressivas. Pode parecer mais fácil simplesmente evitar o contato com elas, quando possível. Mas algumas vezes enfrentamos a crítica ou a oposição por causa de nossa fé. Satanás geralmente usa outras pessoas para interferir em nosso testemunho e nosso trabalho. Algumas pessoas que se declaram cristãs são na verdade antagonistas da verdade de Deus. Mas ainda que Satanás exerça uma poderosa má influência no mundo, o poder de Deus é muito mais forte. Quando nos lembramos de quem é o Espírito que vive em nós, não precisamos jamais nos sentir intimidadas.

*Filhinhos, vós sois de Deus e tendes vencido os falsos profetas, porque maior é aquele que está em vós do que aquele que está no mundo.*
1 JOÃO 4:4

## 19 DE DEZEMBRO

# A sala de espera de Deus

**TODAS NÓS**

Joguei a revista. Que desperdício de tempo! O conserto deste carro está levando muito mais tempo do que o mecânico estimou. Comecei a calcular mentalmente quanto tempo havia gasto em espera naquele dia. Primeiro, foi o tempo parada esperando para falar com um representante do consumidor, depois uma longa fila no caixa do supermercado, seguida de uma fila muito lenta de carro na lanchonete para levar o lanche para casa e agora isto. *Puxa*, pensei, *se alguém me pagasse por toda a espera, poderia provavelmente viver disso!*

As mulheres na Bíblia sabiam o que era esperar. Sara esperou até seus 90 anos para ter o filho que Deus lhe prometera. A nação de Israel suportou 400 anos de escravidão enquanto esperava que Deus os libertasse do Egito. A quebra entre o Antigo e o Novo Testamento representa um período de silêncio da parte de Deus porque Seu povo havia rejeitado Seus profetas. Por 400 anos, os israelitas esperaram por uma palavra de Deus até que Ele enviou o anjo Gabriel para anunciar o nascimento de João Batista. Seis meses depois, o anjo anunciou o vindouro nascimento do Salvador, a quem o mundo realmente esperava desde o Jardim do Éden.

A espera é uma parte inevitável da nossa vida. Nós esperamos horários marcados, ficamos em filas e aguardamos outras pessoas. Por mais desconfortável que seja, Deus também faz da espera uma parte da vida cristã. Todas nós vivenciamos momentos em que o Senhor parece estar silencioso e indiferente. Apesar de todas as nossas orações, nos sentimos presas na sala de espera de Deus, imaginando como Ele agirá. Ainda que este seja um lugar desconfortável, Ele usa Sua sala de espera como uma sala de aula para nos ensinar a confiar nele. Conforme nossa fé cresce e se aprofunda, descobrimos que esperar em Deus nunca é desperdício de tempo.

*Somente em Deus, ó minha alma, espera silenciosa, porque dele vem a minha esperança.* SALMO 62:5

20 DE DEZEMBRO

# Todas estão convidadas

**MULHERES ANCESTRAIS DE JESUS**
**MATEUS 1:1-16**

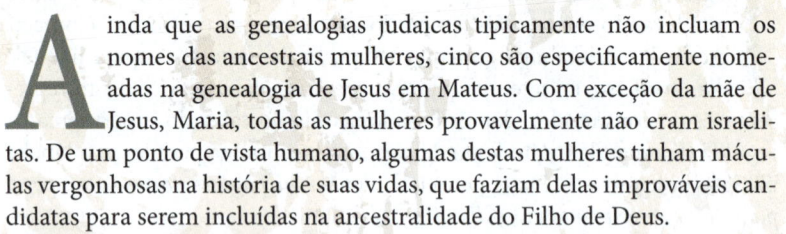

Ainda que as genealogias judaicas tipicamente não incluam os nomes das ancestrais mulheres, cinco são especificamente nomeadas na genealogia de Jesus em Mateus. Com exceção da mãe de Jesus, Maria, todas as mulheres provavelmente não eram israelitas. De um ponto de vista humano, algumas destas mulheres tinham máculas vergonhosas na história de suas vidas, que faziam delas improváveis candidatas para serem incluídas na ancestralidade do Filho de Deus.

Tamar era provavelmente uma cananeia. Quando seu sogro, Judá, não conseguiu arranjar-lhe casamento com seu filho sobrevivente como a Lei exigia, ela fingiu ser uma prostituta e teve relações com seu sogro. Deus permitiu que a linhagem de Judá fosse traçada por meio de um de seus filhos gêmeos. Raabe era uma prostituta na cidade de Jericó, a qual Deus destruiu por causa da perversidade. Quando ela escolheu crer em Deus, ela se casou com um israelita e entre seus descendentes estava Boaz.

Rute veio de Moabe. Segundo Deuteronômio 23:3, nenhum moabita poderia "...entrar na assembleia do Senhor...". Quando ela se estabeleceu em Israel, Boaz casou-se com ela e seu filho foi o avô do rei Davi. Porque Bate-Seba era originalmente casada com Urias, ela provavelmente era uma hitita. A criança nascida de seu adultério com Davi morreu, porém, mais tarde eles tiveram Salomão, que sucedeu seu pai no governo de Israel.

Deus incluiu estas mulheres na linhagem do Messias, apesar de seus históricos e erros, o que revela algo sobre Seu caráter e Sua misericórdia. Deus não escolheu a nação judaica como Seu povo especial para excluir alguém, mas para atrair todo o mundo para si. Nada poderá nos impedir de ser parte da família de Deus se escolhermos crer nele. O histórico de nossa família ou erros passados, não são impedimentos nem desculpas. Ninguém está fora da graça de Deus a não ser que escolha estar.

*...todo aquele que invocar o nome do Senhor será salvo...*
JOEL 2:32

## 21 DE DEZEMBRO

# *Do comum ao miraculoso*

**MARIA**
**LUCAS 1:26-33**

Analisei o folheto da próxima conferência de mulheres com sentimentos incertos. Ainda que esperasse ansiosa pela comunhão, pelo encorajamento e pela inspiração, o grupo de palestrantes me intimidava. Ler sobre os bem-sucedidos artistas de gravadoras, a ex-Miss EUA e o mestre da Bíblia conhecido internacionalmente me fez sentir tão — comum. *Bom*, disse a mim mesma, *acho que não tenho o tipo de vida que algum dia me colocará num folheto.*

Externamente, não havia nada de especial em uma mulher que vivia em um vilarejo pobre, contudo Deus escolheu Maria para estar no centro do maior milagre de todos os tempos. A visita do anjo Gabriel naquele dia aparentemente comum mudou a vida dessa mulher e do resto do mundo. Ele disse a Maria que ela daria à luz ao Filho do Altíssimo. Toda mulher judia sonhava em dar à luz ao Messias há tanto tempo prometido, mas o anúncio repentino chocou e confundiu Maria. Primeiro, ela não conseguiu compreender o que Gabriel quis dizer, mas sabia que não era um dia comum.

Há momentos em que nossa vida parece tão mundana e inconsequente que não conseguimos crer que Deus nos usaria para algum grande propósito. Mas Deus tem planos para que cada uma de nós realize coisas com valor eterno. Ele deseja usar nosso viver de formas tão miraculosas que nem podemos imaginar.

Gabriel disse a Maria que ela era "muito favorecida". As mesmas palavras são usadas apenas em mais um lugar na Bíblia. Em Efésios 1:6, Paulo refere-se ao fato de Deus aceitar os cristãos por meio de Seu dom de favor imerecido (geralmente traduzido como "graça"). Se conhecemos Jesus Cristo como Salvador e Senhor, então somos mulheres "favorecidas". Ele já fez algo miraculoso em nós e Sua presença em nosso ser torna todos os nossos dias extraordinários.

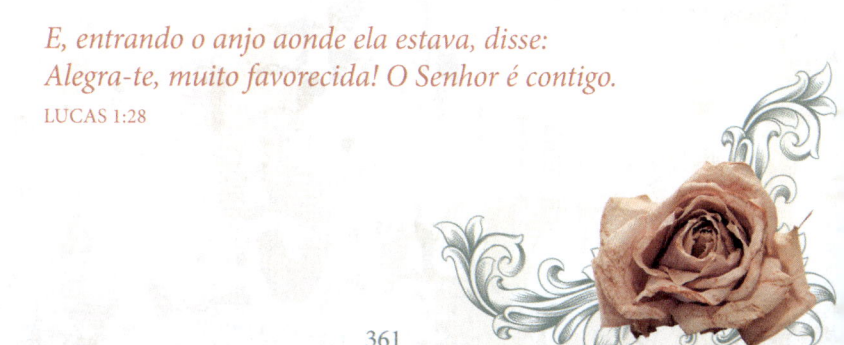

> *E, entrando o anjo aonde ela estava, disse:*
> *Alegra-te, muito favorecida! O Senhor é contigo.*
> LUCAS 1:28

## 22 DE DEZEMBRO

# Entrega incondicional

**MARIA**
LUCAS 1:34-38

Leanne chamou:
—Crianças! Desçam aqui! Tenho uma surpresa para vocês.

Elas tinham reclamado e discutido quando ela designou suas tarefas do sábado, mas em pouco tempo cederam. Agora Leanne queria recompensá-los.

— Nós vamos sair para comer hambúrguer — disse.

—Agora? Mas eu vou perder o meu desenho favorito!

— Não podemos comer pizza?

— Mãe, a Jenny vai me ligar hoje à tarde. Que horas vamos voltar?

— Quero ir à loja de *video games,* também.

Quando o anjo Gabriel disse a Maria que ela daria à luz o Filho do Altíssimo, ela não protestou ou reclamou. Só tinha uma pergunta: "Como isto vai acontecer se eu sou virgem?" Gabriel explicou que Deus faria o impossível por meio do poder do Espírito Santo. Maria não tentou desvendar o mistério de um nascimento virginal. Ela não parou para ponderar como isto afetaria sua vida. Sua reação revela seu coração para fazer a vontade de Deus: "…que se cumpra em mim conforme a tua palavra…". Deus lhe designara uma tarefa especial, e isso era tudo o que ela precisava saber naquele momento.

A maioria de nós tem a tendência de discutir com Deus. Se Ele permite que o sofrimento surja em nossa vida, nós perguntamos: "Por que eu?" Quando sentimos que Ele está nos chamando para fazer algo difícil, perguntamos: "Quem? Eu?" Podemos pensar em pesar todos os prós e contras antes de nos comprometermos, mas Deus quer que demonstremos uma fé firme e nos submetamos à Sua vontade mesmo quando nossa mente estiver cheia de questões. Quando se trata de obedecer a Deus, a única questão verdadeira é: Estou disposta a entregar minha vida por completo aos propósitos de Deus como Maria estava?

*…que se cumpra em mim conforme a tua palavra.*
LUCAS 1:38

23 DE DEZEMBRO

# Exaltando a Deus

MARIA
LUCAS 1:39-56

Alguns dias após o anjo Gabriel ter visitado Maria e anunciado que ela daria à luz o Messias, Maria foi visitar sua parente mais velha, Isabel. Assim que Isabel viu a jovem, o Espírito de Deus lhe revelou que sua prima estava grávida do Filho de Deus. Isabel bradou dizendo que Deus tinha abençoado Maria acima de todas as mulheres. Maria respondeu irrompendo na canção de louvor e adoração que chamamos de *Magnificat*.

Maria se alegrou em Deus e o louvou por tê-la percebido, uma serva modesta. Quando Maria disse que todas as futuras gerações a chamariam de bendita, não estava se vangloriando, mas reconhecendo humildemente o incrível privilégio que lhe tinha sido concedido. Pessoas a chamariam de bendita não por algo que ela houvesse feito, mas pelo que Deus fizera por meio dela. Maria louvou a Deus por enviar o Messias para cumprir Suas promessas a Israel.

Em todo o cântico de Maria, ela enfatiza a glória de Deus e as grandes coisas que Ele tinha feito. Ela parecia estar cheia de reverência e admiração porque Deus a escolheu graciosamente para tal propósito especial, sem mérito algum de si mesma. Eu só posso imaginar como Maria ficaria chocada se algumas pessoas entendessem seu papel como o de uma corredentora. Maria compreendeu que seu Filho seria o "...Mediador entre Deus e os homens..." (1 TIMÓTEO 2:5).

Deus designou a Maria a honra de ser a mãe do Messias por sua humildade e sua prontidão em obedecer à vontade do Senhor. Ainda que tenha criado e educado Jesus até Ele crescer e se tornar homem, ela considerava sua posição privilegiada como forma de servir a Deus e não um caminho de autoglorificação. Maria com alegria ecoaria as palavras de João Batista, que direcionava seus próprios seguidores para a Jesus como o Messias.

*Convém que ele cresça e que eu diminua.*
JOÃO 3:30

24 DE DEZEMBRO

# Uma bagunça de Natal

MARIA
LUCAS 2:1-7

Arrastei caixa após caixa descendo a escada de nosso ático naquela tarde de dezembro. Meus dois filhos mais novos começaram a abrir os cartões para olhar dentro. Antes de sair da sala, instrui-os a olhar, mas a não tirar nada da caixa ainda. Eu planejava decorar a árvore e a casa de modo ordenado e lógico, um passo de cada vez. Quando voltei, muitos minutos depois, parecia que uma árvore de Natal completamente decorada tinha explodido por todo o tapete. "Olhem essa bagunça!" Eu os repreendi. "Sim, mas mamãe — não é maravilhoso?", Holly, de cinco aninhos, exclamou: "É uma bagunça de Natal!"

Maria sabia o que é uma bagunça de Natal. Conforme o fim da gravidez se aproximava, um decreto real forçou José e Maria a fazer uma longa jornada a Belém para registrar-se para um censo. Quando chegaram, não conseguiram encontrar alojamento na cidade lotada. A Bíblia diz que Maria colocou seu filho recém-nascido em uma manjedoura, indicando que ela pode ter dado à luz em uma caverna ou estábulo usado para abrigar animais.

Em vez de estar cercada de mulheres da família para ajudá-la, Maria deu à luz seu primeiro filho em um lugar muito distante de casa. Ainda que ansiasse dar o melhor a seu bebê, ela só pôde recebê-lo num ambiente escuro e sujo. Os instintos maternos normais de Maria devem ter se conflitado com ansiedade, devido aos eventos caóticos envolvendo o nascimento, mas ela se apegou à confiança de que Deus executaria Seu plano.

Só porque estamos seguindo Deus não significa que as coisas serão fáceis, confortáveis ou até mesmo arrumadas. Algumas vezes nossos planos se fragmentam e os acontecimentos parecem sair do controle, mas Deus sempre está no controle. Nosso papel é nos concentrarmos em obedecê-lo e confiar que Ele resolverá os problemas. Deus olhou para um mundo bagunçado pelo pecado e enviou o Messias. Quando nossa vida parece estar bagunçada, podemos nos lembrar do porquê Jesus foi chamado de Emanuel.

*...ele será chamado pelo nome de Emanuel (que quer dizer: Deus conosco).*

MATEUS 1:23

## 25 DE DEZEMBRO

# Tesouros do coração

**MARIA**
LUCAS 2:8-24; MATEUS 2:1-12

Abri o presente de Natal e agradeci meu filho com carinho. O que fez do presente algo tão especial foi uma conversa recente que tivemos sobre música. Eu disse a Eric que na universidade eu gostava das músicas da banda Chicago, e ele comprou para mim um CD duplo dos grandes sucessos da banda. Por mais que este presente tenha sido muito atencioso, me lembrei de outro, de muito tempo atrás. Eu ainda o tinha guardado em algumas das "caixas de tesouro" sob minha cama. Certa noite, quando cheguei em casa tarde depois de uma reunião, encontrei um bilhete em meu travesseiro que dizia: "Eu te amo, mamãe."

Todas as mães têm lembranças especiais guardadas nas caixas de memórias, em livros de recortes ou em seus corações. Maria não era exceção. As circunstâncias envolvendo o nascimento de Jesus foram difíceis, mas Deus enviou alguns visitantes inesperados para ajudar a celebrar Seu nascimento. Maria deve ter se surpreendido quando um grupo de pastores pobres, abatidos pelo clima apareceu para visitar seu bebê. Seu coração certamente acelerou-se ao ouvir os pastores relatarem que o anjo lhes anunciou que o Messias havia nascido. Depois, homens sábios seguiram a estrela para que pudessem adorar e apresentar preciosos presentes a Jesus. Maria guardou estes e outros sinais de Deus em seu coração. Ela deve ter pensado com frequência nestes sinais conforme os anos se passaram.

Algumas vezes ficamos tão ocupadas que negligenciamos os tesouros escondidos em nosso coração. Uma parte importante da oração é o momento de quietude e reflexão no que Deus fez por nós. Mas em vez disto, geralmente mergulhamos de cabeça em nossa lista de pedidos e necessidades, como se estivéssemos falando com o Papai Noel. Todas as coisas boas em nossa vida vêm de Deus. Quando revisitamos nossas memórias de Sua bondade conosco, desenvolvemos uma atitude de gratidão e alegria, e nossa fé em Seu caráter é fortalecida. Então nos lembramos de que estamos sentadas no colo de nosso Pai celestial, não no colo do Papai Noel.

*Toda boa dádiva e todo dom perfeito são lá do alto...*
TIAGO 1:17

## 26 DE DEZEMBRO

# Amargo e doce

**MARIA**
**LUCAS 2:21-35**

Houve um ano em que após enfeitarmos nossa árvore de Natal, meu marido e meus dois filhos foram assistir televisão. Eu me sentei sozinha na sala de estar e acendi as luzes da árvore, chorando silenciosamente. Logo depois, meu filho mais novo, com quase três anos, apareceu perambulando pela sala. "Por que você está chorando?", Kevin perguntou, com um olhar de preocupação. Há pouco tempo havíamos nos mudado e estávamos a 650 quilômetros de nossas famílias, então expliquei que me sentia triste por não podermos celebrar o Natal com os avós, tias, tios e primos. Meu filho colocou as mãos ao redor de meu rosto abatido e puxou-me para perto. "Não chore mamãe. Jesus ama você e eu estou aqui do seu lado!"

Até mesmo no primeiro Natal a alegria de Maria provavelmente estava misturada com tristeza. Apesar de ter recebido alegremente a notícia de que tinha sido escolhida para gerar o Messias, em algum momento, ela deve ter sido afetada pelo horror do que sua gravidez significaria. Mais tarde, quando o casal levou Jesus ao Templo para ser dedicado a Deus, eles se maravilharam com as palavras de Simeão. O ancião proclamou que Jesus possibilitaria a salvação para o mundo todo, não apenas para o povo judeu. Então ele disse a Maria que ela vivenciaria uma tristeza como uma espada traspassando sua alma. Ela deve ter se lembrado da profecia agridoce de Simeão muitas vezes ao testemunhar seu filho sendo rejeitado, perseguido injustamente e finalmente crucificado.

Como vivemos em um mundo desfigurado pelo pecado, nossa alegria sempre estará mesclada com tristeza. Os relacionamentos que nos trazem maior alegria também podem causar maior tristeza. Mesmo nos melhores momentos, vivemos com a possibilidade de perda e tragédia. Conheceremos alegria pura e imaculada somente quando chegarmos ao céu. Então, toda a amargura e tristeza de nossa vida terrena desaparecerão e serão substituídas pela doçura da presença de Jesus.

> *Assim também agora vós tendes tristeza;*
> *mas outra vez vos verei; o vosso coração se alegrará,*
> *e a vossa alegria ninguém poderá tirar.*
> JOÃO 16:22

27 DE DEZEMBRO

# Família verdadeira

MARIA
MARCOS 3:20,21,31-35

Quando Maria e seus filhos ficaram preocupados com a condição mental de Jesus, eles tentaram interromper Seu ministério e levá-lo para casa. As multidões de pessoas que cercavam Jesus tinham crescido tanto que Ele e Seus discípulos nem sempre conseguiam ter tempo para comer. Algumas pessoas iam ouvir e aprender, outras iam esperando um milagre ou apenas por curiosidade; e alguns líderes religiosos iam para criticar, até mesmo acusavam Jesus de ser possuído por Satanás. A família de Jesus não entendia por completo o que Ele viera fazer, mas estava preocupada com o Seu bem-estar.

Alguém disse ao Mestre que Sua família estava do lado de fora esperando para falar com Ele. Sua resposta pode ter surpreendido Sua mãe. Jesus olhou para aqueles ao Seu redor e disse: "...qualquer que fizer a vontade de Deus, esse é meu irmão, irmã e mãe" (MARCOS 3:35). Será que Maria se lembrou da época em que ela e José procuraram Jesus durante três dias e finalmente o encontraram sentado no Templo com os líderes religiosos? "...Não sabíeis que me cumpria estar na casa de meu Pai?", Jesus perguntou (LUCAS 2:49). Talvez Maria tenha sentido angústia ao começar a entender que o Filho de Deus era agora independente dos relacionamentos desta Terra e estava focado no mundo que viera salvar.

Jesus nunca negou a importância da família, mas Ele direcionava as pessoas para um relacionamento mais elevado e importante — nosso lugar da família de Deus. Nós não nos tornamos cristãs por termos nascido em famílias ou países cristãos. Nosso relacionamento com Deus não depende de sermos membros de uma igreja, ou de nosso impressionante serviço cristão. A única forma de entrar no reino do Céu é fazendo a vontade de Deus. Todas nós começamos respondendo ao convite de Deus para crermos na morte e na ressurreição de Jesus como único pagamento por nosso pecado. Só então nos tornamos verdadeiros membros da família de Deus.

*Nem todo o que me diz: Senhor, Senhor! entrará no reino dos céus, mas aquele que faz a vontade de meu Pai, que está nos céus.*
MATEUS 7:21

**28 DE DEZEMBRO**

# Comportamento vergonhoso

## A ATITUDE DE JESUS EM RELAÇÃO A MULHERES

O autor Dan Brown reviveu lendas antigas como fundamento para seu livro recorde de vendas *O código Da Vinci* (Ed. Arqueiro, 2004). A informação "secreta" supostamente omitida pela igreja primitiva inclui o casamento de Jesus com Maria Madalena e os filhos que teriam tido. O livro também afirma, entre outras coisas, que a ideia de Jesus ser divino foi inventada por um grupo de bispos da igreja em 325 d.C.

Cristãos que têm conhecimento da Bíblia consideram o material do livro *O Código Da Vinci* inaceitável; e estão certos. Durante o ministério de Jesus, muitas pessoas achavam o Seu comportamento vergonhoso, mas por uma razão diferente. Sua conduta com as mulheres em especial, deve ter chocado pessoas em uma cultura em que os homens oravam agradecendo a Deus por não terem nascido mulheres. Ainda que os ensinos rabínicos sustentassem que seria melhor queimar as palavras da Lei do que ensiná-las publicamente a uma mulher, Jesus deliberadamente ensinou a verdade de Deus às mulheres que o seguiam. Cristo permitiu que mulheres dessem suporte a Seu ministério e que viajassem com Seus discípulos. Ele iniciou uma conversa com uma samaritana que tinha uma reputação questionável (JOÃO 4:6-26) e chocou convidados de um jantar ao permitir que uma pecadora arrependida o tocasse (LUCAS 7:37-50).

Jesus foi contra as normas sociais para demonstrar que homens e mulheres são igualmente valorizados aos olhos de Deus. Todos nascemos pecadores e precisamos de um Salvador. Nunca seremos capazes de compreender plenamente a angústia e o sofrimento pelos quais o Deus santo passou ao se tornar humano e vir a um mundo contaminado pelo mal. Nunca conheceremos a dor que Jesus vivenciou em Sua morte agonizante na cruz, para pagar o preço de nosso pecado. E nunca conheceremos a imensidão do amor de Deus por nós, que rompeu a barreira do espaço e do tempo, escandalizou um mundo preso pelo pecado e não permitiu que nada o impedisse de nos alcançar. Mas podemos passar o resto de nossa vida agradecendo-o por isso.

> *Dar-te-ei graças, Senhor, Deus meu, de todo o coração, e glorificarei para sempre o teu nome. Pois grande é a tua misericórdia para comigo...*
> SALMO 86:12,13

**29 DE DEZEMBRO**

# Ira justa

## JESUS ESVAZIA O TEMPLO
## MARCOS 11:15-18

Os amigos de April não conseguiram acreditar quando ouviram a notícia de que ela tinha atacado um homem. Como uma mulher tão calma e gentil poderia enfurecer-se e bater em um homem com um taco de beisebol? Definitivamente não era do seu feitio. Mais tarde, eles ouviram a história completa. April havia tirado seu carro do estacionamento até a beira do campo para guardar o equipamento do time. Ela chegou bem a tempo de ver seu filho sendo forçado por um homem estranho a entrar no carro.

As mulheres que não conheciam a história completa devem ter ficado chocadas ao testemunhar Jesus esvaziando o Templo. Elas viram Jesus segurar crianças em Seu colo e abençoá-las. Ele tratou os necessitados com compaixão e curou os doentes. Como um homem tão gentil poderia derrubar mesas e cadeiras e paralisar os vendedores de animais necessários para o sacrifício?

Se as mulheres conhecessem a extensão da corrupção envolvida, saberiam que Jesus fez o certo. Os cambistas enganavam o povo ao cobrar taxas para trocar sua moeda para o dinheiro específico do Templo. Então os mercadores que vendiam os animais para o sacrifício inflacionavam os preços. A casa de Deus havia se tornado um canteiro de extorsão e mercantilismo em vez de ser um lugar de oração e adoração.

A maioria das pessoas que lê o Antigo Testamento tem dificuldades com os relatos de Deus destruindo cidades inteiras como punição pelo pecado. O livro de Apocalipse revela o plano de Deus de derramar Sua ira na Terra e finalmente acabar com aqueles que persistem em rejeitá-lo. Mesmo que Deus seja paciente e se deleite em demonstrar amor e misericórdia, Sua santidade exige que, um dia, julgue o mal. Sua ira é sempre justa e justificada. Se pensamos de forma diferente, não conhecemos a história completa sobre Seu caráter.

*O Senhor é longânimo e grande em misericórdia, que perdoa a iniquidade e a transgressão, ainda que não inocenta o culpado...* NÚMEROS 14:18

**30 DE DEZEMBRO**

# Guardando o melhor para o final

## O MILAGRE DE JESUS EM CANÁ
## JOÃO 2:1-11

Muitas pessoas acham que o melhor feriado do calendário vem no último mês do ano. A maioria das pessoas concordaria que a melhor parte de uma refeição é servida por último, pelo menos nas festas de fim de ano. Mas algumas vezes, nós recebemos o melhor primeiro e o pior depois, especialmente no mundo da propaganda. O que parece um grande negócio pode acabar sendo somente uma oferta introdutória e o preço mais tarde sobe ou tarifas e cobranças adicionais são incluídas.

Na época de Jesus, o povo judeu tinha um costume semelhante relacionado a uma oferta inicial: um anfitrião normalmente servia o melhor e mais caro vinho primeiro e então servia o vinho mais barato mais tarde. Neste momento, os convidados já teriam bebido o suficiente e provavelmente não perceberiam a qualidade ruim da bebida. Mas quando Jesus transformou água em vinho no casamento em Caná, o vinho era de qualidade excepcional e a celebração já estava acontecendo há algum tempo.

Se a noiva ouviu as observações feitas a seu noivo pelo mestre de cerimônias ela e seu marido provavelmente ficaram muito surpresos. O mestre de cerimônias se maravilhou com a qualidade superior do vinho, sem saber que momentos antes era na verdade água. Ele disse ao noivo: "…Todos costumam pôr primeiro o bom vinho […] tu, porém, guardaste o bom vinho até agora" (JOÃO 2:10).

Quando lemos o fim da Bíblia, vemos que Deus está guardando o melhor para o final. Ele nos diz diretamente que quando aceitamos a Cristo, podemos esperar lutas, tristezas, perseguição e ódio da parte dos inimigos de Deus. Ser cristão significa tomar a sua cruz e morrer para si mesmo. Ainda que vivenciemos alegrias incríveis em nosso relacionamento com Ele agora, o melhor virá mais tarde. Chegará o dia em que viveremos no lugar perfeito que Ele preparou para nós e desfrutaremos de Seu melhor, para sempre.

*…Nem olhos viram, nem ouvidos ouviram, nem jamais penetrou em coração humano o que Deus tem preparado para aqueles que o amam.*
1 CORÍNTIOS 2:9

31 DE DEZEMBRO

# Noivo ansioso

**A NOIVA DE CRISTO**
**APOCALIPSE 19:6-9**

A jovem alisou seu vestido enquanto esperava sua entrada. Os últimos meses pareceram uma contagem regressiva para este dia. Agora ela não conseguia acreditar que o momento finalmente tinha chegado. Dúvidas surgiam em sua mente. *Meu cabelo está bom? Será que a maquiagem cobriu minhas manchas? Estou mesmo pronta para isto? Será que ele está tendo dúvidas agora?* Repentinamente, ela tomou o braço de seu pai e entrou pela porta. Ela olhou para seu noivo e suas ansiedades desapareceram. Naquele momento, ela viu um reflexo de sua beleza nos olhos dele e seu intenso anseio para declarar que ela era sua.

No Novo Testamento, cristãos são retratados como a noiva de Jesus Cristo, noiva que se tornou pura e imaculada por Seu sangue derramado na cruz. A passagem em Apocalipse retrata a cena da união entre Cristo e Sua noiva. Todos que creram no evangelho entrarão em um novo relacionamento com Deus e desfrutarão de uma intimidade que antes era impossível. Esta festa de casamento será o apogeu da história humana, o evento pelo qual toda criação tem anelado (ROMANOS 8:22).

Entender o sacrifício que Cristo fez para pagar o preço de nosso pecado é suficiente para nos motivar a ter vidas piedosas. Saber que um dia seremos declaradas noiva de Cristo muda nossa perspectiva com relação às lutas temporárias de nossa vida na Terra. Olhar para frente, para o "dia de nosso casamento" nos ajuda a resistir à atração do pecado e fazer tudo o que podemos para preparar nossos corações para nosso noivo. Quando esse dia chegar, entenderemos que toda a nossa vida foi uma contagem regressiva para esse evento glorioso. E nesse momento, veremos nossa beleza em Seus olhos e Seu intenso anseio de estar conosco, por toda a eternidade.

> *Aquele que dá testemunho destas coisas diz: Certamente, venho sem demora. Amém! Vem, Senhor Jesus!*
> APOCALIPSE 22:20

NOTAS: